2017年中國大陸地區投資環境與風險調查

國際變局啟商機

最新
TEEMA
報告出爐

BWE
商周編輯顧問

台灣區電機電子工業同業公會　著

台灣區電機電子工業同業公會

「2017年中國大陸地區投資環境與風險調查」

執行委員會暨審查委員會成員

理　　事　　長◆郭台強

大陸經貿委員會
主　任　委　員◆許介立

研　究　顧　問◆許士軍

計　畫　主　持　人◆呂鴻德

執　行　委　員◆于紀隆、毛恩洸、王健全、王劍平
　　　　　　　　史芳銘、呂正華、呂榮海、李　鎂
　　　　　　　　李永然、李復甸、杜啟堯、林以專
　　　　　　　　林祖嘉、林崇傑、洪明洲、胡惠森
　　　　　　　　徐基生、高　長、高孔廉、張五岳
　　　　　　　　張致遠、張銘斌、張寶誠、陳文義
　　　　　　　　陳信宏、陳德昇、曾欽照、黃慶堂
　　　　　　　　楊珍妮、葉明水、葉春榮、葉凱萍
　　　　　　　　詹文男、蔡豐賜、鄭富雄、賴文平
　　　　　　　　謝清福、羅達生、蘇孟宗
　　　　　　　　（依姓氏筆劃排序）

研　究　人　員◆李芸幸、周子妍、陳牧風、楊璞煜
　　　　　　　　劉柏辰、蔡承勳、賴渝涵

研　究　助　理◆林妤濃

國際經貿新變局・台商布局新定位

　　2017年全球政經局勢詭譎多變，不確定性、不可預測已成為全球經貿發展的關鍵代表詞，國際貨幣基金（IMF）表示「全球經貿烏雲未散，仍存在中期風險」；世界銀行（WB）更指出「全球正處於歷史上最難以預測的時代，不確定性將成為全球新常態」；《紐約時報》亦指出「全球迎來不確定時代，2017年世界將從失序走向無序」，川普當選美國總統、英國脫歐程序啟動、中國大陸經濟放緩、恐怖攻擊事件頻仍、貿易保護主義升溫等諸多不確定性事件，無不牽動著全球經貿發展的敏感神經。羅蘭貝格顧問公司（RolandBerger）指出全球正進入VUCA時代，即多變（Volatile）、不確定（Uncertain）、複雜（Complex）與混沌不明（Ambiguous）的未來世界，全球政經版圖重構、區域經濟整合停擺、兩岸關係冷和態勢，加之破壞式科技發展快速、產業疆界日漸模糊、競爭對手重新界定，台商在面臨多變且激烈的競爭環境下，如何預應此一變局，找到新成長模式，以不平庸思維跨越新平庸時代，已成為刻不容緩的重要課題。

　　策略管理大師Hamel於《管理大未來》（The Future of Management）一書提及：「企業管理策略就如同產品生命週期一樣，會隨時間縮短，若企業仍舊固步自封、無所創新，忽略適應外部環境，恐將面臨經營生存之挑戰」，因此創新策略思維，乃是企業跨越產業發展的基石。變動的時代孕育新的產業商機，2017《TEEMA調查報告》特以「國際變局啟商機」為主題，期盼為台商尋找新的成長動力、潛力布局市場、未來產業商機，作為台商投資參考，以期再繪成長第二曲線。中國大陸「十三五規劃」步入第二年，然兩岸關係雖由軟交流走向冷對抗，但企業追求永續經營、可持續發展之目標不止步，面對中國大陸改革新政，台商應跳脫傳統思維框架，須有與時俱進的經營心態，精準掌握企業換軌時機，緊抓中國大陸轉型升級與創新驅動的兩大關鍵，除了掘金「中國製造2025」，亦可隨「一帶一路」進行戰略布局，藉以找到自身新定位，此外，兩岸智造產業互補性強，希冀兩岸多搭橋不築牆，發揮綜效共創雙贏，此亦為公會戮力推動之目標。

　　2017《TEEMA調查報告》是第十八本的研究成果，感謝諸位執行委員提供寶貴建議、許士軍研究顧問、計畫主持人呂鴻德教授與其領導的研究團隊及公會同仁齊心努力，為電電公會會員廠商提供最完整、最系統、最新穎的參考資訊，希冀《TEEMA調查報告》持續發揮更大影響力，為兩岸互動交流開啟新篇章！

台灣區電機電子工業同業公會理事長　郭台強

了解未來市場·創造台商新商機

　　1980年代初期，隨著全球化發展的潮流，台商在中國大陸投資成為推動台灣經濟發展的一股重要動力。1987年台灣解嚴，並解除外匯管制，允許企業對外投資，為台商間接赴大陸投資創造了更好的條件。1992年，鄧小平的南巡談話後，中國大陸內部再度掀起了新一波改革與發展浪潮，此時台商看好大陸經濟迅速發展的時機，加速對大陸投資。同時期也是兩岸關係發展最為平穩的一段時期，兩岸領導當局皆採取了較為積極開放的態度與規範政策，中國大陸各地方政府也積極招商，因而成就了現在的珠三角與長三角的台商聚落發展模式。

　　然而，1996年的「戒急用忍」，嚴格限制大企業、高科技產業到大陸投資，加上亞洲金融危機的影響，使台商對大陸投資首度出現下降趨勢。直到2000年後，兩岸分別加入WTO，中國大陸建立起對外商投資保障的意識，再加上2008年後的直航與兩岸政府開放對談，才使台商對中國大陸的投資又再次升溫。中國大陸也因積極推動人口紅利改革，促使內陸消費能力提升，由世界工廠轉型成為世界市場。此時一些曾經以製造為主的台商企業也利用內地消費市場的蓬勃發展，成功轉型進入零售平台與城市開發。

　　以古為鏡，可以知興替。由兩岸發展的歷史來看，當雙方政府不拘泥在意識形態上的分歧，以共同追求兩岸人民的最大福祉為目標時，兩岸的發展永遠是最有效率的。現在國際經濟尚處於復甦階段，中國大陸的「一帶一路」將會是帶領廠商走出內需市場，放眼東南亞、中亞、印度、中東、東歐與非洲等市場的重要政策。也正是台商在下一波轉型升級時最需要的市場開拓方向，同時也與台灣政府的南向政策上有重疊之處。

　　台商一直具備豐富的市場開拓經驗與自我挑戰的決心，因此更應該配合兩岸政府發展商機的方向，為延續台商的企業生命力與市場占有率大步邁進。本次的研究主題除了以往的城市評比外，也會針對未來的商機做介紹，希望可以提供台商做為投資參考。也期望台商能永續發展，創造新商機。

台灣區電機電子工業同業公會主任委員　許介立

主導國際經貿制度·布局全球迎向未來

台灣區電機電子工業同業公會自2000年起發行《中國大陸地區投資環境與風險調查》系列，迄今已邁入第18年，好比一個嗷嗷待哺的千禧嬰孩已長大成人，一份由台灣公協會自辦的報告書可延續如此長的時間，歸功於本報告內容能詳實的對大陸各省市進行客觀的問卷訪查，以及嚴謹的「城市競爭力」、「投資環境力」、「投資風險度」、「台商推薦度」等「兩力兩度」分析模式評估，藉由報告的「城市綜合實力」排行，成為觀測中國大陸投資狀況的重要參考資料，普遍獲得海內外台商企業的肯定和推崇，實屬不易。

對台商而言，如何掌握經營環境的脈動與趨勢，進而採取有效的因應策略，是企業永續經營的關鍵。在這個變色龍的時代，我們面對著美國保護主義興起、英國脫歐、恐攻危機、北韓核武等問題。特別是隨著資通訊新興科技快速進步，物聯網世代正朝人工智慧世代邁進，供給端決定產品功能之模式逐漸式微，轉為由應用端或使用者主導。而這段時間，大陸也從世界工廠轉變為世界市場，商業發展不斷創新變革。台商企業是否能有效調整經營策略、融入在地生態鏈，為經商的成敗關鍵。

就兩岸關係而言，自去年5月以來也處在複雜嚴峻的狀態，對經貿的實質影響已開始顯現，以往海基會和海協會作為兩岸溝通管道亦失去功能，台商只能尋求自立自救。這使得今年調查報告的研究與剖析格外具備指標性意義。

然而，正如查爾斯·達爾文所言：「生存下來的物種不是最強壯，也非最聰明的，而是最能夠適應改變。」面對混沌不明，台商企業能否對未來風險深入觀察並進行管控，格外重要，當然也決定了該企業是否能永續經營。因此，今（2017）年的報告以「國際變局啟商機」為題，目的係希望協助台商企業能掌握大陸環境變遷的主流趨勢，在威脅與機會的分野中做出快速的反應，開創絕佳的經營策略。

同時，本調查報告揭櫫了五大經貿局勢之觀察，包括全球經濟從全球化到反全球化、亞太情勢從亞太再平衡到亞太再失衡、兩岸變勢從軟交流到冷對抗、台商趨勢從中國唯一到中國加一、大陸態勢從區域經濟到中國版全球化，衡平國際經濟形勢與商業環境發展趨勢，更對中國大陸與兩岸發展提出前瞻分析等，非常值得一讀，也是台商掌握中國大陸脈動最好的依據之一。

最後，誠摯祝願台商企業能持續贏得中國大陸商機，洞悉其新經濟政策，同時融入其所主導的國際經貿制度，布局全球、迎向未來。

中華民國全國工業總會理事長

因應全球經貿新局勢・再創企業發展新契機

　　2017年全球政經局勢詭譎，充滿各種不確定性，自從年初美國川普總統上任以來，以「美國優先」為圭臬，提倡貿易保護主義，宣佈退出「跨太平洋夥伴關係協定」（簡稱TPP）及「巴黎氣候協定」，使得過往以美國為首的國際政經秩序產生結構性變化；此外，全球第二大經濟體中國大陸綜合實力崛起，除了設立亞洲基礎設施投資銀行，在國際上大力推廣「一帶一路」倡議外，另一方面與東協國家合作加速推動「區域全面經濟夥伴協定」（簡稱RCEP）談判，並嘗試參與美國退出之後的TPP成員國會議，逐步穩固中國大陸在亞太地區的領導地位，並進一步提升在全球區域經貿整合的影響力。

　　其次，中國大陸力行「十三五」計畫，延續「調結構、穩增長」策略，加速推行「中國製造2025」、「創新驅動」及「供給側改革」等政策，今年上半年大陸GDP成長率達6.9%，優於市場預期，可見其經濟政策之推動已初顯成效，有利於減緩大陸經濟硬著陸的風險。此外，值得大陸台商關注的重大政策則是今年元月17日大陸國務院發佈的《5號文件》，允許地方政府在法定權限範圍內，制定招商引資優惠政策，並依法保護外商投資企業及其投資者權益，此項政策實為大陸台商所樂見，期盼大陸地方政府能善加引用並落實執行，對於台資企業所關心之土地、財稅、融資、五險一金及政府採購等方面，制定友善投資政策，以降低企業成本，營造良好投資經營環境。

　　中國大陸為台灣最主要對外投資地區及貿易出超來源，我政府雖力推「新南向政策」開發東協及南亞市場以分散風險，並降低對大陸經貿依賴度，但吾人仍須正視大陸國力快速崛起、對國際政經影響力日益加大的現實，穩定的兩岸關係是台商在大陸未來發展的關鍵因素，亦是台灣拓展對外經貿關係的重要基礎，衷心期盼兩岸政府能發揮更大的智慧，增進兩岸良性互動，重建互信，務實改善兩岸關係，方為兩岸人民之福。

　　台灣區電機電子工業同業公會長期關注大陸台商投資經營環境議題，自2000年起編纂「中國大陸地區投資與風險調查報告」提供兩岸產官學研人士參考，啟迪工商，貢獻良多，令人敬佩。本年度報告以「國際變局啟商機」為主題，除持續以「兩力兩度」模式，分析大陸各地最新城市綜合實力、投資環境及風險評比外，另提供全球經貿、兩岸互動及大陸經濟的最新發展格局與前瞻趨勢，內容豐富，相信定能幫助企業進一步掌握全球及大陸經貿脈動，研判投資方向與決策，以因應全球經貿新局勢，再創企業發展新契機。

中華民國工商協進會理事長

新變局浪潮下的新思維

　　由電電公會所發表的這一系列有關「中國大陸地區投資環境與風險調查報告」，主要是提供會員廠商的一種服務，也成為政府相關當局的一種決策參考。就以本（2017）年度報告而言，主題在於「國際變局啟商機」；具體言之，就是提供業者如何因應 ── 或預應 ── 國際變局，開啟本身之商機。

　　這一主題的重心在於國際變局；事實上，脫離這一前提，企業即無商機可言。因為自某種基本意義上來說，儘管企業所經營的業務，範圍與模式有懸殊的差異，但是相關環境變動的方向、性質與速度決定了不同的商機；「順環境則昌，逆環境則亡」，這句話所代表的，應該是顛撲不破的道理。

　　依本報告所提出的五大觀察，有關「反全球化」、「亞太失衡」、「冷對抗」、「中國加一」、「中國版全球化」等，對台商而言，無不代表一種覆性的變局，但同時也代表空前的機遇。在此關鍵時刻，台商必須順應環境潮流趨勢，如何「追尋新的布局市場」，使自己成為「全球價值鏈中缺一不可的要角」，乃是一項決定存亡的挑戰。在這短文中不擬再就環境變局方向有所辭費，反之，所要引申的，就是台商在如何布局和升級策略方面應有之進一步思維。

　　首先，對於全球化方面的想法，儘管目前世界上受到美國川普總統之影響，出現了反全球化之逆流。但是以台灣這樣一個規模有限，天然資源不足的海島經濟體，沒有不全球化和自我封閉的本錢。今後更要積極地突破保護主義和自我設限的格局，尋找和建構本身在全球舞台上的定位和價值。

　　然而我們必須認識，今後所出現的全球化，已和過去的意義有顯著不同。一個基本差別，在於網路世界之出現，代表一個與過去迥然不同的世界。許多基本遊戲規則都因之產生顛覆性改變，例如交易成本大量下降或消失，導致組織解構走向模組化或分化；邊際成本並非遞增而趨向於零，邊際效用反而隨使用者愈多而遞增等等。這些改變，導致數位產業大者愈大，形成一種無形壟斷。

　　在網路世界所出現的經營生態環境，也是過去所沒有的，譬如說在虛擬世界中，突破了空間和時間的界限，形成各式各樣的社群和協同合作形態，以平台模式取代了傳統上供應鏈經營模式。而且目前正在發生的是，這種數位世界和真實世界的漸趨融合，由B2C的交易走向P2P，生產者和消費者的界線模糊化，透過跨境電商平台基礎建設，結合了物流、金融、通關和大數據，支持個別企業 ── 尤其年輕創業者 ── 做起全球生意。凡此所描述的，就是本文中所說的一個不同的全球化景象，也是我們要納入策略思考的新的全球化景象。

　　在這種新的全球化趨勢下，我們必須要以「生態經濟」思維取代「工業經濟」思維。

　　所謂工業社會思維，就是靠大量投資、規模經濟、成本競爭以及國際分工和這些想法與做法以支持企業發展。而所謂「生態經濟」的思維，就是以開放的胸襟諸如鼓勵組織自主和創意，取代前此所說的成本、規模和保護主義心態。

　　令人擔心的是，在目前國內具有支配影響力的民粹價值以及法令束縛下，卻讓我們企業朝相反的方向發展，這應該才是在這本報告背後，讓我們要真正關心的問題關鍵。

逢甲大學人言講座教授
計畫研究顧問

逆境堅定力·變局生信心

　　「逆境堅定力，風雨生信心」一句智語曾使面臨中美斷交、石油危機、退出聯合國等重大變局的台灣，莊敬自強、處變不驚、眾志成城、砥礪奮進，造就台灣經濟騰飛的奇蹟，以及躋身亞洲四小龍的令名美譽。時至今日，全球經貿局勢變化萬千，川普政府政策轉向、區域經濟整合轉變、貿易保護主義轉升、兩岸互動交流轉冷、台商投資布局轉淡，在這樣複雜多變的環境中，如何掌握新趨勢脈動、布局新技術應用、挖掘新市場需求，為企業亟需思考的重要課題。

　　「這是一個不斷打破規則的時代，若不自我顛覆，就只能等著被別人顛覆」；「這是一個不斷推陳出新的時代，若不與時俱進，就只能等著被別人淘汰」，全球戰略諮詢機構麥肯錫（McKinsey & Company）曾指出：「不成長，就退場」，這充分表明企業處於一個不斷變遷的全球環境，原地不動是最危險的策略選擇，因此企業不能「以拖待變」、「固守常規」、「不知變通」，必須「快速反應」、「求新求變」、「顛覆變革」，台商布局中國大陸逾三十載，靠著便是鮮活思維、取捨思維、創變思維，進行轉型升級，除擺脫過去依靠廉價生產要素成本的陳舊思維，更強化產品附加價值，朝向自動化、智能化、智造化升級，順勢而為，使企業能永續發展、基業長青。

　　中國大陸持續進行經濟結構調整、供給側改革的同時，兩岸官方協商機制停擺，加之反避稅法條款衝擊、移轉訂價查稅使企業補稅、外匯管制力度增強、經營成本日漸高漲、人才惡性挖角事件，均使台商經營面臨前所未有的嚴峻挑戰，所謂「信心比黃金更重要」，越是逆境，更應保持信心，秉持「堅持就是發展、困難就是機遇、信心就是動力」的思維，對內審視自身優勢，延伸企業核心競爭力，對外結合新南向政策布局一帶一路、掌握自貿區政策紅利、轉向新興產業投資，以期在中國大陸經濟與產業結構性變革中找到新方向與新定位。

　　2017年《TEEMA調查報告》付梓之際，乃後學第十五次濡墨行文，感謝執行委員貢獻智慧、公會同仁與研究團隊群策群力、恩師許士軍教授愷切指導，更感謝台商朋友惠賜寶貴卓見，讓報告能夠忠實反映現勢，願《TEEMA調查報告》研究成果持續擴散，作為台商未來布局的重要借鏡與參鑒，是所至盼！

計畫主持人　呂鴻德

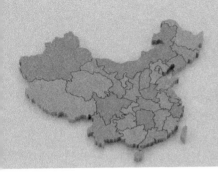

2017年中國大陸地區
投資環境與風險調查
|目錄|

第 1 篇 | 電電調查報告 | 新視野

第 2 篇 | 全球經貿發展 | 新洞察

第 3 篇 | 兩岸互動發展 | 新格局

CONTENTS

1

電電調查報告
新視野

第1章　　　2017 TEEMA調查報告新觀察

第 1 章

2017 TEEMA 調查報告新觀察

古希臘哲學家 Heraclitus 曾言：「世界上唯一不變的真理就是『變』。」；經濟學奇才 John Galbraith（1976）在其《不確定的年代》（The Age of Uncertainty）結尾寫了一段話：「這是一個不確定的年代，唯一確定的就是『不確定』。」2017 是一個「變」與「不確定」的年代，全球發展局勢詭譎多變，世界銀行（World Bank；WB）（2017）指出：「2017 年全球將面臨巨大的變化，從英國公投脫歐開始，到川普當選美國總統，各國政府、企業與投資者無不面臨各種不確定性和陌生的形勢，」經濟合作與發展組織（OECD）（2017）亦表示：「展望 2017 年全球發展情勢，複雜且多變，唯一確定的就是不確定性。」

國際貨幣基金（International Monetary Fund；IMF）（2017）提出《世界經濟展望》（World Economic Outlook）表示：「2017 年全球經濟將達 3.5％成長動能，已開發經濟體成長將獲改善，而新興經濟體成長動能將漸趨穩定。」凸顯出全球經濟逐漸擺脫 2007 年「大衰退」（Great Recession）陰影。然世界各國因近年經濟復甦力道疲弱、所得收入不均、國家債務問題、自然環境惡化等困境，致使諸多民眾認為全球貿易自由化削弱其實質收入的成長潛能，並削弱各國經濟的自主性，各地逐漸興起對全球貿易自由化的質疑浪潮，進而對全球貿易自由化新增變數，全球貿易壁壘亦以不同的形式迅速興築，加之全球地緣政治博弈越發激烈、強人政治當道、全球進入政權更替時期，致使全球各國政治經濟政策出現嚴重分歧和衝突，快速削弱第二次世界大戰後各國所建立的秩序、信任和斡旋空間，全球政治經濟的秩序版圖進入重構態勢。此外，貿易保護主義抬頭將影響各國經濟政策不確定性，各國政府將難以落實必要的可持續性經濟政策，進而抑制跨國經濟活動和全球經濟成長，不但對於依賴國際貿易的台灣企業形成嚴峻考驗，亦迫使台灣企業需重新調整全球布局方針。

在諸多國家、企業因全球政經板塊重構而積極調整、溝通之際，兩岸經濟

卻因兩岸政府對於特定議題和立場存在本質差異，致使兩岸官方間的溝通機制停擺、聯繫管道日益阻塞，兩岸關係漸從密切互動轉為「冷和平」進而朝「冷對抗」態勢發展，除增加台灣企業投資中國大陸的風險，亦降低海基會和陸委會作為兩岸溝通橋梁的功能，部分台商企業被迫轉以台商協會作為兩岸經貿糾紛的替代性溝通管道，惟台商協會於保障台商企業利益之功能，仍難以與兩岸官方管道相提並論，進而間接提升台商企業在中國大陸的營運風險。面對兩岸官方交流停擺，而導致台商企業對投資布局中國大陸的不安全感上升，中國大陸國台辦主任張志軍 2017 年 3 月 25 日於博鰲論壇表示：「中國大陸對台商的政策並無改變，其持續為台商創造更便利的發展政策，而台商企業合理的權益和關切議題，中國大陸政府亦會設法在法律基礎內解決。」一語道出雖然兩岸官方交流陷入「冷境」之際，中國大陸政府仍對台灣企業釋出正向善意，亦凸顯出兩岸當前的主要交流管道逐漸由「官方路線」轉為務實「民間路線」，惟隨著過去台灣企業西進布局、產業結構轉型升級緩步，致使中國大陸在兩岸三角貿易中，握有大量產業供應鏈網絡、終端消費市場和海外拓展契機，若兩岸官方交流管道持續停擺，將不利兩岸產業發展。因此，不但台商企業應審慎評估並分散營運風險，兩岸政府亦思考應採取更為彈性、務實的兩岸政策以突破現狀僵局，從而為雙方拓展政經合作的迴旋空間。

　　隨著中國大陸將於 2017 年秋季召開「中國共產黨第十九次全國代表大會」，意味著 2017 年不僅是檢驗首屆「習李體制」執政成果的期中考，更是勾勒中國大陸未來五至十年戰略藍圖的關鍵期。面對此時局，中國大陸政府先於 2016 年10 月 27 日「中共十八屆中央委員會第六次全體會議」確立「習核心」體系以降低潛在改革障礙，持續推動「中國共產黨第十八次全國代表大會」訂下的發展藍圖，將 2017 年經濟發展定調為「穩經濟、擴改革、防風險」，擺脫過往快速成長的經濟發展模式，透過「供給側改革」為中國大陸經濟進行結構性的優化，以期建構可持續性的發展模式，並推動圍繞「穩」為核心宗旨的政策，以穩中求進態勢推動中國大陸國營企業改革，確保其整體經濟發展底線和產能去化，針對金融監管體制推動溫和改革，降低發生系統性風險的不確定性，防範因投資熱潮而發生資產泡沫危機，並致力推動「一帶一路」規劃和人民幣國際化進程，以期在全球「新平庸」和「反全球化」的逆境中開闢新氣象。誠如《孫子兵法·謀攻篇》所云：「知己知彼，百戰不殆。」在兩岸貿易過度依賴和產業高度重疊的態勢下，中國大陸的一舉一動必將牽動台灣發展，台商應謹慎預採取相應布局。

　　有鑒於此，台灣區電機電子工業同業公會（Taiwan Electrical and Electronic

Manufacturers' Association；TEEMA）自 2000 年起即對中國大陸地區的投資環境及風險展開長期調查，依循「兩力兩度」為研究之基礎架構，進行系統性之評估。2017《TEEMA 調查報告》特揭櫫五大經貿局勢之觀察，包含：（1）全球局勢：從全球化到反全球化；（2）亞太情勢：從亞太再平衡到亞太再失衡；（3）兩岸變勢：從軟交流到冷對抗；（4）台商趨勢：從中國唯一到中國加一；（5）大陸態勢：從區域經濟到中國版全球化，期藉由提供台商企業投資布局參考借鑑，幫助台商企業謹慎選擇未來布局策略，專注提高企業的引領力、瞬捷力和即戰力，避免因陷入成功經驗的陷阱，而失去企業的未來發展性。

觀察一：【全球局勢：從全球化到反全球化】

自工業革命以來科技不斷進步，並大幅改善地域上的限制，進而帶動全球化發展的興盛。然而誠如《呂氏春秋‧博志》所云：「全則必缺，極則必反，盈則必污。」2008 年爆發金融海嘯後，斷送全球化帶來高速成長的黃金年代，全球經濟因此受到影響，已開發國家逐漸失去經濟成長動能，各國政府亦無法提振本國經濟，造就失業率居高不下、消費者投資信心低迷等影響，促使民粹思想的提升，並在思維較為保守的右派人士推升下，滋生基層族群「反菁英統治」的情緒，進而體現在經濟發展上，並歸咎於全球化發展過度之影響，帶動一股「反全球化」及「反體制」的聲浪，隨著「反全球化」的意識日趨抬頭此浪潮將持續延燒，並影響日後全球經濟發展的關鍵因素。自 2016 年以來黑天鵝事件層出不窮，諸如：川普當選美國總統、英國通過脫歐公投及義大利公投失敗等，其後續效應更為 2017 年各國政經發展增添變數及不確定性，其中更以美國新任總統川普帶來的影響更為深遠。

美國總統川普的當選可視為「反全球化」浪潮的最佳印證，其上任後便不斷提倡「美國優先」之理念，從而提倡「貿易保護主義」做為美國未來貿易發展的主要方向。根據《經濟學人》（The Economist）（2016）於〈全球化倒退的 2.0 版〉（Globalisation backlash 2.0）一文提及：「川普的貿易保護政策將使人民面臨更高的產品價格，並引發全球性的貿易戰爭，使全球化進程面臨到退的風險。」美國做為全球第一貿易大國，其貿易政策勢必影響全球經貿發展，而封閉的貿易政策破壞雙邊或多邊的貿易協定，讓世界貿易走回單打獨鬥的舊道路上，並使全球化進程呈現逆勢發展。另一方面，根據安聯集團（Allianz Group）（2017）表示：「2017 年政治問題將持續影響全球。」2017 年將迎來歐洲各國的大選，如德國、法國及荷蘭等皆將進行全國性的選舉，在英國通過脫歐公投

後，其後續的骨牌效應使歐盟不確定風險更為加劇。是故，2017 年全球經貿發展定調為「憂」，誠如國際貨幣基金（IMF）首席經濟學家 Maurice Obstfeld 於 2017 年 4 月 19 日表示：「儘管 2017 年全球經濟有望成長，但仍將面對貿易緊張及地緣政治所帶來的擔憂。」此外，世界銀行（WB）（2017）亦指出：「各國政策的不確定性將使全球經濟再度蒙上陰影。」面對全球經濟發展充滿各種不確定性，全球政經格局將開始「重構」，各區域的地緣政治日益緊張，使各國對於貿易全球化和一體化的共識逐漸削弱，對全球未來經貿發展帶來劇烈影響。

觀察二：【亞太情勢：從亞太再平衡到亞太再失衡】

　　古云：「一髮不可牽，牽之動全身。」美國作為世界第一強國，致力維護各區域間的平衡，前美國總統歐巴馬（Barack Obama）自 2009 年上任後，便陸續推動「重返亞洲」、「亞洲再平衡」等地緣戰略，在亞太地區更祭出《跨太平洋夥伴關係協定》（TPP）及合作性的軍事演習，以世界第一大國之姿維護亞太秩序。然隨著川普時代來臨，其揮舞「讓美國再度偉大」（Make America Great Again）的大旗，並於 2017 年 1 月 23 日正式宣布美國將退出《跨太平洋夥伴關係協定》（TPP）。根據《彭博社》（Bloomberg）（2017）指出：「美國決定退出 TPP 後將打擊前美國總統歐巴馬實施亞洲戰略的成果，並讓中國大陸能進一步填補美國在全球經濟及政治影響力的空洞。」道出美國退出 TPP 後，將大大降低其在全球的領導地位，並讓中國大陸間接成為最大贏家，是故，2017 年亞太情勢發展將定調為「危」，誠如台北論壇基金會董事長蘇起（2017）表示：「川普上任後，亞太地區將進入一個『黑天鵝』亂飛的時代，同時亦是一個自顧不暇的時代。」顯示美國退出亞太地區的角力後，將迎來一個失衡的局勢，並提升亞太各地區發展的不確定性。另一方面，TPP 在失去主要推手美國的支持後，TPP 成員國於 2017 年 3 月 14 日至 15 日會議中邀請中國大陸共同參與協商，為美國退出 TPP 後尋求新的發展動能。根據前陸委會副主委林祖嘉（2017）表示：「中國大陸若能加入 TPP，並進一步與『區域全面經濟夥伴協定』（RCEP）進行整合，最終形成『亞太自由貿易區』（FTAAP），不僅對亞太地區各國經貿發展有很大的助益，更使中國大陸在亞太地區的領導地位無法動搖。」 一語道出失去美國的 TPP 成員國在迎來中國大陸後，將有助於亞太經濟板塊的統合，並推升中國大陸在全球經貿版圖的主導地位。

　　近年來中國大陸快速崛起，做為全球第二大經濟體，其全球影響力不在話下，對美國世界霸主的地位威脅日趨漸長，使美國壟罩在「修昔底德陷阱」

（Thucydides Trap）的氛圍中，根據台灣大學政治系榮譽教授張麟徵（2017）表示：「川普在全球的收縮戰略並不包括東亞地區，擴大『東北小北約』及在南韓部屬薩德系統皆是為了圍堵逐漸崛起的中國大陸。」綜上所述，儘管美國退出TPP後在亞太地區影響力漸減，但在亞太地區的地緣政治中美國依然雄踞一方，並持續完善亞太地區的圍堵戰略，使亞太地區地緣政治持續緊張。台灣長期處於中美關係的體制下，中美關係的熱絡程度將取決於當前的國際環境，進而影響美國對台政策，由於過往歷史因素，兩岸彼此之間的互動交流總是有所限制，隨著台灣再次政黨輪替，兩岸關係亦日趨漸行漸遠，合作空間顯得更為狹隘，在種種背景的交錯下將為中美台未來發展添增更高的不確定性，因此，台灣應強化自身競爭優勢找出獨樹一格的立基點，以避免成為美中兩國地緣政治大棋盤下的交易棋子。

觀察三：【兩岸變勢：從軟交流到冷對抗】

前經濟部長杜紫軍（2016）指出：「兩岸關係是台灣經濟發展必然面對的考驗，新政府必須要設法面對。」而美國政治理論大師 Francis Fukuyama 於2017 年 4 月 15 日更表示：「中國大陸善於藉多重雙邊協商取代區域協商以達成目的，台灣因地緣政治因素，其獨立性無法不受中國大陸的影響。」一語道出兩岸關係已成為左右台灣政治經濟發展的重要因素，而隨中國大陸政府於 2017 年伊始即動作頻頻，藉其漸臻熟稔的多元化外交手段，逐漸全方位有意無意壓縮台灣的國際生存空間，透過第三方組織、國家對台灣政經領域間接施壓，政治大學外交系副教授黃奎博於 2017 年 2 月 25 日指出：「隨著中國大陸逐漸將區域政治納入兩岸政策的考量因素時，台灣政府須更小心應對。」可知隨著中國大陸對台政策考量日益周延，兩岸關係將嚴重影響台灣的國際生存空間。此外，隨著雙方執政團隊對於過往兩岸合作基礎的「九二共識」存在本質差異，致使兩岸各界雖以不同的形式釋出善意和試探，兩岸互動仍呈現「官冷民溫」的「冷和平」互動態勢，致使中國大陸政府持續限縮對台灣的優惠政策，根據觀光局於 2017 年4 月份旅客人次統計顯示：「從 2016 年 5 月至 2017 年 2 月，赴台中國大陸旅客較 2016 年同期減少 112.7 萬人次、產值減少約 558 億元，幸因其他國家旅客來台增加填補部分缺口，惟因消費意願、停留天數不同，總體仍減少新台幣 130億元產值。」凸顯隨著中國大陸政府對台灣的態度轉強，以及單邊主義態勢興起，在兩岸缺乏有效溝通下，漸從「冷和平」態勢轉為「冷對抗」態勢，不但對台灣經濟產生負向影響，更加速兩岸模糊地帶消逝，不利兩岸關係發展。

有鑒於兩岸互動陷入僵局，淡江大學中國大陸研究所副教授張五岳於2017年1月25日表示：「為因應內部壓力和對國際社會宣示，未來中國大陸對台政策預計將以決策考量順序為基礎，雖持續施壓卻仍保留轉圜空間，因此，政府必須思索相應的階段性對策。」而海基會前董事長洪奇昌亦於2017年3月15日指出：「中國大陸政府短期內對台政策仍採『形式延續』，即使兩岸高層相互放話造成小震盪，其仍會保持『十八大』以降的基調。」凸顯出中國大陸政府雖持續增強施壓力道，卻仍保有交涉的餘地，台灣政府應設法把握契機，建構互信、對話的機制，而中央研究院院士朱雲漢於2017年4月18日更提出：「台灣要學習以小事大，避免在特定議題上與中國大陸硬碰硬，以避免掉入國際對抗的漩渦。」。此外，政治大學東亞研究所所長寇健文於2017年3月15日認為：「中國大陸未來將依循『三中一青』政策的核心思維，採『繞過台灣政府』單方作為，直接透過優惠政策對台灣民眾交流。」文化大學政治系講座教授陳一新於2017年3月16日亦表示：「中國大陸對台採取『硬的更硬、軟的更軟』，一面以『一中原則』畫下紅線，一面推動如『居民待遇』等惠民原則。」凸顯出面對兩岸關係趨冷，中國大陸政府逐步單邊調整惠台政策基調，致力將其利益「下沉」至民間，期望透過民間力向為雙方政府創造交涉空間。綜上所述，可知兩岸交流正進入「由外而內」、「雙向單邊」和「民間為主」的新階段。

觀察四：【台商趨勢：從中國唯一到中國加一】

自1987年兩岸首度開放交流，發展至今適逢兩岸開放第三十周年，回顧過往三十年，中國大陸挾帶生產要素低廉及人口紅利等優勢，創造經濟快速起飛的盛況，致使台商爭相「西進」掘金。然自2016年台灣新政府上任，兩岸關係急速凍結，根據前行政院院長陳冲（2016）指出：「兩岸關係的僵局將使台灣無法融入區域整合，可預見越來越多的台商將往馬來西亞及越南投資。」兩岸關係的低迷亦使在中國大陸的台商無法得到強而有力的後盾，因而影響企業競爭力，讓企業紛紛興起轉戰東南亞國家的念頭。此外，根據「世界經濟論壇」（World Economic Forum；WEF）（2016）發布《2016年全球貿易促進報告》（Global Enabling Trade Report 2016）提及：「東南亞各國不斷嘗試各方面的整合，未來其開放程度將更勝於美國及歐盟。」可知儘管東協各國存在政治、經濟及文化等差異，但仍致力於打造無國界的區域經濟整合，其不僅組成「東協經濟共同體」（AEC）同時更加入RCEP及TPP等區域型組織，這將有利於台商降低貿易壁壘，因此2017年台商布局將定調為「拓」，在中國大陸投資充滿挑戰的同時，台商

可尋求下一個「蜜與奶之地」，並引領台商從過往「中國唯一」到「中國加一」布局思維的轉變。

此外，近年中國大陸進行結構性改革，在體制調整的同時亦帶來投資成本提升、產能供過於求、人口紅利不再及資源配置的重整等問題，台商過往布局思維常以低成本追求高獲利的成本領先策略（Cost Leadership）做為投資第一要素，是故成本的提升使台商傳統型的經濟規模效益遞減，隨著中國大陸投資環境變化無常，以及全球市場漸往「品質和品牌」與「價格及成本」兩端的 M 型化態勢發展，台商企業過去擅長的成本導向策略不但容易落入惡性競爭的紅海市場，亦因透過成本而取得的優勢有其侷限性，更難蓄積實力應對變動更趨劇烈、快速的市場，致使逐漸落入惡性循環，因此台商在布局東南亞國家的同時，亦須改變過往生產外銷的思維，更須看中人口紅利所帶來的內需市場。此外，東南亞絕不是台商轉移投資的唯一選向，面對全球化競爭，台商應以更開放的心態應對，不僅朝向東南亞市場發展更應放眼全球，透過《跨太平洋夥伴關係協定》（TPP）及《區域全面經濟夥伴協定》（RCEP）等大型區域經濟整合機制，延伸台商布局範疇，誠如泰國外商聯合總會主席康樹德（2015）所云：「『新南向』不是台灣唯一選項，哪邊有機會就往哪邊布局。」此外，義聯集團創辦人林義守（2017）表示：「在西進及南向皆不順利的同時，美國提供稅收優惠並擴大基礎建設，致使義聯集團將赴美設廠。」綜上可知，企業應審時度勢並強化自身企業競爭優勢，以企業本身核心競爭力作為布局的後盾開拓下一塊白地市場。

觀察五：【大陸態勢：從區域經濟到中國版全球化】

中國大陸自改革開放以來，先後設立五大經濟特區及開放沿海城市，帶領中國大陸逐漸擺脫封閉的貿易體系，隨著沿海地區發展逐漸成熟，為平衡區域協調發展，以轉移重心擴大培養內陸經濟，相繼提出西部大開發、東北振興及中部崛起等區域戰略，時至今日帶動中國大陸經濟水平高度成長，不僅晉升為全球第二大經濟體，其國際地位及影響力皆大幅提升，從先前亞信峰會、APEC 峰會及 G20 峰會分別於中國大陸的上海、北京及杭州舉辦之後，2017 年金磚國家峰會亦定於中國大陸廈門進行，隨著世界各大重要會議陸續登陸，這象徵中國大陸影響力不斷擴大，並衝擊國際經貿版圖的重構。根據亞太和平研究基金會董事長許信良（2017）表示：「在美國退出全球化後，中國大陸將引導下一波的全球化發展。」此外，2017 年 4 月 20 日，根據前海基會副秘書長石齊平表示：「18、19 世紀為英國版的全球化 1.0，此時強調貿易及殖民主義；而 20 世紀後，美國

版的全球化 2.0 逐漸興起，並著重以金融及軍事霸權為主的帝國主義；接續 21
世紀，中國版的全球化 3.0 必將到來。」綜上所述，全球化的進程在失去美國的
引領後，中國大陸將傳承衣缽，並提出「中國版全球化」為全球經貿發展建構新
秩序。

　　誠如知名英國歷史學家 Arnold Toynbee 所云：「19 世紀是英國人的世紀；
20 世紀是美國人的世紀；而 21 世紀將是中國人的世紀。」中國大陸自 2013 年
便積極推動「一帶一路」、亞太自由貿易區（FTAAP）及「亞洲基礎設施投資銀
行」（AIIB）等區域發展戰略，其中，「亞洲基礎設施投資銀行」成立至今已吸
引 77 個經濟體加入；而「一帶一路」戰略不僅涵蓋亞、歐、非三大洲，更超過
100 個國家及組織共襄盛舉，並於 2017 年 5 月 14 日舉辦首屆「一帶一路國際合
作高峰論壇」，希望透過各國的力量以共同描繪「中國版全球化」的發展藍圖。
根據《經濟學人》（The Economist）（2016）指出：「中國大陸的『一帶一路』
戰略將重塑世界經濟版圖。」此外，《洛杉磯時報》（Los Angeles Times）（2016）
亦指出：「中國大陸將藉由推動『亞洲基礎設施投資銀行』及『一帶一路』戰略
整合區域及全球貿易發展，並逐漸取代美國成為全球共主。」綜上所述，中國大
陸所倡導之「一帶一路」等區域戰略將為失序的世界迎來一個「再全球化」抑或
是「新全球化」的新契機與新願景，並推升中國大陸成為世界共主的地位。如同
中國大陸國務院副總理張高麗於 2017 年 3 月 25 日博鰲亞洲論壇開幕演說提及：
「世界大國對於世界和平附有相對的責任，並應秉持『開放』及『包容』的理念，
打造經濟一體化與經濟全球化。」一語道出隨著中國大陸逐漸晉升世界大國，其
皆以「開放」及「包容」的心態作為新型全球化的核心理念，並藉由「一帶一路」
及「亞太自由貿易區」等戰略作為發展動能，推升「中國版全球化」的發展進程。

　　綜合上述五個觀察，2017 年全球政經發展將有所改變，並迎來新世紀全球
版圖的重構，正如中央研究院院士朱雲漢（2017）指出：「全球將迎來『第三
世代全球化』，而中國大陸及印度將為主要角色。」面對新全球經貿板塊的變革，
對台商而言不但是一種機遇更是另一種不同的挑戰，除追尋新的布局市場，更應
從三大面向進行升級，在經貿模式上從「單向投資」向「雙向交流」的轉型；投
資紅利上從「勞動人口」向「內需市場」的轉變；布局思維從「資源互補」向「以
人為本」的轉念，藉由掌握經貿情勢的脈動，建構更為完善的布局策略，並成為
全球價值鏈中缺一不可的要角。

全球經貿發展
新洞察

第 2 章

2017 全球經濟發展情勢新展望

揭櫫 2017 年全球經濟發展態勢，諸多研究機構與媒體紛紛給予定調，國際貨幣基金（IMF）總裁 Lagarde 於 2017 年 4 月 24 日指出：「春天到了，全球經濟的春天也跟著來了，明示全球經濟曙光初露，但不確定性仍猶存」。聯合國（UN）稱 2017 年為經濟緩慢復甦的一年；世界銀行（WB）指出 2017 年為全球經濟充滿不確定性的一年；世界經濟論壇（WEF）說是全球經濟成長步履蹣跚的一年；美國有線電視新聞網（CNN）則形容 2017 年將是「極具風險」的一年。

綜合上述可知，雖然 2017 年全球經濟逐漸呈溫和復甦之勢，較 2016 年樂觀，然在政治風險、貿易保護主義及民粹主義崛起、新興市場債務危機等風險下，全球市場仍充滿高度不確定性與不可預測性，如同匯豐銀行（HSBC）（2016）指出：「2017 年全球經濟處於『脆弱平衡』狀態，雖可持續復甦，但若有風吹草動，市場將會明顯動盪」；而《彭博商業週刊》（Bloomberg Businessweek）（2016）指出：「展望 2017 年全球經濟，雖沒有即刻崩潰的風險，但市場似乎頗為動盪。」顯示未來全球經濟雖呈緩慢復甦，但若出現難以預料的黑天鵝事件，市場恐發生令人擔憂的挑戰。

一、研究機構預測全球經濟成長率

2017《TEEMA 調查報告》將全球各研究機構對於 2017 年全球經濟成長率預測值進行彙整，同時放入與前次預測比較，並探究其樂觀預估或悲觀預估之原因，彙整如表 2-1 所示。由表 2-1 可發現，全球經濟成長率預測於 3.0%到 3.4%的區間出現陡坡，以此為依據將各研究機構區分為高估及低估群組，發現共有七個機構屬高估群組，而有十個機構為低估群組。同時就各研究機構與前期報告之預測值增減進行分析，可發現除瑞士信貸集團（Credit Suisse）調降預測值，其餘機構對全球經濟成長率預測均維持亦或上調其預測值，顯示各機構對於 2017

年經濟發展前景持較樂觀態度,茲將主要原因分述如下:

原因一:【歐元區經濟擺脫泥沼】

根據表 2-1 可知,七個機構認為歐元區經濟成長趨於穩定為其對於全球經濟發展抱持樂觀態度之原因。根據環球透視(Global Insight)經濟學家 Archer(2017)指出:「原先預估歐元區 2017 年全年經濟成長率約達 1.7%,就現今局勢看來應為低估,2017 年歐洲經濟成長率有機會達到 2.0%。」此外,2017 年 5 月 4 日,德國 ING-DiBa 銀行經濟學家 Brzeski 表示:「歐元區 2017 年將可能出乎意料的帶動全球經濟,也將使得歐洲央行(ECB)減小量化寬鬆(QE)規模,並為其調整貨幣政策帶來壓力。」綜上可知,2017 年歐洲經濟開始逐漸復甦,進而將帶動全球經濟上升,也因此各機構對全球經濟抱持樂觀的態度。

原因二:【日本經貿成長穩定】

綜觀各機構對於全球經濟成長樂觀因素,可發現日本經濟回穩為當中重要的因素之一。根據日本財務省 2017 年 4 月 20 日發布貿易數據顯示,由於日本對中國大陸出口的液晶裝置等觸發拉動作用,使日本對亞洲的出口額達到歷史新高。2016 年貿易收支實現 4.0069 兆日元順差,為自 2010 年度以來,時隔 6 年貿易達到順差。此外,2017 年 6 月 21 日,國際貨幣基金(IMF)第一副主席 Lipton 表示:「日本在對於刺激其經濟做出許多努力,現今最重要的是維持貨幣寬鬆至通膨回穩,日本的貨幣與財政政策效果良好,同時也代表安倍經濟學(Abenomics)的成功。」綜上可知,日本逐漸擺脫經濟泡沫化的風險,透過與中國大陸進行貿易及安倍晉三政府推行的各項經濟政策,整體金融市場開始穩定,也使得各機構對於全球經濟成長率看好。

原因三:【新興經濟體成長回暖】

諸多研究機構提及新興經濟體成長為其對 2017 年全球經濟樂觀之原因,其中以巴西和俄羅斯的經濟回穩為主要因素。2017 年 3 月 27 日,美國銀行(Bank of America)指出:「俄羅斯正在努力地回復自身經濟,而巴西政府則推動改革,藉由將利率維持在低點,期許能使經濟走出衰退的情況。」此外,2017 年 2 月 7 日,普華永道(PwC)發布《全球經濟趨勢報告》(World in 2050)指出:「自 2016 年至 2050 年間,全球經濟成長率平均每年為 2.5%,其主要驅動力來自於新興市場及開發中國家。」綜上可知,全球經貿局勢不斷變化,全球經濟力量將持續從已開發國家轉移新興市場,使之吸引更多企業與人才前往布局,可見新興市場在未來的全球經濟成長,將扮演關鍵性的角色。

表 2-1　2017 年全球研究機構經濟成長率預測

預測時間	研究機構	報告	預測值	預測增減	原因分析
2017/06/14	摩根士丹利（Morgan Stanley）	《全球經濟半年度展望》（2017 global midyear economic）	3.6%	+0.2%	❶ 美國股票市場潛力無窮 ❷ 日本與歐洲經濟復甦 ❸ 新興市場回溫
2017/01/20	高盛集團（Goldman Sachs）	《全球經濟展望》（Global Economic Outlook）	3.5%	+0.0%	❶ 美國經濟成長將適度加速 ❷ 新興經濟體成長狀況大為改善 ❸ 歐洲、日本經濟成長較為穩定
2017/04/18	國際貨幣基金（IMF）	《世界經濟展望》（World Economic Outlook）	3.5%	+0.1%	❶ 歐洲、日本製造業與貿易成長 ❷ 仍須注意貿易保護主義政策
2017/02/03	德意志銀行（Deutsche Bank）	《全球市場展望》（Market Outlook Slides）	3.5%	+0.1%	❶ 川普政府政策使美國經濟成長 ❷ 美國經濟回溫活絡全球市場
2017/05/24	歐睿信息諮詢公司（EuroMonitor International）	《全球經濟預測》（Global Economic Forecasts）	3.5%	+0.2%	❶ 新興市場與發展中經濟體成長 ❷ 已開發國家消費者信心增加
2017/06/01	經濟合作暨發展組織（OECD）	《全球經濟展望》（Global Economic Outlook）	3.5%	+0.2%	❶ 消費者信心增加，投資和貿易上升 ❷ 商品生產復甦 ❸ 新技術產品和投資需求不斷成長
2017/05/11	歐洲委員會（EC）	《2017 全球經濟春季預測》（Spring 2017 Economic Forecast）	3.4%	+0.0%	❶ 新興市場經濟回穩 ❷ 商品價格上漲
2017/05/15	環球透視（GI）	《月度全球經濟展望》（Monthly Global Economic Overview）	3.0%	+0.1%	❶ 新興經濟體經濟轉好 ❷ 大宗商品價格持穩和需求上升

表 2-1 2017 年全球研究機構經濟成長率預測（續）

預測時間	研究機構	報告	預測值	預測增減	原因分析
2017/04/03	瑞士信貸集團（Credit Suisse）	《全球經濟季度展望》（Global Economics Quarterly）	3.0%	-0.4%	❶ 美國減稅與改革範圍減少 ❷ 已開發市場勞動力下降
2017/06/28	焦點經濟信評機構（FocusEconomics）	《主要經濟體預測報告》（Economic Snapshot for the Major Economies）	3.0%	+0.1%	❶ 歐元區及日本經濟成長 ❷ 能源價格下滑
2017/06/21	花旗銀行（CitiBank）	《花旗經濟展望》（Citi's Economic Outlook）	3.0%	+0.2%	❶ 投資復甦且利率較低 ❷ 新興市場股市回溫
2017/05/01	美國經濟諮商會（The Conference Board）	《全球經濟展望》（Global Economic Outlook）	2.9%	+0.0%	❶ 新興市場經濟回穩 ❷ 歐洲和日本內部成長動力
2017/06/19	惠譽國際信評機構（Fitch Ratings）	《全球經濟展望》（Global Economic Outlook）	2.9%	+0.0%	❶ 歐元區經濟回升 ❷ 新興市場 GDP 提高
2017/04/19	中華經濟研究院	《臺灣經濟預測》	2.9%	+0.1%	❶ 新興市場國家之成長改善
2017/05/16	聯合國（UN）	《世界經濟形勢與展望》（World Economic Situation and Prospects）	2.7%	+0.0%	❶ 美國和日本經濟復甦 ❷ 東亞及南亞國內需求強勁 ❸ 巴西和俄羅斯的回穩
2017/06/03	世界銀行（WB）	《全球經濟前景》（Global Economic Prospects）	2.7%	+0.0%	❶ 新美國、日本及歐洲經濟回升 ❷ 新興市場進出口增加
2017/06/14	經濟學人智庫（EIU）	《全球經濟預測》（EIU Global Forecast）	2.7%	+0.1%	❶ 歐元區經濟成長驅動全球 ❷ 商品價格下跌減緩

原因四：【美國投資與經濟回溫】

根據表 2-1 可發現有五個機構認為美國投資與經濟回穩為全球經濟發展抱持樂觀態度之原因，顯示美國川普政府上任後的政策與全球經濟發展密不可分。2017 年 3 月，《華爾街日報》（WSJ）針對美國經濟情勢進行調查，在接受調查的 61 個經濟學家中，有 62％的經濟學家認為美國經濟成長將超過預期，僅 23％認為美國經濟將面臨下行風險。此外，惠譽信評機構（Fitch Ratings）首席經濟學家 Coulton（2017）指出：「美國率先各國出現景氣回溫、同時擴大財政政策等，讓全球經濟走出各國央行不斷貨幣量化寬鬆的困境，美國率先升息的動作，也將隨著景氣穩定而增加。」綜上可知，當前世界強權美國由於新政府推行的財政政策，經濟前景一片看好，同時亦活絡全球金融市場，使 2017 年全球經濟出現起色。

原因五：【已開發國家經濟復甦】

依據本研究彙整，多家研究機構認為已開發國家經濟復甦為其對全球經濟成長率保持樂觀態度的原因。2017 年 3 月 7 日，惠譽信評機構（Fitch Ratings）發布《全球經濟展望報告》（Global Economic Outlook）提及：「預設 2017 年已開發國家平均 GDP 成長率將從 2016 年的 1.6％上升至 1.9％、2018 年再上升到 2.0％，其主因為美國的帶動，特別是短期景氣回溫加速。」顯示 2017 年全球經濟脫離過去幾年的泥沼，其主因在於已開發國家經濟緩速回升，尤其是美歐日等主要已開發國家進口年增率亦提高全球需求。導致食品及能源等價格因此提升。此外，美國及歐元區物價年增率超越 2.0％，顯示其經濟開始復甦。

二、研究機構預測主要經濟體經濟成長率

各研究機構針對不同類別經濟體進行 GDP 預測，茲將研究機構預測 2017 年主要經濟體之經濟成長率彙整如下：

表 2-2　2017 年全球主要經濟體經濟成長率預測

發布預測機構		主要經濟體	2016	2017
	聯合國 （UN）	已開發國家	2.2%	1.8%
		轉型經濟體	0.8%	1.8%
		新興經濟體	4.3%	4.2%
		未開發國家	5.6%	4.7%
	世界銀行 （WB）	已開發國家	2.1%	1.9%
		新興經濟體	3.4%	4.1%
	國際貨幣基金 （IMF）	已開發國家	2.0%	2.0%
		新興經濟體	4.1%	4.5%
		歐元區	1.5%	1.6%
	經濟合作暨發展組織 （OECD）	歐元區	1.4%	1.6%
	歐洲委員會 （EC）	歐元區	1.7%	1.7%
		歐　盟	1.9%	1.9%
	摩根士丹利 （Morgan Stanley）	新興經濟體	4.0%	4.7%
		歐元區	1.5%	1.9%
	花旗銀行 （Citi Bank）	已開發國家	1.6%	1.9%
		歐元區	1.3%	1.7%
		新興經濟體	3.8%	4.2%
	經濟學人智庫 （EIU）	歐元區	1.5%	1.8%
		歐　盟	2.0%	1.9%
		中東北非	2.0%	2.3%
		拉丁美洲	0.3%	1.0%
	環球透視 （GI）	新興經濟體	3.9%	4.5%
		歐元區	1.7%	1.8%

資料來源：各研究機構、本研究整理

註 1：歐盟區：包含奧地利、比利時、保加利亞、賽普勒斯、克羅埃西亞、捷克共和國、丹麥、愛沙尼亞、芬蘭、法國、德國、希臘、匈牙利、愛爾蘭、義大利、拉脫維亞、立陶宛、盧森堡、馬爾他、荷蘭、波蘭、葡萄牙、羅馬尼亞、斯洛伐克、斯洛維尼亞、西班牙、瑞典、英國等 28 個會員國。

註 2：歐元區：包含奧地利、比利時、芬蘭、法國、德國、愛爾蘭、義大利、盧森堡、荷蘭、葡萄牙、西班牙、希臘、斯洛維尼亞、賽普勒斯、馬爾他、斯洛伐克、愛沙尼亞、拉脫維亞等 18 國。

就上表可發現各研究機構預測 2017 年各主要經濟體成長速度依序為：新興經濟體＞歐元區＞已開發市場。

三、全球貿易成長率預測

有關五大研究機構預測 2017 年全球貿易成長率，茲分述如下：

❶**國際貨幣基金（IMF）**：2017 年 4 月 18 日，國際貨幣基金指出：「預計全球貿易將在 2017 年開始逐步復甦，全球商品出口將提升，因此預測 2017 年全球貿易成長率為 4.0％。」

❷**世界銀行（WB）**：2017 年 6 月 3 日，世界銀行指出：「全球貿易成長預計將會反彈，主要經濟體擁有更多的進口需求，同時中國大陸貿易流量增加，預測 2017 年全球貿易成長率達到 4.0％。」

❸**經濟合作暨發展組織（OECD）**：2017 年 6 月 1 日，經濟合作暨發展組織指出：「全球貿易由於中國大陸貿易流動刺激，同時在新興經濟體逐漸轉為出口市場的情況下，預測 2017 全球貿易成長率將達 4.6％。」

❹**世界貿易組織（WTO）**：2017 年 4 月 12 日，世界貿易組織指出：「近期全球經濟的不可預測方向，加之各國政府在貨幣、財政和貿易政策方面的行動缺乏明確性，導致貿易活動受到窒息的風險，因此預測 2017 全球貿易成長率為 2.4％。」

❺**經濟學人智庫（EIU）**：2017 年 6 月 29 日，經濟學人智庫指出：「全球經濟復甦同時帶動開發中與已開發國家的貿易成長，且中國大陸的貿易數據亮眼，為短期貿易成長增添許多信心，因此預測 2017 全球貿易成長率提升至 3.3％。」

綜合上述論述顯示，除世界貿易組織對全球貿易成長較不樂觀外，其餘機構均持樂觀態度，主要原因在於中國大陸的貿易開始活絡及新興經濟體貿易量回升。2017 年 5 月 18 日，根據標準普爾（Standard & Poor's）指出：「全球貿易在歷經長期疲軟後，重新開始有成長動力，新興經濟體及美國的進口量均在提升。」顯示全球貿易開始走出低迷態勢，逐漸攀升，然在貿易保護主義、孤立主義、反區域整合及民粹主義等等的風險下，各國政府仍須注意其中的風險，避免過多的貿易保護政策，才能促進全球經貿發展。

第 3 章
全球經貿風險與類型新剖析

信用保險公司科法斯集團（Coface）舉行 2017 年全球國家風險論壇時提及：「2017 年將是新興國家政治風險與銀行風險交織的一年，儘管全球經濟成長前景略有起色，但隨著川普當選美國總統、全球貿易保護主義抬頭、新興國家企業高負債比及壞帳劇增，皆為未來全球經濟發展帶來一股不確定性。」此外，中央銀行於 2017 年 4 月 4 日發出警告：「雖經濟指標顯示全球復甦動能逐步增強，但全球經濟政策不確定性指數（Economic Policy Uncertainty；EPU）卻攀升至歷史高點，政策變數恐影響全球經濟表現。」全球 EPU 指數主要用來反映世界各大經濟體經濟和政策的不確定性，由史丹佛大學（Stanford University）和芝加哥大學（The University of Chicago）提出。然根據研究發現，1997 年至 2011 年 6 月，全球 EPU 指數平均為 90，而 2011 年 7 月後，因歐債危機、歐洲移民危機，至 2016 年英國脫歐公投、美國總統大選等重大國際事件，全球EPU 指數攀升至 152，暴增 1.69 倍，創下歷史新高。綜上可知，無論是國際事件帶來的衝擊或研究數據顯示的結果皆可發現 2017 年充滿不確定性與隱含諸多不同類型的風險，各國應妥擬應對之策。

2016 年全球政治動盪不安，可知 2017 年風險類型中以政治風險最為受到關注。科法斯集團（Coface）分別於 2013 年與 2016 年先後推出新興國家與西歐政治風險指數後，更於 2017 年 3 月 29 日，推出針對 159 個國家的全球政治風險指數。評估指標分為國家安全風險、政治和社會壓力風險兩大構面，研究包含五大發現，分別為：（1）自 2013 年來指數呈上升趨勢；（2）國家安全風險含地區衝突、恐怖主義，直接令企業無法運營；政治和社會壓力風險則打擊經營信心，間接影響企業經濟活動和投資；（3）2007 至 2015 年，地區衝突風險上升一倍；（4）恐怖襲擊風險自 2008 年飆升 2.8 倍；（5）民粹主義的興起被納入衡量已開發經濟體的政治風險因素。

一、2017 年全球經貿風險評估

隨川普當選美國總統後，民粹主義散布至全球各地，使地緣政治動盪由新興市場轉向已開發國家擴張。在金融市場未出現明顯問題下，國際市場資金流通並未停滯，但卻也為 2017 年帶來資產泡沫化的風險。2017 年全球風險已由亞洲國家與新興市場轉向歐美。茲彙整研究機構及媒體雜誌論述並分述如下：

1. 研究機構對全球風險之論述

❶ **國際貨幣基金（IMF）**：2017 年 1 月 17 日，國際貨幣基金發布《世界經濟展望》（World Economic Outlook）指出：「2017 年全球主要的經濟風險包括：（1）川普上任，美國新政府政策不確定性；（2）封閉政策和保護主義升溫；（3）地緣政治的緊張局勢；（4）恐怖主義加劇；（5）東南部非洲乾旱持續；（6）茲卡病毒傳播。」

❷ **世界銀行（WB）**：2017 年 1 月 10 日，世界銀行發布《2017 年全球經濟展望報告》（Global Outlook Report）（2016）指出：「2017 年全球經濟成長預計將溫和回升至 2.7%，但仍面臨幾項風險分別為：（1）貿易保護主義情緒上升；（2）美國經濟政策不確定性；（3）新興市場投資成長放緩。」

❸ **世界經濟論壇（WEF）**：2017 年 1 月 11 日，世界經濟論壇發布《2017 年全球風險報告》（Global Risks Report 2017）表示：「未來十年世界將面臨發展的五大風險：（1）經濟不平等擴大；（2）社會極端分化；（3）全球氣候變遷；（4）網絡依耐性上升；（5）人口老齡化問題。」另外，社會及政治動盪帶來許多潛在威脅，國家間的衝突、社會不穩定及恐怖攻擊等，則可能導致商業活動中斷。」

❹ **高盛集團（Goldman Sachs）**：2017 年 1 月 14 日，高盛集團指出：「2017 年全球仍存有三項重大風險，可能使全球經濟嶄新樂觀氣氛為之破滅，分別為：（1）川普政府上任，政策恐轉向保護主義；（2）歐洲政治風險，尤其是南歐經濟體的勞工市場；（3）中國大陸債務持續快速成長，其債務占 GDP 的比例亦上升。」

❺ **太平洋投資管理公司（Pacific Investment Management Company；PIMCO）**：2016 年 12 月 16 日，太平洋投資管理公司發布《2017 週期性展望》（2017 Cyclical Outlook：In to the Unknown）提到：「2017 年全球經濟將經歷三個困難轉變，即：「（1）從貨幣政策轉向財政政策：歐洲央行可能無法達成通膨目標；（2）從全球化轉向去全球化：川普經濟政策帶來更多不確定性，民粹主義崛起可能性大；（3）中國大陸人民幣機制的轉變。」

❻ 歐亞集團（Eurasia Group）：2017 年 1 月 3 日，歐亞集團發布《2017 全球十大風險》（Top Risks 2017）表示：「2017 全球十大政治風險分別為：（1）美國總統著重即時國家利益；（2）中國大陸十九大變數；（3）梅克爾遭遇政治及經濟挑戰；（4）世界領導不積極改革國家；（5）科技進步加劇中東政治不穩；（6）已開發國家央行被拉入政治；（7）美國政府與矽谷科技巨頭產生磨擦；（8）土耳其政府的中央集權會惡化現有管治、經濟及外交壓力；（9）南韓將對北韓採取更強硬的外交政策；（10）南非政治鬥爭降低其維持區內安全的傳統角色。」

❼ 科法斯集團（Coface）：2017 年 1 月 24 日，科法斯（Coface）於巴黎舉行年度全球國家風險論壇表示：「2017 年全球政治風險將達史無前例的高度，新興市場恐面臨：政治風險與銀行風險；而已開發國家則面臨政治變數。」

❽ 穆迪信評機構（Moody's）：2017 年 2 月 17 日，穆迪信評機構發布《2017 年亞洲債券市場將面臨五大考驗》指出：「（1）中國大陸經濟結構改革；（2）美國上調利率；（3）已開發經濟體保護主義抬頭；（4）歐盟潛在的政治變化；（5）亞洲經濟體槓桿率居高不下的挑戰均是 2017 年的風險。」

❾ 美國國家情報委員會（NIC）：2017 年 1 月 9 日，美國國家情報委員會發布四年一度報告《全球趨勢：進步的悖論》（Global Trends：Paradox of Progress）指出：「未來五年全球衝突風險將達到冷戰之後的最高水準，其中包含（1）民族主義被反對全球化的情緒點燃；（2）恐怖主義將在未來十年增加，因眾多的小團體及個人將利用「新觀念、新技術、新關係」擴展恐怖活動。」

❿ 達信集團（Marsh & McLennan）：2017 年 2 月 21 日，達信集團發布《2017 年達信政治風險地圖》（The Political Risk Map of 2017）指出：「2017 年跨國企業面臨的政治和經濟風險將進一步加劇，諸如：（1）民族主義情緒高漲；（2）政權交接存在不確定性；（3）恐怖主義威脅持續存在；（4）保護主義抬頭。」

⓫ 化險諮詢集團（Control Risks）：2017 年 3 月 2 日，化險諮詢集團發布《2017 年風險地圖》（2017 Risk Map）指出：「2017 年全球面臨五大風險因素，包含：（1）民粹主義抬頭；（2）歐洲國家權力更替；（3）地緣政治博弈；（4）監管政策鞭笞；（5）恐怖主義威脅碎片化。」

2. 媒體雜誌對全球風險之論述

❶ 《經濟學人》（The Economist）：2017 年 3 月 18 日，《經濟學人》撰寫〈全球經濟同步成長〉（The global economy enjoys a synchronised upswing）一文中以「令人失望」形容當前全球政治氛圍。其中包含：（1）地緣政治風險；（2）民粹主義升溫。

表 3-1　2017 年全球經貿風險彙整

全球經濟發展風險　研究機構與媒體智庫雜誌	發表時間	❶ 美國政府不確定性	❷ 歐洲各國政權變革	❸ 貿易保護主義興起	❹ 地緣政治局勢緊張	❺ 民粹主義世界盛行	❻ 恐怖主義威脅劇烈	❼ 金融危機風險提升	❽ 全球氣候變化莫測	❾ 科技風險迅速攀升
1 國際貨幣基金	2017			◎	◎		◎		◎	
2 世界銀行	2017			◎						
3 世界經濟論壇	2017		◎						◎	◎
4 高盛集團	2016	◎								
5 太平洋投資管理公司	2016					◎		◎		
6 歐亞斯集團	2016							◎		
7 科法斯集團	2017		◎	◎						
8 信評機構穆迪	2017	◎	◎							
9 美國國家情報委員會	2017					◎	◎			
10 達信集團	2017	◎		◎		◎	◎			
11 化險諮詢集團	2017	◎			◎		◎			◎
12 瑞銀財富管理	2017					◎				
13 《經濟學人》	2017		◎		◎					
14 《金融時報》	2017				◎			◎		
15 《彭博社》	2017	◎			◎	◎				
16 《華爾街日報》	2017	◎	◎							
17 《費加羅報》	2016		◎	◎						
總計數量		6	6	5	5	5	4	3	2	2

資料來源：本研究整理

註：僅列出前九大風險

❷《金融時報》（Financial Times）：2017 年 1 月 5 日，《金融時報》報導指出：「2017 年世界經濟很可能將繼續成長，但要警惕破壞穩定成長的三大因素：（1）重大戰爭；（2）通貨膨脹衝擊；（3）金融危機爆發。」

❸《彭博社》（Bloomberg News）：2017 年 1 月 3 日，《彭博社》報導指出：「2017 年主要風險有：（1）美國總統川普上任；（2）地緣政治風險提高；（3）各國政治不確定性。」

❹《華爾街日報》（World Street Journal）：2017 年 1 月 11 日，《華爾街日報》指出：「展望 2017 年，全球金融市場將會經歷重重考驗。具體而言，有以下四大風險值得關注：（1）川普政府新的財政政策能否生效；（2）歐盟各國大選將反歐力量推向前台；（3）英國退歐風險仍將擾動全球外匯市場；（4）日元大幅貶值的風險。」

❺《費加羅報》（Le Figaro）：2016 年 12 月 30，《費加羅報》報導指出：「2017 年全球經濟風險高，主要原因有：（1）川普入主白宮；（2）中美關係緊張；（3）歐洲各國的選舉；（4）利率升高的風險；（5）保護主義崛起。」

二、2017 年全球九大經貿風險剖析

邁入 2017 年，全球經貿與政治動盪不安，世界瀰漫民粹主義與恐怖主義，面對嚴峻的風險環境，各國應妥擬應對之策，經由表 3-1 彙整研究機構與國際媒體提出全球風險之研究報告或觀點，列出全球九大風險，依照風險程度高低分別為：（1）美國政府不確定性；（2）歐洲各國政權變革；（3）貿易保護主義興起；（4）地緣政治局勢緊張；（5）民粹主義世界盛行；（6）恐怖主義威脅劇烈；（7）金融危機風險提升；（8）全球氣候變化莫測；（9）科技風險迅速攀升。

風險一：【美國政府不確定性】

2016 年 11 月 14 日，高盛集團（Goldman Sachs）指出：「川普提出四大政策，包括刺激財政、貿易關稅、限制移民及改變聯準會（Fed），在短時間內財政刺激能驅使全球經濟成長，但是長期而言恐對全球經濟造成不良影響，若未擬定對應措施及解決方案，恐將出現更多問題。」此外，德勤（Deloitte）於 2017 年 1 月 16 日發布《亞洲之聲》（Voice of Asia）亦表示：「美國總統當選人川普已放寬當選前所開的政治支票，但在貿易政策方面仍未表示，若該政策實施可能造成美中關係緊張，降低美國跨國企業的競爭力及供應鏈。」綜上可知，川普當選總統後其政策將牽動全球經濟與政治走向，若其執意推行相關政策，將對全球經濟產生重大風險，各國應提早擬定應對措施。

風險二：【歐洲各國政權變革】

2016年10月21日，科法斯（Coface）發布《2017歐洲經濟報告》（European Economies in 2017）指出：「2017年歐洲政治風險將不斷升高，一方面，受經濟環境不佳的影響；另一方面，歐洲面臨包括義大利修憲公投、西班牙的立法選舉、法國總統大選及德國立法機構選舉等多個關鍵政治事件。」此外，2017年1月18日，《彭博商業週刊》（Bloomberg Businessweek）提到：「2016年12月4日義大利公投未通過，因此首相Renzi將引咎辭職，義大利極右派政黨恐伺機而起，歐盟區政治風險將急速上升，對經濟發展造成影響，荷蘭、法國和德國2017年都將舉行大選，同時歐洲懷疑主義力量的崛起，皆顯示歐洲政治的不平靜。」綜上可知，歐洲政治動盪嚴重，2017年多個歐盟大國政權將出現變化，若不小心應對恐導致歐元區的瓦解。

風險三：【貿易保護主義興起】

根據英國經濟政策研究中心（Centre for Economic Policy Research；CEPR）（2016）發布《全球貿易預警》（Global Trade Alert）指出：「在全球經濟成長明顯放緩的情況下，全球貿易保護主義越發盛行。以美國為例，從2008年到2016年共採取600多項貿易保護措施，但僅2015年就採取90項。可見貿易保護主義上升情勢顯著。」2016年12月22日，中央銀行總裁彭淮南表示：「在新全球化發展下，去除資本流動與貿易屏障不應該成為最終目標，『全球若走向貿易保護主義，所有國家都是輸家』，建議運用政策和移轉性支出來將利益重新分配，創造公平友善的全球化模式。」有鑑於此，全球保護主義興盛，各國皆設立貿易壁壘以期保護國內市場，但若持續採取封閉政策，恐將對全球經貿造成傷害。

風險四：【地緣政治緊張局勢】

2017年1月3日，歐亞集團（Eurasia Group）總裁Bremmer表示：「全世界已進入『地緣政治衰退時代』，隨著川普當選總統，其取美國優先的外交政策，代表過往的美國例外主義、國際領袖地位及維持國際間安定的時代結束，2017年全球將進入地緣政治變動劇烈時期。」此外，根據英國《金融時報》（Financial Times）首席經濟評論員Wolf亦指出：「2016年風險中英國脫歐及川普當選皆成真，2017年主要地緣政治風險有：「（1）歐盟面臨嚴重政治壓力；（2）俄羅斯總統普丁的復仇主義；（3）北韓的核武威脅；（4）印度和巴基斯坦的衝突。」綜上可知，2017年全球局勢出現巨大變化，世界都將受到地緣政治的衝擊，恐對現今經濟生態產生重大變革。

風險五：【民粹主義世界盛行】

美國市調機構愛德曼（Edelman）於 2017 年 1 月 15 日發布《2017 信任度調查》（2017 Edelman Trust Barometer）指出：「2016 年社會大眾對商業領袖、媒體及政府機關的信任度下降為有史以來最嚴重。」此外，瑞銀（UBS）全球首席經濟學家 Donovan（2016）亦表示：「民粹主義將給市場帶來更多不確定性，投資者對政治變革會反應過度，同時民粹現象將持續發生，因此金融市場的動盪將不斷出現，全世界經濟也將受影響。」

風險六：【恐怖主義更加劇烈】

近年恐攻浪潮逐步蔓延至世界各地，讓全球深陷在恐懼陰霾。2016 年 12 月 20 日，俄國駐土耳其大使遭到槍殺身亡，同日德國柏林發生卡車衝撞聖誕市集的攻擊事件造成九人死亡，顯示由於歐美和中東國家的對立，致使恐怖主義節節攀升。然至 2017 年恐攻事件更是不知凡幾，如 3 月 22 日英國倫敦汽車衝撞、4 月 3 日俄羅斯聖彼得堡自殺炸彈、4 月 7 日瑞典斯德哥摩爾卡車衝撞、4 月 9 日埃及塔坦與亞歷山卓自殺炸彈、4 月 21 日法國巴黎大選前槍擊案等。根據《紐約時報》（New York Times）（2016）指出：「隨著中東戰爭越演越烈，世界各國隨時可能遭受恐怖攻擊，政府無法阻止恐怖主義擴散，也造成極右派主義趁機崛起。」綜上可知，由於戰爭及資源不對等造成的仇恨，致使全球恐怖攻擊四起，對全球人民的安全產生嚴重危害，是不可忽視的風險之一。

風險七：【金融危機風險攀升】

元大證券投顧公司（2017）以歷史數據指出：「全球金融市場似乎存在『逢七魔咒』，諸如：1637 年鬱金香泡沫；1917 年一次大戰尾聲；1937 年二次大戰前奏；1957 年美國經濟危機；1977 年西方貨幣危機；1987 年美國黑色星期一；1997 年亞洲金融風暴；2007 年美國次貸危機。」因此，2017 年是否再度陷入「逢 7 魔咒」泥淖，將是全球金融市場最為關切之議題。根據摩根大通（JP Morgan）（2016）表示：「由於信用交易環境充滿挑戰性，且交易流動量較低，全球投資銀行獲利下降，因此將 2016 年投資銀行獲利平均大砍 20%。」此外，根據日本經濟新聞報導，日本央行（BOJ）總裁黑田東彥（2017）表示：「再發生像前次金融危機可能性非常低，但於銀行獲利能力下滑等背景下，不可否認可能會發生轉變形式的新金融危機。」可知，由於全球銀行獲利下降使 2017 年的金融危機風險提升。

風險八：【全球氣候變化莫測】

根據美國國家航空暨太空總署（NASA）（2017）等多個機構指出：「近三

年全球平均溫度不斷續創下歷史新高。」此外，2017 年 1 月 11 日，世界經濟論壇（WEF）發布《2017 年全球風險報告》（Global Risks Report 2017）中，全球極端氣候為可能性風險第一名，且影響力風險第二名，其中包含極端氣候、大規模天災與氣候變遷，報告亦指出：「氣候變遷是未來十年影響全球發展的三大趨勢之一，其可能性與影響程度更勝核武與瘟疫。」另一方面，世界銀行（WB）（2016）表示：「極端氣候等浩劫衍生的風險快速攀升，但因各國政府未意識該風險之廣度與深度，未能作出妥善應對計畫。」顯示自然環境變化多端為現今最為迫切的風險之一，其嚴重性不容忽視，但此風險如同 Wucker 提出之「灰犀牛」般，為既存的威脅，顯而易見，卻常被視而不見。

風險九：【科技風險迅速攀升】

根據世界經濟論壇（WEF）（2017）指出：「從 3D 列印、可再生能源、人工智慧、機器人技術等 12 種新興技術的進步將產生最大潛在效益，但同時存在最大潛在負面影響。」然新興科技所帶來的衝擊與影響方面，根據美國白宮（White House）（2017）發布《人工智慧、自動化與經濟》（Artificial Intelligence, Automation, and the Economy）研究顯示：「未來 10 到 20 年內，人工智慧恐對 9％至 47％的工作造成威脅，尤其為低薪、低技能、低教育程度的工作。」此外，2017 年 4 月 6 日，瑞銀財富管理（UBS）發布《亞洲前 ：人工智慧如何塑造亞洲新面貌》（How artificial intelligence will transform Asia）報告指出：「至 2030 年，人工智慧每年為亞洲帶來的經濟價值高達 1.8 兆至 3 兆美元，但將有 3 千萬至 5 千萬個工作崗位受到衝擊。」此外，蘇黎世保險集團首席風險官 Cecilia Reyes（2017）亦表示：「如果沒有適當的管理與重新培訓勞工，科技消滅的工作量將超越創造出來的工作量。」由此可知，當今科技快速變革，雖帶動社會蓬勃發展，但勞工的工作機會亦將面臨大量消滅危機。

2017 全球政經黑天鵝新事件

2007 年塔雷伯教授（Taleb）出版《黑天鵝效應》（The Black Swan）一書，意旨「人們認為不可能發生的事，最後都發生了。」回首 2016 年黑天鵝紛呈雜沓而至，可謂全球最為突出的特徵之一，因此被稱為「黑天鵝」之年。依國際市場而言，美國總統大選、英國脫歐公投、美元強勢崛起、負利率橫掃已開發國家、貶值潮肆虐新興市場等黑天鵝事件漫天飛舞，不僅重塑全球地緣政治格局，在金融市場上亦掀起大幅震盪。對此，東方證券首席經濟學家邵宇（2017）更以「2017 年的世界呈現出一幅『黑天鵝湖』的圖景」來形容未來全球情勢發展。

值得注意的是，全球金融市場瞬息萬變，諸多被視為黑天鵝的事件，最後卻成為白天鵝，如川普當選美國總統後，全球股市不跌反而大漲。根據財金文化董事長謝金河（2016）撰文指出：「川普把金融市場眾多恐懼的事情都連結在一起，不過，市場一致公認的黑天鵝，往往不是黑天鵝。因大家都知道的事往往已提前宣洩發酵，真正利空來了，往往已是利空出盡；若這個預期不是往既定方向變化，而是往不同方向蛻變，大家認知的黑天鵝，很可能是白天鵝。」除了黑天鵝事件之外，2017 年有研究機構或專家學者由黑天鵝延伸出新名詞，如野村證券（Nomura）提出 2017 年十大「灰天鵝」（Gray Swan），別於「黑天鵝」被市場形容為重大與難以預料的事件，「灰天鵝」則指的是發生機率極小但影響深遠的事件，如新興市場實施資金管制、日本通脹飆升、英國重入歐盟等。

一、2017 年全球黑天鵝事件

黑天鵝（Black Swan）源自西方理論，歐洲人在 17 世紀時，普遍相信「所有天鵝都是白色的」，直到 1697 年，來自歐洲的探險家 Vlaming 在澳洲發現黑天鵝，因黑天鵝的出現使人們開始對於認知做出思量。2007 年，塔雷伯（Taleb）

出版《黑天鵝效應》（The Black Swan）一書中指出黑天鵝事件發生時即有三項特性，分別為**（1）稀缺性**：事件是在一般期望的範圍之外，且極為罕見，它們是離群值（Outlier）；**（2）衝擊性**：在發生之前，並無任何例證可依循，且一旦發生後，將有極端的影響效果；**（3）事後可預測性**：雖然事件處於離群值，但在發生後，人們會開始對於其現象提出各種解釋，使得此事件成為容易預測甚至可被解釋的現象，其後用來比喻看似不可能發生卻會對市場造成重大影響的事件。

綜觀歷史上發生的黑天鵝事件，可發現每隔一段期間，全球各角落均發生較重大且不太尋常的事件，諸如：（1）1973年的第一次石油危機；（2）1979年的第二次石油危機；（3）1990年的波斯灣戰爭及日本資產泡沫；（4）1994年的美國大幅升息；（5）1997年的亞洲金融危機；（6）1998年的俄羅斯危機；（7）2000年的科技泡沫；（8）2001年的阿根廷危機；（9）2008年的次貸金融風暴；（10）2010年歐債危機；（11）2014年的油價價位暴跌，然於2016年全球黑天鵝紛飛，諸多令人意外的事件頻頻發生，可見其難以預測的特性及極具有引起市場連鎖負面反應甚至顛覆的能力。現今黑天鵝事件已成為全球關注的重大議題，諸多機構亦開始預測2017年可能發生的黑天鵝事件，茲將各機構提出之黑天鵝事件分述如下，並將重複性較高的黑天鵝事件彙整如表4-1所示。

1. 各研究機構提出2017年全球黑天鵝事件

❶**高盛集團（Goldman Sachs）**：2016年12月8日，提出九大黑天鵝事件分別為：（1）川普熱潮；（2）雅爾塔會議（Yalta Conference）2.0版；（3）中美貿易大戰；（4）朝鮮核問題；（5）歐洲各國大選；（6）互聯網照進現實；（7）古巴重回蘇聯時代；（8）墨西哥經濟崩盤；（9）沙烏地阿拉伯與中東亂局。

❷**法興銀行（Societe Generale）**：2016年9月7日，提出四大黑天鵝事件分別為：（1）政治不確定性拖累；（2）債券殖利率大漲；（3）中國大陸經濟硬著陸；（4）孤立主義與貿易戰爭興起。

❸**盛寶銀行（Saxo Bank）**：2016年12月6日，提出驚人預測分別為：（1）英國脫歐永遠不會實現；（2）中國大陸經濟增速提升至8％，上海證券交易所股票價格綜合指數（SSE Composite Index）指反彈到5,000點；（3）美國聯準會將十年期國債收益率固定在1.5％；（4）美國高收益企業違約率高達25％；（5）比特幣大行其道；（6）美國醫療保健股暴跌50％；（7）墨西哥比索擺脫川普所引發的動盪走勢；（8）義大利銀行股翻一番以上；（9）歐盟大型歐元債券以融資一兆歐元來用於基礎設施。

❹巴克萊銀行（Barclays）：2017 年 1 月 6 日，提出 13 大黑天鵝事件，分別為：（1）伊朗與美國言論戰升級，導致伊朗進行彈道導彈試驗；（2）委內瑞拉債務違約；（3）由廢水處理事故引發的大規模的水污染問題；（4）智利大選結果帶來騷亂而使生產中斷；（5）俄羅斯進一步向烏克蘭推進令鐵礦石生產中斷；（6）主要大宗商品消費國家的經濟下滑；（7）中國大陸地緣局勢緊張，貿易戰升級；（8）馬斯克按時發布特斯拉 Model 3，電池技術取得突破；（9）美國與墨西哥貿易戰擴大；（10）公眾反對核能開發；（11）朝鮮核子試驗；（12）中國大陸在南海爭議海域建立鑽井平台；（13）土耳其恐怖主義擴大。

❺《彭博社》（Bloomberg）：2016 年 12 月 13 日，提出九大悲觀者指南分別為：（1）川普時代；（2）雅爾達 2.0 版；（3）中美開啟經濟戰爭；（4）金正恩路線打敗川普路線；（5）歐洲劇變；（6）互聯網遭遇空前壞事；（7）、古巴回到蘇維埃時代；（8）墨西哥危機；（9）沙烏地阿拉伯不再是阿拉伯地區的金童。

❻《路透社》（Reuters）：2016 年 11 月 25 日，提出四大黑天鵝事件分別為：（1）政治不確定性拖累；（2）債券殖利率大漲；（3）中國大陸經濟硬著陸；（4）孤立主義與貿易戰爭。

❼野村證券（Nomura）：2016 年 12 月 9 日，有別於黑天鵝，野村證券提出十大「灰天鵝」事件分別為：（1）美國的生產力大幅增加；（2）中國大陸實施浮動匯率制度；（3）歐盟（EU）實施改革，英國重新加入歐盟；（4）日本通貨膨脹激增；（5）美國聯準會（Fed）的權力遭到削弱；（6）俄羅斯對東歐採取軍事威脅；（7）中央清算機構倒閉；（8）日本首相安倍晉三下台；（9）新興市場重啟資本管制；（10）實體紙幣消失。

❽台灣經濟研究院：2016 年 11 月 26 日，提出四大黑天鵝事件為：（1）英國「硬退歐」，未來產品輸出將面臨高關稅；（2）中美貿易戰升溫；（3）美國聯準會（Fed）升息次數、幅度牽動市場；（4）全球政治經濟局勢詭譎多變。

經由歸納上述機構預測全球 2017 黑天鵝事件，茲將影響全球的前十大黑天鵝事件加以論述如下：

黑天鵝事件一：【全球政經局勢詭譎】

2016 年 12 月 13 日，高盛（Goldman Sachs）指出：「川普上台後，荷蘭等歐洲國家開始興起一股反建制的熱潮。在此一熱潮延燒之下，亦帶動反對全球化、貿易自由化及歐盟一體化之民粹領袖的支持率日益增加。」可知，掀起歐洲

表 4-1　研究機構提出 2017 年黑天鵝事件彙整

黑天鵝事件	❶ 高盛集團 Goldman Sachs	❷ 法興銀行 Societe Generale	❸ 盛寶銀行 Saxo Bank	❹ 巴克萊銀行 Barclays	❺ 彭博社 Bloomberg	❻ 路透社 Reuters	❼ 野村證券 Nomura	❽ 台灣經濟研究院	總數
發表時間	2016/12/08	2016/09/07	2016/12/08	2017/01/06	2016/12/13	2016/11/25	2016/12/09	2016/11/26	
① 全球政經局勢詭譎	◎			◎	◎		◎	◎	5
② 中國大陸將硬著陸		◎	◎			◎	◎		4
③ 中美恐爆發貿易戰	◎			◎	◎			◎	4
④ 地緣政治風險加劇	◎			◎	◎				3
⑤ 債券殖利率將飆漲		◎	◎			◎			3
⑥ 孤立主義貿易戰爭	◎	◎							2
⑦ 歐洲掀反建制風潮			◎		◎				2
⑧ 政策不確定性拖累		◎				◎			2
⑨ 大宗商品價格波動			◎	◎					2
⑩ 全球爆互聯網大戰	◎				◎				2

資料來源：本研究整理

註：僅列出前 10 名

的一場驟變。在貿易保護主義方面,川普當選後揚言退出《跨太平洋夥伴協定》(TPP),且希望重啟與加拿大和墨西哥談判簽署生效的《北美自由貿易協定》(NAFTA),更宣稱要退出「世界貿易組織」(WTO),可知川普將打破一連串區域經濟的規則。另外,在全球政治方面,彭博分析師 Fraher(2016)表示:「川普就職後,美國軍事力量不再約束伊斯蘭國家。而沙烏地阿拉伯及日本亦失去美國同盟軍事支持,反觀朝鮮的核武器將成為全球政治穩定的一大威脅。」另外,德國執政黨基民盟(CDU)議員 Röttgen(2016)指出:「川普的行事風格仍需觀察,並警告美國西方世界秩序維護者的主導角色將有可能因此動搖。」綜觀上述,川普的當選,意味著全球目前的政治,經濟、貿易規則都將被顛覆,全球政經局勢呈現詭譎多變的樣貌。

黑天鵝事件二:【中國大陸經濟硬著陸】

2016 年 9 月 7 日,法國興業銀行(Societe Generale)指出:「2017 年將可能發生四大黑天鵝事件衝擊全球經濟,其中中國大陸經濟硬著陸的機率高達20%,而其經濟若能如預期穩定成長,將成為世界經濟穩定的基石。」此外,國際貨幣基金(IMF)前首席經濟學家 Rogoff(2016)提及:「中國大陸的經濟放緩程度遠大於官方統計數據,其做為全球經濟成長主要引擎,不排除發生災難性的『硬著陸』,一旦發生將成全球經濟最大威脅。」不僅如此,在野村證券(Nomura)提出十大灰天鵝中有關中國大陸部分提及:「短期內中國大陸將人民幣交付市場機制決定的機率極小,若其移除 2%的交易區間限制,且不再干預匯率,將可能造成人民幣貶值加速,使得股市暴跌,全球金融市場將受影響。」綜上可知,中國大陸仍是帶動全球經濟成長的動能,一旦發生「硬著陸」全球經濟與金融市場將遭重創。

黑天鵝事件三:【中美恐爆發貿易戰】

美國總統川普(2016)選前曾言:「美國與中國大陸貿易戰爭即將開戰,且美國有能力在這場戰役中獲勝,並將對中國大陸課 45%的高關稅。」可知,貿易戰爭恐將一觸即發。英國巴克萊銀行(Barclays)(2016)指出:「全球各國主要進口國之一為中國大陸。但川普上台後與中國大陸對打貿易戰,中美雙方恐將導致需求端遭受重擊。」此外,牛津大學經濟學家 Daco(2016)表示:「川普恐不會兌現對中國大陸徵 45%的進口關稅的諾言,但可能藉由有限的針對性保護貿易措施對中國大陸進行威嚇。」根據戰略與國際研究中心亞洲專家

Goodman（2016）表示：「中國大陸也許會施行報復行為，倘若川普採取單方面的經濟制裁，將衍生更多經濟、外交甚至戰略議題。」綜上可知，川普的貿易保護主義恐在世界兩大強國中掀起一場貿易大戰，一旦爆發後將難以收拾。

黑天鵝事件四：【地緣政治風險加劇】

2017 年 1 月 5 日，歐亞集團（Eurasia Group）發表《2017 年全球十大風險報告》指出：「美國位居第一，中國大陸排名第二」。此外，根據彭博首席分析師 Rojanasakul（2016）表示：「2017 年歐洲區的政治風險將成為影響市場走勢最劇的因素，此風險最終將造成歐元的大幅貶值。」其亦指出：「因伊拉克和敘利的亞遜尼派支持率節節升高，導致中東地區的政治勢力逐漸傾向伊朗。沙烏地阿拉伯和伊朗的政治衝突可能上演武裝對決，進而迫使原油、天然氣生產及出口停滯不前。」另一方面，經濟學家 Baumhohl（2016）表示：「若沙烏地阿拉伯的政局出現不穩定因素，諸如葉門問題、恐怖分子襲擊油田及反對抗議，將造成金融市場極大的衝擊，油價將飆漲至每桶 100 美元以上。」綜上可知，無論是歐洲抑或是自古以來的中東問題，全球地緣政治風險正升溫。

黑天鵝事件五：【債券殖利率將飆漲】

2016 年 12 月 8 日，根據盛寶銀行（Saxo Bank）表示：「川普總統的新財政政策造成債券收益率飆漲，使十年期美債收益率提升至 3％，形成市場恐慌。為平息市場不安，聯準會（Fed）複製日本央行策略，將收益率固定在 1.5％。此舉將導致債券市場七年以來最大增幅。」此外，《經濟學人》（The Economist）（2016）指出：「萬一發生政治風險，殖利率漲勢隨時將反轉。若川普推動保護主義政策，殖利率將會走高，如此一來將扼殺經濟成長。」而根據《巴倫周刊》（Barron's）（2016）報導：「未來五年內，美國十年期公債殖利率將升至 6％，主因為川普為帶動經濟成長採取親商政策，對債券不利。」

黑天鵝事件六：【孤立主義貿易戰爭】

孤立主義起源於 1796 年華盛頓（Washington）發表《告別演說》（Farewell Address）至二戰期間珍珠港事件爆發前主導美國的外交政策。因此孤立主義可視為美國對外關係政策的傳統思想，主要表現為政治和外交上不干涉歐洲事務，反之亦不讓歐洲干涉美國事務。然至 2017 年川普就任美國總統，其新政對外主軸為打擊伊斯蘭國家、增強美國軍事力量、退出《跨太平洋夥伴協定》（TPP）

與重新協商《北美自由貿易協定》（NAFTA）等，川普主張維護美國國家利益，被視為重返孤立主義。根據法國興業銀行（Societe Generale）（2016）指出：「川普當選後高舉『美國優先』，並揚言要對中國大陸與墨西哥進口產品課徵高額關稅，此孤立主義傾向和可能形成貿易戰爭，衝擊全球金融市場機率高達15％。」

黑天鵝事件七：【歐洲掀反建制風潮】

2016 至 2017 年反建制事件層出不窮，諸如英國脫歐、川普當選美國總統、義大利修憲公投失敗等，再再顯現孤立主義與反建制思潮的盛行，以及全球民粹主義黨派的壯大。荷蘭國會議員監自由黨（PVV）領導人 Wilders（2016）曾於川普當選美國總統後表示：「美國已使自己擺脫政治正確的束縛，美國人民亦表達回歸自由和民主的想法。現在輪到歐洲人民表態了，我們有能力並將做出同樣的決定。」可知川普當選後，不僅對歐洲主流政界及主流媒體界造成震撼，並激勵歐洲的民粹主義政黨崛起。此外，英皇金融集團（Emperor Financial Services Group）高級副總裁劉海霖（2017）表示：「2017 為歐洲大選年，反建制黨派支持率上升，歐盟將面臨分裂風險。」

黑天鵝事件八：【政策不確定性拖累】

根據世界銀行（WB）（2017）針對過去 30 年 18 個國家的貿易與經濟政策不確定性進行調查，其指出：「受政策不確定性影響，使 2015 至 2016 年之全球貿易成長率減少 0.6％，且不確定性衝擊將持續到 2017 年。」此外，世界銀行（WB）《全球經濟展望》（Global Economic Prospects）報告作者之一 Ruta（2017）表示：「由於政策不確定性居高不下，預期全球貿易成長將持續走緩。」另一方面，中央銀行（2017）亦表示：「經濟政策不確定性可能造成人類決策行為猶豫，進而使經濟活動低迷，如廠商暫緩投資、消費者減少支出、銀行提高借貸成本等，導致經濟呈現衰退趨勢。」綜上可知，受到政策不確定性影響，將不僅衝擊全球貿易成長率，各國經濟發展亦將受產生極大影響。

黑天鵝事件九：【大宗商品價格波動】

根據巴克萊銀行（Barclays）（2017）表示：「2016 年能源市場反彈、川普當選、英國脫歐等意外事件影響之下，使大宗商品得 2010 年以來首次上漲。」此外，其亦指出：「大宗商品市場的『黑天鵝』會以多種形式出現，市場對其反

應速度也大不相同。引發大宗商品市場震動的市場包含中國大陸、俄羅斯、中東和土耳其，原材料市場從能源到金屬皆面臨較高風險。」此外，針對大宗商品市場巴克萊銀行（Barclays）更提出十三大黑天鵝事件如表 4-2 所示。

表 4-2　大宗商品市場黑天鵝事件

黑天鵝事件	威脅形式	大宗商品	價格影響
❶美伊劍拔弩張，伊朗將進行更多彈道導彈測試	供應	石油	看漲
❷委內瑞拉面臨 2017 年債務危機	供應	石油	看漲
❸廢水處理導致大面積水汙染	供應	石油／天然氣	看漲
❹智利 2017 年大選引發暴亂，導致大規模停產	供應	貴金屬	看漲
❺俄羅斯進一步大兵壓境烏克蘭，導致鐵礦停產	供應	貴金屬	看漲
❻任何大宗商品消費國的經濟下行	需求	全部	看空
❼與中國大陸的貿易戰升級，導致地緣政治緊張	需求	全部	看空
❽特斯拉 Model 的及時交付，或者電池技術突破	需求	石油	看空
❾美墨邊境貿易戰，導致美出口至墨天然氣更貴	需求	天然氣	看空
❿福島核洩漏事件在中國大陸引起民眾抵制核能	需求	天然氣	看漲
⓫朝鮮核導彈試驗	轉型	全部	看空
⓬中國大陸在南海加大鑽開勘探力度	轉型	石油／天然氣	看空
⓭土耳其恐怖襲擊威脅進一步發展	轉型	石油／天然氣	兼有

資料來源：巴克萊銀行（Barclays）

黑天鵝事件十：【全球爆互聯網大戰】

　　隨著全球進入互聯網的時代，在高速競爭下諸多大戰儼然開打。根據高盛集團（Goldman Sachs）（2016）指出：「隨著互聯網技術的影響力日益擴大，受政府扶持的駭客組織將製造恐慌情緒，可藉由操縱接入互聯網的醫療器械或無人駕駛汽車，進而導致全球互聯網大戰，利空科網板塊股票。」此外，其亦認為：「隨互聯網戰爭的嚴重性逐漸升級，越來越多國家支持駭客活動，互聯網安全業務將出現較大的發展空間。」另一方面，《環球時報》軍事評論員戴旭（2017）表示：「人類戰爭在悄然中已開始新的全面進化，網絡技術革命催生『互聯網＋戰爭』。剛進入 21 世紀時，全球只有 3.6 億網路用戶，現今卻已突破 20 億。」綜上可知，全球互聯網技術除顛覆與改變世界，恐將掀起另一波大戰。

第 5 章
川普經貿新政衝擊與轉變

《經濟學人智庫》（Economist Intelligence Unit）（2017）將「川普當選美國總統」列為 2017 年十大高風險事件，其表示：「川普上台可能導致『美國經濟瞬間衰退』，其風險比『恐怖攻擊重創全球經濟』排名還高，主因為川普超乎尋常的對其他國家自由貿易充滿敵意。」然而，根據《商業周刊》（2017）撰寫〈川普效應及爭議〉一文提及：「原本各界認為川普當選總統後，將引爆全球股災，想不到勝選後竟啟動一波資金大輪動行情，新總統當選後一個月內，約兩兆美元資金從債市流入股市。而道瓊工業指數更逼近 20,000 點大關，標普 500、那斯達克、羅素 2000 及道瓊運輸指數皆創下新高。」此外，2017 年初，包括國際貨幣基金（IMF）、經濟合作暨發展組織（OECD）與世界銀行（WB）等主要國際機構，相繼調高全球經濟成長預測，主因為預期川普政府執政後，將實行減稅、擴大基礎建設支出與鬆綁金融法規等政策，有助提振美國經濟與全球經濟成長。

不過，世界銀行（WB）於 2017 年 2 月 21 日發布警告：「全球成長引擎貿易正處於脆弱狀態，主因為保護主義日益升高與貿易協定可能重啟談判將對全球貿易造成威脅。」由此可知，該威脅與川普主張的貿易保護主義息息相關，將使全球貿易成長動能不足。此外，國際信評機構惠譽（Fitch Rating）（2017）亦表示：「川普內閣對國際經濟情勢和主權信用基本面帶來威脅。美國政策可預測性縮減，既有的國際溝通管道和關係規範被置之不理，意料之外的美國政策轉變可能影響全球國家。」但是，根據紐約時報中文網（cn.NYTimes.com）（2017）形容：「貿易問題上，川普雷聲大雨點小。」意指他的新政府尚未採取行動，兌現競選期間有關貿易政策的明確承諾。川普上任後政策執行不僅遭遇挫折，如禁止穆斯林國家的民眾入境令遭到法院駁回。此外，已有諸多政策與其參選時發表的政見背道而馳，如曾指控中國大陸為匯率操縱國，現今卻表示中國大陸非匯率

操縱國，可知其態度變化無常，具高度不確定性影響全球。

一、川普新政內涵

2017年1月21日，根據《紐約時報》提及：「川普正式就任美國第45屆總統，美國將迎來更加不可預測的時代，他承諾要在任期內打破既有的秩序，恢復美國榮光。」此外，其更於就職演說宣布：「講空話的時代結束了，現在到了行動的時間，不要讓任何人告訴你這是做不到的。」茲將川普新政架構內容整理如下。

1. 一主軸：【讓美國再度偉大】

2017年1月20日，第45任美國總統川普於華府國會山莊前典禮會場正式宣布就任。川普就職演說中提及：「我們會一起讓美國再度強盛、我們會再度讓美國富裕、我們會再度讓美國驕傲、我們會再度讓美國安全，是的我們會一起讓美國再度偉大。」此外，其亦表示：「未來在貿易、稅制、移民及外交事務的每項決定，將會以嘉惠美國勞工和美國家庭為目的。」由此可知，川普就任美國總統，提出之新政皆以美國優先為一大主軸，主張維護美國利益。

2. 二調降：【企業所得稅與個人所得稅】

❶企業所得稅：川普提出的稅務改革可分為企業與個人兩大部分，針對企業部份，公司所得稅將由現行35％調降至15％。根據美國財經媒體《CNBC》（2017）報導：「美國白宮高級首長於2017年4月26日正式揭露總統川普的稅改提案，將為美國歷史上『最大規模』減稅計畫。」然而，外界質疑減稅將會使得美國國家收入減少，對此美國財政部長Mnuchin（2017）表示：「實際上政府因減稅而損失的收入會補回來，主因為減稅將促進經濟成長，使之帶進新的收入。」

❷個人所得稅：在個人所得稅方面，最高稅率將由現在的39.6％調降至33％，而稅率級距將從現行的七個簡化為三個，分別為12％、25％、33％，除此之外，亦將提高標準扣除額、列舉扣除額、取消遺產稅。勤業眾信（Deloitte）稅務部國際稅務協理江育維（2017）表示：「美國調整個人稅後，人人皆履行納稅義務，無論適用何種級距，於薪水或工資的有效稅率皆會降低。但對高所得者而言，不管以絕對金額或百分比計算，皆可享受較大的減稅利益。」

3. 三目標：【促使經濟成長、吸引產業回流、增加工作機會】

❶經濟成長：根據白宮網站（2017）指出：「為了讓經濟回到正軌，川普總統提出大膽計畫，包括下個十年在美國創造2,500萬個工作機會，並且推動經

濟年成長達 4%。」美國總統川普祭出多項政策振奮經濟成長，市場亦對此洋溢著樂觀期盼，但有經濟學家等專業人士提出質疑，如「基金之神」Bogle（2017）曾表示：「任何人想使美國實際經濟年成長率達到 4%，都是件大工程。甚至認為沒有任何人能做到。」此外，美國雜誌《財經內幕》（Business Insider）（2017）報導：「美國經濟成長要達到 4% 這項成就無比困難。」

❷**產業回流**：美國總統川普上任隨即喊出「美國製造」（Made in America）口號，欲藉由稅務上的減免，促使總部及廠房移往海外的企業回流美國，並將海外資產匯回美國，進而讓美國的就業機會增加以及薪資水平提升。另一方面，已到海外設廠，且將海外生產的汽車和空調等銷回美國本土的企業，川普準備對這些業者課徵重達 35% 的懲罰性關稅。此外，德勤（Deloitte）（2016）於《2016 年全球競爭力指標報告》（Global Manufacturing Competitiveness Index）中指出：「美國於智慧製造科技應用將逐步發酵，可望在 2020 年超越中國大陸，成為全球製造業競爭力第一名國家。」

❸**增加工作**：根據白宮網站（2017）資料顯示：「從 2008 年經濟衰退以來，美國已損失將近 30 萬個製造業工作，同期美國人占勞動力比率降至 1970 年代以來僅見的水準，為了讓經濟重回常軌，川普要在未來十年創造 2,500 萬個新的工作。」非盈利組織稅務基金會（Tax Foundation）（2017）指出：「川普的稅改目的在營造一個低稅負環境，吸引企業和富人回美國投資，增加更多的工作機會。」此外，美國波士頓顧問公司（Boston Consulting Group）（2017）亦指出：「如果製造業全部從中國大陸遷回美國，將在美國國內創造 80 萬個就業機會。」

4. 四主義：【政治孤立主義、軍事保守主義、經貿保護主義、社會排他主義】

❶**政治孤立主義**：川普在競選期間提出「復興偉大的美國」、「美國至上主義」、「美國優先」，此外，其亦強調：「國家政策是國民生活的改善，而不是參與外國事務。」可知其提出之外交關係和安全保護政策皆顯示不想與他國合作的政策思維。孤立主義是美國傳統的外交政策，在第二次世界大戰初曾一度盛行，主要表現在政治和外交上不干涉歐洲事務，且不讓歐洲干涉美國的事務。隨後至 1940 年代初期，孤立主義被國際主義擊垮，但當今川普執政之傾向如同當時不願意被捲入世界混亂的氛圍。

❷**軍事保守主義**：川普（2016）表示：「當北大西洋公約組織（NATO North Atlantic Treaty Organization）盟國受到攻擊，美國伸出援手前要先檢視這些國家對北約的貢獻。必須讓盟友分擔美國已經承擔幾十年的責任，並將重新定義何謂美國的合作夥伴。」而根據《紐約時報》（NY Times）（2016）報導：「俄

羅斯對波羅的海國家的威脅,川普要先審查這些新進北約的國家是否真的有履行其義務,才會提供保護。」此外,2016年5月4日,川普接受美國有線電視新聞網(CNN)採訪時表示:「包括韓國在內的盟友應承擔100%的防衛費用,若韓國不分攤更多軍費,駐韓美軍有可能撤離。」綜上可知,川普帶領下的美國不願繼續當「世界警察」,在軍事方面採取保守主義。

❸**經貿保護主義**:於美國大選期間川普(2016)曾明確表示:「一旦當選總統,將會退出《跨太平洋夥伴關係協定》(TPP)、重新擬定或中止與墨西哥及加拿大簽訂的《北美自由貿易協定》(NAFTA),並向中國大陸和其它貿易關係國家採取更 強硬的貿易措施,如提高進口關稅。」2017年1月23日,川普履行其提出之競選政見簽署行政令,美國將正式退出《跨太平洋夥伴關係協定》(TPP)。根據國際會計公司普華永道(PwC)(2017)調查顯示:「全世界CEO皆憂心的貿易保護主義和貿易壁壘成長比率,2012年至2017年由40%提升至60%。」調查中更顯示:「美國CEO對貿易保護主義的擔心程度在大選後增加10%。」可知,川普在經貿政策上採取強硬之保護主義。

❹**社會排他主義**:移民問題為川普的競選主題之一,他主張非法移民威脅美國的安全,且損害美國工人的就業機會。2017年1月25日,採取履行競選諾言的第一步,正式簽署兩項行政命令,在美國和墨西哥邊界開始建立圍牆。川普(2017)更強調:「必須建立圍牆才能阻止來自拉丁美洲的移民進入美國。」此外,於反難民方面,紐約時報(NY Times)(2017)報導:「川普上任一周後,簽署第13769號行政命令,中止接收難民計畫、暫時禁止七個穆斯林國家公民入境,含敘利亞、伊拉克、伊朗、利比亞、索馬里、蘇丹、葉門,為期至少四個月,直到美國政府制定出更嚴格的入境難民檢查機制。」對此,歐巴馬任內美國國籍與移民服務局總顧問Legomsky(2017)表示:「從法律角度而言,完全是總統的合法權力範圍之內。但從政策角度而言,此作為極為糟糕,因為這些難民正有著極為緊急的人道需求。」綜上可知,川普反移民、反難民、反穆斯林,在社會議題中採取以美國為中心的排他主義。

此外,英國《周日泰晤士報》(The Sunday Times)(2016)報導:「川普外交高階幕僚指出,川普的外交大計畫將與歐巴馬時代政策出現有如『白晝與黑夜』般的差異。」經深入探討後,可知歐巴馬與川普不僅在處理外交問題上,亦於諸多議題中發生背道而馳的政策,茲比較兩任美國總統十大議題中提出政策,彙整如表5-1所示。

表 5-1　川普政策與歐巴馬政策比較

政策議題	歐巴馬政策	川普政策
❶ 減赤手段	增加稅率	減少稅率
❷ 貨幣政策	貨幣寬鬆	增加利率
❸ 貿易主義	溫和保護	反全球化
❹ 金融管控	加強監管	放鬆監管
❺ 移民政策	支持移民	阻止移民
❻ 對中態度	態度曖昧	態度強硬
❼ 對俄制裁	驅逐官員	稱讚普京
❽ 醫保法案	全力推動	誓言廢除
❾ 環保問題	積極保護	放寬限制
❿ 移民問題	接納移民	嚴禁移民

資料來源：本研究整理

二、川普政府五大政策轉向

在美國總統大選期間，川普曾多次高調嚴詞批評多邊自由貿易協定傷害美國經濟利益，並慷慨激昂主張「美國優先」，但在就任三個月後，卻發生極大的逆轉。國家經濟發展戰略中心副研究員盧俊偉（2017）表示：「川普的政策走向變化絕對是全球的最大驚奇。」此外，《華爾街日報》（The Wall Street Journal）（2017）更報導：「川普部份政策之所以出現髮夾彎的大逆轉，主因為商界勢力發揮影響力，包括民間企業領袖與川普內閣中部份由商轉政的閣員，已成為川普政策的主導勢力。」茲將以貿易、經濟、軍事、外交、對中五大政策轉向分述如下：

1. 貿易政策轉向：由「貿易保護主義」轉「溫和全球化經濟」

美國於過往為全球自由貿易的主要推手，但川普上任美國總統後便顛覆此一角色，其推動之貿易保護政策包含，退出《跨太平洋夥伴協定》（TPP）、重新協商《北美自由貿易協定》（NAFTA）、對中國大陸、日本、墨西哥等國家課徵高額關稅興起貿易大戰等，將對全球經貿產生巨大衝擊。2017 年 1 月 23 日，川普於實現退出《跨太平洋夥伴協定》（TPP）之諾言，震驚全球。勤業眾信（Deloitte）客戶、產業與市場負責人洪國田（2017）認為：「美國退出 TPP 意謂『美國貿易政策新時代』來臨，將傾向以雙邊公平貿易取代多邊自由貿易，恐衝擊全球經貿。」此外，國際貨幣基金（IMF）（2017）更警告：「貿易保護主

義政策恐怕會令世界經濟全面復甦停頓，亦可能催生貿易戰。」

　　加拿大總理 Trudeau（2016）曾表示：「川普於競選期間表現出強硬態度說要限制國際貿易和事務，但就職後可能採取較溫和的立場面對地域政治的實際經濟問題。」然而，川普高度不確定的性格，果然在經貿政策中發生態度大轉變，如川普於《華爾街日報》（The Wall Street Journal）（2017）專訪時改稱：「中國大陸不是匯率操縱國。」此外，亦稱美國不會立即退出《北美自由貿易協定》（NAFTA），但各國將盡速重新談判，可知川普藉由重新協商自由貿易協定，取消課徵高額關稅，其態度由強烈的貿易保護轉向溫和的全球經濟。

2. 經濟政策轉向：由「指責低利率」轉「稱讚低利率」

　　根據遠見雜誌（2016）〈川普與葉倫〉一文中指出：「川普在總統競選期間，批評美國聯準會（Fed）主席 Yellen 可能在大選後的 12 月升息，而不在大選前升息，乃是希望營造資金寬鬆、景氣復甦的榮景，完全配合歐巴馬政府與希拉蕊的選情。」對此，川普在選戰廣告中視美國聯準會（Fed）主席 Yellen 為仇寇，形容她為「主張全球化的暗黑會社成員」，並用極端嚴厲的用詞批評美國聯準會（Fed），不僅指責幕後操控華府的權力槓桿，且譴責低利率政策傷害存款人。

　　然川普於 2017 年 3 月 22 日接受《華爾街日報》（The Wall Street Journal）專訪時強調：「我喜歡低利率政策。」並且首度暗示不排除再度提名葉倫（Yellen）續任聯準會（Fed）主席。前聯準會（Fed）經濟學家 Reinhart（2017）表示：「聯準會升息立場不因川普改變，但川普仍屬意 Yellen 接掌，主因為葉倫在過去採取漸進性升息步伐，其鴿派溫和立場，將使川普更容易支付他所提出基礎建設所需之花費。」由此可知，川普對 Yellen 態度於短時間內從揚言開除到提名續任，並且稱讚低利率政策，此態度轉變令大眾感到意外。

3. 軍事政策轉向：由「批評北大西洋公約組織」轉「支持北大西洋公約組織」

　　川普於 2016 年 3 月 22 日接受《華盛頓郵報》（Washington Post）採訪時表示：「美國應集中精力應對國內的挑戰，少關注世界其他地區，如中東、歐洲、亞洲等問題。」在亞洲方面，川普對美國是否應保持其在亞洲的姿態提出質疑，意即與歐巴馬（Obama）政府「重心轉向亞洲」戰略相反。然而在歐洲方面，川普（2016）表示：「北約過時並正消耗我們大量財富，我們用北約來保護歐洲，但顯然再也負擔不起。」可知，川普選戰期間一再質疑北約組織軍事同盟的目的。

　　以往抱持不屑，認為北約是「過時」國際組織的川普，態度卻發生大轉變。除承諾對北約全力支持，並稱北約是「國際和平穩定的支柱」。2017 年 4

月 12 日，華府接見北約組織秘書長 Stoltenberg 時，川普表示：「恐怖主義的威脅突顯北約組織的重要性，我以前說北約過時，但它不再過時了（no longer obsolete）。」此外，其亦重申：「北約成員國必須把應承擔的軍費開支調高到國內生產總額的 2％。」由上可知，川普對於北約的態度由批評轉向支持。

4. 外交政策轉向：由「友好俄羅斯」轉「對抗俄羅斯」

根據路透社（Reuters）（2016）報導普丁出席亞太經合組織（APEC）會議時表示：「美國總統當選人證實，願意將美俄關係正常化。」此外，2017 年 1 月 7 日，川普於推特（Twitter）上寫道：「與俄羅斯保持良好關係是好事，只有愚蠢的人才會認為這是一件壞事。」其亦表示：「美俄兩國未來或許能在解決一些全球性問題上進行合作。」由此顯示，美俄兩國基於「平等、互相尊重，並不干預對方內政」的原則，展開新對話。

2017 年 4 月 7 日，美國對敘利亞政府軍一處空軍基地發射超過 50 枚的戰斧巡弋飛彈，以報復敘利亞的致命化武攻擊。該事件爆發後美俄關係開始產生變化，川普過去一直被質疑和俄國聯繫過甚，然而在他對敘利亞發射飛彈報復後，敘利亞的長期盟友俄國對此大感不滿，俄國總統普丁（2017）表示：「2017 年以來美俄互信快速惡化。」另一方面，川普（2017）亦表示：「美國和俄國的關係可能是前所未有的新低。」他亦稱：「美國可以和俄國好好相處這件事，可能發生，也可能不發生，甚至形成相反的局面。」由此可知美俄關係從先前的友好，至今演變成互相猜忌抗衡的局面。

5. 對華政策轉向：由「批判中國大陸」轉「中美加強合作」

根據《華盛頓郵報》（Washington Post）（2017）報導指出：「川普在競選時承諾，就職第一天就要把中國大陸列為『匯率操縱國』，但在他上任第 83 天，卻表示中國大陸沒有操縱人民幣匯率。」追溯至先前川普受《金融時報》（FT）（2017）訪問時表示：「當你談到匯率操縱或貶值時，中國大陸是世界冠軍。美國政府多年來束手無策，但我有對策。」此外，並發表諸多強烈語言，如「要課 45％關稅」、「中國大陸在洗劫美國」、「中國大陸在操縱貨幣」等，與現今轉變態度相比，其貿易上的立場已從極右的國族經濟主義往全球化經濟的方向靠攏。

另一方面，2017 年 2 月 9 日川普與中國大陸國家主席習近平進行通話，並在習近平要求下，同意遵行美國的「一中政策」，牽動美中台關係。中國大陸領導者習近平（2017）指出：「川普就任以來，中美雙方就共同關心的問題保持密切溝通。面對當前紛繁複雜的國際形勢和層出不窮的各種挑戰，中美加強合作

的必要性和緊迫性進一步上升。」美國在台協會（AIT）台北辦事處前處長Paol
表示（2017）：「希望台灣將此視為穩定兩岸情勢。」此外，北卡羅來納州戴
維森學院東亞政治學教授任雪麗（Shelley Rigger）指出（2017）：「川習通話
對美中關係與美台關係是個重設（reset），但不幸的是，已加入新的不確定因
素。」

　　世界正在劇烈轉變，2016年的美國大選，印證古老的諺語：「水能載舟、
亦能覆舟。」由美國選民選出的第45屆總統，正以巨大的影響力衝擊全世界。
綜觀上述可知，美國總統川普上任前與上任後雖充滿高度不確定性，但經由歸納
得知，無論在競選政見或就任新政皆顯現出六反現象，分別為：（1）反菁英（2）
反全球；（3）反恐怖；（4）反移民；（5）反難民；（6）反穆斯林。川普（2016）
於競選時曾高呼：「這場選舉不是一場普通的政治競賽，而是一個文明的十字路
口，將會決定我們是否可重新掌控屬於我們的政府。」該言論一出，立即得到廣
大勞動族群的支持，尤其以低薪或低教育程度的白人男性為多數。對此，政治大
學選舉研究中心研究員俞振華（2016）表示：「川普的當選，顯然是一個反體
制（anti-establishment）、反政治菁英的勝利。」此外，在經貿政策上，川普
採取的是反自由貿易與反區域整合的保護主義，強調「美國優先」顯現其反全球
的主張，諸如退出《跨太平洋夥伴關係協定》（TPP）、重新協商《北美自由貿
易協定》（NAFTA）等。然而，在反恐方面，川普（2016）指出：「將建立新的
審查措施，以阻止激進的伊斯蘭恐怖分子進入美國。我不想讓他們在這裡，我們
只會接納支持和熱愛美國的人。」可知，其強烈的反移民、反難民、反穆斯林等
社會排他主義。綜觀川普引發之六反現象為全球帶來之轉變，全世界不僅引起大
波震盪，隨之帶來的隱憂亦埋藏其中，有鑑於此，無論是各國、各機構、各企業
等應妥擬因應對策，方能在不確定性極高的環境下生存。

第6章
未來全球潛力市場新布局

日本策略大師大前研一於 2012 年出版《大資金潮：預言新興國家牽動的經濟新規則》一書提及：「世界經濟已不再以美國與中國大陸為尊，未來更將加速多元化。在全球經濟流通無阻之際，將無法繼續採用傳統貨幣理論與經濟政策來提振經濟，如何掌握資金的流向及運用才是現今國家的生存重點。」此外，根據貝萊德智庫（BlackRock）（2017）發布《2017 全球投資展望》（2017 Global Investment Outlook）表示：「亞洲新興市場經濟穩健成長，且結構性改革措施成效逐漸顯現，預期 2017 年亞洲新興市場將吸引眾多投資者的目光。」綜上可知，熱錢已慢慢從已開發經濟體流向新興經濟體，尤以亞洲新興市場為關注焦點。在成熟市場面臨經濟擴張疲軟與投資環境動盪之際，許多開發中國家也正醞釀實力，嶄露其未來發展性，並以後進之秀的態勢吸引投資者目光。

2017 年 2 月 7 日，普華永道（PwC）發布《全球經濟趨勢報告》（World in 2050）表示：「全球經濟力量正從已開發經濟體轉移到新興經濟體。至 2050 年，七大新興國（E7）占全球 GDP 的比重將達 50％。」可知新興市場在未來的全球經濟成長，將扮演關鍵性的角色。本章整理各大研究機構針對全球潛力市場所提出的研究報告，並分成投資吸引力、消費信心指數以及新興國家發展群組三大主題加以分析，詳述如後：

一、全球投資潛力市場排名

根據聯合國貿易與發展委員會、瑞士聯合銀行集團、科爾尼顧問公司、尼爾森顧問公司、普華永道、德勤、奧美集團、環球透視、《商業周刊》及《環球》雜誌等機構分別針對全球國家，以投資吸引力、消費者信心指數、外人直接投資金額及經濟成長率等評估指標，歸納出「全球未來潛力市場」。茲將各研究機構及媒體對未來全球最具開發潛力國家論述彙整如下：

1. 投資吸引力

❶ 聯合國貿易與發展委員會（UNCTAD）

2016 年 6 月 21 日，根據聯合國貿易與發展委員會（UNCTAD）發布《世界投資報告 2016》（World Investment Report 2016）指出：「2015 年全球外國直接投資（FDI）強勁復甦，流入總量上升 38％，高達 1.76 兆美元，為 2008 年全球金融危機爆發以來的最高水平。」此外，其亦表示：「在大規模海外併購浪潮的推動下，中國大陸已經成為部分已開發國家的主要外國投資來源國。」綜上可知，中國大陸在經濟轉型和「一帶一路」政策推動下，將帶動鄰近的經濟體商機，讓亞洲投資環境及吸引力逐步提升，並看好亞洲開發中國家未來發展。

表 6-1　聯合國貿易發展委員會最具投資吸引力經濟體前十排名

排名	2014	2015	2016
1	中國大陸	中國大陸	美　　國
2	美　　國	香　　港	香　　港
3	印　　尼	美　　國	中國大陸
4	印　　度	巴　　西	愛　爾　蘭
5	巴　　西	新　加　坡	瑞　　士
6	德　　國	加　拿　大	新　加　坡
7	英　　國	英　　國	巴　　西
8	泰　　國	荷　　蘭	加　拿　大
9	越　　南	澳　　洲	印　　度
10	俄　羅　斯	印　　度	法　　國

資料來源：聯合國貿易發展委員會（UNCTAD）《世界投資報告 2014、2015、2016》（World Investment Report）

❷ 環球透視（Global Insight）

2016 年 4 月 14 日，全球經濟與國家風險研討會上，環球透視（GI）亞太區首席經濟學家 Biswas 表示：「未來十年，亞太地區 GDP 每年將以 4.5％快速成長，主要因素為中國大陸、印度與東南亞消費能力的快速成長，創造大量的區域內貿易和投資流動，使之區域貿易規模快速成長，目前經濟規模占全球 GDP 的三分之一。」環球透視（GI）（2016）亦指出：「中國大陸、印尼、越南、菲律賓、緬甸、馬來西亞、泰國、印度、斯里蘭卡、孟加拉國將變成亞洲外國直接投資（FDI）最多的前十大市場。」

❸ 瑞士聯合銀行集團（United Bank of Switzerland）

2017 年 1 月 3 日，瑞士聯合銀行集團（UBS）以套利交易策略評估歐洲、中東與非洲市場，結果顯示俄羅斯盧布的投資回報率高達 26％居首位。據《彭博社》（Bloomberg）（2017）報導指出：「俄羅斯以低利率的盧布購買高收益債券來取得投資者的看重。」此外，入榜亦包含南非、墨西哥、巴西、智利、印度和印尼。瑞士聯合銀行（UBS）（2017）亦指出：「榜上提及的國家其政治氣候不易受到外部環境的衝擊與美國總統川普上位的風險。」

❹ 科爾尼顧問公司（A.T.Kearney）

2016 年 6 月 7 日，科爾尼顧問公司（A.T.Kearney）公布《2016 全球零售業發展指數報告》（2016 Global Retail Development Index）指出：「全球最適合零售商發展的發展中國家，中國大陸排名第一，印度從 2015 年的第 15 名躍升至 2016 年第二名，反映出外國零售商對印度投資樂觀情緒及印度零售市場巨大潛力，馬來西亞則是因傳統和線上零售領域具備龐大成長潛力，上升六個名次位居第三。」

表 6-2　科爾尼顧問公司新興國家零售投資吸引力排行

排名	2014		2015		2016	
	國　家	評分	國　家	評分	國　家	評分
1	智　　利	65.1	中 國 大 陸	65.3	中 國 大 陸	72.5
2	中 國 大 陸	64.4	烏 拉 圭	65.1	印　　度	71.0
3	烏 拉 圭	63.4	智　　利	62.3	馬 來 西 亞	59.6
4	阿聯大公國	60.5	卡　　達	59.1	哈 薩 克	56.5
5	巴　　西	60.3	蒙　　古	58.8	印　　尼	55.6
6	亞 美 尼 亞	57.5	喬 治 亞	58.4	土 耳 其	54.3
7	喬 治 亞	55.9	阿聯大公國	58.0	阿聯大公國	53.6
8	科 威 特	54.0	巴　　西	57.9	沙烏地阿拉伯	52.2
9	馬 來 西 亞	52.8	馬 來 西 亞	56.6	秘　　魯	51.9
10	哈 薩 克	52.7	亞 美 尼 亞	55.2	亞 塞 拜 然	51.2
11	土 耳 其	52.6	土 耳 其	54.1	越　　南	50.8
12	俄 羅 斯	52.4	印　　尼	51.8	斯 里 蘭 卡	50.7
13	秘　　魯	50.6	哈 薩 克	51.8	約　　旦	49.9
14	巴 拿 馬	49.3	斯 里 蘭 卡	51.7	摩 洛 哥	49.5
15	印　　尼	49.2	印　　度	51.1	哥 倫 比 亞	49.0

資料來源：科爾尼顧問公司（A.T.Kearney），《全球零售發展指數 2014、2015、2016》（Global Retail Development Index 2014、2015、2016）

2. 消費信心指數

❸ 尼爾森顧問公司（Nielsen）

2017 年 2 月 21 日，市調機構尼爾森（Nielsen）公布《2016 全球消費者信心指數》（2016 Global Consumer Confidence）指出：「2016 年第四季全球消費信心指數較第三季微幅提升，評分增加 2 至 101 點，其中北美地區消費者信心保持正向成長，評分相較第三季增加 15 至 120 點；東南亞及亞太地區則穩定維持在 115 與 111 點；而拉丁美洲 83 點、中東非洲地區 83 點、歐洲地區 81 點，在第四季維持相對低點。」

表 6-3　尼爾森顧問公司消費者信心指數國家排名

排名	2014		2015		2016	
	國　家	評分	國　家	評分	國　家	評分
1	印　　度	129	印　　度	131	印　　度	136
2	印　　尼	120	菲　律　賓	117	菲　律　賓	132
3	菲　律　賓	120	印　　尼	115	美　　國	123
4	阿聯大公國	114	泰　　國	114	印　　尼	120
5	泰　　國	111	丹　　麥	110	越　　南	112
6	中 國 大 陸	107	越　　南	108	泰　　國	110
7	香　　港	107	阿聯大公國	108	阿聯大公國	108
8	英　　國	106	中 國 大 陸	107	中 國 大 陸	108
9	越　　南	106	沙地阿拉伯	106	丹　　麥	107
10	丹　　麥	103	巴 基 斯 坦	103	巴 基 斯 坦	106

資料來源：尼爾森（Nielsen），《全球消費者信心指數 2014、2015、2016》（Global Consumer Confidence 2014、2015、2016）

❹ 科爾尼顧問公司（A.T.Kearney）

2016 年 5 月 5 日，科爾尼顧問公司（A.T.Kearney）公布《2016 全球外國直接投資信心指數》（2016 FDI Confidence Index）指出：「未來三年企業在海外市場進行投資信心排名，美國依舊名列第一，另一方面，儘管市場波動導致海外投資者對中國大陸市場的負面看法漸增，中國大陸仍連續第四年排名第二，探究美國與中國大陸成為最具全球投資信心與市場發展潛力國家，主因乃是美國經濟持續復甦，而中國大陸則是整體環境進行改革，使得外資進入投資意願提高」。然觀察 2013-2016 年投資信心指數排名可發現，企業對新興經濟體的投資信心逐年下滑，以巴西為例，從 2013 年的第三名，2014 年第五名，2015 年第七名，至 2016 年則跌出十名外。由此可知，2016 年前十名除中國大陸、印度為新興國家外，其餘皆為已開發經濟體。

表 6-4　科爾尼顧問公司投資信心指數排名

排名	2013		2014		2015		2016	
	國　家	評分	國　家	評分	國　家	評分	國　家	評分
1	美　　國	2.09	美　　國	2.16	美　　國	2.10	美　　國	2.02
2	中國大陸	2.02	中國大陸	1.95	中國大陸	2.00	中國大陸	1.82
3	巴　　西	1.97	加 拿 大	1.93	英　　國	1.95	加 拿 大	1.80
4	加 拿 大	1.86	英　　國	1.91	加 拿 大	1.94	德　　國	1.75
5	印　　度	1.85	巴　　西	1.91	德　　國	1.89	英　　國	1.73
6	澳　　洲	1.83	德　　國	1.84	巴　　西	1.87	日　　本	1.73
7	德　　國	1.83	印　　度	1.81	日　　本	1.80	澳　　洲	1.63
8	英　　國	1.81	澳　　洲	1.76	法　　國	1.80	法　　國	1.60
9	墨 西 哥	1.77	新 加 坡	1.75	墨 西 哥	1.79	印　　度	1.60
10	新 加 坡	1.77	法　　國	1.74	澳　　洲	1.79	新 加 坡	1.57

資料來源：科爾尼顧問公司（A.T.Kearney），《外國直接投資信心指數 2013、2014、2015、2016》（FDI Confidence Index 2013、2014、2015、2016）。

3. 新興國家發展組織

❶ 普華永道（PwC）：

2017 年 2 月 7 日，普華永道（PwC）發布《全球經濟趨勢報告》（World in 2050）指出：「全球經濟成長力量將在 2050 年以前，持續從先進經濟體轉移到新興市場。預計屆時全球七大經濟體，除排行第三的美國外，其他六個皆為新興市場，分別為中國大陸、印度、美國、印尼、巴西、俄羅斯及墨西哥。」此外，普華永道（PwC）（2017）亦表示：「就經濟成長的速度而言，越南、印度和孟加拉將成為全球經濟成長速度最快的經濟體，每年 GDP 約達 5％。」

❷ 德勤（Deloitte）

德勤（Deloitte）於 2016 年 5 月 4 日發布《2016 全球製造業競爭力指標》（2016 Global Manufacturing Competitiveness Index）報告提出強力五國（MITI-V）一詞，並指出：「2016 年全球製造業競爭力排行榜，前三名為中國大陸、美國與德國；而人口紅利改變與經濟需求成長快速，驅使印度、越南、馬來西亞、泰國與印尼成為『崛起五星』，將逐漸替代中國大陸全球的低成本中心的地位。」其亦指出：「而印度雖僅排行第 11 名，但因其仍擁有成本優勢及印度製造（Make in India）等政策協助，預計五年內將重回前五寶座。」

❸ 奧美集團（Ogilvy & Mather）

2016 年 8 月 23 日，奧美集團（Ogilvy & Mather）發布《銳速 12 國》（Velocity 12 Markets Report）報告提及：「『銳速 12 國』是未來十年中產階級消費成長

的重要市場。未來中產階級財產成長中心地區將遷移至南亞，印度為其主要的核心，且包含巴基斯坦、孟加拉國、緬甸、印尼和菲律賓，兩端由中國一路拓展到埃及、奈及利亞、墨西哥和巴西，上述國家串連出一條中產階級成長的曲線。未來十年，這12個市場將創造十億人次的中產消費者，到達一個重要的轉捩點。」

❹《環球》雜誌

2017年1月25日，《環球》雜誌以各國2016年經濟發展狀況為基礎，結合國際貨幣基金（IMF）和世界銀行（WB）的數據，再根據全球發展現狀與趨勢，結合經濟規模和發展速度，從十個不同角度穩健、增速、復甦、投資、創新、平衡、資源、順差、追趕及築底型，去發現各國發展的亮點和潛力，從而評選出在每一類型中位居榜首的國家，並稱之為2017環球「希望十國」，最終評選結果為中國大陸、印度、美國、波蘭、瑞士、瑞典、澳洲、德國、伊索比亞及阿根廷。

❺《財富》（Fortune）

《財富》（Fortune）基於各國家政治和經貿環境的穩定性與彈性，評選出七個商業新大陸，分別是馬來西亞、印度、印尼、墨西哥、哥倫比亞、波蘭以及肯亞，合稱「希望七國」。其中印度、印尼以及馬來西亞政府皆提出明智的經濟改革政策，為經貿發展指出鮮明的未來。墨西哥與哥倫比則因為國家治理的改善展現出有別於其他新興市場的未來發展性。另外肯亞因該地區中產階級成長居全球之首，且為國家治理水平大幅提升，故此躋身進入希望七國之列。

❻《商業周刊》

2016年5月5日，《商業周刊》與台灣經濟研究院共同合作發布《未來七國關鍵報告》。藉由三個量化指標，分別為：（1）人均GDP；（2）經濟成長率；（3）人口數進行篩選，同時引證美國傳統基金會經濟自由度（Index of Economic Freedom、世界銀行經商環境（Doing Business）以及世界經濟論壇競爭力（The Global Competitiveness）等指標，加之整合超過20份國內外權威機構報告與專家學者意見，從亞洲約50國中框架出篩選出未來十年最具成長潛力的淘金新戰場，發展出「大亞洲戰略」，最終選出菲律賓、印尼、越南、緬甸、印度、斯里蘭卡、伊朗等七國出列，合稱「未來七國」。

2017年面臨全球政經格局仍未走出的發展困境，加之不確定性的挑戰，各國經濟發展皆各有其走勢，有些呈疲軟態勢，有些則成為未來帶動全球經濟成長的領頭羊，茲匯整研究機構對於未來成長潛力市場如表6-5所示，進而歸納出全球投資九大發展潛力國家，即印度、印尼、中國大陸、越南、美國、菲律賓、巴西、馬來西亞、墨西哥，可發現新興亞太市場即占六位，未來成長潛力不容小覷。

表 6-5　全球未來潛力市場彙整一覽表

潛力市場	❶投資吸引力				❷消費信心指數		❸新興國家發展群組						總計
	聯合國 十大投資經濟體	環球透視 十大市場	瑞士銀行 最受投資者歡迎前七國	科爾尼 零售投資吸引力	尼爾森 消費者信心指數	科爾尼 投資信心指數	資誠 未來七大經濟體	勤業眾信 強力五國	奧美集團 銳速12國	環球雄誌 希望十國	商業周刊 未來七國關鍵報告	財富 幸運七國	
印　度	●	●	●	●	●	●	●	●	●	●	●	●	12
印　尼		●	●	●	●		●	●	●		●	●	9
中國大陸	●	●		●	●	●	●		●	●			8
越　南		●		●	●			●	●		●		6
美　國	●				●	●	●			●			5
菲律賓		●			●				●		●		4
巴　西	●	●					●		●				4
馬來西亞			●	●				●				●	4
墨西哥			●				●		●			●	4
緬　甸		●							●		●		3
斯里蘭卡		●		●							●		3
泰　國		●			●			●					3
孟加拉		●							●				2
加拿大	●					●							2
法　國	●					●							2
新加坡	●					●							2
巴基斯坦					●				●				2
瑞　士						●				●			2
澳　洲							●			●			2
俄羅斯			●	●									2
阿聯大公國			●				●						2
波　蘭					●					●			2

表 6-5　全球未來潛力市場彙整一覽表（續）

潛力市場	① 投資吸引力			② 消費信心指數		③ 新興國家發展群組						總計
	聯合國 環球透視 十大投資經濟體	瑞士銀行 最受投資者歡迎前七國	科爾尼 零售投資吸引力	尼爾森 消費者信心指數	科爾尼 投資信心指數	資誠 未來七大經濟體	勤業眾信 強力五國	奧美集團 銳速12國	環球雜誌 希望十國	商業周刊 未來七國關鍵報告	財富 幸運七國	
哥倫比亞			●								●	2
德　國		●							●			2
南　非					●							1
智　利		●										1
丹　麥				●								1
瑞　典									●			1
阿根廷									●			1
伊　朗										●		1
香　港	●											1
埃　及								●				1
奈及利亞								●				1
衣索比亞									●			1
土耳其			●									1
英　國					●							1
哈薩克			●									1
日　本					●							1
約　旦			●									1
愛爾蘭	●											1
肯　亞											●	1

資料來源：本研究整理

3

兩岸互動發展
新格局

第 7 章

兩岸關係發展現勢與展望

2016 年 5 月 20 日，蔡英文就任台灣總統以來，諸多機構與專家學者對於兩岸關係的變動做出新情勢闡述，如美國台海問題專家 Goldstein（2016）指出：「兩岸關係正在進入一個僵持時期。」北京大學國際關係學院副教授節大磊（2017）表示：「兩岸正處在沒有方向和目的的漂流期。」中國和平統一促進會（2016）：「兩岸關係進入到一個新的時期—穩定的冷對抗。」海基會前董事長洪奇昌（2016）認為：「兩岸可能進入冷和平期。」綜上可知，隨著台灣政黨輪替，兩岸關係將有一波新變化。另一方面，根據《天下雜誌》（2016）兩千大 CEO「2017 年景氣預測與戰略調查」顯示 54.3％的企業對於兩岸關係的看法持不樂觀的態度，而在投資環境方面，有超過 70％的企業認為兩岸投資環境一樣糟。另外，2016 年中國大陸經商環境對台商最大的挑戰「兩岸關係的變數」由 2015 年第三名躍升至第一名，第二名與第三名分別為「勞動成本高」與「市場競爭激烈」，經由調查兩千大 CEO 顯示：「大多企業對於兩岸關係未來發展前景呈現悲觀看法，並且影響投資意願。」

誠如管理大師 Collins 所云：「卓越的企業僅相信不斷的改善與改變方能帶來卓越。」面對全球經濟變化反覆無常，黑天鵝事件不斷上演，無預警打亂企業投資布局節奏，企業應審時度勢，透過持續的變革方能創造未來，並帶領企業走向卓越。為因應當前兩岸新型關係及國際政經形勢的變化，本章節將以統計數據分析及專家學者論述描繪兩岸經貿發展新關係，而六大數據分別為：（1）雙邊投資統計；（2）雙邊貿易統計；（3）旅遊人數統計；（4）留學人數統計；（5）兩岸航線國籍航空載客率；（6）海西信心指數。然而，當今兩岸關係已步入歷史性轉折的新階段，唯有建構互信、互利、互補的環境，方可使兩岸走向長期和平的關係，讓台灣得以在穩定、健康、永續的環境中發展，並帶著人民走向幸福的康莊大道。

一、兩岸經貿發展變遷

從古自今，追求和平穩定的兩岸關係是政府長期以來的目標。自 1992 年兩岸分別建立授權機構為海峽交流基金會（海基會）與海峽兩岸關係協會（海協會）後，則立即針對兩岸協商的政治基礎進行溝通，達成同存同異的共識，因此有了 1993 年「辜汪會談」，為兩岸關係邁出歷史性的重要一步。然而，兩岸關係隨著政黨輪替便產生微妙變化，諸如前總統李登輝於 1999 年發布「兩國論」後，使兩岸溝通機制中斷，而陳水扁總統時期，因台灣政府鼓吹「一邊一國」，再加上中國大陸政府制定反分裂國家法，促使溝通繼續停擺，兩岸關係走到「戰爭邊緣」，隨後 2008 年馬英九總統執政後，兩岸才重新啟動制度化協商，邁向和平發展。如今，新任總統蔡英文上任後，兩岸關係形勢步入「冷和」階段，機制化協商再度停滯，使兩岸經貿發展已顯現冷縮態勢，未來發展前景不容樂觀。

1. 官方交流：從常溫期到冷凍期

2017 年 5 月 14 日，根據香港《文匯報》指出：「自台灣總統蔡英文於 2016 年執政以來，兩岸關係便進入冰封期，驅使海基會的協商、交流、服務等三大功能遭受中斷。」其亦表示：「2016 年海基會的文書驗證業務總達 98,011 件，平均每月 8,167 件，但至 2017 年 3 月，每月僅平均 6,398 件，大幅縮減 21.6％。」此外，海基會副秘書長李麗珍（2017）亦表示：「自總統蔡英文上任後，海基會與海協會的協商機制皆面臨停擺。」綜上可知，兩岸關係因台灣總統蔡英文上任後，官方雙方交流由原先常溫期進入冷凍期，甚至影響兩岸溝通協商之海基會與海協會無法有效運作。

2. 經貿交流：從熱絡期至萎縮期

蔡英文政府上台後即宣布將減少對中國大陸對的市場依賴度，加上兩岸政治僵化的局面，皆導致兩岸經貿動能逐漸減弱。在兩岸經貿發展現況可知，進出口貿易呈現「雙降」的現象，分別為「兩岸貿易總額」下降與「兩岸經貿依存度」下降。根據台灣海關（2016）統計數據顯示：「2016 年 1 至 11 月兩岸貿易總額為 1,428 億美元，2015 年同期下降 2.5％，兩岸經貿依存度則由 40％以上下滑至 39.5％。」此外，國家政策研究基金會召集人林郁方（2017）亦表示：「若台灣失去中國大陸市場，每年將有超過百億的貿易逆差。若兩岸關係持續惡化，將使台灣經貿大幅萎縮。」綜上可知，在蔡英文政府消極的兩岸經貿政策阻礙下，兩岸恐將面臨貿易持續萎縮的情勢發展。

3. 外交交流：從外交休兵到外交圍堵

川普當選美國總統，蔡川通話後變使得兩岸關係從「僵局」提升為「惡

化」，進而壓縮台灣外交空間，諸如：未能出席 2016 國際民航組織（ICAO）大會、無法參與國際刑警組織大會（INTERPOL）、出席聯合國氣候變遷綱要公約（UNFCCC）被拒、奈及利亞將台灣商務代表處逐出首都、未收到第七十屆世界衛生大會（WHA）邀請、斐濟駐台代表處遭撤處等事件。此外，2016 年 12 月22 日，聖多美和普林西比宣布與台灣斷交，宣告著過去馬英九總統執政時期兩岸「外交休兵」正式結束，打亂新政府的外交佈局。根據《金融時報》（Financial Times）（2016）刊登一篇題為〈大陸外交戰使台灣邦交國岌岌可危〉文章指出：「蔡川熱線觸動了中國大陸敏感神經，使得中國大陸削減大陸赴台遊客人數，限制台灣參與世界衛生組織（WHO）等國際相關事務，更重新與台灣展開邦交國之爭。」外交部發言人王珮玲（2017）表示：「近期中國大陸對台灣參與國際組織打壓力道更甚以往，此做法造成國際間共同處理全球性議題缺口，亦使得兩岸關係和平發展背道而馳。」顯示未來台灣外交之路將更加艱鉅。

二、六大數據看兩岸關係發展

過往至今，兩岸關係既非純綷經濟問題也非純綷政治問題，隨著台灣新政府上任後，兩岸關係瞬間陷入僵局，此刻，中國大陸政府也在各種經濟與政治層面上加強施壓，包括官方交流停擺、限縮來台旅遊與升學人數等措施，造成台灣的經濟成長動能受損，未來兩岸將經歷一段磨合期。茲從六大數據分析兩岸關係現勢並分述如下：

1. 雙邊投資統計：

受到兩岸關係不確定氛圍影響，加之投資爭議案件不斷發生，使陸商赴台投資意願轉趨保守，相對台商而言亦是如此，因中國大陸經商環境不如以往，不僅勞工與土地成本上揚，且對綠色環保要求日益提高，使台商赴陸投資意願隨之下降。根據經濟部投審會於 2016 年 12 月 20 日指出，截至 2016 年 1 至 11 月止，陸資來台投資件數為 141 件，而投資金額為 2.289 億美金，較 2015 年同期分別減少 7.24％與成長 59.64％。反之，台商赴陸投資件數為 213 件，而投資金額則為 84.20 億美金，較 2015 年同期分別減少 26.3％與 10.47％。綜上可知，礙於兩岸關係冷卻，已造成雙邊投資縮手，長期下來恐將嚴重影響台灣經濟發展。

表 7-1　雙邊投資金額與件數統計

年份	台資赴陸投資				陸資赴台投資			
	金額	成長率	件數	成長率	金額	成長率	件數	成長率
2011	13,100,871	7.1%	575	-9.5%	51,625	-45.2%	105	32.9%
2012	10,924,406	-16.6%	454	-21.0%	331,583	542.2%	138	31.4%
2013	8,684,904	-20.5%	440	-3.0%	349,497	5.4%	138	0.0%
2014	9,829,805	13.1%	388	-11.8%	334,631	-4.2%	136	-1.4%
2015	10,398,224	5.7%	321	-17.2%	244,067	-27.0%	170	25.0%
2016	8,240,031	-20.7%	213	-33.6%	228,964	-6.1%	141	-17.0%

資料來源：經濟部投審會

註：單位：千美元

2. 雙邊貿易統計：

　　自兩岸關係出現變化後，雙方交流機制呈停滯狀態，其對兩岸經貿的實質性影響已開始顯現，包括雙邊貿易投資件數、陸客赴台旅遊人數、及中國大陸對台常態化採購等相關貿易活動皆呈縮減趨勢，使之對台灣經濟發展產生深遠影響，其負面衝擊不可低估。此外，2017 年 1 月 13 日，根據中國大陸海關總署指出：「2016 年兩岸進出口總額為 1,796 億美元，相較 2015 年微幅減少 4.5%，其中，對台出口及進口分別為 403.7 億及 1,392.3 億美元，而較 2015 年則分別減少 10.1% 及 2.8%。」此外，根據財政部（2017）指出：「2016 年台灣對中國大陸的貿易總值為 1,576 億美元，較 2015 年縮減 1.0%。」綜上可知，當前雙邊貿易下滑，主因受兩岸經貿結構矛盾所引發的結果。

表 7-2　雙邊貿易進出口總額統計

年份	台灣對中國大陸貿易總值		中國大陸對台灣貿易總值	
	金額	成長率	金額	成長率
2011	1,716	11.4%	1,600	-
2012	1,651	-3.7%	1,689	5.5%
2013	1,702	3.0%	1,972	16.7%
2014	1,795	5.4%	1,983	0.5%
2015	1,592	-11.3%	1,885	-4.9%
2016	1,576	-1.0%	1,796	-4.7%

資料來源：財政部、中國大陸海關總署

註：單位：億美元

3. 旅遊人數統計：

在總統蔡英文上任後，中國大陸政府便對台灣採取經濟形式上的打壓，諸如限制陸客來台旅遊人數，讓台灣觀光產業提前進入寒冬。根據中華民國交通部觀光局（2016）指出：「中國大陸觀光客自 2016 年 5 月始呈下滑趨勢，相較 2015 年同期減少 36％。」而中華民國內政部移民署（2016）亦表示：「2015 年中國大陸國慶期間赴台旅遊申請件數平均每日約八仟件，如今 2016 年則縮減至四至五千件，同比減少約 46.6％，近乎呈現腰斬。」此外，根據觀光局副局長張錫聰（2017）則表示：「陸客大幅縮減對台灣旅遊產業勢必造成影響，而這波浪潮會持續多久則無法預估。」綜上可知，因中國大陸政府祭出來台人數限縮措施，未來，將使台灣旅遊市場備受種種考驗。

表 7-3 陸客來台旅遊統計

年份	陸客來台旅遊數	
	人數（萬人）	成長率
2011	178	9.2％
2012	259	45.5％
2013	287	10.8％
2014	399	39.0％
2015	418	4.7％
2016	330	-21.0％

資料來源：中華民國交通部觀光局

4. 留學人數統計：

隨兩岸關係持續緊張，不僅造成陸客赴台旅遊人數持續減退，如今中國大陸政府亦祭出限縮陸生來台措施，使赴台升學的陸生數量出現縮減趨勢。2016 年 12 月 31 日，根據中華民國教育部指出：「2016 學年度來台就學的陸生人數明顯下滑，是自 2011 年來首次出現衰退狀態，其中，台灣學士班錄取的新生相較 2015 年大幅縮減 16.3％，而短期研修數量亦隨之驟減。」此外，教育部亦核計 2016 年共有 142 所大學招收陸生，竟有 50 校掛零，相較 2015 年的 20 校，其校數缺額率大幅成長 150％。綜上可知，陸生赴台就學人數大幅縮減，應與兩岸政治環境變化有關。

圖 7-1　陸生來台就學人數統計

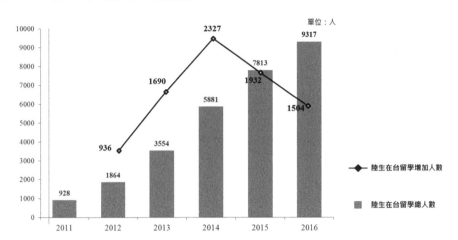

資料來源：中華民國教育部

5. 兩岸航線國籍航空載客率：

　　隨兩岸關係冷卻，兩岸直航飛機旅客人次逐年減少，台灣航空業首當其衝。2016 年 12 月 28 日，根據交通部統計表示：「2016 年 11 月兩岸航線國籍航空載客率是歷年降幅最多的，相較 2015 年同期縮減 18.33％。其因兩岸關係不佳導致航空需求量減少，未來兩岸航線航班將持續減少。」此外，旅遊業亦表示：「未來陸客來台旅遊將逐年縮減，諸如 2015 年兩岸遊客互動交流為 967 萬人次，但 2016 年卻降至 900 萬人次，其縮減幅度為 6.92％，便預測 2017 年陸客來台旅遊人數恐將大幅下滑至 800 萬人。」綜上可知，礙於兩岸關係冷卻，恐將持續影響兩岸航線下滑趨勢。

表 7-4　兩岸直航飛機旅客人數統計

年份 月份	2015		2016	
	人次	同期增減	人次	同期增減
01	896,808	11.47％	946,869	+5.58％
02	1,030,987	19.78％	1,105,366	+7.21％
03	903,300	-2.49％	1,006,639	+11.44％
04	1,001,420	3.10％	1,044,348	+4.29％
05	1,030,572	8.98％	987,467	-4.18％
06	952,867	-1.15％	927,618	-2.65％

表 7-4　兩岸直航飛機旅客人數統計（續）

月份 \ 年份	2015		2016	
	人次	同期增減	人次	同期增減
07	1,044,186	1.59%	996,545	-4.58%
08	1,062,949	9.28%	922,615	-13.20%
09	927,974	0.23%	827,504	-10.83%
10	1,040,658	5.53%	867,248	-16.66%
11	1,008,486	5.21%	823,445	-18.35%
12	920,872	-3.62%	800,209	-13.10%
合計	11,821,079	4.62%	11,255,873	-4.78%

資料來源：中華民國交通部

6. 海西信心指數：

　　海西信心指數係針對海峽西岸經濟區的 23 個城市進行調查，指標包含金融、旅遊、消費三大指數，因調查城市多為旅遊重鎮且鄰近台灣，因此可藉由旅遊與消費反映兩岸互動情形。2017 年 1 月 19 日，根據廈門大學數據挖掘研究中心發布《2016 年第四季度海西金融、旅遊、消費信心指數調查報告》顯示：「海西總指數為 96.53 跌至新低，其因金融、旅遊、信心等三大指數皆連續四季下滑。」此外，北醫學大學管理學院院長暨大數據研究中心主任謝邦昌（2017）亦表示：「低靡的經濟指數反映出兩岸關係冷淡，其中於旅遊方面的降幅較大，主因與陸客來台旅遊人數下滑有關，其指數從 121.22 下降至 112.25，減少 8.97 點，此外，消費信心亦跌至悲觀區域。」綜上所述，海西信心指數呈下滑態勢，除全球經濟情勢不穩影響外，亦反映出兩岸交流停滯之現象。

表 7-5　海西信心指數變化

年份	海西信心指數		
	❶ 金融投資信心指數	❷ 旅遊指數	❸ 消費指數
2014Q1	85.55	118.63	96.43
2014Q2	91.43	123.03	96.65
2014Q3	92.00	124.38	96.53
2014Q4	94.90	123.90	94.49
2015Q1	96.03	122.70	96.95
2015Q2	108.85	124.13	96.06
2015Q3	107.90	122.35	96.49
2015Q4	107.28	121.23	97.87
2016Q1	107.08	120.90	95.66

表 7-5　海西信心指數變化（續）

年份	海西信心指數		
	❶ 金融投資信心指數	❷ 旅遊指數	❸ 消費指數
2016Q2	105.65	118.95	94.55
2016Q3	103.40	115.78	93.22
2016Q4	101.33	112.25	91.41

資料來源：廈門大學數據挖掘研究中心

三、知名媒體、學者專家論述兩岸關係

1. 專家學者

❶ **海峽交流基金會（Straits Exchange Foundation）**：海基會前董事長洪奇昌（2016）指出：「自新政府上任後，兩岸關係從過往的『機遇期』進入『冷和平期』，雙邊政治及經濟關係恐暫時停擺，未來需經過一段相當長的磨合期。」

❷ **中華民國全國工業總會（CNFI）**：工業總會理事長許勝雄（2016）指出：「台灣新政府上任後，兩岸關係進入冷和平階段，導致協商交流機制全面停滯，影響所及不僅牽涉兩岸政治與經濟層面，將造成台灣在區域經濟整合被邊緣化。」

❸ **中國國務院台灣辦公室**：中國國務院台灣辦公室主任張志軍（2017）表示：「兩岸局勢複雜嚴峻，兩岸關係發展產生許多不確定性與風險，同時九二共識是維護兩岸關係和平發展的政治基礎，中國大陸在此問題上的立場不會有絲毫模糊和鬆動。」

❹ **全國臺灣同胞投資企業聯誼會**：台企聯會長王屏生（2016）指出：「全球經濟情勢嚴峻，自台灣新政府上任後，兩岸關係進入『冷對抗』時代，不僅造成雙方溝通機制瞬間停擺，亦使台灣經濟遭遇前所未有的瓶頸。」

❺ **行政院大陸委員會**：陸委會主委張小月（2016）表示：「兩岸關係進入『冷和』階段，不僅雙方交流停擺，中國大陸政府亦在各方面對台施壓，包括軍事演練、破壞台灣與邦交國關係，抑或是在經濟上以政黨區分台商，因此2017年兩岸關係不容樂觀。」

2. 國際媒體

❶ **《路透社》（Reuters）**：2016年1月7日，在台灣總統蔡英文就職演說後，兩岸關係瞬間進入冷卻期，而中國大陸政府也已著手考慮從軍事和經濟上懲罰台灣，包括將在接近台灣的地點舉行軍事演習，或是必要時停止「三通」（通郵、通商、通航）等，使之在經濟上孤立台灣。

❷ **《衛報》（The Guardian）**：2016年12月16日，總統蔡英文就任後不久，

中國大陸政府即對台灣實施軟性制裁，包括限制中國大陸旅客來台旅遊人數，並威脅削減投資。此外，新上任的美國總統川普恐將替兩岸關係帶來更多的變數。

❸ 《紐約時報》（The New York Times；NYT）：2016年12月13日，新美國安全中心（Center for a New American Security）顧問柯羅寧（Cronin）指出：「中國大陸不再給台灣任何好處，使台灣總統蔡英文面對根本性挑戰，諸如當經濟走上正軌之時，中國大陸政府將對台灣發出紅色警戒。」

❹ 《泰晤士報》（The Times）：2016年12月5日，自台灣新任總統上任後，兩岸關係隨之進入冷對抗狀態，加之台美元首通話事件，恐將進一步增加台海的緊張局勢，可知兩岸僵局將會持續很長一段時間。

❺ 《讀賣新聞》（YOMIURI）：2016年10月7日，台灣總統蔡英文就職後，中國大陸政府便對台灣加強施壓，包括來自政治壓力及經濟打壓等，使之兩岸關係進入冷卻階段，形式可說是越來越嚴峻。

❻ 《華盛頓郵報》（The Washington Post）：2016年8月29日，兩岸關係自台灣總統蔡英文上任後即進入「冷和」態勢，諸多不利因素將嚴重衝擊台灣經濟，包括協商機制停擺、陸客赴台旅遊人數銳減等，使台灣經商環境備受波及。

❼ 《經濟學人》（The Economists）：2016年8月22日，台灣總統蔡英文上任後，即遭受內外環境壓力夾擊，諸如對內為經濟衰退及黨內鬥爭等問題，對外則是中國大陸採取政治與經濟施壓，使兩岸關係陷入冷和平之態勢。

❽ 《費加羅報》（Le Figaro）：2016年5月21日，自蔡英文就任台灣總統後，隨之而來的新風暴將對台灣造成巨大衝擊，包括兩岸政治氣氛凝重、協商機制停擺、經濟施壓等，可知兩岸關係進入冷卻階段。

在兩岸關係政策中，前後任總統採取之作法大相逕庭，由上述數據顯示，無論是兩岸經貿互動或交流皆呈現衰退跡象。2017年5月11日，前總統馬英九表示：「兩岸關係已從軍事衝突轉向和平交流，但卸任後步入『不穩定中的冷對抗』階段。」其亦表示：「過去八年繁榮和平，應該為60年來最好時期。」而另一方面，現任總統蔡英文則表示：「台灣與中國大陸需要共同維持和平穩定的狀態，共同正視新局勢與客觀現實，而對兩岸和平穩定與區域安定繁榮，需共同思考與擬定有利的架構。」此外，總統蔡英文於2017年5月3日提出兩岸關係互動「三新」主張，分別為「新情勢、新問卷、新模式」對此，中國大陸《環球網》（2017）回應：「蔡英文兩岸關係策略換湯不換藥。不提一中，『一百新』皆為『一舊』。」綜上可知，台灣現今陷入窘迫的兩岸關係，若未積極應對恐將延長兩岸冷凍期。

第8章
台灣經貿環境發展新政策

2017 年 3 月 24 日，台經院發布《景氣動向調查》報告，景氣預測中心主任孫明德以「台灣經濟已走出雪隧」來說明台灣經濟已走出低谷，報告亦指出：「台灣景氣呈現內外皆溫情況，雖服務業及製造業營業氣候點呈下滑，但營建業則連三升，因此呈現平穩情形。」此外，安侯建業（KPMG）（2016）針對國內年營業額超過新台幣 165 億元以上的 50 位 CEO 進行訪談，發現超過 70％的 CEO 對台灣 2017 年經濟發展呈現正向態度，同時大部分皆對台灣經濟發展與景氣邁入緩慢成長期有共識，因此，安侯建業（KPMG）建議台灣企業必須加緊腳步，思考創新策略，以因應未來台灣經濟緩慢成長所帶來的影響。

在面對台灣經濟緩慢成長的情勢下，台灣政府於 2016 年 9 月 5 日正式推動新南向政策，其內容主要秉持「長期深耕」、「多元開展」、「雙向互惠」三大核心理念，藉由統整各部會、地方政府及民間企業與團體的資源與力量，從「經貿合作」、「人才交流」、「資源共享」與「區域鏈結」四大面向著手，期望與東協、南亞及紐澳等國家，創造互利共贏的新合作模式，並建立「經濟共同體意識」，期望突破台灣「外交孤兒」的局面。新南向政策其重點之一為前進東協，東南亞國家協會（AEC）占有全球近 10％的人口，總經濟規模達 2.5 兆美元，目前為全球第七大經濟體。勤業眾信（Deloitte）（2016）表示：「東協是台灣第二大的貿易夥伴及出口市場，但由於目前雙方並非經濟合作夥伴，因此仍需考慮台灣面臨競爭優勢被邊緣化的隱憂。建議台灣企業響應新南向政策前，應了解各成員國產業發展、投資環境及長期經濟前景，並以多角化思維經營。」綜上可知，台灣政府積極推動新南向政策，期望協助企業布局東南亞市場，儘管東協祭出諸多優惠政策，但仍需考慮各種風險與制定相應對策以避免增加嘗試錯誤成本。

一、研究機構預測 2017 年台灣經濟成長率

2017《TEEMA 調查報告》將全球各研究機構對於 2017 年台灣經濟成長率的預測值進行彙整，同時放入與前次預測的差異作為其對於台灣經濟前景的樂觀、悲觀依據，彙整如表 8-1 所示。從表 8-1 可看出 2017 年台灣經濟成長率預測值介於 1.40％到 2.50％的區間，預測值高於 2.00％的有 11 個研究機構，其中以星展銀行（DBS）GDP 預測值 2.50％為最高，其餘機構對於 2017 年台灣經濟成長預測值則介於 1.40％到 1.70％之間，同時與前期報告之預測值增減來進行分析，可發現 15 個研究機構中，僅有一家機構預測值為下修，其餘機構對於台灣經濟成長率預測均上調，顯示各機構對於台灣 2017 年經濟前景較為樂觀。綜合研究機構針對調升或調降經濟成長預測值之原因分析，可發現各研究機構均傾向「樂觀中帶有憂慮」之論述，茲將原因分析如下：

樂觀原因一：【全球經濟景氣逐漸復甦】

根據多個研究機構認為全球經濟景氣復甦為台灣經濟發展抱持樂觀態度之原因，顯示全球經濟回升為台灣經濟帶來正面的影響。2017 年 4 月 19 日，中華經濟研究院公布經濟成長預測表示：「由於全球經濟穩步復甦，帶動全球商品貿易成長。」此外，2017 年 4 月 15 日，環球透視（GI）發布《全球經濟預測展望》（Global Economic Outlook）報告顯示：「預測全球 2017 年成長率為 2.90％，與 4 月預測持平，其中先進國家經濟預測值從 3 月的 1.90％上修至 2.00％，而美國經濟成長預測值上修 0.10％至 2.40％。」綜上可知，亞洲經濟成長力道來源主要來自全球景氣的回溫，國際經濟復甦力道更加穩健，使 2017 年台灣經濟回穩。

樂觀原因二：【台灣貿易出口由黑轉紅】

表 8-1 中共有九個機構提及台灣貿易出口轉好為其對 2017 年台灣經濟樂觀之原因，有賴於智慧手機、電競相關晶片等需求活絡為出口復甦的主要因素。2017 年 3 月 13 日，根據星展集團（DBS）指出：「將 2017 年台灣 GDP 成長率預估值從 2.10％上調為 2.50％，調整主因為 2017 年年初整體表現較預期強勁，有賴於出口復甦與製造業庫存回補。」此外，2017 年 2 月 7 日，國際貨幣基金（IMF）指出：「預測 2017 年世界貿易量成長由 1.90％ 上升為 3.80％，加上動態隨機存取記憶體（DRAM）產業景氣觸底回升，帶動電子零組件買氣升溫，使台灣出口表現連五紅，擺脫連續 17 個月的低潮。」綜上可知，台灣貿易出口景氣已由黑轉紅，車用電子、聯網及高效能運算等新興需求擴增，可望推升台灣出口動能。

樂觀原因三：【原物料價格止跌回升】

綜合各研究機構對經濟前景樂觀原因，原物料價格上漲為重要的因素之一。2017 年 1 月 7 日，台灣經濟研究院表示：「受惠於主要貿易夥伴經濟復甦步調趨穩，國際農工原料價格相繼止跌回升，亦加上 2017 年全球景氣逐漸回穩，因此將台灣 2017 年 GDP 預測值上調。」其亦表示：「在貿易表現部分，由於國際油價與農工原物料價格相繼翻揚，台灣對外貿易表現維持成長，而國內廠商對景氣看法以持平居多。」綜上可知，2017 年全球經濟與貿易成長率皆較 2016 年高，加上國際油價與原物料價格持續回穩態勢，對新興市場及開發中經濟體表現，以及台灣相關產業供應鏈可望帶來有利因素。

悲觀原因一：【貿易保護主義意識抬頭】

2017 年 5 月 5 日，根據全國工業總會表示：「美國總統川普主張貿易保護主義是透過退出 TPP 以及設立關稅壁壘，藉以阻擋中國大陸或東南亞商品進入美國，對於大部分主要生產基地都配置在中國大陸及東南亞的台商而言影響深遠。」此外，中央銀行總裁彭淮南於 2016 年 12 月 23 日表示：「各國受到川普貿易保護政策衝擊程度，取決於各國出口至美國規模及其相對各國 GDP 比率，就比率而言，前三名分別為墨西哥、加拿大及中國大陸受較大影響，然台灣輸出中間財到中國大陸比重居高，若中國大陸輸美商品受到美國貿易制裁，最終的受害者仍為台灣。」綜上可知，台灣為島型經濟高度仰賴進出口貿易，然貿易保護政策帶來的影響甚鉅，將使台灣經濟之未來發展受到不利影響。

悲觀原因二：【英國脫歐衝擊出口表現】

2016 年 6 月 25 日，根據國家發展委員會表示：「歐洲是台灣出口市場之一，整體出口占比約 9%，然英國脫歐這隻黑天鵝的出現，造成原本復甦緩慢的歐盟市場，經濟成長再度放緩，亦使台灣景氣原本下半年預計好轉的時間點遞延，對於台灣貿易出口未來恐衝擊貿易出口與實體經濟表現。」此外，台灣經濟研究院景氣預測中心主任孫明德（2016）亦表示：「台灣有許多產品是從中國大陸出口到歐洲，雖然英國占出口比重僅 1% 至 2%，但若英國經濟因脫歐受創，會間接影響台灣出口。」其亦強調：「英國脫歐就像『開第一槍』，之後若丹麥、荷蘭等國家跟進，廠商對經濟情勢感到憂心，就可能會不敢進貨、補貨、備料，恐對台灣出口造成衝擊。」綜上可知，再再顯示英國脫離歐盟勢必將重創歐洲市場，繼而對北美、亞洲市場帶來衝擊，進而間接影響台灣出口業務表現。

表 8-1 研究機構預測 2017 年台灣經濟成長率

預測時間	研究機構		預測值	預測值增減	原因分析
2017/07/18	DBS	星展銀行（DBS）	2.50%	+0.00%	❶ 台灣貿易出口復甦 ❷ 製造業庫存回補 ❸ 2017 下半年即將發表的新型號蘋果智慧型手機
2017/04/10	ANZ	澳盛銀行（ANZ）	2.20%	+0.70%	❶ 全球經濟景氣回溫 ❷ 台灣貿易出口復甦
2017/07/19		中央研究院	2.18%	+0.50%	❶ 全球貿易出口復甦 ❷ 全球原物料價格復甦
2017/07/18	CIER	中華經濟研究院	2.14%	+0.03%	❶ 全球經濟穩步復甦 ❷ 台灣商品出口、工業生產持續擴張
2017/06/28		元大寶華綜合經濟研究院	2.10%	+0.00%	❶ 全球經濟景氣復甦 ❷ 台灣貿易出口復甦
2017/06/22		國泰世華銀行	2.10%	+0.00%	❶ 全球經濟景氣復甦 ❷ 台灣貿易出口復甦
2017/06/15	IHS	環球透視（GI）	2.10%	+0.00%	❶ 原物料價格復甦 ❷ 台灣貿易出口復甦
2017/07/25		台灣經濟研究院	2.08%	+0.04%	❶ 全球經濟景氣復甦 ❷ 台灣工業生產成長 ❸ 新台幣匯損壓力減緩
2017/05/26	行政院主計總處	行政院主計處	2.05%	+0.13%	❶ 全球經濟景氣復甦 ❷ 台灣貿易出口復甦
2017/06/22		台灣綜合研究院	2.01%	+0.27%	❶ 全球經濟景氣復甦 ❷ 台灣貿易出口復甦
2017/07/20	ADB	亞洲開發銀行（ADB）	2.00%	+0.20%	❶ 台灣國內消費穩定成長 ❷ 中國大陸對半導體需求成長
2017/02/12	citibank	花旗銀行（CitiBank）	1.70%	-0.30%	❶ 全球風險如中國大陸經濟衰退 ❷ 美國政治問題
2017/04/18		國際貨幣基金（IMF）	1.70%	+0.10%	❶ 已開發經濟體及新興經濟體經濟加速成長 ❷ 台灣經濟穩定復甦
2017/04/19	Standard Chartered	渣打銀行（Standard Chartered Bank）	1.60%	+0.00%	❶ 台灣貿易出口復甦 ❷ 全球原物料價格復甦
2017/02/23	MOODY'S	穆迪信評機構（Moody's）	1.40%	+0.00%	❶ 全球經濟景氣復甦 ❷ 台灣貿易出口復甦

資料來源：本研究整理

二、台灣未來經貿發展論述

由於美國新任總統川普採取貿易保護主義並退出 TPP，直接衝擊台灣參與亞太區域經貿組織的國際空間。此外，台灣出口不振除貿易障礙外，亦受產業競爭力與多變的國際情勢影響。茲將台灣未來經貿發展分為研究機構、國際媒體、專家學者論述如下所示。

1. 研究機構對台灣未來經貿發展論述：

❶ **國際貨幣基金（IMF）**：2017 年 4 月 18 日，已開發經濟體仍保持令人失望的低成長軌跡，且反全球化所導致的政治緊張情勢升溫，可能對全球經濟復甦構成威脅。此外，由於台灣與中國大陸維持貿易緊密關係，而中國大陸受經濟成長趨緩與全球貿易需求疲弱影響，台灣未來出口成長備受波及。

❷ **經濟發展暨合作組織（OECD）**：2016 年 12 月 23 日，國際機構陸續上修全球經濟成長估值來看，2017 年的經濟情況可能優於 2016 年，因此國際貿易未來可能出現顯著成長，有望加速台灣的出口回溫。

❸ **環球透視（GI）**：2016 年 10 月 20 日，雖預測 2017 年全球經濟將略微升溫，但台灣可能低於平均水準。此外，原物料價格對產值的負面影響亦可能降低，然而全球需求成長疲弱，因此預期 2017 年台灣經濟景氣成長有限。

❹ **台灣經濟研究院**：2017 年 4 月 25 日，近期國際景氣回溫同步帶動國內貿易，加上國際原油與原物料價格回穩，使得 2017 年第一季進出口貿易表現亮眼。此外，國際貨幣基金（IMF）微幅調升全球、中國大陸、日本 2017 年經濟成長，對於台灣的貿易動能可望獲得支撐，因此預估台灣經濟景氣步調提升。

❺ **國家發展委員會**：2017 年 4 月 5 日，展望 2017 年隨著全球商品價格波動趨緩，有助刺激世界貿易恢復正成長，而台灣 2017 年 2 月景氣燈號連續八個月呈現綠燈，景氣隨出口表現止跌回升、景氣領先指標翻揚已連續十個月呈現上升，顯示景氣持續回溫。

2. 國際媒體對台灣未來經貿發展論述：

❶ **《金融時報》（Financial Times；FT）**：2016 年 11 月 6 日，台灣多年把資源集中在科技代工產業，並拓展至中國大陸，靠著廉價勞工與製造效率在全球打響名號，但因過度仰賴科技產業且與中國大陸兩岸間緊密合作，導致風險加劇，因此台灣若想永續經營，需維持出口競爭力，以穩住經濟局面。

❷ **《華爾街日報》（The Wall Street Journal）**：2017 年 2 月 15 日，部分農產品進口至台灣時「面臨額外的貿易壁壘」，外國投資在台灣仍須審查，部分投資範圍亦受限制。此外，台灣私有化、市場自由化仍持續前進，但速度緩慢

且發展不均，然貿易對台灣經濟極為重要，進一步改革以增加競爭力並更加開放，將是台灣未來的成長動能的關鍵。

❸《經濟學人》（The Economist）：2016 年 11 月 26 日，台灣政府將透過精準的投資策略，整合公共、民間及全球的資源，培育物聯網、生物科技、智慧機械、綠能和國防等具有未來性的產業。這些產業是將現有產業能力的自然延伸，必能讓台灣在未來的全球經濟體系更具競爭力。

❹《路透社》（Reuters）：2017 年 4 月 26 日，台灣過度依賴中國大陸和科技產業，同時又面臨來自其他國家企業更多的競爭，包括中國大陸本身及越南等新興製造業樞紐，為了復甦經濟、減少對電子業的依賴，台灣政府試圖提振對生技和國防領域的投資，希冀未來擴大與東南亞的貿易往來。

❺《彭博社》（Bloomberg）：2016 年 11 月 19 日，台灣 2,350 萬人口的國內消費市場，是第二大經濟動能來源。蔡英文總統必須設法讓民眾持續購物、消費餐飲、買賣股票和房地產，以抵銷外部需求下滑的負面影響。此外，亦需改善與中國大陸龐大市場之間的連結及提振觀光業，以助振興台灣經濟。

綜上各研究機構、國際媒體所述可知，台灣目前受中國大陸經濟成長放緩影響，貿易出口將受衝擊，然而在未來經貿局勢與發展方面皆與國際經濟情勢息息相關。在面對現今經貿環境不確定性、美國總統川普上任及貿易保護主義氣氛下，台灣仍強化經貿體質並與國際接軌，加強對外貿易。此外，政府將透過精準的投資策略，整合公共、民間及全球的資源，培育具有未來性的產業，讓台灣在未來的全球經濟體系更具競爭力。

三、台灣新南向政策發展內涵

近年來國內外經貿局勢快速變遷，東南亞及南亞國家經濟快速發展，消費能力大幅提升，內需市場商機龐大，其積極參與全球區域經濟整合，已成為全球經濟成長的亮點。台灣對於亞太之經貿布局策略及對外戰略應有結構性的調整，而「新南向政策」定位為台灣整體對外經貿戰略的重要一環，要為新階段的經濟發展，尋求新的方向和新的動能，並重新定位台灣在亞洲發展的重要角色，創造未來價值。茲將分成新南向政策重要目標、具體內容及正反面評述分述如下：

1. 新南向政策重要目標：

❶ 總體及長程目標：促進台灣和東協、南亞及紐澳等國家的經貿、科技、文化等各層面的連結，共享資源、人才與市場，創造互利共贏的新合作模式，進

而建立「經濟共同體意識」。建立廣泛的協商和對話機制，形塑和東協、南亞及紐澳等國家的合作共識，並有效解決相關問題和分歧，逐步累積互信及共同體意識。

❷ **短中程目標**：結合國家意志、政策誘因及企業商機，促進並擴大貿易、投資、觀光、文化及人才等雙向交流。配合經濟發展新模式，推動產業新南向戰略布局。充實並培育新南向人才，突破發展瓶頸。擴大多邊和雙邊協商及對話，加強經濟合作，並化解爭議和分歧。

2. 新南向政策具體內容：

因全球經濟與產業劇烈變化，新政府積極推動改變台灣經濟結構與促進產業升級轉型的各項政策，需因應全球情勢變化及區域經濟整合趨勢，作出相應的調整。啟動新南向政策，是台灣新階段的經濟發展，藉此深化台灣和東協、南亞及紐澳等國家廣泛的協商和對話，期能建立緊密的合作。茲將分成一大願景、三大理念、四大面向、18 個國家、六大重點及十大準則整理如表 8-2 所示。

四、新南向政策發展現況

2017 年 1 月 18 日，根據經濟部工業局舉辦「新南向政策溝通說明會」表示：「規劃新南向政策交流國家三階段，第一階段選擇印度、印尼、泰國、馬來西亞、菲律賓與越南共六個國家作為首波交流國家，第二階段暫訂緬甸、柬埔寨、孟加拉、巴基斯坦、斯里蘭卡、寮國、尼泊爾及不丹共八國，第三階段則是澳洲、新加坡、紐西蘭與汶萊。」此外，其亦表示：「在新南向政策主要包含『經貿合作』、『資源共享』、『人才交流』及『區域連結』四大面向，其中以『經貿合作』中的『供應鏈連結』作為優先選擇，主要係製造業自 2011 年起，製造業的附加價值連續呈現成長態勢。」由上述可知，整體產業已明顯轉向高值化轉型，需要供應鏈的延伸，新南向政策將有助挖掘大商機，以開拓新供應鏈。

表 8-2　新南向政策具體內容

政策	內容	
一大願景	創造互利共贏的新合作模式，建立「經濟共同體意識」	
三大理念	長期深耕；多元開展；雙向互惠	
四大面向	經貿合作	擴大與夥伴國貿易與投資雙向交流，推動產業供應鏈之整合、內需市場的連結，建立新經貿夥伴關係
	資源共享	深化雙邊學者、學生、產業人力的交流與培育，促進與夥伴國人才資源的互補與共享
	人才交流	推動醫療、科技、文化、觀光、農業、中小企業等合作，提升夥伴國生活水準，並延伸台灣軟實力
	區域連結	擴大與夥伴國的多邊與雙邊制度化合作，加強協商及對話，並化解爭議與分歧，共同促進區域的安定與繁榮
18 個國家	東協十國	印尼、越南、新加坡、泰國、緬甸、馬來西亞、菲律賓、柬埔寨、寮國、汶萊
	南亞六國	印度、孟加拉、斯里蘭卡、巴基斯坦、不丹、尼泊爾
	紐澳兩國	紐西蘭、澳洲
六大重點	促進觀光	針對東協八國提供免簽、落地簽、電子簽等便利措施
	清真商機	食品業取得哈拉食品認證、伊斯蘭金融運作模式
	產業合作	以對話機制推產業合作、洽簽產業 MOU 推動雙方合作
	推動投資	更新投保協定、推動東協策略夥伴計畫、協助台商群聚投資
	擴大貿易	擴大經貿對話平台、簽屬雙邊經濟合作協定、提升出口動能
	教育發展	成立東協南亞獎學金計畫、鼓勵雙向人才交流
十大準則	長期深耕，建立經濟共同體意識	規劃完整配套及有效控管風險
	適切定位台灣在區域發展的角色	積極參與國際合作
	推動四大連結策略	全面強化協商對話機制
	充實及培育南向人才	兩岸善意互動及合作
	推動雙邊和多邊制度化合作	善用民間組織及活力

資料來源：行政院（2016），新南向政策工作計畫草案

表 8-3　規劃新南向政策交流國家三階段彙整表

階段	國家
第一階段	印度、印尼、泰國、馬來西亞、菲律賓、越南
第二階段	緬甸、柬埔寨、孟加拉、巴基斯坦、斯里蘭卡、寮國、尼泊爾、不丹
第三階段	澳洲、新加坡、紐西蘭、汶萊

資料來源：本研究整理

1. 新南向政策布局六國未來新商機：

　　新南向政策的目標市場共有 18 國，將分成三個階段依序進行產業交流。2017 年 2 月 11 日，根據經濟部工業局副局長蕭振榮表示：「交流國家的篩選以該國的『經濟成長率』、『市場規模』、『製造業發展程度』與『台灣產業連結度』為綜合考量。」第一階段即列出印度、印尼、泰國、馬來西亞、菲律賓與越南，選取此六國其因素為（1）市場規模高達 18 億，其人口充沛且年輕、消費力旺盛；（2）預計未來兩年的經濟成長率達 5％至 8％之間；（3）製造業發展程度高，在全球製造業競爭力排名上，台灣是第七名，印度、越南、馬來西亞、泰國、印尼分別為第 11、13、15、16 和 18 名；（4）東協各國蘊含豐富的天然資源，對於製造業生產取材亦是一大誘因，如馬來西亞橡膠產量為全球第三；菲律賓的銅、鉻鐵及鎳等金屬產量皆在全球前十；越南則有豐富的原油及煤炭儲藏量；印尼的天然氣及原油生產量也不輸給其他鄰近國家，並共計已有近一萬家台商投資布局，與台灣產業連結度高。

　　2017 年 1 月 19 日，根據經濟部次長王美花表示：「台商在東南亞各地經營得有聲有色，其中餐飲業鼎泰豐、跳舞香水等皆受好評，而出訪印尼時，印尼政府亦表示：『寶成為印尼創造很多就業機會』。」此外，經濟部工業局（2017）指出：「藉由雙方供應鏈夥伴合作關係，凝聚雙方共同產業共識，並憑藉著東協已與歐盟等地區簽署（FTA），台廠可藉其關稅優勢，拓展商機達到雙贏效果。」此外，其亦表示：「希望能在 2017 年完成六個國家的六場論壇，透過結合展覽形式，同步吸引外國廠商來台參展，並參與論壇，以達到綜效。」綜上可知，東協的內需市場龐大、天然資源豐沛等廣大的效益，盼藉民間產業合作，引導兩國官方簽定經貿協定，以達到綜效。茲將六國優先鏈結產業彙整如表 8-4 所示：

表 8-4 六國優先鏈結產業彙整表

	國家	代表產業
	印　尼	船舶、電子製造、資源循環、智慧城市
	泰　國	食品、數位內容、汽車、工業園區規劃
	馬來西亞	清真食品、半導體、紡織、鋼鐵
	印　度	智慧型手機、智慧城市、綠色科技、工業園區規劃
	越　南	LED 照明、智慧校園、機能紡織
	菲律賓	半導體、電子組裝業、太陽光電、生技產業

資料來源：本研究整理

2. 新南向政策三部曲戰略：

　　為了使雙邊合作能正中靶心，經濟部工業局已先調查新南向國家希望和台灣進行合作的項目，除了產業與人才交流，新南向 18 國數十億的人口紅利，帶來的消費力與生產力備受期待，是台灣產品外銷的大市場，為此，外貿協會規劃「三部曲」戰略，計畫推出18個國家的市場調查，創造產業升級，以開拓新商機。

　　❶ 第一部曲「從了解開始」：洞察 18 國市場、消費習慣、文化民情等，目前在 18 國有 12 個駐外單位，將隨時回報當地商情，還會進行一國一市調，包括政治法規、城市樣貌、產業機會與生活型態，並佐以大數據分析。

　　❷ 第二部曲「以加強交流」：成立「一國一平台」，在各國成立企業家聯誼會，彼此聚集在一起分享資訊、傳承經驗。

　　❸ 第三部曲「強化夥伴關係」：將提供廠商多種海外拓展的模式，由貿協提供服務，包含整合行銷、聯盟行銷、台灣商品行銷中心、海外商務中心、數位行銷、媒合採洽會以及新南向國家館與主題行銷等服務，預計 2017 年將在印尼、越南、泰國、菲律賓與馬來西亞辦理台灣形象展及台灣產業日；在緬甸、馬來西亞、印尼和印度再設立六個台灣商品行銷中心。

　　透過新南向政策的三部曲戰略利用優勢互補，帶動各行各業發展，新南向政策不再只強調經濟交流，還強調人才與文化層次的交流，同時，在產業合作方面也藉由雙方企業洽談可能合作之重點產業及形式，整合台灣智庫提供創新能量及合作方式，結合雙方產業供應鏈，拓展商機達到雙贏效果。

台商布局中國大陸新變遷

近年來，中國大陸經濟發展迅速，特別是對外貿易發展，進口大幅增加，成為包括台灣地區在內的許多國家或地區的最大出口市場，對拉動當地經濟起到了重要作用。自 21 世紀初以來，中國大陸就逐漸取代美國成為台灣最大的出口市場，迄今，中國大陸佔了台灣出口總額近 40%，成為支撐台灣經濟的重要力量。兩岸貿易發展與台商赴中國大陸投資有著密切的關係，可謂是「投資帶動貿易」。換句話說，台商對中國大陸投資發展狀況也影響了兩岸貿易的發展，進而影響台灣經濟的增長。多年來，中國大陸大力鼓勵台商在大陸投資，推出許多優惠措施，以提升台商赴中國大陸投資的意願。整體看來，台商赴中國大陸投資發展是「互利雙贏」的決策，除了延續企業的生存力與競爭力，更為台灣經濟的轉型、升級提供了發展空間與機會。

一、台商布局中國大陸四大變遷

台商布局中國大陸可追溯於 20 世紀 80 年代初，台商以利用外資企業合作之形式，透過香港、新加坡及日本等第三地間接到中國大陸投資，而台商對中國大陸的直接投資始於 1983 年，第一家台商三德興落戶於福建廈門經濟特區，直至 1993 年台灣政府開放對中國大陸間接投資後，諸多台商紛紛西進設廠，大幅擴張，迎來台商第一波投資熱，而後隨著中國大陸經濟體制改革持續完善、對台經貿政策不斷開放及經濟維持穩定成長，台商對中國大陸投資經歷逐步加速的發展進程，茲將台商布局中國大陸逾三十載之投資脈絡與發展變遷分述如下：

1. 台商布局中國大陸投資金額變化

根據經濟部投審會統計資料可發現台商投資中國大陸歷經四波高峰，即：

❶ **1993 年第一波成長**：1992 年初鄧小平南巡講話、中共十四大召開，確立中國大陸對外全面開放，以上海浦東為首的「沿江開放」形勢發展快速，

加之第一次「汪辜會談」成功舉行、台灣政府對中國大陸經貿政策放寬且提出「亞太區域營運中心」之構想，使得兩岸經貿關係日漸熱絡，更促使台商投資中國大陸呈現井噴性成長，1991 年台商投資中國大陸的金額 1.74 億美元，然至 1993 年，台商對中國大陸投資金額增加至 31.68 億美元，占當年台商投資金額的 65.61％。

❷ **1997 年第二波成長**：1994 年人民幣大幅貶值後，加之中國大陸具有低廉的勞動與製造成本，使中國大陸產品的國際競爭力有所提升，出口表現明顯優於東協各國，更使得外資由東協國家轉向中國大陸布局，加之 1997 年亞洲金融風暴衝擊，東協國家出現諸多經濟政治亂象，台商布局失利，反觀此時，中國大陸市場和政策相對穩定，經濟開始騰飛，促使台商將生產重心移往華東地區的廣東、東莞及上海地區，台商投資中國大陸金額從 1996 年 12.29 億美元提升至 1997 年的 43.34 億美元，成長幅度高達 252.64％。

❸ **2003 年第三波成長**：中國大陸社會、經濟影響力明顯提升，加之人均 GDP 持續成長，此時中國大陸由「世界工廠」轉變為「世界市場」之地位明確，中國大陸內需市場成為全球企業無不關注之焦點，亦成為台商逐鹿的目標，根據經濟部統計處（2007）進行《製造業對外投資調查報告》亦顯示：「自 2003 年調查開始，『當地市場發展潛力大』便取代『利用當地廉價充沛勞工』，連續四年成為台商投資中國大陸動因的第一名」，顯示勞動成本已不是台商再投資中國大陸最重要考量因素，台商經營模式亦從過去 100％外銷導向逐步轉向增加內銷比例，亦從過去依賴便宜的土地及勞動力等生產要素到依賴中國大陸內需市場的階段。

❹ **2010 年第四波成長**：台商赴中國大陸投資的件數與金額於 2010 年兩岸簽署《兩岸經濟合作架構協議》（ECFA）後達到高峰後便開始下滑，加之中國大陸開始反思以犧牲環境換取經濟發展的課題，陸續提出「騰籠換鳥」、「退二進三」政策，迫使高耗能、高汙染、高排放、低附加價值等「三高一低」的勞力密集型產業面臨轉型升級壓力，進而使台商投資中國大陸金額占整體對外投資比重從 2010 年的 83.81％下降至 2016 年的 44.37％，可知台商開始調降其在生產與市場對中國大陸的依賴程度，並思索將布局地點轉移至其他海外市場。

表 9-1　台灣對外與對中國大陸投資申請件數與金額之變化

年份	對外投資總額		對中國大陸投資		中國大陸占對外投資總額比重	
	件數	金額	件數	金額	件數	金額
1991	602	1,830,389	237	174,158	39.37%	9.51%
1992	564	1,134,251	264	246,992	46.81%	21.78%
1993	9,565	4,829,457	9,239	3,168,411	96.59%	65.61%
1994	1,258	2,579,053	934	962,209	74.24%	37.31%
1995	829	2,449,591	490	1,092,713	59.11%	44.61%
1996	853	3,394,645	383	1,229,241	44.90%	36.21%
1997	9,484	7,228,139	8,725	4,334,313	92.00%	59.96%
1998	2,180	5,330,923	1,284	2,034,621	58.90%	38.17%
1999	1,262	4,521,793	488	1,252,780	38.67%	27.71%
2000	2,231	7,684,204	840	2,607,142	37.65%	33.93%
2001	2,573	7,175,801	1,186	2,784,147	46.09%	38.80%
2002	6,365	10,093,104	5,440	6,723,058	85.47%	66.61%
2003	10,819	11,667,372	10,105	7,698,784	93.40%	65.99%
2004	2,662	10,322,685	2,004	6,940,663	75.28%	67.24%
2005	1,818	8,454,402	1,297	6,006,953	71.34%	71.05%
2006	1,568	11,957,761	1,090	7,642,335	69.52%	63.91%
2007	1,460	16,440,523	996	9,970,545	68.22%	60.65%
2008	1,030	15,157,881	643	10,691,390	62.43%	70.53%
2009	841	10,148,147	590	7,142,593	70.15%	70.38%
2010	1,161	17,441,268	914	14,617,817	78.73%	83.81%
2011	1,193	18,073,452	887	14,376,625	74.35%	79.55%
2012	957	20,890,718	636	12,792,077	66.46%	61.23%
2013	927	14,422,357	554	9,190,091	59.76%	63.72%
2014	990	17,570,252	497	10,276,569	50.20%	58.49%
2015	889	21,710,680	427	10,965,485	48.03%	50.51%
2016	819	21,793,825	323	9,670,731	39.44%	44.37%

資料來源：經濟部投審會

註：單位：千美元

2. 台商布局中國大陸產業業態變化

　　早期台商投資中國大陸主要是受原物料、土地、勞動力等生產要素的「三廉優勢」吸引，根據表 9-2 可知，1993 年台商赴中國大陸投資的產業，有高達

93.29%集中於製造業，而服務業占比極低，僅為 5.31%，顯示大多數台商投資經營的產業以勞力密集產業為主。然至 2010 年，台商布局中國大陸製造業比重已降到 74.16%，而服務業所占比重已明顯提升至 24.01%，而後服務業占比更於 2013 年達到 43.29% 歷史高位，探究其原因主要乃是近年中國大陸經濟成長放緩和原物料、勞動力、土地成本紛紛上漲，使得台商在中國大陸經營日益艱難，製造業毛利率從雙位數掉到個位數，再進入到「毛三到四」的微利時代，反觀服務業毛利率平均介於 20-30% 之間，促使台商開始積極轉向服務業投資。

然要從「製造思維」轉向「服務思維」，對台商而言並非一件易事，為此，諸多學者專家提出過去以傳統製造業為主的台商可思索結合服務業，轉向中國大陸內需市場布局。根據前海基會副董事長高孔廉（2017）指出：「製造業結合服務業是未來台商轉型升級可行的方式，諸如研華電腦便與當地醫院進行策略聯盟，生產醫院專用的工業電腦，進而成功從製造業跨業進入服務業」；而中華經濟研究院院長吳中書（2016）亦表示：「製造業服務化將是台商投資中國大陸的核心競爭關鍵。」顯示未來企業應朝高附加價值的知識型服務業轉型，諸如文化旅遊、醫療養老、文化創意、生態農業、生物科技等領域，亦可思索與企業策略聯盟，優勢整合、資源共享，擴大合作範圍，共同布局中國大陸內需市場。

3. 台商布局中國大陸地理區位變化

1980 年代，台商在中國大陸的投資區位主要以廣州、深圳為中心的珠三角；直至 1990 年代，以上海為中心的長三角興起，而後環渤海、中部地區、西三角陸續崛起，使得台商布局投資區位隨之轉變，由點到面、從南向北、自東向中西部、由單一城市到區域板塊擴散，茲匯整台商投資區位變遷如下：

❶ **第一波：西進珠三角（1988-1993）**：根據中國大陸商務部統計顯示，1980 年代中期，台商赴中國大陸投資金額僅 1 億美元，然至 1991 年便達到 10 億美元，台商家數亦從不到 100 家大幅增加至 2,730 家，且僅 1993 一年內，台商就有 9,329 家赴中國大陸投資。此時台商以勞力密集型的中小型企業為主，大多聚集在珠三角地區，以廣州、深圳為主要布局基地。

❷ **第二波：上移長三角（1994-2000）**：隨著珠三角面臨土地飽和、工資上漲問題，台商於 1990 年代末期開始轉移，投資區域除廣東、福建沿海外，開始北上向江蘇、浙江等沿海地帶擴散延伸，長三角遂逐漸取代珠三角成為台商聚集最密集之區域，光 1997 及 1998 兩年間，台商赴中國大陸投資設廠突破萬家，此時為台商赴中國大陸投資的第二次高峰期。

表 9-2 台灣對中國大陸投資產業類別件數與金額變化

年份	❶農林漁牧業			❷傳統製造業			❸高新製造業			❹服務業			業態合計	
	件數	金額	金額占比	件數	金額	金額占比	件數	金額	金額占比	件數	金額	金額占比	件數	金額
1991	0	0	0.00%	42	141,490	81.24%	1	31,568	18.13%	193	200	0.11%	237	174,158
1992	0	0	0.00%	37	210,525	85.24%	0	35,857	14.52%	225	0	0.00%	264	246,992
1993	152	29,568	0.93%	1,374	2,469,355	77.94%	713	486,263	15.35%	7,058	168,375	5.31%	9,329	3,168,411
1994	13	9,464	0.98%	161	722,745	75.11%	109	163,747	17.02%	649	59,709	6.21%	934	962,209
1995	4	2,149	0.20%	93	770,227	70.49%	75	228,349	20.90%	316	83,288	7.62%	490	1,092,713
1996	3	7,100	0.58%	73	826,722	67.25%	56	289,183	23.53%	249	92,247	7.50%	383	1,229,241
1997	210	48,646	1.12%	1,324	2,990,895	69.01%	755	911,765	21.04%	6,432	343,568	7.93%	8,725	4,334,313
1998	24	21,025	1.03%	322	1,046,780	51.45%	137	783,909	38.53%	802	176,443	8.67%	1,284	2,034,621
1999	5	4,629	0.37%	198	621,723	49.63%	65	544,375	43.45%	224	77,053	6.15%	488	1,252,780
2000	6	5,752	0.22%	374	845,665	32.44%	148	1,538,581	59.01%	318	195,614	7.50%	840	2,607,142
2001	6	10,389	0.37%	406	1,155,374	41.50%	289	1,358,585	48.80%	473	228,690	8.21%	1,186	2,784,147
2002	47	28,670	0.43%	869	3,297,672	49.05%	601	2,779,922	41.35%	1,648	528,854	7.87%	3,116	6,723,058
2003	54	37,270	0.48%	880	4,273,167	55.50%	751	2,534,347	32.92%	2,204	773,808	10.05%	3,875	7,698,784
2004	5	3,722	0.05%	474	3,069,512	44.23%	725	3,215,459	46.33%	810	541,536	7.80%	2,004	6,940,663
2005	4	7,893	0.13%	327	2,627,612	43.74%	426	2,654,309	44.19%	574	651,525	10.85%	1,297	6,006,953
2006	3	8,960	0.12%	310	2,893,868	37.87%	324	3,755,423	49.14%	464	908,817	11.89%	1,090	7,642,335
2007	8	17,104	0.17%	287	3,604,318	36.15%	333	5,161,680	51.77%	365	983,231	9.86%	996	9,970,545

表 9-2 台灣對中國大陸投資產業類別件數與金額變化（續）

年份	❶ 農林漁牧業			❷ 傳統製造業			❸ 高新製造業			❹ 服務業			業態合計	
	件數	金額	金額占比	件數	金額	金額占比	件數	金額	金額占比	件數	金額	金額占比	件數	金額
2008	4	15,558	0.15%	217	3,860,096	36.10%	236	4,901,089	45.84%	184	1,582,825	14.80%	643	10,691,390
2009	0	7,188	0.10%	166	2,608,701	36.52%	173	3,283,377	45.97%	238	1,123,389	15.73%	590	7,142,593
2010	1	7,558	0.05%	257	4,067,903	27.83%	347	6,772,620	46.33%	318	3,509,730	24.01%	914	14,617,872
2011	1	4,478	0.03%	250	4,712,588	32.78%	346	5,661,995	39.38%	318	3,859,881	26.85%	887	14,376,624
2012	3	9,234	0.07%	132	3,588,745	28.05%	325	3,908,057	30.55%	188	5,191,032	40.58%	636	12,792,077
2013	1	2,225	0.02%	94	2,444,875	26.60%	310	2,661,548	28.96%	181	3,978,516	43.29%	554	9,190,090
2014	0	2,693	0.03%	105	3,322,115	32.33%	293	3,243,893	31.57%	137	3,582,071	34.86%	497	10,276,570
2015	0	2,200	0.02%	86	3,651,408	33.30%	256	2,832,067	25.83%	124	4,411,219	40.23%	427	10,965,485
2016	2	8,000	0.08%	58	3,229,073	33.39%	184	3,855,347	39.87%	89	2,397,557	24.79%	323	9,670,732

資料來源：經濟部投審會

註：[1] 單位：千美元

[2] 傳統製造業包括：食品製造業、飲料製造業、菸草製造業、成衣及服飾品製造業、紡織業、皮革、毛皮及其製品製造業、木竹製品製造業、紙漿、紙及紙製品製造業、印刷及資料儲存媒體複製業、石油及煤製品製造業、化學材料製造業、化學製品製造業、藥品製造業、橡膠製品製造業、塑膠製品製造業、非金屬礦物製品製造業、基本金屬製造業、金屬製品製造業、機械設備製造業、汽車及其零件製造業、其他運輸工具製造業、家具製造業、其他製造業。

[3] 高新製造業包括：電子零組件製造業、電腦、電子產品及光學製品製造業、電力設備製造業。

[4] 服務業包括：批發及零售業、運輸及倉儲業、住宿及餐飲業、資訊及通訊傳播業、金融及保險業、不動產及租賃業、支援服務業、醫療保健及社會工作服務業、藝術、娛樂及休閒服務業、其他服務業、教育服務業。

表 9-3 台灣布局中國大陸區位變化

年份	華北地區		東北地區		華東地區		中南地區		西南地區		西北地區		六大地區合計	
	件數	金額	件數	金額	件數	金額	件數	金額	件數	金額	件數	金額	件數	金額
1991	10	8,125	4	455	102	83,430	116	75,378	2	170	3	6,600	237	174,158
1992	17	22,271	4	15,839	105	82,762	136	125,064	1	426	1	630	264	246,992
1993	647	199,908	272	68,345	4,486	1,567,583	3,638	1,242,499	224	73,802	62	16,274	9,329	3,168,411
1994	86	57,064	25	11,488	475	579,927	311	266,863	23	34,577	14	12,290	934	962,209
1995	51	90,132	15	43,539	257	604,134	155	314,338	9	36,180	3	4,390	490	1,092,713
1996	26	132,903	8	26,269	231	731,017	110	325,217	7	13,545	1	290	383	1,229,241
1997	707	238,998	198	62,768	3,567	2,086,209	3,998	1,865,981	210	73,271	45	7,086	8,725	4,334,313
1998	73	97,526	18	10,499	550	1,010,709	605	886,283	33	25,811	5	3,793	1,284	2,034,621
1999	35	60,281	7	10,289	246	618,472	193	519,593	5	38,604	2	5,541	488	1,252,780
2000	54	92,930	11	14,380	468	1,445,448	296	1,023,686	5	26,968	6	3,730	840	2,607,142
2001	81	125,328	12	18,950	736	1,785,903	337	827,595	13	22,677	7	3,694	1,186	2,784,147
2002	126	278,305	31	62,105	1,974	4,575,430	933	1,734,792	42	66,287	10	6,139	3,116	6,723,058
2003	152	294,445	50	73,605	2,307	4,997,451	1,310	2,242,403	40	69,105	16	21,775	3,875	7,698,784
2004	79	196,492	14	46,031	1,371	4,993,765	507	1,594,836	24	100,376	9	9,163	2,004	6,940,663
2005	69	214,309	6	29,458	816	4,416,615	341	1,290,093	55	47,433	10	9,045	1,297	6,006,953

表 9-3　台灣布局中國大陸區位變化（續）

年份	華北地區		東北地區		華東地區		中南地區		西南地區		西北地區		六大地區合計	
	件數	金額	件數	金額	件數	金額	件數	金額	件數	金額	件數	金額	件數	金額
2006	63	360,806	9	64,878	725	5,215,667	263	1,501,085	27	493,467	3	6,433	1,090	7,642,335
2007	69	648,591	19	124,994	644	6,745,149	242	2,322,358	18	114,860	4	14,594	996	9,970,545
2008	41	684,987	6	111,079	406	7,712,718	176	1,917,721	10	215,268	4	49,618	643	10,691,390
2009	46	518,878	22	144,774	350	4,895,448	146	1,431,528	16	124,460	10	27,505	590	7,142,593
2010	74	722,660	11	83,007	549	9,732,556	207	3,018,863	54	939,276	19	121,509	914	14,617,872
2011	49	523,920	20	482,268	487	9,078,897	228	2,740,984	94	1,485,919	9	64,635	887	14,376,624
2012	38	879,941	9	390,584	390	8,513,951	165	1,955,248	33	975,831	1	76,523	636	12,792,077
2013	36	356,352	7	138,272	337	6,012,471	151	2,134,482	18	464,532	5	83,980	554	9,190,090
2014	40	304,942	8	108,259	333	6,727,513	93	1,995,001	22	1,102,963	1	37,893	497	10,276,570
2015	36	1,624,036	9	370,673	248	6,664,573	106	2,065,777	26	175,952	2	64,474	427	10,965,485
2016	24	637,475	4	327,723	222	5,629,319	60	2,758,013	11	281,963	2	36,237	323	9,670,732

資料來源：經濟部投審會

註：單位：千美元

❸ **第三波：北擴環渤海（2001-2008）**：中國大陸政府發布《十一五規劃》，確立「以北京－天津－濱海新區為發展軸心」，包括山東、河北、遼寧三省在內的「環渤海經濟圈」興起，此階段台商投資區域雖仍集中在珠三角和長三角，但環渤海地區和中部地區台商逐漸增加。

❹ **第四波：內遷西三角（2009-2016）**：隨著中國大陸沿海地區土地、工資等要素成本逐年上漲，加上中國大陸政府於《十二五規劃》中積極推動「西部大開發」戰略，以重慶、成都、西安三大城市為中心的「西三角經濟圈」趁勢崛起，諸多投資優惠政策、人口資源紅利等，成為台商布局的新樂土。根據表 9-3 可發現台商投資西南地區之件數在 2010 年有大幅成長，成長幅度達 237.5％，而投資金額成長率更高達 654.68％，而自 2010 年後台商投資華東地區的件數與金額則有逐年下滑之勢。

4. 台商布局中國大陸經貿糾紛變化

從下表 9-4 可得知，隨著兩岸經貿互動日益頻繁，台商布局中國大陸經貿糾紛亦有所提升，2016 年經貿糾紛案例為 1991 年的 22.46 倍。2017 年 5 月 2 日，根據財團法人海峽交流基金會統計指出：「截至 2017 年 2 月，受理台商申訴案件累計達 7,450 件，其中人身安全投訴案件為 3,614 件，而財產法益投訴案件則有 3,836 件。」值得注意的是，在馬英九政府執政的 2008 年至 2016 年 5 月間，海基會每年協處台商經貿糾紛案件達六、七百件，然至 2016 年新政府上任後，兩岸關係迅速降溫，使海基會功能受限，進而影響台商投訴之意願，全年僅協處 292 件糾紛案件，年減 51.73％。此外，根據歷年《TEEMA 調查報告》可發現，「勞資糾紛」已連續十年位列經貿糾紛類型第一位，顯示中國大陸勞動成本上升及招募與管理不易等問題，使得「勞資糾紛」爭議事件頻傳，嚴重影響台商在中國大陸經商布局之意願。

表 9-4 台灣布局中國大陸經貿糾紛變化

| 年份 | 人身安全類 | | | 財產法益類 | | | 合計 |
	因案限制人身自由	其他	小計	台商投訴	中國大陸人民及廠商投訴	小計	
1991	0	0	0	13	0	13	13
1992	0	2	2	23	0	23	25
1993	2	15	17	57	4	61	78
1994	3	27	30	40	4	44	74

表 9-4　台灣布局中國大陸經貿糾紛變化（續）

年份	人身安全類			財產法益類			合計
	因案限制人身自由	其他	小計	台商投訴	中國大陸人民及廠商投訴	小計	
1995	12	29	41	43	14	57	98
1996	16	20	36	25	9	34	70
1997	9	26	35	22	13	35	70
1998	17	47	64	48	15	63	127
1999	17	41	58	35	3	38	96
2000	20	31	51	31	1	32	83
2001	26	41	67	36	1	37	104
2002	35	56	91	43	1	44	135
2003	21	86	107	32	3	35	142
2004	38	86	124	27	3	30	154
2005	43	90	133	54	5	59	192
2006	64	133	197	85	8	93	290
2007	33	216	249	42	0	42	291
2008	83	229	312	22	9	230	542
2009	115	238	353	428	15	443	796
2010	109	219	328	368	5	373	701
2011	81	193	274	328	4	332	606
2012	86	181	267	419	14	433	700
2013	62	154	216	391	11	402	618
2014	61	131	192	312	7	319	511
2015	51	148	199	392	14	406	605
2016	43	105	148	139	5	144	292

資料來源：財團法人海峽交流基金會（2017）

註：人身安全類「其他」包含意外或因病住院或身亡、遭搶、傷害或恐嚇勒索、遭綁或非法拘禁

　　所謂「沒有成功的企業，只有時代的企業」，台商布局中國大陸將逾三十載，從「外銷導向」轉「內銷導向」；從「投資導向」到「創新導向」；從「城市導向」到「區位導向」；從「勞動導向」到「腦力導向」；從「製造導向」到「服務導向」；從「降低成本」到「分散風險」；從「中國唯一」到「中國加一」，

顯示台商經營思維無不隨著中國大陸市場環境變遷、政府政策變革、消費習慣變化而與時俱進，掌握新一輪的趨勢脈動，進而轉型、升級、創新與蛻變，找到企業成長第二曲線。根據富蘭德林總經理劉芳榮（2008）於《13 位台商顧問的中國經驗》一書發表〈改變，還是消失〉一文指出：「中國大陸投資環境已發生重大轉變，將迫使台商必須隨著環境變遷進行轉型、升級與調整。」企業除自身應掌握當地市場動向，亦要能洞悉內外部環境變化，方能可持續發展，帶領企業基業長青。

第 10 章
台商布局中國大陸新困局

一、2017 年中國大陸對台商重大政策剖析

隨著巴拿馬文件曝光，全球反稅意識高漲，有鑑於此，經濟合作暨發展組織（OECD）於 2015 年 10 月發布 15 項跨國企業《稅基侵蝕與利潤移轉的行動計畫》（Base erosion and profit shifting；BEPS）之行動方案，世界各國亦與時度勢，並同時規劃相關政策法令以因應全球租稅環境的改變。此股風暴逐步蔓延至台灣及中國大陸等地區，而稅收的變局勢必影響企業經營上的成本，是故，台商應審時俱進提前了解稅務制度的變化以節省不必要的開銷。茲將 2016-2017 年頒布對台商有重大影響之相關政策及法規彙整如下：

1. 中國大陸 42 號公告

隨著國際反避稅的浪潮，中國大陸亦因應此股浪潮對稅務進行革新，2016 年 6 月 29 日，中國大陸國家稅務總局發布《國家稅務總局關於完善關聯申報和同期資料管理有關事項的公告》（簡稱《42 號公告》），取代自 2009 年所發布的「特別調整實施辦法（試行）」（簡稱《2 號文》），其中要求跨國企業提供各國境外公司之財務報表，未來跨國企業財務狀況將更為透明，並面臨更加嚴峻的規範性要求。

台商赴中國大陸投資時常於台灣做為公司總部，並以中國大陸、香港及新加坡等地區建立跨國附屬子公司之模式進行營運，隨著中國大陸《42 號公告》的頒布，其強調跨國公司的資訊揭露，這將使企業更加難以避稅，台商在國際間的稅務資訊將更為透明。未來台商應確保在中國大陸的子公司是否符合規範要求，協同境外母公司進行價值鏈分析與風險評估，並進行持續性的控管，以規避新法對企業產生嚴重性的衝擊。

❶ **財務資訊揭露**：過往企業僅需提供於中國大陸公司的相關同期資料，當新法上路將揭露全體控股成員之全球業務狀況及關聯交易的相關資訊，企業的稅

務風險隨著稅務機關掌握的訊息而大幅上升，這勢必衝擊台商強化評估在任何投資交易中的稅務風險，進而調整對外投資架構之布局，其涉及企業內部人員配置、行銷、採購及資訊系統等安排。是故，為因應新法企業需分別依短、中、長期之避稅進程，提出減緩企業衝擊的彈性規劃，以規避風險。

❷ **避免移轉訂價**：移轉訂價為運用公司集團控股之相關企業，通過合法性的資金轉移，將利潤實現於低稅負或稅賦減免的區域，以降低集團相關稅賦的支出，藉由移轉訂價達到避稅之目的。然《42 號公告》要求公開集團於全球業務狀況，將更透明化公司營運資訊，使移轉訂價相關資訊隨之暴露，不僅無法進行避稅，更將面臨稅務機關的查核風暴。

2. 中國大陸肥咖條款

近年來經濟全球化的進程不斷加快使得資金流動越趨頻繁，造成人民將資金輸往海外帳戶以規避繳納稅金，有鑑於此，經濟合作暨發展組織（OECD）於2014 年發布《金融賬戶涉稅信息自動交換標準》（簡稱《標準》），未來各國將依據「共同申報準則」（Common Reporting Standard；CRS）進行稅務的資訊交換，藉由各國稅收資訊之連結，搭建國際稅收資訊體系，發展至今已有 101個國家加入，中國大陸亦於 2017 年起依據《標準》實施辦理。

表 10-1　中國大陸肥咖條款之內涵

實施對象	中國大陸居民	非中國大陸居民
適用條款	《金融賬戶涉稅信息自動交換標準》	《非居民金融帳戶涉稅資訊盡職調查管理辦法（徵求意見稿）》
提出機構	G20、OECD	中國大陸國家稅務總局
實施時間	2017/01/01	2018/09/01

資料來源：中國大陸國家稅務總局、本研究整理

此外，針對非中國大陸居民的部分，中國大陸國家稅務總局於 2016 年 10月 14 日發布《非居民金融帳戶涉稅資訊盡職調查管理辦法（徵求意見稿）》（簡稱《管理辦法》），以提高中國大陸境內金融帳戶之完整性，並進一步避免重複收稅之情況發生。

表 10-2　中國大陸《管理辦法》之進程

時間	項目
2017/01/01	對新開立之個人及機構賬戶展開調查。
2017/12/31	完成對所有非居民個人「高淨值」帳戶（金融賬戶總額超過600萬元人民幣）進行盡職調查。
2018/09/01	首次對外交換境內的「非居民」銀行帳戶稅務資料。
2018/12/31	完成對所有「非居民」個人低淨值帳戶及機構帳戶進行盡職調查。

資料來源：中國大陸國家稅務總局、本研究整理

　　根據中國大陸稅法所定義，未於中國大陸住滿一年或是一年中離境連續30天皆認定為「非居民」，而受制於兩岸的特殊關係，台商在身份上的認定總有疑慮，隨著相關稅務政策陸續實施，查稅力道必然廣泛，台商應提早制定因應措施，妥善規劃個人帳戶以減低衝擊。

　　❶ **面臨雙重課稅：** 台灣商未加入「共同申報準則」（CRS），因此中國大陸無法與台灣交換人民的銀行帳戶資訊，過往在中國大陸投資的台商僅向台灣繳納所得稅，未來恐將面臨雙重課稅，並受到全面性的帳戶監控，進而衍生不確定性的稅務風險。

　　❷ **昔日漏稅曝光：** 過往中國大陸稅務制度尚未完善，因資金透明度有限，在面臨跨國性的資金流動常無以徵稅，現今全球帳戶將進行資料彙整，並可公開透明的調閱資料，可能藉由反向追查導致過往交易資料浮出檯面，進而補徵遺漏的增值稅，使長期於中國大陸投資的台商租稅負擔更為加重。

　　3. 台灣反避稅條款

　　順應全球反避稅浪潮，立法院於 2016 年 7 月 12 日三讀通過台灣反避稅條款，其中新法增訂「受控外國公司」（Controlled Foreign Company；CFC）及「實質管理處所」（Place of Effective Management；PEM）課稅制度擴大稅收條件，未來只要符合相關條件，將繳交營業所得稅。然目前僅立法三讀通過，實際實施將考量兩岸租稅協議的進程、台灣成功加入「共同申報準則」（CRS）標準及相關子規範完善後，由行政院宣布實施。

表 10-3　台灣反避稅條款之內涵

台灣反避稅條款之內涵		
❶ 主要內容	「受控外國公司」 Controlled Foreign Company	「實質管理處所」 Place of Effective Management
❷ 修法重點	建立受控外國公司課稅制度，無論境外盈餘有無計入母公司皆須課稅	實質管理處所在台之企業皆須課稅，包含境內外財產及股權移轉
❸ 實施時間	兩岸租稅協議生效、「共同申報準則」（CRS）於台灣落實後，由行政院公告實施。	
❹ 未來效益	財政部預估未來可為國庫增加 60 億至 70 億元的稅收。	

資料來源：本研究整理

　　隨著台灣與世界各國稅法的持續推展，未來全球稅務資料越趨透明，儘管在台灣真正實施尚須仰賴兩岸租稅協議及台灣加入「共同申報準則」（CRS）的落實狀況，台商仍須盡早準備以應對租稅環境的變遷。

　　❶ **增加營業成本**：未來台資企業將面臨當期盈餘預先繳稅之情況，提升台商資金的投入壓力。此外，台灣反避稅條款均需境外公司額外聘請會計師查核、簽證、列編帳務及維護境外未分配盈餘帳戶等額外的行政成本，進而提升台商營業成本。

　　❷ **F 股投資減少**：台商在境外之公司常以 F 股的形式回台掛牌上市，未來一旦 F 股企業認定為「實質管理處所」（PEM），原有的租稅優惠將取消，進而取代的是稅負的提升，這會衝擊企業營利並降低投資者的投資意願，F 股的融資狀況將更為困難。

二、台商對稅務新制看法

　　面臨全球稅務整合的趨勢，中國大陸亦加強稅務改革，並祭出相對應之稅制新法，未來企業稅務資訊將全面透明化，對於過往移轉訂價之弊稅手法亦無所遁形。2016 年 12 月 14 日，製鞋大廠豐泰企業股份有限公司率先發出公告，其旗下企業遭追捕移轉訂價之漏稅，金額高達 2.22 億人民幣，顯現中國大陸查稅行動已陸續實施，隨著力道越趨強勁，在中國大陸投資布局的台商首當其衝，面對中國大陸投資環境更加嚴峻，惟有誠實公開稅務資訊，方能降低稅務衝擊。茲針對台商企業對於稅務新制之相關看法彙整如下。

　　❶ **安侯建業中國所稅務合夥人廖雅芸**：2017 年 3 月 26 日，安侯建業中國所稅務合夥人廖雅芸表示：「跨國追稅的趨勢已銳不可擋，過往在中國大陸之台

商多使用跨地分拆的形式支付薪資，藉以降低賦稅，未來在中國大陸肥咖條款開始實施後，此方法將全面防堵。」

　　❷ **中山台商協會會長施育舒**：2017 年 3 月 12 日，中山台商協會會長施育舒表示：「近年中國大陸普遍景氣不佳，台商投資較為險峻，中國大陸稅務制度及環保政策變動快速，亦提升經營上的不確定性。」

　　❸ **徐州台商協會會長張冠中**：2017 年 2 月 3 日，徐州台商協會會長張冠中指出：「儘管外資企業只在中國大陸組裝生產，其國稅局依然認定須繳納相關稅務，近年亦要求台商繳納社會保險，使在中國大陸之外資企業投資成本日益上揚。」

　　❹ **上海台商協會會長李政宏**：2016 年 11 月 2 日，上海台商協會會長李政宏指出：「過往台商普遍在免稅天堂設立公司以布局中國大陸，如今兩岸政府皆在大力追稅，而兩岸租稅協議至今尚未生效，使得租稅風險成為在中國大陸之台商目前最為關切之議題。」

　　❺ **勤業眾信總裁郭政弘**：2016 年 9 月 26 日，勤業眾信總裁郭政弘指出：「中國大陸從十二五至十三五逐漸強化稅制改革，其稽核力道強勁顯示反避稅的決心堅定，此外，其亦鼓勵各地方政府創新返避稅制度，將於中國大陸開創的利潤留在當地。」

三、台商布局中國大陸困境論述

　　中國大陸投資環境變動劇烈，不僅體現在稅務制度的改變，加之以往多項吸引台商投資優惠措施被取消，使得台商經營面臨嚴峻考驗，亦衝擊台商在中國大陸經營布局。茲將研究機構與媒體雜誌對台商布局中國大陸困境論述分述如下：

1. 研究機構對中國大陸發展困境之論述

　　❶ **資誠會計師事務所（PwC）**：2017 年 1 月 4 日，資誠會計師事務所（PwC）指出：「CRS 上路後台商需多留意跨國薪資的申報狀況，中國大陸對於雙重聘僱的查稅力道將會加大。另一方面，查稅風險亦會延伸到台資企業，將跨境利潤移轉至低稅率區域的手法將會失效。」此外，其（2016）亦於〈中國稅務熱訊點評〉一文中表示：「台灣企業應及早檢視整體集團投資架構及跨境的交易與融資情況，方能減緩台灣新發布的反避稅新法所帶來的衝擊。」

　　❷ **勤業眾信會計師事務所（Deloitte）**：勤業眾信（Deloitte）（2016）發布〈反避稅條款對兩岸台商之衝擊與影響〉指出：「隨著反避稅條款的實施，將對台商造成兩大衝擊，分別為：（1）提前面臨稅賦新法衝擊：台資企業需預備資金以繳交新稅並認列境外 CFC 盈餘；（2）增加查核簽證成本：若跨境公司有

虧損的情形，須經該國合格的會計師進行虧損扣抵，提升查核的簽證成本。」

❸ 安永會計師事務所（EY）：2016 年 12 月 20 日，安永會計師事務所（EY）表示：「中國大陸移轉訂價相關法案上路，其國家稅務總局將加強對移轉訂價的企業進行查核，且查核的力道與深度將會逐漸強勁，台資企業應主動提供相關資料以化險為夷。」

❹ 工業技術研究院：2016 年 10 月 27 日，根據工業技術研究院產業經濟與趨勢研究中心副主任張超群指出：「台資企業在中國大陸面臨的挑戰及威脅包含：（1）兩岸政治不確定；（2）稅制規範不明；（3）經營成本增加；（4）台商優惠不再；（5）全球貿易壁壘。」

❺ 台灣綜合經濟研究院：2016 年 12 月 15 日，台灣綜合經濟研究院創辦人劉泰英表示：「近年中國大陸勞工及土地等經商成本上揚，兩岸產業分工架構出現變化，使台商深受其害，兩岸關係降溫亦牽連台商企業遭受補稅等風險。」

2. 媒體雜誌中國大陸發展困境之論述

❶ 哈佛商業評論：《哈佛商業評論》（*Harvard Business Review*）（2016）發表〈兩岸關係質變後的經營環境〉一文提及：「台商在中國大陸面臨的經營挑戰包含：（1）兩岸關係惡化導致不確定性風險提高；（2）人才短缺問題嚴重；（3）台灣品牌維持溢價不易。」

❷ 日本經濟新聞：2016 年 12 月 29 日，根據《日本經濟新聞》發布〈台灣企業在夾縫中求生存〉一文中指出：「隨著兩岸關係時而停滯時而交流，中國大陸正強化監控在中國大陸投資的台資企業。此外，中國大陸企業亦積極吸引台灣人才，導致人才快速流失。」另一方面，其亦發布〈中國重新加強資本管理〉（2016）一文表示：「人民幣不斷放貶，中國大陸正逐漸強化資本管理，以遏制人民幣貶值及外匯輸出，使外國企業資金流動受到嚴重影響。」

❸ 商業周刊：2016 年 12 月 28 日，根據《商業周刊》發表〈前進中國 20 年鞋廠負責人無奈告白〉一文指出：「台商在中國大陸將面臨五大經營挑戰，包含：（1）中美貿易衝突；（2）兩岸關係變質；（3）查稅補稅風險；（4）租金成本上漲；（5）外匯管制力度增強。」

❹ 天下雜誌：《天下雜誌》於 2016 年 12 月 7 日發布《兩千大 CEO 2017 年景氣預測與戰略調查》指出：「台資企業在中國大陸經營上將面臨重大的挑戰包含：中國大陸經濟轉型遲緩、法規變動迅速、經商成本上揚、環保標準提升、能源供應限制、兩岸關係變數及產業競爭劇烈等，使台商在中國大陸新增投資意願創下近年新低。」

表 10-4 研究機構與媒體論述中國大陸發展困境彙整表

中國大陸發展困境	① 資誠會計師事務所	② 勤業眾信會計師事務所	③ 安永會計師事務所	④ 工業技術研究院	⑤ 台灣綜合經濟研究院	⑥ 哈佛商業評論	⑦ 日本經濟新聞	⑧ 商業周刊	⑨ 天下雜誌	總數
1 反避稅法條款衝擊	◎	◎	◎	◎	◎			◎	◎	7
2 兩岸關係持續冷凍				◎	◎	◎	◎	◎	◎	6
3 經商成本日益高漲		◎		◎	◎			◎	◎	5
4 中美經貿對峙加劇				◎				◎		2
5 外匯管制力度增強							◎	◎		2
6 中國大陸查稅頻繁	◎		◎							2
7 兩岸人才流失迅速						◎	◎			2
8 中企崛起競爭激烈					◎				◎	2
9 中國大陸成長放緩									◎	1
10 環評標準日漸嚴苛									◎	1
11 能源供應疑慮漸升									◎	1
12 台商投資優惠不再				◎						1
13 台灣品牌轉型不易						◎				1

資料來源：本研究整理

四、中國大陸台商經營八大困境

近年來中國大陸投資環境不斷惡化，導致企業布局成本上揚。根據《天下雜誌》（2016）發布《兩千大 CEO 2017 年景氣預測與戰略調查》顯示：「台資企業 CEO 看壞中國大陸投資環境的前景，59.5％的台灣企業皆無增資布局的計畫。」顯示中國大陸變遷快速，台商在經營上面臨許多考驗，並已無法吸引台商前往布局，茲將上述研究機構與媒體雜誌對台商布局中國大陸困境進行歸納，並彙整台商發展八大困境分述如下：

困境一：【反避稅法條款衝擊】

世界各國陸續針對反避稅條例進行修法，中國大陸亦出台相關反避稅法案以應之，根據上海台商協會會長李政宏（2016）表示：「現今兩岸皆大力實施追稅政策，且中國大陸與台灣在稅務制度上有諸多的不一致，以致台商無法全盤了解迎面而來的租稅風險。」一語道出台商在兩岸間的投資困境，在兩岸稅務發展不同調的狀況下，台商只知其一不知其二，在新法的衝擊下如不能妥善處理，不僅面臨重複課稅，亦影響公司資金調度，兩岸政府應系統性的盤整與規劃以保障企業投資權益。

困境二：【兩岸關係持續冷凍】

台灣於 2016 年再次政黨輪替，兩岸發展不如以往熱絡，亦影響台商至中國大陸投資的保障。2016 年 12 月 20 日，根據全國台灣同胞投資企業聯誼會一帶一路委員會主委孫芳山表示：「兩岸關係降至冰點，中國大陸對台政策逐漸轉變，並衝擊對台商投資優惠政策的保障。」顯示兩岸關係的轉變已衝擊台商投資權益，在官方層面溝通橋樑中斷的態勢下，兩岸協商僅能仰賴公會做為溝通管道，攜手台商往更為穩健的兩岸關係方向發展。

困境三：【經商成本日益高漲】

中國大陸過往經濟高速成長，憑藉低廉的勞工成本、優渥的稅收政策及降低環評標準等優勢，一躍成為世界製造大國，近年其內部進行深化改革，並強調穩成長的經濟步調，使得「中國製造」的成本優勢不斷流失。2016 年 12 月 6 日，根據招聘諮詢機構米高蒲志國際集團（Michael Page）發布《2017 年 Michael Page 亞洲地區薪資與就業報告》指出：「2017 年中國大陸勞工薪資將提升 6％至 10％。」顯示中國大陸勞工薪資日益高漲，成本的提升必然衝擊企業經營獲利能力，在台商以薄利多銷的代工生產模式，影響更為深遠。

困境四：【中美經貿對峙加劇】

自川普（Trump）當選美國總統後，中美兩大強國經貿關係劍拔弩張，美國

未來更加傾向實施「貿易保護主義」以支持美國產業穩定發展，使得全球前兩大經濟體貿易戰爭一觸即發。2016年12月28日，《商業周刊》發布調查指出：「在調查的53家台資企業中，達70％的企業對中美新局勢感到擔憂，其中54％的企業認為在中美貿易戰爭中，相較美國及中國大陸企業，將對台商衝擊更大。」以上調查顯示中美情勢惡化將影響全球貿易版圖，而中美皆為台灣重要的貿易夥伴，台商在兩大強權的競爭下，損失更為劇烈。

困境五：【外匯管制力度增強】

2015年中國大陸實施「811匯改」，人民幣貶值走勢不斷探底，中國大陸在經濟放緩的趨勢下，希冀透過人民幣貶值以助出口貿易商對外競爭更具優勢，然人民幣放貶快速亦造成中國大陸資本外逃。根據中國人民銀行（2017）發布數據顯示：「中國大陸2016年外匯存底共下降3,198.44億美元，創下自2011年3月以來最低值。」有鑑於此，中國大陸為避免人民幣匯出開始強化實施外匯管制，2017年1月5日，根據財信傳媒董事長謝金河指出：「中國大陸不斷加大外匯管制力度，將影響台商匯出資金的難度。」道出中國大陸強化外匯管制的力道以遏阻資本外逃，並成為台商在資金調度上的一大阻礙。

困境六：【中國大陸查稅頻繁】

自新稅法上路，中國大陸對境外公司稅收制度進行革新，並大力向避稅企業進行追討。2016年12月14日，台商製鞋大廠豐泰企業公告遭追討十億稅收，由於過往兩岸局勢敏感，台商常以設立境外子公司之形式進駐中國大陸，在新稅制的衝擊下台商首當其衝。2016年12月20日，根據安永會計師事務所（EY）表示：「中國大陸新稅制於2017年上路，不僅執法力道強勁，一次性追討過往稅收將成為常態。」一語道出未來中國大陸查稅將會越趨頻繁，且追稅年份將朔及過往，台商因提早審視自身稅務狀況以避免衝擊。

困境七：【兩岸人才流失迅速】

近年中國大陸發展快速，需要仰賴龐大高端人才開拓產業發展，因此中國大陸企業高薪挖腳使台灣人才外流嚴重，根據國家發展委員會（2016）指出：「台灣人才外流中國大陸人數達50至100萬人次。」此外，2017年1月23日，根據台積電董事長張忠謀表示：「台灣人才流失問題嚴重，面對中國大陸不斷高薪挖腳，台灣政府祭出補貼留才是不夠的，應從改善產業環境以吸引人才。」綜上所述，儘管台灣政府提供人才薪資補貼，但治標不治本，應著手改變產業環境方能吸引台灣人才回流，甚至引入國外高端人才，以強化台灣國際競爭力。

困境八：【中企崛起競爭激烈】

2016 年 10 月 7 日，根據副總統陳建仁表示：「中國大陸政府大力扶持在地企業，並推動多項投資新政，使台商在中國大陸投資經營日益嚴峻。」顯示隨著中國大陸經濟崛起，產業結構亦不斷轉變，其本土企業陸續崛起使市場競爭越趨激烈，進而壓縮台商發展空間。是故，誠如宏碁集團創辦人施振榮（2016）表示：「台灣企業應創造自身競爭優勢以避免被中國大陸企業取代。」台商應擺脫過往代工思維，配合現有資源優勢，逐步往高附加價值的領域前進，打造企業新利基優勢，方能創造成長第二曲線。

五、紅色供應鏈台灣人才外流因應做法

隨著中國大陸逐漸由「世界工廠」轉變為「世界市場」，不但使得中國大陸內資企業高速成長，亦吸納全球特定產業的技術與資金，進而促成紅色供應鏈（Red Supply Chain）崛起，其中，中國大陸企業透過併購、合資及高薪挖角等模式，快速取得技術，進而朝產業鏈與價值鏈上游發展，大幅提升競爭力。《天下雜誌》早於 2013 年刊登題為〈紅色供應鏈風暴，台灣如何迎戰〉一文指出：「綜觀全球電子產業供應鏈發展，曾是『非台灣不可』；然而，由中國大陸本土企業串起的紅色供應鏈，正在逐步瓦解『Taiwan inside』的勢力。」英國《金融時報》（Financial Times）（2015）亦指出：「中國大陸電子科技業正走出低成本、勞力組裝製造的侷限，打入蘋果供應鏈，逐漸威脅與取代台、日、韓同業在全球電子供應鏈的重要地位。」2015 年，中國大陸國務院提出「中國製造 2025」規劃，道出要在「2025 年成為製造業強國」及「2035 年製造業水準達到歐美先進工業國的中等程度」的兩大目標，鎖定高科技等十大重點產業扶持，此宣示著中國大陸製造業將全面轉型升級，由「製造」轉向「智造」；由「低質量」轉向「高品質」；由「低附加值」轉向「高附加值」，恐將更進一步威脅台灣製造競爭優勢。

1. 近年中國大陸企業挖角事件

近幾年，中國大陸積極力促半導體產業發展，對企業提出補貼、減稅、提供低廉土地及財政收入支持等諸多優惠措施，中國大陸企業遂挾著政策、市場與資金等優勢，陸續挖角台灣半導體產業人才，從晶圓代工、封測再擴展到 IC 設計挖角事件層出不窮。根據拓墣產業研究院（2017）指出：「從紫光海外購併之路屢遭受阻、福建宏芯基金（FCG）擬收購德國愛思強（Aixtron）亦因美國政府態度而被迫放棄，顯示中國大陸未來若想藉由併購來獲取技術及市場等核心資源將日益困難，然而技術是半導體產業發展的核心關鍵，若是以併購或合資的方

式受阻,那未來對高端人才引進的步伐勢必加快,且因多數新建廠的投片計畫都集中在 2018 年下半年,預計 2017 年人才挖角將更加白熱化。」

根據國發會(2016)統計數據指出:「台灣人才外流問題嚴重,光是到中國大陸的人才便高達 50 萬至 100 萬人,包含管理、科技、研發與技術人才。」挖角競爭越演越烈,以三倍、五倍高薪挖角已是常態,更甚者還有高達八倍薪水條件,如聯電遭中國華力微電子以三倍年薪挖角 28 奈米研發團隊,加之製程主管或工程師,離職數即高達 200 人;紫光旗下的長江存儲開出比台灣高出三至五倍的薪水,挖角前華亞科及現任南亞科員工。除挖角研發與設計人才外,台灣半導體行業的高端管理人才亦成為中國大陸企業競相爭奪的對象,諸如:華亞科前董事長高啟全、台積電前共同營運長、資深研發副總蔣尚義、聯電前副董事長孫世偉等均相繼加入中國大陸企業。

表 10-5 近期半導體產業人才外流事件彙整

時間	引進方	被引進者	原 / 前東家	領域
2016/08	紫光集團	高啟全	華亞科	設計、製造(記憶體)
2016/12	紫光集團	施能煌	華亞科	廠務(記憶體)
2016/12	中芯國際	蔣尚義	台積電	製造
2016/12	合肥長鑫	劉大維	華亞科	設計、製造(記憶體)
2017/01	紫光集團	孫世偉	聯 電	製造
2017/02	紫光集團	楊偉毅	晨 星	設計、製造(記憶體)
2017/02	福建晉華	陳正坤	聯 電	製造(DRAM)

資料來源:拓樸產業研究院、本研究整理(2017)

2. 人才外流因應作法

根據牛津經濟研究院(Oxford Economics)(2012)出版《2021 全球人才報告》(Global Talent 2021)指出:「台灣將於 2021 年面臨嚴峻的人才短缺問題,屆時人才外流將居全球第一,其中每十人外流就有六名是專業人才。台灣諸多產業面臨著高階人才外流,而基層人才匱乏之窘境,當中國大陸祭出高薪及諸多優惠條件向台灣人才招手,無疑使台灣人才短缺問題更雪上加霜。而隨著中國大陸對台灣人才磁吸效應不斷擴大,將使台灣半導體人才面臨空心化、斷層之危機,亦使得台灣領先中國大陸半導體競爭優勢的差距日漸縮小,台積電董事長張忠謀(2017)即表示:「國內人才流失問題嚴重,政府應研擬因應策略加以應對,不能只靠增加科技預算,而是要營造利於留才的機制環境。」顯示台灣政府與企

業如何因應，避免競爭力流失，將是刻不容緩的重要課題。

作法一：建議台灣政府鬆綁制度法規

面對全球化競爭時代來臨，人才培育與引進將是未來競爭的重要關鍵，和碩董事長童子賢（2017）表示：「政府應重視人才外流議題，並在制度法規進行鬆綁，尊重市場機制，人才要出國工作，或國外人才來台工作都可以雙向交流。」此外，Google 總經理簡立峰（2017）亦指出：「台灣綜合所得稅率不利於高階白領，稅制落差使得台灣人才寧願選擇到新加坡或香港工作，也不願留在台灣工作。」希冀政府正視人才流失議題，不論是從鬆綁法令規範、營造友善就業環境、改善勞工政策與教育制度改造等方面提出因應策略，以達育才、引才、留才之效，協助企業留住人才，抑或是吸引國外人才來台就業。

作法二：完善勞基法競業禁止規定

2017 年 3 月 13 日，《工商時報》報導指出：「勞基法競業禁止規定有灰色地帶，由於中國大陸企業惡意挖角出現規避業務競爭性漏洞，即中國大陸企業成立子公司，營業事項與老東家性質不同，使台灣員工跳槽可避免觸法，形式上是規避台灣法令規範，但實際上台灣員工跳槽私下卻從事與老東家競爭性業務，令台灣高科技產業不勝其擾。」建請台灣政府應檢討修法。

作法三：加重洩漏公司機密的刑責與罰金

根據眾達國際法律事務所（Jones Day）（2017）指出：「隨著全球化競爭日益加劇、國際商業活動日漸複雜，世界各國紛紛提高對營業秘密的重視與保護，諸如：美國通過營業秘密保護法案（The Defend Trade Secrets Act），責成立法機關、外交機關、聯邦調查局，更要求友邦協助保護美國的營業秘密，將營業祕密的保護提升至國家安全戰略之層次。」為避免中國大陸惡性挖角，涉及關鍵人才帶走企業商業機密或侵犯智慧財產權等問題，建請台灣政府應透過營業秘密法的修法，加重洩漏公司機密的刑責與罰金等規定，以降低或避免因人才流動而將企業機密帶往境外的機會。

第 11 章

台商未來布局策略新探析

近年台商於中國大陸投資經營日趨困難，不僅以代工出口為業的台商面臨生存困境，且布局內需市場的業者亦危機重重。2016 年 11 月 30 日，《商業周刊》報導指出：「六年前由於中國大陸『瘋台灣』使台灣品牌無往不利，但六年後台灣品牌卻面臨從商場大撤退，如法藍瓷、太平洋百貨、永慶房屋、錢櫃KTV、東京著衣、達芙妮等。」可知，中國大陸台商現今面臨嚴峻的經營困境，未來兩岸經貿去向與台商經營模式的轉向，皆為必須思考及面對的課題。綜上所述，2017《TEEMA 調查報告》提出台商未來布局五大模式：（1）產業業態轉型：傳統產業到服務業；（2）經營模式轉升：守舊思維到顛覆創新；（3）布局模式轉向：外需導向到內需導向；（4）策略聯盟轉進：單打獨鬥到聯合艦隊；（5）海外市場轉移：內陸城市到東協市場，作為中台商經營布局之參考。

模式一：【產業業態轉型：傳統產業到服務業】

古希臘哲學家 Heraclitus 曾言：「唯一持續不變的事情就是變。」一語道出在全球時代不斷變遷下，「變」成為一種常態，並且演繹成事物發展的規律，可知企業在面臨變動的環境中，如何追求自身價值成為最重要的目標。自工業革命起的兩百年以來，市場以大量生產、低成本與創造利潤等模式為主流，但面對迅速變動的時代，世界全球化與資訊科技快速發展，致使傳統產業已逐漸被新興高科技產業所取代，台商應思索如何深化核心能力並向外延伸拓展，跳脫出削價競爭模式轉往經營特色，進而使企業整體升級。

台商王添財於東莞紡織材料圈深耕超過 40 年，於 2011 年將內衣品牌「潘朵拉」進行轉型與改造，並進軍電商，此外，2017 年「潘朵拉」與上海醫療企業溫爾信息科技合作，結合高科技推出智慧穿戴內衣，監測乳房溫度、提早發現病變。在大膽轉型後的經營績效得到大幅改善，過去百家門市，每家店年營業額為人民幣 100 萬元，但轉戰電商僅四個月，營收即達人民幣 100 萬元。然而，

下一步王添財計畫打造總部基地，建立品牌觀光工廠，完整展示產品從織布、印染到完工過程，不僅為顧客提供體驗，亦可與消費者拉近距離。綜上可知，隨全球化的發展趨勢下，台商如何透過本身既有的能力再做擴展，藉由產業業態轉型，由傳統服務業到服務業，將為台商未來布局的重要模式之一。

模式二：【經營模式轉升：守舊思維到顛覆創新】

「不創新，就滅亡」是管理大師 Peter Drucker 所提的至理名言，哥倫比亞商學院教授 McGrath（2014）出版《瞬時競爭策略》（The End of Competitive Advantage）一書亦指出：「在變動很大的競爭環境中，改變並不危險，穩定才是最危險的狀態。」顯示在現今變遷迅速且劇烈的環境中，全球產業結構不斷轉變，不同的商業時代使用不同方式傳遞資訊，因此企業若仍跟隨著傳統的守舊思維，將無法跟上時代的腳步。根據波士頓諮詢公司（BCG）在 2016 年公布《2016全球企業創新 100 強》（The Most Innovative Companies 2016）提及：「2010年到 2015 年設立創投的公司比例從 27％增加至 40％，設立孵化器的公司比例從 2％增加至 44％；設立創新實驗室的公司比例從 5％增加至 19％。」可感受到全球企業對於創新的重視，台商應積極展開創新，以便布局全球市場。

2011 年陸學森和 Matt Taylor 創立睿能創意股份有限公司（Gogoro Inc.），是台灣一家以開發和銷售電動機車及電池更換基礎設施為主要業務的風險投資公司。Gogoro Smartscooter 為其第一個消費性產品，於 2015 年 1 月在拉斯維加斯的消費電子展（CES）展示。同時，Gogoro 發表一個名為 Gogoro Energy Network 的電池更換網絡。根據台灣行政院環境保護署 2017 年數據顯示：「台灣電動機車銷售量從 2015 年的 5,660 輛提升至 2016 年的 2 萬輛，成長 2.6 倍，當中高達 62.5％為 Gogoro。」顯示其市占率、規格、品牌、功能及電池、充電站等相關配備已形成一定的競爭力。睿能創意營運長雷憶瑜（2016）表示：「Gogoro 的目標，就是期許電動機車能全面替代台灣的機車，台灣許多機車廠商有歷史的底蘊及優良的技術，若將引擎換成馬達，即可減低碳排放。」由此可知，Gogoro 運用技術的創新，將台灣機車業的生態顛覆，創造出新的經營模式，在如今變化迅速的時代下，台商應思考如何擺脫守舊思維，打造新的利基。

模式三：【布局模式轉向：外需導向到內需導向】

綜觀台商前往中國大陸經商 30 年，可將其分為三大階段，分別為：（1）第一波西進：最早於 1980 年代，當時尚未開放赴中國大陸探親，若經商則要透過香港或新加坡等第三地轉入，此時期投資相對隱蔽且規模小，以加工出口等傳統或外銷型的產業為主；（2）第二波北上：由於珠江三角洲面臨用地飽和與工

資上漲等問題，於 1990 年代末期台商進而開始往北上遷徙；（3）第三波內遷：近年來逐漸發生台商往中國大陸內地遷移的運動，如鴻海富士康由深圳遷移至武漢。2011 年中國大陸的《十二五》規劃中提及，將積極轉型擴大內需消費，由「世界工廠」邁向「世界市場」，對台商而言，除是龐大商機外亦是轉型挑戰。經由台商赴中國大陸的經商過程可知，由設廠生產與外銷，漸漸轉往進攻內需市場，搶占商機。

艾美特電器有限公司於 1973 年在台灣創立，並於 1991 年在深圳寶安區設立生產基地，主要產品為電風扇等系列精緻小家電，而產品出口至歐美、日韓等 60 多個國家和地區。回溯至 1991 年艾美特於深圳設廠，當時中國大陸只允許台商外銷且不准內銷。至 1993 年加大投資，不僅購買土地並建設廠房，此外，由於中國大陸人口數量龐大，艾美特決定轉往內銷市場。首先，1992 年前往中國大陸外經貿局、中央輕工部申請內銷比率，爾後，經 1993 至 1996 年以 5% 的內銷比例的試行，決定大舉轉內銷。艾美特創立以來規模成長逾 13 倍，除原有深圳廠外，2014 年在九江設內銷中心，年營收高達人民幣百億。在經營績效方面，根據經濟日報（2017）指出：「艾美特 2016 年合併營收 110.32 億人民幣；毛利提升由 2.2% 至 21%；營業利益 3.41 億人民幣；稅後純益 2.76 億人民幣；每股純益 2.31 元人民幣。」可知，中國大陸內需市場龐大，台商可藉由其政策開放與人口紅利，布局模式可由外銷導向轉為內需市場導向。

模式四：【策略聯盟轉進：單打獨鬥到聯合艦隊】

現今科技產業日新月異，企業間的單打獨鬥已復不在，相互間的併購、聯盟已成趨勢，在此一趨勢下，台灣許多產業集結多方能量提升戰鬥力，持續站穩國際市場。2017 年 2 月 17 日，德勤（Deloitte）表示：「隨著科技崛起，業者將不再只是單打獨鬥，更需尋求跨界跨業策略聯盟或購併轉型契機，以求創新發展及業務拓展之際無後顧之憂。」可知，企業單打獨鬥的時代已逝，藉由與同業結盟或異業合作的方式，打群體戰的征戰時代正式來臨，台商必須跟上潮流，積極尋求與各方合作的機會，取得更大勝算，以追求企業永續成長的終極目標。

全球氣候不斷改變，隨著純電動、油電混合車款的興起，使各大車廠致力於綠能車款的開發，然而在電動車普及之前，充電站網絡要設置完善才能讓駕駛安心上路。2016 年 4 月 7 日，裕隆集團表示：「裕隆旗下裕隆電能與 BMW 合作建置充電站，裕隆電能提供電動車價值鏈相關資源，與 BMW 設置充電站相關技術進行策略合作，以提供滿足市場需求的電動車配套服務。」而 2017 年 4 月 27 日，其亦強調：「在海外布局方面，裕隆電能積極拓展中國大陸市場，以裕

隆集團相關車廠東裕及東南汽車為首要合作對象,初估至少設立千站以上。」此外,《泰國世界日報》(The Universal Daily News)(2016)亦指出:「裕隆與BMW 合作設置充電站之外,亦打造專屬的『ChargeNow』充電資訊服務網絡平台。」綜上所知,裕隆電能與 BMW 攜手合作,以供應市場需求日趨漸增,不僅搶商機,亦為自家品牌鋪路,藉由策略聯盟以發揮綜效。

模式五:【海外市場轉移:內陸城市到東協市場】

根據德勤(Deloitte)(2016)發布《2016 全球製造業競爭力指標》(2016 Global Manufacturing Competitiveness Index)指出:「東協市場在人口紅利、製造能力與市場成長快速的加持下,富含潛在商機市場的『處女地』,吸引外資前往投資及設廠。」經濟部(2017)公布 2016 年投資核准件數統計數據指出:「東協市場的崛起加上新南向政策,台商投資東南亞的金額年增 12.82%,反觀中國大陸,因政策及勞動成本等投資環境的改變,台商投資金額則是年減 11.67%,連三年負成長,顯示中國大陸投資環境的變化,使台商海外布局由中國大陸轉向東協或其他地區。」此外,新加坡《聯合早報》(2017)亦指出:「目前已有數千家台灣企業撤出中國大陸東莞,數量比全盛時期少一半以上。」另外,中國美國商會(AmCham China)(2017)指出:「32%受訪的會員企業沒有計畫擴張在中國大陸的投資,且有 25%企業已從中國大陸撤出或計劃撤出營運業務。」綜上顯示,隨中國大陸經商環境變遷,造成在華投資企業紛紛轉向勞動成本低且富含商機的東協市場。

隨中國大陸產業環境改變,國際紡織業重心也逐漸移轉至東協等國,台灣企業也不例外。台灣紡織股王儒鴻因招工不易、人力成本逐年提高等問題,於2016 年底宣布關閉在中國大陸最後一座工廠並將重心移往越南,同年儒鴻亦宣布:「將花費約 6,000 萬美元的資本支出,用於越南擴廠工程,且產能除成衣外,亦擴及針織布廠。」《天下雜誌》(2016)對此亦指出:「儒鴻退出中國大陸並不僅是一家企業的決策,而是一個大趨勢的興起。儒鴻撤出具有指標性意義,對於台灣紡織業者來說,中國大陸的生產條件今非昔比,東協重要性已經超過中國大陸。」可知,在中國大陸的勞力密集產業恐將面臨與紡織業同樣之困境,諸多企業恐因生產成本的提高,紛紛思索轉往投資環境相對較好的東協市場。

4

中國大陸經濟
新前瞻

第 12 章
中國大陸經濟發展新展望

2017 對中國大陸而言為關鍵之年，因其將展現於經濟成長放緩之際，當局所推動政策之執行成果，並檢視是否透過經濟改革成功將中國大陸的 L 型經濟衝出 U 型成長。2017 年亦是實施「十三五」規劃的重要之年，同時亦將迎來五年一度的第十九次「中國共產黨全國代表大會」，此次大會將直接影響中國大陸未來的經貿走向以及政策的執行與否。諸多國際機構、媒體皆眾口一詞的指出中國大陸於 2017 年內外部環境均將面臨多項挑戰，其中內部包括房地產市場的降溫、人民幣貶值及信貸泡沫危機等，需要中國大陸當局透過政策的執行來帶動國內市場的熱絡，以及減輕不良現象對整體經濟所帶來的衝擊。外部則包含全球貿易保護主義升溫，將影響中國大陸出口態勢恢復與否以及川普上任美國總統後中美貿易關係緊張，可能引發雙方的貿易戰爭，此外諸如英國脫歐、跨太平洋夥伴關係（TPP）的存亡以及「一帶一路」的走向等，皆是中國大陸政府首當其衝所面臨的挑戰。

2016 年 12 月 27 日，紐約研究機構 CBB 國際公司（CBB International）發布《中國褐皮書》（China Beige Book）顯示：「中國大陸經濟在 2016 年第四季，全產業出現廣泛地正向復甦，與第三季相比，企業的營收、毛利和資本支出皆明顯好轉。」此外，其亦表示：「許多經濟學家亦認同中國大陸政府在 2017 年計劃實行的改革政策，許多經濟學家相繼調升對中國大陸 2017 年的 GDP 成長率預期。」2017 年 1 月 10 日，根據世界銀行（WB）發布《全球經濟展望》（Global Economic Prospects）指出：「中國大陸 2017 年經濟成長預測放緩至 6.5％，儘管外需疲軟、投資成長乏力和部分行業產能過剩，但總體經濟政策預期將支持中國大陸國內的成長動能。」顯示中國大陸經濟成長雖持續放緩，但卻相對穩定，許多學者與機構對其未來仍保有一定的信心。茲針對各研究機構對中國大陸 GDP 成長預測指數分析與預測中國大陸現況和未來趨勢詳述如下：

一、研究機構預測中國大陸經濟成長率

2017《TEEMA 調查報告》將各研究機構對於 2017 年中國大陸經濟成長率的預測值進行彙整，同時放入與前次預測的差異作為其中國大陸經濟前景的樂觀、悲觀依據，並就其樂觀、悲觀原因進行分析，其彙整資料如表 12-1 所示。

綜合研究機構針對調升或調降中國大陸經濟成長預測值之原因可發現各研究機構對中國大陸經濟發展論述「黑暗中帶著曙光」，茲將主要原因統整如下：

悲觀原因一：【中國大陸資本外流嚴重】

2017 年 2 月 2 日，國際金融協會（Institute of International Finance；IIF）指出：「中國大陸已連續三年資本外流，諸如 2016 年資本淨流出達 7,250 億美元，較 2015 年增加 500 億美元，遠高於其他新興經濟體，其中，僅 2016 年 12 月的資本流出就高達 950 億美元，導致 2016 年的整體外匯存底下降 3,200 億美元。」此外，英國《金融時報》（Financial Times）於 2017 年 2 月 6 日亦指出：「2016 年中國大陸有價值逾 750 億美元的海外交易被取消，較 2015 年高達七倍之多，原因在於中國大陸當局監管加強和外匯限制，導致有 30 筆對歐洲和美國企業的收購交易落空。」另外，川普當選美國總統後，不僅使美國貿易保護主義意識逐漸抬頭，且美國企業亦開始將獲利從中國大陸匯回美國，造成 2017 年中國大陸資本外流情況將更為嚴重。

悲觀原因二：【中國大陸房地產泡沫化】

2017 年 3 月 21 日，經濟合作暨發展組織（OECD）指出：「中國大陸正面臨房地產泡沫化、公司債飆升與重工業產能過剩等問題，因此調降中國大陸的經濟成長率。」此外，標準普爾（Standard & Poor's）於 2016 年 11 月 22 日發布《中國房地產業觀察：開發商的盛宴可能已逝》（China's Real Estate Industry）表示：「北京在 2016 年 9 月推出的樓市降溫舉措，將減緩房地產商銷售趨勢，預計 2017 年中國大陸房地產交易量呈下降趨勢，銷售額下滑 5％-10％。」另外，根據中國指數研究院（2016）亦指出：「中國大陸 9 月百城房價指數環比漲幅 2.83％，同比漲幅 16.64％。」綜上可知，中國大陸房地產業屢遇難題，原投資熱潮的衰退亦將影響 2017 年的經濟走向。

悲觀原因三：【信用貸款成長愈顯過快】

國際貨幣基金（IMF）於 2017 年 4 月 18 日指出：「中國大陸政府祭出刺激措施及快速信貸擴張等政策以維持中國大陸經濟穩定成長。」其亦於 2017 年 4 月 19 日發布《全球金融穩定報告》（Global Financial Stability Report）指出：「中國大陸信貸成長率持續高於 GDP 成長率，金融槓桿如繼續攀高，恐將導致中國

表 12-1　研究機構預測 2017 年中國大陸經濟成長率

預測時間	研究機構		報告	預測值	預測值增減	原因分析
2017/03/07	瑞士信貸集團（Credit Suisse）		《核心觀點》（Core Views）	6.8%	0.0%	❶ 中國大陸經濟穩定成長 ❷ 大宗商品價格持續回升 ❸ 中國大陸房地產保持暢旺
2017/07/20	ADB 亞洲開發銀行（ADB）		《亞洲開發前景報告》（Asian Development Outlook）	6.7%	+0.2%	❶ 恐受美國政策改革影響 ❷ 美國貨幣政策越發趨緊 ❸ 中國大陸資本外流嚴重 ❹ 匯率波動風險逐漸攀升
2017/06/16	Standard Chartered 渣打銀行（Standard Chartered Bank）		《投資展望》（Market Outlook）	6.6%	+0.0%	❶ 中國大陸經濟穩定成長 ❷ 影響通貨膨脹因素變多 ❸ 固定資產投資增速下滑
2017/03/10	Goldman Sachs 高盛（Goldman Sachs）		《2017 年中國宏觀展望》（China Outlook 2017）	6.6%	+0.1%	❶ 中國大陸支出反彈快速
2017/04/18	國際貨幣基金（IMF）		《世界經濟展望》（World Economic Outlook）	6.6%	+0.1%	❶ 中國大陸政府政策支持 ❷ 信用貸款成長愈顯過快 ❸ 中國大陸債務問題嚴重
2017/07/06	Scotiabank 豐業銀行（Scotiabank）		《全球預測更新》（Global Forecast Update）	6.6%	+0.2%	❶ 中國大陸房地產泡沫化 ❷ 中國打陸外匯存底減少
2017/03/15	IHS 環球透視（GI）		《月度全球經濟展望》（Monthly Global Economic Overview）	6.5%	0.0%	❶ 中國大陸經濟穩定成長

表 12-1 研究機構預測 2017 年中國大陸經濟成長率（續）

預測時間	研究機構	報告	預測值	預測值增減	原因分析
2017/03/07	經濟合作暨發展組織（OECD）	《全球中期經濟展望》（Global Interim Economic Outlook）	6.5%	-0.1%	❶ 消費與服務業轉型艱困 ❷ 中國大陸房地產泡沫化 ❸ 信用貸款成長愈顯過快
2017/06/04	世界銀行（WB）	《全球經濟前景》（Global Economic Prospects）	6.5%	0.0%	❶ 中國大陸經濟增速放緩 ❷ 占亞洲地區市場比重高
2017/01/17	聯合國（UN）	《世界經濟形勢與展望》（World Economic Situation and Prospects）	6.5%	0.0%	❶ 中國大陸政府政策支持 ❷ 受到全球貿易低迷影響
2017/04/02	花旗銀行（CitiBank）	《花旗月度市場前瞻》（Market Outlook）	6.5%	+0.2%	❶ 全球貿易不確定性增加 ❷ 持續上調公開市場利率
2017/07/14	惠譽國際信評機構（Fitch Ratings）	《全球經濟展望》（Global Economic Outlook）	6.5%	+0.1%	❶ 中國大陸債務問題嚴重 ❷ 中國大陸資本外流嚴重 ❸ 中國大陸人民幣趨貶值
2017/02/27	歐睿信息咨詢公司（EuroMonitor International）	《全球經濟預測》（Global Economic Forecasts）	6.4%	-0.1%	❶ 信用貸款成長過快 ❷ 中國大陸經濟增速放緩
2016/09/08	穆迪（Moody's Analytics）	《全球經濟》（Global Economics）	6.3%	+0.2%	❶ 降低存款準備金和降息 ❷ 大宗商品價格持續回升 ❸ 中國大陸資本流動復甦
2016/11/23	標準普爾（Standard & Poor's）	《展望》（The Outlook）	6.3%	-0.3%	❶ 中國大陸產能過剩嚴重 ❷ 中國大陸房地產泡沫化

資料來源：本研究整理

大陸經濟成長快速下滑與金融危機。」此外，美國資本管理公司 Axiom Capital 於 2017 年 5 月 4 日亦指出：「目前中國大陸信貸問題，比美國次貸危機更為嚴重，因中國大陸在外流通的財富管理商品總額達 4 兆美元，而銀行體系總規模為 34 兆美元，代表資產和負債不吻合率超過 10%，高於美國次貸高峰期的 2%。」綜上可知，中國大陸政府為穩定經濟，不斷促使信貸快速擴張，恐引發嚴重的信貸問題。

悲觀原因四：【中國大陸債務問題嚴重】

根據《富比士》（Forbes）（2016）指出：「依據國際清算銀行（BIS）資料顯示，未來一到三年內最有可能爆發債務危機的國家排名，依序為中國大陸、澳洲、瑞典、香港、南韓、加拿大以及挪威。」此外，《經濟學人》（The Economist）（2016）發表的〈債務爆破即將來臨〉（The coming debt bust）一文指出：「從 2006 至 2016 年間，中國大陸債務占 GDP 的比例由 150% 增至 260%。而此成長速度一般會以金融危機或突然經濟放緩告終。」其亦指出：「截至 2015 年底為止，中國大陸民間非金融產業負債占 GDP 比重已達 200%，超越泰國在亞洲金融危機及美國在次級房貸危機時期水準，逼近日本 1991 年『失落十年』起始點。」綜上可知，中國大陸的債務危機引爆機率極高，中國大陸政府應立即制止債務的急速增長，並提前準備應對策略。

樂觀原因一：【大宗商品價格持續回升】

世界銀行（WB）於 2017 年 1 月發布《大宗商品市場前景》（Commodity Markets Outlook）報告指出：「由於供應緊張和需求走強，2017 年能源、金屬等工業大宗商品價格將出現較大幅度的上漲。原油價格將維持在每桶 55 美元，相較 2016 年上漲 29%。」此外，世界銀行（WB）（2017）亦表示：「農產品、油紙油料及原材料的價格都將小幅上漲。」另外，交通銀行首席經濟學家連平（2017）表示：「大宗商品價格整體延續上漲趨勢，2017 年 3 月工業生產者購進價格指數較 2016 年同期漲幅達 9.9%，高於出廠價格指數，將推動生產者物價指數持續擴大，並刺激相關行業的產品價格上漲，吸引閒置資金流入供需緊縮的工業品和消費品領域。」綜上顯示，大宗商品價格因全球需求的增加將帶動一連串的影響，將刺激中國大陸經濟成長。

樂觀原因二：【中國大陸政府政策支持】

中國人民銀行行長周小川（2017）表示：「中國大陸金融體系總體穩健，但也存在一些問題，中國大陸政府已積極運用財政政策和貨幣政策以支持經濟成長和結構性改革。」此外，其亦表示：「基於中國大陸金融科技的發展猛進，未來中國大陸政府將加強金融消費者的教育和消費者保護等法規，為金融科技產業推波助瀾。」另外，中國大陸財政部部長肖捷（2017）亦指出：「2017 年中

國大陸政府將實施積極的財政政策，並適度擴大支出規模、減稅降費，推動財稅體制改革，以促進中央與地方財政事權和支出責任劃分，加強地方政府性債務管理。」由上得知，中國大陸當局為帶動未來經濟成長，積極實施財政及貨幣政策。

樂觀原因三：【持續上調公開市場利率】

英國《金融時報》（FT）於 2017 年 5 月 4 日指出：「中國大陸 5 月 3 日貨幣市場利率達到兩年來最高點，此前中國人民銀行從銀行體系抽走現金，為通過擠壓流動性來遏制金融風險的一部分。」另外，2017 年 3 月 16 日，美國聯準會（Fed）宣布升息一碼之後，中國人民銀行隨即宣布全線上調公開市場逆回購得標利率及中期借貸便利操作利率各十個基點。中國人民銀行（2017）亦指出：「儘管美國加息後美元和美債回調，但在美國聯準會對經濟和通膨之表述仍偏樂觀的情況下，後續美元將可能持續上行，故此次上調利率，其意圖在於穩定利差和匯率。」綜上所述，中國人民銀行持續利用市場利率來防範可能對中國大陸經濟造成的風險。

二、八大數據看中國大陸經濟發展

1. 國內生產總值增速下滑：

中國大陸國家統計局公布 2016 年中國大陸國內生產總值（GDP）為 74.41 兆人民幣，其經濟成長率為 6.7％，為 2009 年以來首次跌破 7.0％以下，創下 26 年來新低。然 2017 年 3 月 5 日，中國大陸國務院發布《中國政府工作報告》提出，預計 2017 年國內生產總值成長為 6.5％左右，其因中國大陸經濟結構調整尚未結束，未來經濟將有下行因素影響。根據清華大學中國與世界經濟研究中心主任李稻葵教授（2017）發布《2017 年中國宏觀經濟分析與預測：中國經濟力爭築底》研究報告指出：「中國大陸經濟結構持續調整，而 2016 年『三去一降一補』艱苦轉型效果開始顯現，深化改革開始有新的成長點出現，預測 2017 年經濟成長速度恐觸底，直至 2018 年方能逐步回暖。」

2. 固定資產投資下滑：

2017 年 1 月 20 日，中國大陸國家統計局公布 2016 年中國大陸全國固定資產投資（FAI）為 59.7 兆人民幣，較 2015 成長 8.1％，成長率創 2007 年以來的新低。然根據中國大陸國家統計局投資司司長賈海（2017）表示：「2016 年固定資產投資增速雖放慢，但在供給側結構性改革及一系列穩成長政策推動下，投資成長的內生動力已出現穩定態勢，投資結構持續優化，積極因素正在增加。」此外，根據高盛集團（Goldman Sachs）（2017）指出：「中國大陸對信貸需求大，未來數月中國固定資產投資（FAI）、中國 PMI 指數、大宗商品及與大宗商品有關的股市和貨幣將得到大幅提振。」綜上可知，儘管 2016 年中國大陸全國固定

資產成長率投資呈下滑趨勢,但在 2017 年中國大陸政府將重新調整政策,將促使中國大陸投資結構改善。

3. 消費品零售總額上升:

2017 年 1 月 20 日,根據中國大陸國家統計局公布數據顯示:「2016 年,社會消費品零售總額為 33.2 兆人民幣,較 2015 年成長 10.4%。其中,限額以上單位消費品零售額為 15.4 兆人民幣,成長 8.1%。」根據中國商務部部長高虎城(2017)指出:「現代物流技術和流通方式加快普及,降低流通成本,提高效率。中國大陸全年社會物流總費用占 GDP 的 14.8%,同比下降 1.2%。線上零售額為 5.2 兆人民幣,成長 26.2%。」此外,2017 年 4 月 20 日,根據中國大陸國家統計局貿易外經司司長孟慶欣表示:「2017 年第一季度中國大陸社會消費品零售總額同比成長 10%,繼續保持兩位數增長,內部結構持續優化。作為拉動國民經濟成長的『三駕馬車』中,最終消費支出成長較快,對拉動經濟增長的貢獻程度較高。」顯示中國大陸以進步的物流技術,提高貨物流通效率並降低成本,故此消費品零售總額仍保持穩定成長。

4. 進出口總額減少:

2017 年 1 月 13 日,根據中國大陸海關總署統計顯示:「2016 年中國大陸貿易進出口總值相較 2015 年下降 0.9%,為 24.33 兆人民幣,其中出口總額為 13.84 兆人民幣,下降 2.0%;進口總額為 10.49 兆人民幣,成長 0.3%,貿易順差為 3.35 兆人民幣,為 2011 年以來首次比前次數值低。」此外,根據華泰證券(2017)分析指出:「中國大陸的出口將受到貿易保護主義及全球經濟復甦的不確定性影響,出口貿易的疲軟恐出現衝擊經濟的黑天鵝。」綜上得知,中國大陸進出口差額六年來首次出現成長下降,可能影響中國大陸未來的經濟走向。

5. 實際使用外商直接投資下滑:

2017 年 2 月 25 日,根據中國大陸商務部數據顯示:「在 2017 年 1 月,中國大陸實際使用外資額為 120 億美元,同比下跌 14.73%,然在 2016 年中國大陸實際利用外資額已出現罕見下跌,與 2015 年相比減少約兩億美元。」此外,中國大陸國家統計局數據(2017)亦顯示:「中國大陸外商投資企業所吸納的直接就業人數超過 4,500 萬,應警惕外資撤離伴隨的裁員與失業。」綜上可知,外商投資中國大陸的資金逐年減少,許多外資企業紛紛撤出中國大陸,恐影響中國大陸龐大就業人群的生計。

6. 外匯存底減少:

2017 年 1 月 7 日,中國人民銀行公布外匯存底數據顯示:「至 2016 年底,中國大陸外匯存底規模為 30,105.17 億美元,較 2015 年外匯存底下降 3,198.44

億美元，跌幅達 9.6％。」此外，根據中國大陸國家外匯管理局（2017）指出：「2017 年 1 月中國大陸外匯存底較 2016 年 12 月下跌 123 億美元至 2.998 兆美元，不僅連續第七個月呈現下滑，更是自 2011 年 2 月以來首次跌破三兆美元。」而《華爾街日報》（WSJ）（2017）指出：「雖然中國大陸政府祭出諸多政策來穩定經濟發展，但仍面臨資本外流的壓力」；《紐約時報》（New York Times）（2017）亦指出：「雖然中國大陸外匯存底下降尚未達到警戒線，但並不表示中國大陸脫離風險。」可知，資本持續外流意味著中國大陸政府想「抑泡沫」及「保增長」之目標左支右絀，恐將成為當前中國大陸經濟最大的風險。

7. 貨幣供應量剪刀差擴大：

2016 年 7 月中國大陸狹義貨幣供應量（M1）按年增長 25.4％，廣義貨幣供應量（M2）增長則達 10.2％，兩者差距擴大至 15.2％，創下歷史新高，顯示中國大陸經濟下行壓力越來越大，企業投資收益低，進而降低投資意願。根據《華爾街見聞》（Wallstreetcn）（2016）報導指出：「由歷史數據可發現，M1 與 M2 剪刀差的出現，往往伴隨著經濟成長下滑。諸如：1990 年以來美國兩次 M1 與 M2 剪刀差出現後均發生經濟衰退現象，而 2008 年 9 月剪刀差出現更爆發金融危機；日本自 1991 年 6 月出現 M1 與 M2 剪刀差，日本經濟成長便陷入停滯長達 15 年之久。此外，《華爾街日報》（WSJ）（2016）更指出：「中國大陸狹義貨幣供應量（M1）迅速上升，但廣義貨幣供應量（M2）卻沒有相對跟上，這可能導致中國大陸步入『流動性陷阱（liquidity trap）』的困局。」而路透社（Reuters）（2017）指出：「中國大陸計畫將 2017 年廣義貨幣供應量（M2）增幅設定在 12％，略低於 2016 年 13％的目標。」顯示中國大陸政府在維持經濟成長之際亦努力控制債務風險。

8. 債務占 GDP 比重漸增：

2017 年 1 月 24 日，根據瑞士銀行（UBS）中國大陸首席經濟學家汪濤表示：「中國大陸非金融部門負債規模達 205 兆人民幣，占 GDP 比重 277％，最主要的因素是政府希冀通過促進國內投資來支持經濟成長，與此同時，金融自由化亦推助影子信貸加速擴張，信貸強勁成長。」此外，國際貨幣基金（IMF）第一副總裁 Lipton（2017）表示：「不管從何種標準來衡量中國大陸企業債務 GDP 占比都算是非常高，今天的企業債務問題可能成為明日的系統性債務問題。」綜上可知，預計中國大陸債務規模還將繼續成長，中國大陸政府應採取有效行動、更積極地思考如何運用財政與貨幣政策，唯有供給面與需求面同時並進，才能真正成功推動中國大陸的經濟轉型。

表 12-2　八大數據看中國大陸經濟變化

年度	❶國內生產總值		❷固定資產投資		❸消費品零售總額		❹進出口總額			
	金額	GDP	金額	成長率	金額	成長率	進出口總額	出口額	進口額	淨出口
	億元人民幣	%	億元人民幣	%	億元人民幣	%	億美元	億美元	億美元	億美元
2007	270,232.3	14.2	117,464	6.91	93,572	18.23	21,738.4	12,180.2	9,558.2	2,622.00
2008	319,515.5	9.6	148,738	26.62	114,830	22.72	25,616.4	14,285.5	11,330.9	2,954.60
2009	349,081.4	9.2	193,920	30.38	132,678	15.54	22,072.1	12,016.6	10,055.5	1,961.10
2010	413,030.3	10.5	241,431	24.50	156,998	18.33	29,727.6	15,779.3	13,948.3	1,831.00
2011	489,300.6	9.3	302,396	25.25	183,919	17.15	36,420.6	18,986.0	17,434.6	1,551.40
2012	540,367.4	7.7	364,854	20.65	210,307	14.35	38,667.6	20,489.3	18,178.3	2,311.00
2013	595,244.4	7.7	435,747	19.43	242,843	15.47	41,603.1	22,100.2	19,502.9	2,597.30
2014	643,974.0	7.4	502,005	15.21	271,896	11.96	43,030.4	23,427.5	19,602.9	3,824.60
2015	689,052.1	6.9	551,590	9.88	300,931	10.68	39,569.0	22,749.5	16,819.5	5,930.00
2016	744,127.0	6.7	596,501	8.14	332,316	10.43	36,848.8	20,974.4	15,874.4	5,100.00

表 12-2　八大數據看中國大陸經濟變化（續）

年度	❺實際使用外商直接投資		❻外匯存底		❼貨幣供應量				❽債務占GDP比重
	金額	成長率	金額	成長率	狹義貨幣（M1）	年增率	廣義貨幣（M2）	年增率	比重
	億美元	%	億美元	%	億元人民幣	%	億元人民幣	%	%
2007	783.39	19.02	15,282.49	42.83	152,560.08	21.05	403,442.21	16.74	172.0
2008	952.53	21.59	19,460.30	27.34	166,217.13	8.95	475,166.60	17.78	170.0
2009	918.04	-3.62	23,991.52	23.28	221,445.80	33.23	610,224.50	28.42	187.0
2010	1,088.21	18.54	28,473.38	18.68	266,621.50	20.40	725,851.80	18.95	192.0
2011	1,176.98	8.16	31,811.48	11.72	289,847.70	8.71	851,590.90	17.32	219.0
2012	1,132.94	-3.74	33,115.89	4.10	308,664.20	6.49	974,148.80	14.39	215.0
2013	1,187.21	4.79	38,213.15	15.39	337,291.05	9.27	1106,524.98	13.59	232.0
2014	1,197.05	0.83	38,430.18	0.57	348,056.41	3.19	1228,374.81	11.01	235.7
2015	1,262.67	5.48	33,303.62	-13.34	400,953.44	15.20	1392,278.11	13.34	249.0
2016	1,260.00	-0.21	30,105.17	-9.60	486,600.00	21.36	1550,100.00	11.34	280.0

資料來源：[1] 國內生產總值、固定資產投資、消費品零售總額、進出口總額來自中國大陸國家統計局。
　　　　　[2] 實際使用外商直接投資來自聯合國貿易暨發展會議（UNCTAD）。
　　　　　[3] 外匯存底來自中國國家外匯管理局。
　　　　　[4] 貨幣供應量來自中國人民銀行。
　　　　　[5] 債務占GDP來自經濟合作暨發展組織（OECD）。

第 13 章
中國大陸政策發展新基調

中國大陸自 1949 年起便實施「計畫經濟」作為主要國家發展基礎,但世界變化快速,相較於各國經濟不斷成長,中國大陸採取的「計畫經濟」侷限國家經濟發展前景,有鑑於此,中國大陸前國家主席鄧小平於 1978 年實施「改革開放」的發展戰略,為中國大陸經濟發展首開大門,此外,其更於此階段提出「貓論」,其核心思想為:「不管白貓黑貓,能捉到老鼠就是好貓。」意旨無論是計畫經濟抑或是市場經濟,皆是一種資源配置手段,與政治制度無關,誠如世界銀行(WB)前副行長林毅夫(2016)所云:「一個國家經濟發展需仰賴『有為政府』及『有效市場』的協調。」中國大陸在政府的主導下逐漸發展出「有中國特色的社會主義市場經濟」,並成功從「計畫經濟」轉型為「市場經濟」,帶動中國大陸經濟的高速成長。

自 1978 年中國大陸實施「對內改革、對外開放」,首度扭轉封閉的對外戰略,更視為中國大陸經濟轉變的新起點,對內不僅祭出長三角、珠三角等區域戰略,隨著沿海發展的成功,為平衡區域發展更相繼提出西部大開發、東北振興及中部崛起等發展戰略;對外發展經濟特區、沿海開放城市、沿海經濟開放區,發展至今更出現國家級新區及自貿區,以試點的形式為中國大陸經濟添增新動能。然在快速發展的同時,產能過剩的問題日趨嚴重,使中國大陸經濟成長逐漸放緩,因此自 2013 年起,中國大陸政府便對外推出「一帶一路」戰略以消化內部過剩的產能,對內則推出「京津冀一體化」以及「長江經濟帶發展」,透過整合經濟區域,有效解決中國大陸經濟目前面對的困境,同時配合自貿區與國家級新區發展戰略的升級,形成一個點、線、面的連動開放格局,更於 2017 年推出「粵港澳大灣區」全力發揮城市群輻射帶動作用,為中國大陸經濟打造下一輪的發展引擎。是故,本章將中國大陸經濟發展戰略現況剖析分為一個新提出戰略、兩個於既有戰略新增項目、三個國家級發展戰略,茲將其歸納為「一新、二加、三戰略」,而各戰略將以發展背景、發展現況、發展定位分述如下。

一、一新：【粵港澳大灣區】

1. 粵港澳大灣區

（1）發展背景

面對全球化時代來臨，各國經濟重心逐漸從內陸往沿海移動，使沿海地區從各大陸版塊的邊緣晉升為國際貿易交流的重要節點，隨著貿易繁榮發展，港口群及城市群不斷擴大，最終圍繞多個沿海口岸並衍伸出聚集效應的「灣區經濟」。在現行的經貿板塊中「灣區」已成為國際城市群的重要趨勢，而大灣區普遍擁有開放的經濟結構、高度的資源整合、強力的群聚效益及便捷的區域協同等四大特徵。目前全球擁有三大灣區，包含紐約灣區、舊金山灣區及東京灣區，其帶來的灣區經濟皆成為支撐該國經濟發展的重要領頭羊，然而，近年中國大陸經濟成長漸緩，因此更需要龐大的經濟集群以帶動下一波經濟成長，有鑑於此，中國大陸國務院總理李克強於 2017 年 3 月 5 日發布《政府工作報告》指出：「為推動中國大陸與港澳間的深化合作，將研擬『粵港澳大灣區』城市群未來發展規劃，以提升此區域在中國大陸經濟及對外開放之地位。」顯示中國大陸首度將「粵港澳大灣區」提升為國家未來重要發展戰略，並接力 2009 年發布《珠江三角洲地區改革發展規劃綱要（2008-2020 年）》，成為泛珠三角地區未來的發展新藍圖。

（2）發展現況

中國大陸自改革開放以來皆將沿海地區作為先行示範區，「粵港澳大灣區」戰略的頒布更能檢視改革開放 30 年來的成果，更進一步深化泛珠三角地區的協調發展。誠如廣東省省長馬興瑞（2017）指出：「『粵港澳大灣區』未來將建設成全球創新高地及中國大陸深化改革的先行示範區，並比肩國際一流灣區與世界級的城市群。」道出「粵港澳大灣區」將以創新開放及深化改革作為發展動力，並建設成國際一流灣區，成為引領中國大陸下一輪經貿發展引擎。

表 13-1　粵港澳大灣區與三大灣區比較表

名　稱	粵港澳大灣區	舊金山灣區	紐約灣區	東京灣區
所在地區	中國大陸	美國	美國	日本
面積（平方公里）	56,000	18,000	21,481	13,556
人口數（萬人）	6,600	715	1,983	3,570
主要產業	現代服務業進出口貿易	科技業、製造業、房地產業	科技業、服務業、醫療保險業	服務業、批發零售、製造業

資料來源：本研究整理

❶二區九市發展格局

2017 年 4 月 12 日，根據廣發證券發布《中央將研究制定粵港澳大灣區規劃，區域戰略升級》指出：「『粵港澳大灣區』主要包括『二區九市』，其中涵蓋面積 56,000 平方公里，並擁有 6,600 萬人口，2016 年整體灣區 GDP 達 1.3 兆美元，航空客運流量達 1.1 億人次。」顯示「粵港澳大灣區」將涵蓋中國大陸的九個城市，包含：廣州、深圳、珠海、東莞、佛山、肇慶、中山、惠州、江門，及香港、澳門兩個特別行政區，形成「9+2」的發展格局。

❷對接一帶一路戰略

根據中國大陸商務部前副部長魏建國（2017）表示：「『粵港澳大灣區』將提升珠三角地區的競爭力並服務『一帶一路』戰略，成為亞太地區的新經濟成長點。」中國大陸自 2013 年便提出「一帶一路」作為國家對外發展重要戰略，而「粵港澳大灣區」含括「21 世紀海上絲綢之路」中的重要節點，因此未來將能對接「一帶一路」戰略，成為對接東協及國際航道的重要樞紐，並藉由灣區內的資源共用，打造中國大陸對外開放的重要視窗。

❸實現一小時生活圈

自 2009 年中國大陸國家發展和改革委員會便發布《珠江三角洲地區改革發展規劃綱要（2008-2020 年）》提及：「2020 年前將形成以『灣區』為中心的『一小時交通圈』」，為實現此目標，區域內交通基礎建設的互聯互通是「粵港澳大灣區」戰略發展的前提。有鑑於此，2017 年 3 月 23 日，中國大陸交通運輸部發言人吳春耕談及：「未來將進一步完善『粵港澳大灣區』對外交通通道及內部交通網絡的優化，實現該區域交通領域互聯互通。」隨著港珠澳大橋、深中通道及廣深港高鐵等建設的完善將實現「粵港澳大灣區」快速連接，提高城市群一體化水準，並實現「一小時生活圈」的重要願景。

二、二加：【自由貿易試驗區、國家級新區】

1. 自貿區發展現況剖析

（1）發展背景

中國大陸自由貿易試驗區是於境內設立的多功能經濟型特區，其為因應全球貿易競爭的趨勢，採取全面深化改革規劃，包括人民幣國際化及市場開放所建立的先行試點據點，希冀達到貿易自由化、投資自由化、金融國際化及行政精簡化四大目標，營造出具有國際競爭力的商業環境。有鑑於此，中國大陸便於 2013 年 8 月 22 日率先於上海推出《中國（上海）自由貿易試驗區可複製改革試點通知》報告，開啟新形態開放模式融合經濟特區的新時代。時隔兩年，更於 2015 年 3 月將自貿區之總體規劃方案擴大至廣東、天津、福建等區域，形成

「3+1」戰略布局，依託「對接國際規則」的試點精神，強調簡政放權，並以「負面清單」方式進行政府的行政體制，跳脫過往經濟特區強調以特殊政策招商引資，發展特定產業以及繁榮地方經濟的做法不盡相同。

（2）發展現況

以現有的四大自貿區執行成效而言，由於政策目的在於「制度創新」試驗，透過簡政放權移除不利貿易與投資的非關稅障礙，並逐年依託產業發展及國際情勢調整修訂負面清單項目，使之推進經商環境的便捷化，諸如上海自貿區於2014年6月將外商投資特別管理措施，由原先的190條大幅縮減至139條，調整幅度為26.8％，此後政府便發布同一適用於廣東、天津及福建等地二批自貿區域。此外，根據中國大陸國家稅務總局（2017）指出：「2016年上海、廣東、天津與福建等四大自貿區的稅收收入達4,090億人民幣，遠高於中國大陸全國同口徑稅收的速度。」可知，中國大陸自貿區戰略將扮演引領經濟發展的新引擎。

❶新設七大自由貿易試驗區

根據中國大陸商務部副部長王受文（2017）表示：「中國大陸自貿區要向全國推廣複製經驗，除在原有基礎外，更將於中西部和東北地區設立更多改革開放的試驗田，以便構成全方位對外開放的新體制。」於是，借鏡前兩批自貿區成功經驗，將擴大推進第三批自由貿易試驗區，布局模式將從「齊頭並進」向「雁行陣」演進。中國大陸國務院於2017年3月31日發布《中國自由貿易試驗區總方案》指出：「將新設遼寧、浙江、河南、重慶、四川、湖北與陝西等七個貿易試驗區，全面複製推廣上海自貿區經驗，並發揮改革開放引領示範作用。」而華創證券（2017）亦表示：「中國大陸自貿區戰略將從沿海布局擴散至中西部，形成『1+3+7』全面開放新格局，加快中西部高端製造業與現代服務業發展。」綜上可知，中國大陸將加強自貿區試點經驗的系統集成，持續形成可複製與推廣的改革經驗，以充分發揮示範帶動與服務全國的積極作用。

（3）自由貿易試驗區發展定位

自由貿易試驗區各自承載不同任務，與其位置特性有關，諸如上海定位為保持金融創新先發優勢；廣東定位為與港澳經濟深度合作，並全力打造「21世紀海上絲綢之路」的樞紐；天津定位於京津冀之協同發展；福建則定位於深化兩岸經濟合作方向等，而這兩波的四大自貿區皆坐落於中國大陸較為開放與先進的地區，因此在執行政策改革與招商引資相對具有效率。然第三波自貿區選址多處於內陸地區，其產業結構與市場型態，與前兩批沿海省市的自貿區截然不同，除引導內陸地區開發轉型外，亦為「一帶一路」絲綢之路經濟帶後續發展鋪路，以利於西部開放市場發展的重要樞紐。由此可知，新設的七大自貿區有別於前兩批著重於對外貿易，而是更注重內需及中亞市場的開發，而這些因地理環境或產業特性而形成不同的城市本質與特色，將引導各自貿區朝向多元面向發展。

表 13-2　中國大陸自貿區發展戰略彙整

自由貿易試驗區	成立時間	涵蓋範圍	重點產業	發展定位
上海	2013/08/22	保稅區片區	國際貿易、融資租賃	為了順應全球經貿發展新趨勢，上海始終保持金融創新發展優勢
		金橋開發片區	戰略性新興產業	
		陸家嘴金融片區	航運金融、高端服務	
		張江高科技片區	國家科學中心	
廣東	2015/03/04	珠海橫琴新區片區	文化創意、醫藥衛生	與港澳經濟深度合作，並全力打造「二十一世紀海上絲綢之路」的樞紐
		廣州南沙新區片區	航運物流、特色金融	
		深圳前海區塊	資訊服務、現代物流	
		深圳蛇口區塊	港口服務、航運服務	
天津	2015/03/04	天津機場片區	電子商務、航空金融	以制度創新為核心任務，努力成為京津冀協同發展高水準的對外開放平台
		天津港東疆片區	航運物流、國際貿易	
		濱海新區中心片區	特色金融、商貿服務	
福建	2015/03/04	福州片區	資訊技術、通用航空	深化兩岸經濟合作的示範區和建設「二十一世紀海上絲綢之路」的核心區
		廈門片區	航運物流、保稅物流	
		平潭片區	醫療器械、國際貿易	
遼寧	2017/03/31	大連片區	港航物流、金融商貿	將東北老工業基地打造成具有國際競爭力的先進裝備製造業基地
		瀋陽片區	裝備製造、現代服務	
		營口片區	現代物流、高端製造	

表 13-2　中國大陸自貿區發展戰略彙整（續）

自由貿易試驗區	成立時間	涵蓋範圍	重點產業	發展定位
浙江	2017/03/31	舟山離島片區	保稅燃料供應服務	推動大宗商品貿易自由化，成為具有國際競爭影響力的資源配置基地
		舟山島北部片區	大宗商品貿易	
		舟山島南部片區	航空製造、金融服務	
河南	2017/03/31	鄭州片區	高端製造、跨境電商	成為服務「一帶一路」建設的現代綜合交通樞紐
		開封片區	醫療旅遊、文化傳媒	
		洛陽片區	高端製造、現在服務	
重慶	2017/03/31	兩江片區	高端製造、服務貿易	成為服務「一帶一路」建設和長江經濟帶的國際物流樞紐
		西永片區	保稅物流、智能裝備	
		果園港片區	商貿服務、國際貿易	
四川	2017/03/31	川南臨港片區	高端製造、生物醫藥	成為西部門戶城市開發引領區、國際開放通道樞紐區
		成都天府新區片區	特色金融、高端製造	
		成都青白江鐵路港	特色金融、保稅物流	
湖北	2017/03/31	武漢片區	智能製造、金融服務	建設戰略性新興產業和高技術產業基地，從而落實中部承接產業轉移的目標
		襄陽片區	高端製造、現代物流	
		宜昌片區	生物醫藥、電子商務	
陝西	2017/03/31	中心片區	高端製造、航空物流	構建與「一帶一路」沿線國家經濟合作，並成為人文交流的重要支點
		西安國際港務區	現代物流、金融服務	
		楊凌示範區片區	農業科技創新	

資料來源：中國大陸國務院、本研究整理

截至目前，中國大陸已設立 11 個自貿區，分別為（1）上海；（2）廣東；（3）天津；（4）福建；（5）遼寧；（6）浙江；（7）河南；（8）重慶；（9）四川；（10）湖北；（11）陝西，形成「1+3+7」新格局，然每個自貿不僅皆各具特色，且各有側重的試點格局。茲將自貿區發展定位彙整如下所示：

2. 國家級新區

（1）發展背景與現況

中國大陸自 1978 年施行改革開放政策以來，其開放過程與日益緊密的經濟全球化高度重疊，不僅採取具有中國特色的社會主義市場經濟路線，且陸續創建經濟特區、經濟技術開發區、高新技術開發區、國家級新區及自貿區等不同層次與類型的開發區，用以強調國家所有權與市場經濟的優越性。因此，於 1992 年 10 月 11 日，中國大陸國務院首次批准設立「上海浦東新區」，其承擔帶動國家改革開放的使命，經過 25 年的國家級新區政策，已從非均衡發展向區域協調發展轉變。2017 年 4 月 1 日，中國大陸國務院發布《2017 年國家級新區體制機制創新工作要點》，提出上海浦東、天津濱海、重慶兩江、浙江舟山群島、甘肅蘭州、廣州南沙、陝西西鹹、貴州貴安、青島西海岸、大連金普、四川天府、湖南湘江、南京江北、福建福州、雲南滇中、黑龍江哈爾濱、吉林長春和江西贛江等 18 個國家級新區，將其列入在 2017 年體制改革創新的重點任務，堅持以提高發展品質和效益為中心，並推動全方面對外開放併構建市場化的法規與機制，打造改革開放的新指標與創新發展新引擎。此外，其亦發布決定設立「河北雄安」為第 19 個國家級新區，此為中國大陸領導人習近平為核心的政府作出之歷史性戰略選擇，為繼深圳經濟特區和上海浦東新區之後具有全國意義的新區，為中國大陸經濟發展的千年大計。

（2）各區定位及發展重點

自 1992 年 10 月上海浦東新區成立，至 2017 年 4 月雄安新區橫空出世，國家級新區 25 年的發展，為中國大陸的改革開放增添諸多動力，使經濟呈現出新常態的特點，包括：（1）從高速轉為中高速成長階段；（2）經濟結構不斷優化升級；（3）從要素驅動、投資驅動轉向創新驅動。且國家級新區在地域分布上，清晰地呈現出從東部向西部、中部、東北部擴散的趨勢。如今，中國大陸國家級新區的批覆設立有四個階段：1992 年、2006 年、2010-2012 年和 2014 年至今，截至 2017 年已有 19 個國家級新區，在此針對各新區 2017 年發展重點進行彙整如下：

表 13-3　中國大陸國家級新區發展歷程

排序	新區名稱	創立時間	策略定位	2017年發展重點
1	上海浦東	1992/10/11	圍繞建設成為上海國際金融中心和國際航運中心核心功能區的戰略定位	❶全面推進自由貿易試驗區建設　❷進一步聚焦科創中心核心功能區建設
2	天津濱海	2006/05/26	高水準的現代製造業和研發轉化基地、北方國際航運中心和國際物流中心	❶建設電子市民中心，構建互聯網＋政務服務　❷進一步聚焦科創中心核心功能區建設
3	重慶兩江	2010/05/05	統籌城鄉綜合配套改革試驗的先行區、內陸重要的先進製造業和現代服務業基地	❶探索科技創新服務新機制　❷健全外商投資管理制度
4	浙江舟群島	2011/06/30	浙江海洋經濟發展之先導區，及長江三角洲經濟的重要發展區	❶大力推進對山江海聯運服務中心建設　❷創新外商投資便利化管理和促進機制
5	甘肅蘭州	2012/08/20	西部地區的重要經濟區，對外開放的戰略平台，承接產業轉移的示範區	❶依託蘭白科技創新改革試驗區建設　❷優化開發建設秩序，聚焦核心功能區建設
6	廣州南沙	2012/09/06	立足廣州、依託珠三角、連接港澳，並致力推行建設粵港澳全面合作示範區	❶創新與港澳在資訊科技、專業服務及金融等領域合作方式　❷完善智慧通關體系
7	貴州貴安	2014/01/06	為內陸開放型經濟新高地、生態文明示範區、區域性商貿物流中心與科技創新中心	❶推進綠色集成創新的城市發展方式　❷深化中俄絲綢路創新園建設探索
8	陝西西鹹	2014/01/10	絲綢之路經濟帶重要樞紐、西部大開發新引擎及中國大陸特色新型城鎮化示範區	❶創新政府服務模式，探索「人才＋基地」等人才培養新模式　❷構建「研發＋孵化＋製造＋融合＋平台＋應用」創新模式
9	青島西海岸	2014/06/03	海洋經濟國際合作先導區、海洋科技自主創新領區及海洋發展統籌區	❶完善軍民融合發展體制機制與政策舉措　❷推進面向深藍、深地、深空、深海科技創新中心建設
10	大連金普	2014/06/23	東北亞國際航運中心及國際物流中心、振興改革老工業基地及促進東北亞區域合作	❶深化市場配置資源，面向東北亞開放合作等方面制度創新　❷推進創新基地和專業技術研發

表 13-3　中國大陸國家級新區發展歷程（續）

排序	新區名稱	創立時間	策略定位	2017 年發展重點
11	四川天府	2014/10/02	現代製造業與高端產業的現代產業新區、宜業宜居自居城市	❶縱深推進全面創新改革試驗、並於重點領域實現率先突破 ❷健全協同管理體制、開展立法探索
12	湖南湘江	2015/04/08	高端製造研發基地、創意產業聚集、產城融合及城鄉一體之新型城鎮示範區、長江經濟帶內陸開放高地、資源節約和環境友好社會建設引領區	❶化土地集約節約利用、科技成果孵化機制創新探索 ❷建設生態技術指標體系、開展綠色循環化發展探索
13	南京江北	2015/06/27	自主創新先導區、新型城鎮化示範區、長三角地區現代產業群聚、長江經濟帶對外開放重要平台	❶建設運營江北新區大數據管理中心 ❷開展專利、商標、版權「三合一」知識產權改革試點
14	福建福州	2015/09/09	兩岸交流合作重要承載區、東南沿海重要現代產業基地、改革創新示範區和生態文明先行區	❶推進海洋產權交易中心和海域使用二級市場建設 ❷持續推進新區與福州片區融合發展探索
15	雲南滇中	2015/09/15	面向南亞東南亞東南亞輻射中心的重要支點、西部地區新型城鎮化綜合試驗區和改革創新先行區	❶推動形成以市帶區、市區一體的融合協同發展格局 ❷探索推動構建沿邊開放新高地的體制機制
16	黑龍江哈爾濱	2015/12/22	東北地區新的經濟成長點、老工業基地轉型發展示範區和特色國際文化旅遊聚集區	❶探索建立精簡高效的管理體制和運行機制 ❷探索產業轉型升級有效途徑、創新市場化招商方式
17	吉林長春	2016/02/15	創新經濟發展示範區、新一輪東北振興的重要引擎、圖們江區域合作開發的重要平台	❶加快長東北科技創新中心、北湖科技園創新平台建設 ❷探索提升參與圖們江區域合作開發水準新路徑
18	江西贛江	2016/06/06	中部地區崛起和推動長江經濟帶發展重要支點	❶推進空間形態有特色、功能內涵有內容的生態健康城建設 ❷建設科技創新及成果轉化的示範區、打造雙創平台
19	河北雄安	2017/04/01	綠色生態宜居新城區、創新驅動引領區、協調發展示範區及開放發展先行區	❶戶籍、醫療、公共服務、深化行政管理體制等改革 ❷建立與國際接軌的城市管理規則和體系

資料來源：《2017 年國家級新區體制機制創新工作要點》、本研究整理

三、三戰略：【一帶一路建設、京津冀協同發展、長江經濟帶】

1. 一帶一路建設

（1）發展背景與現況

全球政經發展瞬息萬變，前美國總統歐巴馬自上任後便提出「重返亞洲」戰略，企圖擴大其於亞洲的影響力，這不僅造成亞洲情勢緊張，亦對中國大陸造成阻礙。另一方面，中國大陸因發展過於迅速，導致產能過剩問題日益嚴重，有鑑於此，中國大陸面臨內憂外患的時局，為求對外發展的新突破口，中國大陸國家主席習近平便於2013年提出「一帶一路」戰略做為中國大陸發展新藍圖，不僅突破美國的亞太圍堵攻勢，亦將中國大陸過剩的產能得以有效運用，以促進經濟要素有序自由流動及資源高效配置，並結合「一帶一路」沿線國家共同打造開放、包容、均衡與普惠的區域合作架構。

2017年5月14日，中國大陸國家主席習近平於「一帶一路」國際合作高峰論壇表示：「『一帶一路』建設自2013年實施以來，中國大陸對沿線國家投資累計超過500億美元，且中國大陸企業在20多個國家建設56個經貿合作區，為相關國家創造近11億美元稅收和18萬個就業崗位。」此外，中國大陸國家資訊中心一帶一路大數據中心（2017）發布《「一帶一路」貿易合作大數據報告2017》指出：「2016年『一帶一路』沿線國家的國內生產毛額（GDP）為12兆美元，占全球GDP的16%；人口總數為32.1億人，占全球人口的43.4%；對外貿易總額為7.18兆美元，占全球貿易總額的21.7%。」可知「一帶一路」戰略推動著全球經貿深度融合，加強不同經濟體之間的聯繫，不僅為亞洲與他國間的資金、商品及服務流通注入動力，更為全球譜寫出願景高遠的經濟發展藍圖。

❶亞洲基礎設施投資銀行

由中國大陸所倡導的亞洲基礎設施投資銀行（Asian Infrastructure Investment Bank，AIIB）創立於2014年10月24日，其與印度、新加坡等在內首批21個意向創始成員國共同簽署《籌建亞洲基礎設施投資銀行的政府間框架備忘錄》，係為「一帶一路」政策沿線國家的基礎設施提供資金援助，並促進相關經濟產業合作。2017年5月13日，根據亞投行行長金立群指出：「亞投行將新增七個成員國，包括亞林、賽普勒斯、薩摩亞、希臘、羅馬尼亞、玻利維亞、智利等，成員數擴增為77國。」其亦表示：「越來越多國家簽署成為亞投行成員，其因意識到國際化能促進亞洲發展，同時亦能為全球經濟帶來效益。」可知，成員國藉由出資亞投行之籌設，除有助於活用國家資金外，亦可協助國內廠商掌握亞洲基礎建設需求的龐大商機。

表 13-4　亞投行成員國列表

加入時間	成員國
2014 年 10 月 24 日	中國大陸、孟加拉、汶萊、柬埔寨、印度、哈薩克、科威特、寮國、馬來西亞、蒙古、緬甸、尼泊爾、阿曼、巴基斯坦、菲律賓、卡塔爾、新加坡、斯里蘭卡、泰國、烏茲別克、越南
2014 年 11 月 25 日	印尼
2014 年 12 月 31 日	馬爾代夫
2015 年 01 月 04 日	紐西蘭
2015 年 01 月 13 日	沙烏地阿拉伯、塔吉克
2015 年 02 月 07 日	約旦
2015 年 03 月 27 日	盧森堡
2015 年 03 月 28 日	瑞士、英國、
2015 年 04 月 02 日	法國、義大利、德國
2015 年 04 月 03 日	伊郎、阿拉伯聯合大公國
2015 年 04 月 09 日	吉爾吉斯、馬爾他
2015 年 04 月 10 日	土耳其
2015 年 04 月 11 日	韓國、奧地利、西班牙
2015 年 04 月 12 日	巴西、芬蘭、荷蘭、丹麥、喬治亞
2015 年 04 月 14 日	挪威、俄羅斯、澳洲、埃及
2015 年 04 月 15 日	以色列、亞塞拜然、瑞典、冰島、葡萄牙、波蘭、南非
2017 年 03 月 23 日	阿富汗、香港、東帝汶、比利時、匈牙利、愛爾蘭、斐濟、祕魯、亞美尼亞、委內瑞拉、衣索比亞、蘇丹、加拿大
2017 年 05 月 13 日	巴林、賽普勒斯、薩摩亞、希臘、羅馬尼亞、玻利維亞、智利

資料來源：本研究整理

❷一帶一路絲路基金

　　絲路基金（Silk Road Fund）成立於 2014 年 12 月 29 日，係指服務於「一帶一路」戰略，按照市場化、國際化、專業化的原則，開展實質性項目投資。此外，2017 年 5 月 14 日，根據中國大陸領導人習近平於「一帶一路」國際合作高峰論壇上表示：「中國大陸將向絲路基金增資 1,000 億人民幣，並提供 3,800 億人民幣的專案貸款，用於支持『一帶一路』基礎設施建設、產能及金融合作等方面。」其亦表示：「未來三年將向參與「一帶一路」建設的發展中國家和國際組織提供 600 億人民幣援助金和 20 億人民幣緊急糧食援助。」可知，絲路基金增資有助於發揮其運作模式較為靈活高效的優勢，更好地推進「一帶一路」建設。

❸一帶一路國際合作高峰論壇

　　中國大陸自 2013 年不斷推進「一帶一路」戰略的發展，於 2017 年 5 月 14 至 15 日舉行「一帶一路國際合作高峰論壇」，並為「一帶一路」戰略推動以來首場最高規格的論壇活動，並吸引 29 位國家元首及超過 130 個國家及 70 個國

際組織共同與會，並圍繞基礎設施、產業投資、經貿合作、能源資源、金融合作、人文交流、生態環境及海上合作等八大主題進行研討交流，共商「一帶一路」戰略未來發展新藍圖。2017年5月15日，根據中國大陸國家主席習近平表示：「『一帶一路』未來將與各國國家計畫進行合作，包含英國的『北方經濟引擎』戰略及越南的『兩廊一圈』戰略等，並尊重各國發展，不會干涉各國內政，亦不會重走地緣博弈的老套路。」一語道出「一帶一路」戰略未來將與沿線國家的重大戰略共同合作，並進一步證明「一帶一路」戰略不是中國大陸的獨奏曲，而是凝聚全球合作共創雙贏的交響樂。

❹中歐班列

自2011年3月19日，首列「渝新歐班列」成功開行以來，中歐列車形成安全快捷、綠色環保、受自然環境影響小等綜合優勢，成為國際物流中陸路運輸的骨幹方式，實現中歐間的貿易暢流。中歐班列不僅降低大宗商品跨境的運輸費用，亦將2,000多種性價比高的「中國製造」商品賣向歐亞市場，再引進100多個國家的熱門商品送入中國大陸市場，形成「買全球，賣全球」的經貿模式，成為企業眼中的金火車。中國大陸領導人習近平（2016）指出：「2020年將實現中歐列車經濟規模達一兆美金。」此外，中國大陸政府（2017）指出：「目前已形成西、中、東三條國際運輸通道，而在中國鐵路方面，政府已鋪畫中歐班列運行線51條，其國內節點樞紐達28座城市，並可通往歐洲11國與29個城市。」中國經濟資訊社（2017）亦表示：「截至2017年4月15日，中歐班列已累計開行3,682列，相較2011年的17列，成長幅度為216倍，並預計2020年中歐班列的年開行將達5,000列左右。」綜上可知，中歐班列形成連接中國大陸與歐洲市場的新絲綢之路，茲將中歐班列已開行的39條行線彙整如下：

（2）硬實力效益：

❶基礎建設：2017年2月28日，根據中國大陸國家統計局發布《2016年統計公報》數據顯示，2016年「一帶一路」基礎設施規模已達1.04兆美元，投資項目集中於鐵路、港口水利、公路與機場建設，投資額則依序為5,000億、1,700億、1,235億與1,167億。此外，截至2017年5月止，中國大陸的中歐列車已鋪畫出51條路線，並連通11個歐洲國家，爾後亦有其餘鐵路相繼開通，包括中巴鐵路、伊安高鐵、匈塞高鐵、非洲高鐵與泛亞高鐵等，希冀藉由鐵路建設，繼續提高中歐兩國市場的進出口貿易。

❷港口投資：「21世紀海上絲綢之路」的重點方向是從中國大陸的15個沿海港口經過南海到印度洋，延伸至歐洲。截至2016年，中國大陸企業參與沿線港口的投資建設數量為37個，包含巴基斯坦的瓜達爾港、斯里蘭卡的科倫坡港、希臘的比雷埃夫斯港、坦桑尼亞的巴加約港、緬甸的皎漂港等港口投資項目。

表 13-5 中歐鐵路直達班列線彙整

開通年份	鐵路名稱	運行區間	沿線國家	全程公里數	運行總天數	主要貨物
2011/03/19	渝新歐班列	重慶－杜伊斯堡	哈薩克、俄羅斯、波蘭、德國	11,179	15	電子產品、汽車用品
2012/04/21	漢新歐班列	武漢－里昂	哈薩克、俄羅斯、白俄羅斯、波蘭、德國、法國	11,300	15	電子產品、其他
2012/10/24	漢新歐班列	武漢－帕爾杜比采	哈薩克、俄羅斯、白俄羅斯、波蘭、捷克	10,100	14	電子產品、汽車配件
2012/10/30	湘歐快鐵	長沙－杜伊斯堡	哈薩克、俄羅斯、白俄羅斯、波蘭、德國	11,808	18	傳統茶葉、工程機械
2013/04/26	蓉歐快鐵	成都－羅茲	哈薩克、俄羅斯、白俄羅斯、波蘭	9,965	14	機械產品、服飾、筆電
2013/07/18	蘇滿歐班列	蘇州－漢堡	哈薩克、俄羅斯、白俄羅斯、波蘭、德國	10,245	15	高檔服裝、工藝品
2013/07/18	鄭新歐班列	鄭州－漢堡	哈薩克、俄羅斯、白俄羅斯、波蘭、德國	10,214	14	汽車配件、醫療器械
2013/09/29	蘇滿歐班列	蘇州－華沙	俄羅斯、白俄羅斯、波蘭	11,200	15	平板電腦、液晶顯示屏
2013/11/28	長安號班列	西安－鹿特丹	哈薩克、俄羅斯、白俄羅斯、波蘭、德國、荷蘭	9,850	18	工業原料、機械設備
2014/09/10	合新歐班列	合肥－阿拉木圖	哈薩克	4,954	9	裝備製造、汽車用品
2014/11/18	義新歐班列	義烏－馬德里	哈薩克、俄羅斯、波蘭、德國、法國、西班牙	13,000	21	服飾、五金家俱
2014/12/10	營滿歐班列	營口－多布拉	俄羅斯、烏克蘭、斯洛伐克	11,000	15	電子產品、汽車配件
2014/12/10	營滿歐班列	營口－華沙	俄羅斯、白俄羅斯、波蘭	10,500	14	電子產品、汽車配件
2014/12/12	天馬號班列	武威－阿拉木圖	哈薩克	2,646	4	機器設備、農副產品
2015/01/28	義新歐班列	義烏－德黑蘭	哈薩克、土庫曼斯坦、伊朗	10,399	14	五金用品、家俱用品
2015/05/23	天業專用線	石河子－俄羅斯	哈薩克、俄羅斯	2,500	5	聚氯乙烯產品
2015/06/13	哈歐線班列	哈爾濱－漢堡	俄羅斯、白俄羅斯、波蘭、德國	9,820	15	機械設備、工藝品
2015/06/26	合肥歐班列	合肥－漢堡	哈薩克、俄羅斯、白俄羅斯、波蘭、德國	11,000	15	裝備製造、汽車用品
2015/07/01	滇新歐班列	昆明－鹿特丹	哈薩克、俄羅斯、白俄羅斯、波蘭、德國、荷蘭	14,000	15	精深加工咖啡產品
2015/07/01	青島號班列	青島－烏魯木齊	哈薩克、吉爾吉斯	5,000	7	汽車配件、加工食品

表 13-5 中歐鐵路直達班列線彙整（續）

開通年份	鐵路名稱	運行區間	沿線國家	全程公里數	運行總天數	主要貨物
2015/08/05	新歐地歐班列	庫爾勒－杜伊斯堡	哈薩克、俄羅斯、白俄羅斯、波蘭、德國	6,990	14	聚氯乙烯產品
2015/08/16	廈蓉歐班列	廈門－羅茲	哈薩克、俄羅斯、白俄羅斯、波蘭	12,000	15	服鞋配件、家俱用品
2015/08/21	蘭州號班列	蘭州－漢堡	哈薩克、俄羅斯、白俄羅斯、波蘭、德國	8,900	13	機械裝備、家用電器
2015/08/28	魯新歐班列	青州－阿拉木	哈薩克	4,900	6	機件配件、紡織服裝
2015/08/31	長滿歐班列	長春－施瓦茨海德	俄羅斯、白俄羅斯、波蘭、德國	9,800	14	汽車配件、生活用品
2015/10/16	濱州號班列	博興－烏茲別克	哈薩克、烏茲別克	5,630	9	機電產品、紡織服裝
2015/10/20	臨沂號班列	臨沂－漢堡	俄羅斯、波蘭、德國	11,000	20	玩具製品、玻璃纖維
2015/10/28	伊犁號班列	伊寧－車帕夫納	哈薩克、俄羅斯	5,300	8	紡織服裝、生鮮蔬果
2015/10/30	潘滿歐班列	潘陽－漢堡	俄羅斯、白俄羅斯、波蘭、德國	11,000	14	建築材料、汽車配件
2015/12/13	連新歐班列	連雲港－杜伊斯堡	哈薩克、烏茲別克	11,000	12	電子產品、生活用品
2016/02/27	哈歐班列	哈爾濱－葉卡捷琳堡	俄羅斯	5,889	12	五金製品、自行車零件
2016/04/09	營滿歐班列	營口－莫斯科	俄羅斯	9,860	12	電子產品、裝飾材料
2016/04/14	中歐班列	東莞－杜伊斯堡	俄羅斯、白俄羅斯、波蘭、德國	13,488	19	機件配件、家用電器
2016/05/28	西行國際班列	烏魯木齊－杜伊斯堡	哈薩克、俄羅斯、白俄羅斯、波蘭、德國	5,300	10	化學材料、加工食品
2016/07/20	遼滿歐班列	大連－漢堡	俄羅斯、白俄羅斯、波蘭、德國	11,350	14	汽車配件、建築材料
2016/08/28	義新歐班列	義烏－馬扎里沙里	哈薩克、烏茲別克、阿富汗	7,500	15	五金建材、機械設備
2016/08/29	粵滿歐班列	廣州－莫斯科	俄羅斯	11,000	16	裝飾材料、生活用品
2017/01/05	漢新歐班列	武漢－漢堡	哈薩克、俄羅斯、白俄羅斯、波蘭、德國	12,000	13	電子元件、飲料食品
2017/04/21	廈蓉歐班列	廈門－莫斯科	俄羅斯	10,920	14	紡織服裝、機械裝備

資料來源：本研究整理

（3）軟實力效益：

❶ **多邊貿易：** 根據中國大陸商務部（2017）指出，2016 年 11 月，中國大陸與「一帶一路」重要節點國家的雙邊貿易總額達 8,489 億美元，占 2015 年同期外貿總額的四分之一。截至 2017 年初，中國大陸企業在「一帶一路」沿線 20 個國家建設超過 50 個境外經貿合作區，其累計投資已超越 180 億美元，為中國大陸創造超過 10 億美元的稅收和 16 萬個就業崗位，以吸引更多的國外企業來華投資。

❷ **協議簽署：** 截至 2016 年，中國大陸與 30 多個國家簽訂「一帶一路」共建諒解備忘錄，共同建設「中蒙俄」、「中國 - 中南半島」、「新亞歐大陸橋」、「中國 - 中亞 - 西亞走」、「中巴」、「孟中印緬」等六個國際經濟合作走廊。其中，中國大陸正與歐盟探討「一帶一路」與「歐盟戰略投資基金」（EFSI）合作的可能性，且同時推動「中國製造 2025」與英、德、法等三國的工業轉型政策對接，以建立新型的工業生產模式。

2. 京津冀協同發展

（1）發展背景與現況

2014 年 2 月 26 日，中國大陸領導人習近平首次提出京津冀協同發展戰略，其為一場政府引導與市場化運作相結合的深刻變革，亦是一項龐大的系統工程，在國家層面的大力支持下穩步推進，致力打造一個新的首都經濟圈。爾後，中國大陸國家發展和改革委員會於 2016 年發布《十三五時期京津冀國民經濟和社會發展規劃》，其作為中國大陸第一個跨省市的「十三五規劃」，主要目標為有序疏解北京非首都功能、推動京津冀協同發展重大國家戰略向縱深推進，打破京津冀的地域分割，促進三地經濟發展的一體化，使之增強京津冀協同發展的整體性。

表 13-6　京津冀發展九大任務彙整

九任務	政策方針
1	打造國際一流航空樞紐
2	構建世界級現代港口群
3	加快建設環首都公園
4	打贏河北脫貧攻堅戰
5	建立健全區域安全聯防聯控體系
6	全面提高首都服務國際交往的軟硬體水準
7	加強與長江經濟帶的聯動
8	建立統一規範的市場體系
9	探索建立行政管理協同機制、生態環保聯動機制、產業和科技創新協同機制

資料來源：中國大陸國家發展和改革委員會（2016）《十三五時期京津冀國民經濟和社會發展規劃》

時至今日，京津冀協同發展已實行三年，在中國大陸政府的大力支持下，京津冀逐步打破「一畝三分地」思維定勢，努力朝著協同發展的目標邁進，而目前已初步形成政府、企業、社會多重互動合作新機制，亦取得明顯的階段性成效。此外，中國大陸國務院於2017年4月1日發布《2017年國家級新區體制機制創新工作要點》報告指出：「將以北京、天津、河北為腹地，設立『河北雄安新區』，將作為北京非首都功能疏解集中承載地，並調整優化京津冀城市布局和空間結構，使之培育創新驅動發展的新引擎。」可知，雄安新區地處京津保腹地，將打造京津冀創新驅動發展的新動能，使之成為中國大陸經濟發展的新增長點。

❶ 建構「一核心、兩區域、四樞紐、五節點、多園區」新格局

於「十二五」規劃期間，京津冀快遞的業務收入與業務量年成長率分別為33.4％和53.3％，其中北京、天津和河北的快遞業務量分別占63.7％、11.6％和24.7％，可知三地快遞業發展存在明顯落差。有鑑於此，中國大陸國家郵政局於2017年3月30日發布《京津冀地區快遞服務發展十三五規劃》指出：「將以『一核心、兩區域、四樞紐、五節點、多園區』為架構，打造中國大陸北方快遞業發展核心區，形成特色鮮明的快遞協同發展新格局。」其亦指出：「預計於2020年京津冀地區的快遞業務收入將達850億人民幣，平均年成長率保持約25％。」可知，中國大陸將打造京津冀地區成為快遞業改革創新的試驗區。

表 13-7　京津冀地區快遞業定位布局

定位格局	區位	戰略方針
一核心	北京	❶致力於建設「中國大陸領先，國際一流」的首都現代快遞業，打造快遞服務首善之區
兩區域	天津、河北	❶天津致力於打造快遞專業類國際航空物流中心、跨境快遞基地和先進製造業與快遞業聯動示範區 ❷河北致力於建設全國現代商貿快遞物流重要基地
四樞紐	首都機場、天津濱海機場石家莊正定機場、北京新機場（預計2019年完工）	❶加快建設快遞航空貨運樞紐，提升快遞航空運輸集散能力 ❷將北京新機場逐步建成國際快遞航空貨運樞紐
五節點	北京、天津、廊坊石家莊、保定	❶打造京津冀「黃金三角」快遞集聚帶，構建覆蓋區域、聯通全球的「網路化、一體化、多層次」快遞服務體系
多園區	加快建設北京天竺快遞核心區、北京新機場快遞物流園區、天津空港航空快遞物流園、東疆港跨境快遞物流園、武清電商快遞物流園	

資料來源：中國大陸國家郵政局（2017）《京津冀地區快遞服務發展十三五規劃》、本研究整理

❷設立河北雄安新區

　　雄安新區與北京市副中心通州區共同構成新的兩翼,其設立是京津冀協同發展的進一步深化,將助力進入新時代。自 1992 年設立上海浦東新區到如今的雄安新區,其規格與定位為近年來最高的國家級新區,根據中國大陸國務院(2017)發布《京津冀協同發展規劃綱要》指出:「雄安新區作為經濟新常態下所設立的國家級新區,其戰略地位不亞於深圳特區和浦東新區。」此外,中國國際經濟交流中心首席研究員張燕生(2017)亦指出:「深圳特區的使命是讓中國大陸與世界接軌,為視窗和橋樑的作用;浦東新區注重金融發展和國際化;雄安新區所承載的使命就是創新,未來將成為中國大陸創新與現代化國家的核心區域,發展成為中國大陸的『矽谷』。」綜上可知,中國大陸政府設立雄安新區,希冀能夠聚焦發展高科技產業,透過將周遭資源進行整合發展出規模經濟,使之成為推動京津冀創新發展的新動能。

表 13-8　雄安新區、深圳特區、浦東新區比較分析

地　　區	深圳特區	浦東新區	雄安新區
區　　位	珠三角	長三角	京津冀
面　　積	1996.85	1210.41	1576.6
設立時間	1908 年	1992 年	2017 年
戰略定位	對外開放	綜合改革 金融發展 發展國際化	集中疏解北京非首都功能、探索人口經濟密集地區優化新模式
設立時人口	31	143.75	103.3
2016 年人口	1,191	504.44	103.3
設立時 GDP	8.3	60.00	200.6
2016 年 GDP	19,300	8,782	200.6

資料來源:本研究整理

單　　位:平方公里、億人口、億元人民幣

　　1. 涵蓋範圍:雄安新區規劃範圍涉及河北省雄縣、容城、安新等三縣,地處北京、天津、保定腹地,區位優勢明顯、交通便捷通暢、生態環境優良、資源環境承載能力較強,具備高起點高標准開發建設的基本條件。而雄安新區規劃建設以特定區域為起步區先行開發,起步區面積約 100 平方公里,中期發展區面積約 200 平方公里,遠期控制區面積約 2,000 平方公里,與深圳特區相當,更比浦東新區更加廣闊,未來的人口拉力與經濟影響力不可小覷。

　　2. 策略定位:雄安新區將成為首都北京的副都心,用以紓解北京的人車擁擠,並帶動相對較落後的河北中部發展。根據京津冀協同發展領導小組組長張高

麗（2017）指出：「雄安新區是疏解北京非首都功能集中承載地，同時承接北京非首都功能疏解和人口轉移，因此將其定位為綠色生態宜居新城區、創新驅動引領區、協調發展示範區及開放發展先行區。」綜上可知，雄安新區將作為中國大陸進行轉型與改革的實驗地，在疏解北京的人口與企業之用途的同時，將發展為創新與高科技的聚集地，為中國大陸未來發展進行布局。

表 13-9　雄安新區七大重點任務

七大任務	政策方針
1	建設綠色智慧新城
2	打造優美生態環境
3	發展高端高新產業
4	提供優質公共服務
5	構建快捷高效交通網
6	推進體制機制改革，激發市場活力
7	擴大全方位對外開放，打造對外合作新平台

資料來源：中國大陸國務院（2017）《京津冀協同發展規劃綱要》、本研究整理

3. 預期成效：2017 年 4 月 5 日，中國大陸國家發改委主任何立峰提出雄安新區的三大預期成效：（1）將北京作為首都不需要的功能轉移至此地，藉此有效緩解北京的大城市病；（2）有利加速補強區域發展的缺陷，提升河北地區經濟社會發展品質和水準，培育形成新的區域「增長點」；（3）對於調整優化京津冀城市布局和空間結構產生正面影響，並拓展區域發展新空間，尋找人口經濟密集地區開發的改良方式，打造中國大陸創新驅動發展新引擎，加快建造京津冀成為世界級城市。可知，中國大陸政府藉由設立雄安新區，重新塑造京津冀地區的經貿生態圈，期許將各個縣市進行重新定位，並藉由城市間的分工合作、機能共用，創造中國大陸經濟發展的新動能。

❸長江經濟帶

2013 年 7 月 21 日，中國大陸領導者習近平考察武漢新港時首次提及指出：「長江流域要加強合作，並發揮內河航運作用，將全流域打造成黃金水道。」爾後，中國大陸國務院便於 2014 年 9 月 12 日發布《關於依託黃金水道推動長江經濟帶發展的指導意見》，其內容將長江經濟帶定位為「成為具有全球影響力的內河經濟帶、東中西互動合作的協調發展帶、沿海沿江沿邊全面推進的對內對外開放帶和生態文明建設的先行示範帶」，其覆蓋上海、江蘇、浙江、安徽、江西、湖北、湖南、重慶、四川、雲南、貴州等 11 座城市，人口和經濟總量均超過全國 40%，再藉由黃金水道推動長江經濟帶發展，打造中國大陸經濟新支撐帶。

2016 年 9 月 11 日，中國大陸國務院首次發布《長江經濟帶發展規劃綱要》，內容圍繞於「生態優先、綠色發展」的基本思路，致力打造「一軸、兩翼、三極、多點」新格局，並希冀於 2030 年全面建成全球一流品質的世界級的城市群。其亦指出：「除了加快完善融資體制外，將加速推動長三角市場一體化，掃除各省間的貿易壁壘，以利區域內的勞動力、資本和技術能夠自由流動。」而中國大陸上海社會科學院（2016）亦表示：「長江經濟帶的創業創新中心將持續扮演重要角色，不僅推動傳統產業朝創新與服務等方向進行轉型升級，並全力發展戰略性新興產業及新一代資訊通訊產業。」可知，全面深入改革已進入新階段，市場於資源配置中發揮良好作用，為長三角創新城市群的發展模式注入新活力。

1. 構建「一軸、兩翼、三極、多點」新格局

為了優化沿江產業結構，將以長江經濟帶打造「一軸、兩翼、三極、多點」新格局，建設陸海雙向對外開放新走廊，培育國際經濟合作競爭新優勢。

表 13-10　長江經濟帶發展戰略彙整

定位格局	戰略方針
一軸	❶以長江黃金水道為依託，發揮上海、武漢、重慶的核心作用 ❷以沿江主要城鎮為節點，構建沿江綠色發展軸
兩翼	❶發揮長江主軸線的輻射帶動作用，向南北兩側腹地延伸拓展，提升南北兩翼支撐力
三極	❶以長江三角洲城市群、長江中游城市群、成渝城市群為主體，打造長江經濟帶三大增長點
多點	❶發揮三大城市群以外地級城市的支撐作用

資料來源：本研究整理

2. 構建「一核五圈四帶」的網路化空間格局

長江經濟帶將發揮上海帶動的核心作用與區域城市的輻射帶動，使交通運輸網絡培育形成多樣的發展軸線，繼而推動南京、杭州、合肥、蘇錫常、寧波等五大都市圈的同城化發展，使之強化沿海線、沿江線、滬甬合杭甬線、滬杭金線四條發展帶的聚合發展，以便構建「一核五圈四帶」的網路化空間格局。

表 13-11　長三角城市群定位格局彙整

定位格局	服務範圍	戰略方針
一大核心圈	上海	加快提升上海核心競爭力和綜合服務功能，並建設具有全球影響力的科技創新中心，使之引領長三角城市群一體化發展
五大都市圈	南京都市圈	提升南京中心城市功能，並加快建設南京江北新區，打造成為區域性創新創業高地和金融商務服務集聚區
	杭州都市圈	將加快建設自主創新示範區和跨境電子商務綜合試驗區，打造成為全國經濟轉型升級和改革創新的先行區
	合肥都市圈	將加快建設承接產業轉移示範區，並推動創新鏈和產業鏈融合發展，打造區域成長新引擎
	蘇錫常都市圈	全面強化與上海的功能對接與互動，並推進開發區城市功能改造，以提升區域發展品質和形象
	寧波都市圈	高效整合三地海港資源和平台，打造全球一流的現代化綜合樞紐港、國際航運服務基地和國際貿易物流中心
四大發展帶	沿海線	堅持陸海統籌，協調推進海洋空間開發利用、陸源污染防治與海洋生態保護。
	沿江線	依託長江黃金水道，打造沿江綜合交通走廊，促進長江岸線有序利用和江海聯運港口優化布局
	滬杭金線	依託滬昆通道，連接上海、嘉興、杭州、金華等城市，發揮開放程度高和民營經濟發達的優勢
	滬寧合杭甬線	依託滬漢蓉、滬杭甬通道，發揮上海、南京、杭州、合肥、寧波等中心城市要素集聚和綜合服務優勢，積極發展服務經濟和創新經濟

資料來源：本研究整理

第 14 章
中國大陸經濟發展新挑戰

中國儒學思想家荀子曾言：「不積跬步，無以至千里；不積小流，無以成江海」，正如中國大陸近三十年來經濟發展狀況，以一種步履蹣跚的姿態向自由化、市場化和全球化邁進。這個過程中，通過體制和政策調節，勞動力、土地、資本和企業家精神等經濟活動的關鍵要素都得到釋放，民眾對財富及經濟安全的嚮往，成為經濟發展的內在動力。然 2008 年金融海嘯，國際市場大幅萎縮及外資減少，中國大陸經濟由盛轉衰，政府推出「四萬億」的財政政策，在短期間內經濟數據上保持亮麗記錄，但其沉重的代價卻在現今慢慢浮現。

2016 年 12 月 16 日，中國大陸中央經濟工作會議定調 2017 年經濟工作為「穩經濟、擴改革、防風險」，穩中求進成為關鍵詞，值得注意的是，「防風險」取代過去的「調結構」成為三大首要任務，主要乃是隨著中國大陸經濟成長放緩，導致債務增加、資產泡沫、匯率難題、資金外流等風險升溫。加之，美國總統川普提出「使美國再次強大」（ Make America Great Again ）口號，力推製造業重返美國，更指中國大陸為匯率操縱國，將對中國大陸進口商品徵收 45％的高關稅，如此內外部環境衝擊，無不使得中國大陸經貿發展備受挑戰。根據《金融時報》（Financial Times）（2016）指出：「2017 年中國大陸經濟發展將有兩朵烏雲壟罩，即債券市場風險與中美貿易風險。」；而政治風險調查公司歐亞集團（Eurasia Group）（2017）發表《2017 年全球十大風險報告》（2017 Top Ten Global Risks）表示：「中美關係日愈緊張，同時中國大陸的市場的穩定是政策干預的結果，若政策失敗將造成嚴重後果，因此將中國大陸列為第二大風險。」正如管理大師Drucker 所言：「不管在任何層級，做出好的決定，都是至關重要的技能」，中國大陸政府面臨政策抉擇上的挑戰，穩定經濟與防風險政策能否在變化莫測的國際局勢中適用，將攸關整個國家未來十年的發展態勢。2017《TEEMA 調查報告》透過十個機構對於中國大陸經貿發展風險與挑戰進行彙整，進而提出八大挑戰如後。

表14-1 研究機構與媒體論述中國大陸經濟發展挑戰彙整

中國大陸經濟發展風險	❶ 國際貨幣基金 IMF	❷ 經濟學人智庫 EIU	❸ 穆迪信評 Moody's	❹ 高盛集團 Goldman Sachs	❺ 標準普爾 Standard & Poor's	❻ 摩根士丹利 Morgan Stanley	❼ 惠譽信評 Fitch Ratings	❽ 彭博新聞社 Bloomberg News	❾ 經濟學人 The Economist	❿ 華爾街日報 WSJ	總數
①信貸風險攀升	◎	◎	◎	◎	◎		◎			◎	7
②產能過剩危機	◎		◎			◎				◎	4
③國家債務惡化	◎					◎		◎			3
④資本外流加速				◎				◎	◎		3
⑤資產泡沫加劇		◎							◎	◎	3
⑥中美貿易戰爭								◎	◎		2
⑦企業槓桿過高					◎		◎				2
⑧影子銀行問題				◎						◎	2
⑨通貨膨脹壓力				◎							1
⑩貨幣貶值問題						◎					1
⑪去全球化主義						◎					1
⑫人口老齡化						◎					1

資料來源：本研究整理

挑戰一：【信貸風險攀升】

國際清算銀行（BIS）（2016）指出：「中國大陸信貸過度成長，暗示發生銀行業危機的風險上升。2016 年第一季信貸與 GDP 比值高達 30.1，預警中國大陸金融過熱，中國大陸這項指標在 BIS 評估國家中最高，遠超過第二高的加拿大信貸與 GDP 比值 12.1。」2016 年 10 月 18 日，國際貨幣基金（IMF）表示：「中國大陸的信貸成長過快，同時缺少全面措施應對債務過剩等問題，因此銀行業發生金融危機並導致經濟成長大幅度減緩的風險日益升高。截止目前，中國大陸當局未能施行一套全面策略，其政策主要在解決產能過剩問題，未準確評估對金融業產生的影響。」此外，瑞銀證券中國首席經濟學家汪濤（2016）亦指出：「2016 年信貸成長已超出預期，且其帶來的經濟繁榮同時也孕育著風險，而信債不斷攀升，最終恐導致許多企業入不敷出，無法生存。」綜上可知，中國大陸信貸成長過快，短期雖能促進經濟發展，但若長期不加以調整與控制，將導致金融體系的崩潰，最終連帶影響中國大陸總體經濟。

挑戰二：【國家債務惡化】

《經濟學人》（The Economist）（2016）表示：「過去十年中國大陸債務占 GDP 比例由 150％增至 260％，離債務危機爆發僅一步之遙。如今中國大陸借入越來越多資金，但可刺激經濟成長卻越來越少。」此外，《紐約時報》（NYT）（2016）亦發布〈中國大陸債務負擔究竟潛伏多大危機〉（China's Big Debt Worries）一文指出：「中國大陸正處於史上最大的借貸狂潮之中。2015 年債務總額達到 26.6 兆美元，是經濟總量的 2.5 倍。」當中亦提及：「更高的債務意味著公司將於支付利息和償還方面投入更多，在投資和僱傭方面投入更少，恐導致惡性循環，打擊整體經濟，讓企業還債變得愈發艱難，不良貸款會上升，銀行放貸會被凍結，從而引發全面的銀行業危機。」綜上可知，中國大陸由於債券發行過多，國家債務出現危機，若不擬定周全政策對債務進行紓解，持續使用以債還債的方式，將造成惡性循環，對中國大陸未來發展形成重大隱憂。

挑戰三：【產能過剩危機】

在 2003 到 2014 年，中國大陸投資湧入鋼鐵、水泥、平板玻璃、化工、紡織、金屬、造紙等基本產業，使得這些行業的產能快速增加。然金融危機後市場需求低迷，同時中國大陸經濟成長放緩，最終導致過度投資所造成的產能過剩的現象。根據惠譽信評（Fitch Ratings）（2016）表示：「中國大陸供給側改革仍不明朗，其最大挑戰之一是深受產能過剩困擾的重工業的員工安置問題，當今總體環境對改革不利，因為要安排大批缺乏技能的過剩勞動力就業十分困難。」此外，華盛

頓智庫美國企業研究所（AEI）（2016）指出：「近期全球沒有足夠的商品需求來消化中國大陸過剩的產能，因此若要有序地解決產能過剩問題，其代價為企業的債務高築。」綜上可知，在全球經濟不景氣的情況下，中國大陸經濟放緩，面臨產能過剩危機，政府須思索良好的應對措施。

挑戰四：【資本外流加速】

2016 年 12 月 7 日，市場分析機構 Capital Economics 提到：「中國大陸經濟成長放緩導致富豪將資產轉往國外，資本外流加速，僅 11 月份就有近 800 億美元的資產轉往國外。」荷蘭皇家銀行首席經濟學家 Harrison Hu（2016）指出：「中國大陸央行對企業的美元在岸匯兌業務進行限制，導致企業被迫將更多人民幣轉移至海外。且企業預期人民幣貶值不想儲備人民幣，因此將資產出售到境外離岸銀行，導致離岸人民幣匯率進一步承壓。」此外，高盛集團（Goldman Sachs）（2016）表示：「任何的資本外流加劇現象都會影響中國大陸外匯市場，加之美聯儲（Fed）潛在的加息舉動將給人民幣帶來更多壓力，恐將削弱人民幣作為國際儲備貨幣（SDR）的形象。」綜上可知，中國大陸由於貨幣貶值導致資本外流嚴重，政府運用政策進行限制，反加速資本外流現象造成經濟風險。

挑戰五：【資產泡沫加劇】

2016 年 12 月 15 日，中國大陸國海證券發佈聲明：「國海債券部門的前主管們偽造公司印章，與其他金融機構多次進行債券交易，參與交易的銀行和證券公司超過 20 家，交易規模達 100 億至 200 億元，損失將近 10 億元。」因此，若國海證券不進行補償措施，損失恐擴散至整個金融系統，金融機構亦會拋售手頭的債券。基於這種恐慌感，市場紛紛拋售債券。2016 年 12 月 20 日，高盛集團（Goldman Sachs）指出：「遏制債券市場槓桿是決策者的目標之一，銀行間融資成本上升可能推動債市大跌。隨著中國大陸政府維持控制風險的立場，未來恐看到債券市場相關虧損之負面新聞。」此外，《法國世界報》（Le Monde）於 2017 年 1 月 2 日指出：「中國大陸債券市場之虛弱現象，僅為債券市場泡沫破裂的前哨站，當川普正式上任美國總統時，可能會出現更嚴重的債券市場泡沫化。」綜上可知，中國大陸由於政府未能有效監督金融業之弊端，同時面臨美國政治的重大變革，進而導致各類資產在 2017 年將面臨泡沫化危機。

挑戰六：【中美貿易戰爭】

2016 年 11 月 8 日美國總統大選由保守派的川普當選，其在選前即表示，美國與中國大陸有一場貿易戰爭正在發生，並在上任時將中國大陸列為匯率操縱國，甚至揚言要對中國大陸課高達 45％的高關稅，並掀起貿易保護主義的論戰，造成

中美關係緊張。2017 年 1 月 11 日，瑞穗證券（Mizuho Securities）亞洲公司首席經濟學家沈建光表示：「對中國大陸來說，中美貿易戰一旦出現，短期內將造成經濟成長和勞動市場穩定的負面影響，亦可能導致通貨緊縮及人民幣進一步貶值的壓力。」柏林科學與政治基金會（SWP）的貿易問題專家 Dieter 指出：「共產黨需要持續的經濟成長，藉此在民眾面前獲得執政的合法性。若中國大陸與美國陷入貿易戰爭將付出很高的代價。」綜上可知，美國政權輪替影響其與中國大陸之貿易關係，2017 年將對中國大陸經濟發展造成不小的風險。

挑戰七：【企業槓桿過高】

2016 年 10 月 5 日，國際貨幣基金（IMF）發布《全球金融穩定報告》（Global Financial Stability Report）指出：「中國大陸政府改革措施是為了促進更平衡的成長，但仍需採取降低槓桿率和改善監管框架的綜合措施，迅速解決中國企業的高債務問題及金融部門不斷增大的其他脆弱性因素。」此外，穆迪信評（Moody's）副總裁孔祥安（2016）提及：「中國大陸經濟成長放緩造成槓桿率不斷上升，令中國大陸銀行面臨的風險加大。去槓桿政策雖有助應對債務持續增加的趨勢，但隨着企業違約和貸款重組案例增加，銀行面臨的風險亦會加大。」綜上可知，企業槓桿率過高導致金融風險增高，恐對銀行業造成衝擊，進而影響 2017 年中國大陸整體經濟環境。

挑戰八：【影子銀行問題】

影子銀行，又被稱作影子金融體系或者影子銀行系統（Shadow Banking system），是美國次貸危機出現後產生的重要金融學概念。2011 年 4 月，金融穩定理事會（FSB）對「影子銀行」進行嚴格的界定，即銀行監管體制以外，可能導致系統性風險和監管套利等事件發生的信用中介體系。2017 年 2 月 23 日，《金融時報》（Financial Times）指出：「中國大陸銀行涉入影子銀行的運行同時和其他金融機構合作，藉由把銀行貸款轉移到資產負債表外，減少信貸額度的使用量，亦不需達成資本充足率的要求。」此外，富蘭克林鄧普頓基金集團（Franklin Templeton Investments）新興國家投資團隊執行主席 Mobius（2017）提及：「在中國大陸經濟中，影子銀行帶給金融系統的風險令人憂心。通常以銀行為影子借貸交易的核心，由其承擔最大潛藏風險，其它金融機構則擔任中介角色。」綜上可知，影子銀行猶如中國大陸金融系統的未爆彈，在各銀行無法顯示正確的信貸使用額度的情況下，超額借貸盛行，嚴重恐導致中國大陸金融市場全面崩盤。

第 15 章
中國大陸營商環境新變局

2017 年 1 月 18 日，中國美國商會（American Chamber of Commerce in China）與貝恩公司（Baan International）聯合發布《2017 年度中國商務環境調查報告》（2017 China Business Climate Survey Report）指出：「近年來中國大陸正逐漸褪去『全球首選投資目的地』的光環，經商環境日漸惡化，諸多在中國大陸經商的企業皆面臨經營上的嚴峻挑戰。」此外，國際貨幣基金（IMF）（2017）表示：「若中國大陸繼續依賴刺激措施、放緩改革，將使其經濟更急遽減緩，亦增加在此地區經商環境的困難度。」而世界銀行（WB）（2016）亦指出：「中國大陸成長放緩、勞動成本提升、保護主義增強及商品價格續挫等風險，整體而言投資環境較以前更為險峻。」此外，中國歐洲商會（European Chamber of Commerce in China；EUCCC)（2016）更表示：「隨著中國大陸經濟成長減速，歐洲企業對在中國大陸發展前景悲觀感受創下空前新高。」綜上所述，許多企業因中國大陸經濟成長放緩、勞力成本上漲、法規不明確及保護主義提升等因素，使中國大陸企業、台灣企業與外資企業在中國大陸市場皆面臨諸多挑戰。

根據中國美國商會（2017）指出：「隨著中國大陸經濟環境惡化，在中國大陸經商的美國企業中，每四家就有一家已將部分業務轉移出中國大陸，或有意打算執行此一作法。」其亦表示：「外資和中國大陸企業已感受到經濟成長速度放緩所產生的影響，絕大多數的企業表示中國大陸目前的環境不利於投資，有39％的受訪企業表示在陸投資預算漲幅將低於 10％。」此外，中國歐盟商會主席 Wuttke（2016）表示：「有超過 40％的企業表示可能透過裁員等各種方式削減在中國大陸的經營成本；另 11％企業透露已研擬計畫，準備將投資轉移到其他市場。」綜上所述，在諸多嚴峻挑戰下，使外資在中國大陸逐漸出現投資移轉或撤資潮。茲針對中資、台資與外資企業對中國大陸投資環境論述及經商困境分述如下：

一、中國大陸企業對中國大陸投資困境評述

2016 年 8 月 14 日，國際貨幣基金（IMF）指出：「因生產成本及勞動成本上漲、產能過剩等因素，中國大陸經濟動能呈持續疲軟的狀態。」此外，其亦提及：「中國大陸政府亦積極推出振興經濟成長的各項方案，但此舉似乎未能產生預期作用」，茲針對「中國大陸企業家調查系統」及「中國大陸工業和信息化部」提出有關中國大陸投資環境遭遇的困境敘述如下：

1. 中國企業家調查系統

中國大陸國務院發展研究中心中國企業家調查系統（China Entrepreneurs Survey System；CESS）於 2016 年 11 月 11 日發布《2016 年中國企業經營者問卷跟蹤調查報告》，調查採用郵寄問卷方式，共回收有效問卷 1,960 份。調查指出中國大陸企業景氣度逐漸溫和改善，企業市場需求回暖，但中國大陸企業家在中國大陸所面臨的經商環境仍十分嚴峻，並面臨許多問題，分別為：（1）產能過剩問題更加突出；（2）企業成本不斷上升；（3）中小企業融資困難。而調查亦指出：「成本上升如『勞動成本上漲』、『社保、稅費負擔過重』已蟬聯五年企業發展主要面臨的最大困難。」有關調查報告中列出「當前企業經營發展中遇到的最主要困難」項目，前五名分別為：（1）勞動成本上漲；（2）社保、稅費負擔過重；（3）企業利潤率太低；（4）各行業產能過剩；（5）資金緊張。

表 15-1　2014-2016 年當前企業經營發展中遇到的最主要困難

排名	2016	2015	2014
1	勞動成本上漲	勞動成本上漲	勞動成本上漲
2	社保、稅費負擔重	社保、稅費負擔重	社保、稅費負擔重
3	企業利潤率太低	各行業產能過剩	企業利潤率太低
4	各行業產能過剩	企業利潤率太低	各行業產能過剩
5	資金緊張	資金緊張	資金緊張
6	缺乏人才	缺乏人才	國內需求不足
7	國內需求不足	國內需求不足	不確定因素太多
8	不確定因素太多	不確定因素太多	缺乏人才

資料來源：中國企業家調查系統、本研究整理

2. 中國大陸工業和信息化部

2016 年 10 月 24 日，中國大陸工業和信息化部發布《2016 全國企業負擔調查評價報告》，共回收 5,471 個有效企業樣本。報告指出：「中國大陸企業家受

到經濟壓力背景下，對各種負擔與經商困境的感受明顯增強，例如：勞動成本攀升、融資成本高及水電氣等要素成本負擔過重等因素，皆為中國大陸企業家目前所遇到營商問題。」而在「企業對負擔的主觀感受」的調查特別列出全球企業負擔前三項較為嚴重之問題，分別為：（1）勞動成本攀升（64%）；（2）融資成本高（55%）；（3）水電氣等要素成本提升（50%）。根據《2016全國企業負擔調查評價報告》結果分析整理出表15-2，如下所示：

表15-2　《2016全國企業負擔調查評價報告》結果分析

分析構面	全國企業負擔	占比
企業對負擔的主觀感受	勞動成本	64%
	融資成本	55%
	水電氣土地等要素成本	50%
涉企收費清單公布情況	企業對涉企收費目錄清單制度表示認可	90%
企業繳費負擔情況	水、電、氣等機構收費負擔	45%
	銀行收費	39%
亂收費、亂攤派情況	企業反映不存在此類問題或問題不明顯	90%
惠企政策落實情況	政府網站是企業獲得惠企政策最主要的渠道	74%
	選擇向有關政府主管部門反映來維護自身權益	75%
企業的意見和建議	建議出台相關「結構性減稅」、「降低融資成本」	70%
	企業希望「降低企業用能」、「用地成本」	60%

資料來源：中國大陸工業和信息化部《2016全國企業負擔調查評價報告》、本研究整理

二、台灣企業於中國大陸投資環境困境評述

全球環境不斷丕變，加上經濟成長疲軟，致使過往中國大陸高速成長的經商環境已不復見，且恐將導致諸多積習和隱憂紛紛浮現，進而影響台商企業營運發展。此外，過往諸多吸引台灣企業西進之優惠和補助政策，亦因中國大陸政府政策轉向而增添變數。茲針對「中華民國經濟部」及「中華經濟研究院」調查台商在中國大陸投資之際所面臨的主要經商困境分述如下：

1. 中華民國經濟部

中國大陸2016年GDP成長落在6.5%，較2015年GDP低，然在中國大陸的經商環境亦出現下滑的跡象，對於台商在中國大陸投資所面臨的挑戰及問題日趨險峻。根據中華民國經濟部（2016）指出：「台商在中國大陸的經營成本逐

漸上升，加上中國大陸紅色供應鏈崛起、當地廠商的削價競爭，使台商到中國大
陸投資面臨許多困境及壓力。」此外，其亦表示：「中國大陸對於勞動法的執行
亦引起外資企業重視，加上中國大陸環保規範日趨嚴峻、工資調漲下，使台商赴
陸投資處境艱難。」綜上可知，台商在中國大陸營商面臨的困境接踵而來，惡化
的投資環境使台商逐漸移轉到其他國家進行布局，目前亦有台商陸續返台投資，
可發現中國大陸已不再是台商投資布局之首選。

表 15-3   台商赴中國大陸投資情況

時間	投資金額（億美元）	成長幅度	投資件數	成長幅度
2012	127.9	-11%	636	-28%
2013	91.9	-28%	554	-13%
2014	102.8	12%	497	-10%
2015	109.7	7%	427	-14%
2016	96.7	-12%	323	-24%

資料來源：經濟部投審會、本研究整理

2. 中華經濟研究院

2016 年 12 月 29 日，由台灣經濟部投資審議委員會委託中華經濟研究院編
撰《2016 年對海外投資事業營運狀況調查分析報告》指出，2016 年「台商赴中
國大陸投資面臨困難」前十名分別為：（1）同業競爭激烈（24.71%）；（2）
勞動成本持續上升（23.08%）；（3）內銷市場開拓困難（13.29%）；（4）法
規不明確、地方攤派多、隱含成本高（12.60%）；（5）融資困難（5.41%）；（6）
當地政府行政效果不彰（5.02%）；（7）貨款不易收回（4.08%）；（8）海關
手續繁複（4.02%）；（9）利潤不易匯出（3.66%）；（10）物料存貨成本高
（2.24%）。此外，該報告亦列出 2015 年「台商赴中國大陸投資事業虧損原因」，
前十名依序為：（1）同業競爭激烈（22.51%）；（2）未達經濟規模（22.40%）；
（3）成本提高（19.13%）；（4）當地市場萎縮（10.25%）；（5）投資環境
變差（4.86%）；（6）國外市場萎縮（3.87%）；（7）貨款收回不易（3.27%）；
（8）管理不善（1.90%）；（9）財務操作不佳（0.84%）；（10）其他（7.97%）。

表 15-4 台商赴中國大陸投資面臨困難分析

排名	2016	2015	2014
1	同業競爭激烈	同業競爭激烈	勞動成本上漲
2	勞動成本上漲	勞動成本上漲	同業競爭激烈
3	內銷市場開拓困難	法規不明確、地方攤派多、隱含成本高	法規不明確、地方攤派多、隱含成本高
4	法規不明確、地方攤派多、隱含成本高	內銷市場開拓困難	內銷市場開拓困難
5	融資困難	融資困難	融資困難
6	當地政府行政不彰	當地政府行政不彰	當地政府行政不彰
7	貨款不易收回	貨款不易收回	貨款不易收回
8	海關手續繁複	海關手續繁複	海關手續繁複
9	利潤不易匯出	利潤不易匯出	利潤不易匯出
10	物料存貨成本高	物料存貨成本高	物料存貨成本高

資料來源：中華經濟研究院《2016 年對海外投資事業營運狀況調查分析報告》、本研究整理

表 15-5 台商赴中國大陸投資事業虧損原因

排名	2016	2015	2014
1	同業競爭激烈	未達經濟規模	未達經濟規模
2	未達經濟規模	同業競爭激烈	同業競爭激烈
3	成本提高	成本提高	成本提高
4	當地市場萎縮	當地市場萎縮	當地市場萎縮
5	投資環境變差	國外市場萎縮	國外市場萎縮
6	國外市場萎縮	投資環境變差	投資環境變差
7	貨款收回不易	貨款收回不易	管理不善
8	管理不善	管理不善	貨款收回不易
9	財務操作不佳	財務操作不佳	財務操作不佳
10	其他	其他	其他

資料來源：中華經濟研究院《2016 年對海外投資事業營運狀況調查分析報告》、本研究整理

三、外商對於中國大陸投資困境評述

2016 年 8 月 17 日，中國商務部表示：「中國大陸的經濟成長逐步放緩，亦讓過往吸引外資的光環不再。」此外，根據《金融時報》（FT）旗下資料部門 fDi Intelligence（2016）指出：「中國大陸多年來首次拖累亞太地區的外商直接

投資（FDI）的成長，受到經濟成長減緩及人力成本上升影響，印度把中國大陸推下神壇，成為全球資本投資首選。」綜上可知，全球經濟面臨高度的不確定性等因素下，使外資對中國大陸投資成長放緩，外部需求疲弱。茲將針對「中國美國商會」、「美中貿易全國委員會」、「中國德國商會」、「中國歐盟商會」及「日中經濟協會」機構提出外資企業針對中國大陸經商環境報告論述如下：

1. 中國美國商會

2017 年 1 月 18 日，中國美國商會（American Chamber of Commerce in China）與貝恩公司（Baan International）聯合公布《2017 中國商務環境調查報告》（2017 China Business Climate Survey Report），調查報告以 462 家中國美國商會會員企業反饋資訊為基礎完成，其顯示：「隨中國大陸經濟放緩及外資企業的監管挑戰不斷增大，使在中國大陸經營的美資企業開始重新考量投資選擇。」承上所言，外資企業在中國大陸市場亦面臨諸多挑戰，在「企業在中國大陸經營面臨的商業挑戰」項目中，排名依序為：（1）法律與法條不明確（58%）；（2）勞動成本提高（58%）；（3）中國大陸保護主義不斷提升（32%）；（4）管理層人才匱乏（30%）；（5）獲取許可證困難（29%）。綜上可知，2016 與 2017 年外資主要面臨的經營挑戰項目中第一及第二位皆為法律與法條不明確及勞動成本提高，顯見此兩項仍為外資企業的首要挑戰，而逐漸興起的保護主義亦已造成中國大陸投資環境有所惡化，進而削弱外資企業投資中國大陸的意願。

表 15-6　企業於中國大陸經營面臨之商業挑戰

排名	2017	2016	2015
1	法律與法條不明確	法律與法條不明確	勞動成本上漲
2	勞動成本上漲	勞動成本上漲	法律與法條不明確
3	中國大陸保護主義上漲	缺乏合格的員工	缺乏合格的員工
4	管理層人才匱乏	管理層人才匱乏	管理層人才匱乏
5	獲取許可證困難	獲取許可證困難	中國大陸保護主義增

資料來源：中國美國商會、貝恩公司《2017 中國商務環境調查報告》、本研究整理

2. 美中貿易全國委員會

2016 年 10 月 21 日，美中貿易全國委員會（The US-China Business Council；USCBC）公布《2016 中國商業環境》報告指出：「在中國大陸經濟成長放緩的總體背景下，中國大陸政府保護本土公司的政策監管法規成為美國在華企業面臨

的最大挑戰，雖對外資來說中國大陸仍優於全球其他市場，但取得經商成功的信心程度持續降溫。」顯示外資將面臨中國大陸經濟放緩、政策和監管環境與市場競爭激烈等挑戰。而調查報告歸納「美中貿易全國委員會會員公司最關注十大挑戰」依序為：（1）與中國大陸本土公司的競爭；（2）經商成本上漲；（3）行政許可；（4）中國大陸市場產能過剩；（5）政策透明度低；（6）中國大陸法律和法規執法不均衡；（7）人力資源：招聘和留住人才；（8）知識產權保護執法數據流動；（9）外商投資限制；（10）國民待遇。茲將整理 2016 年十大挑戰排名與 2015 年之比較如表 15-7 所示：

表 15-7　　2016 年十大挑戰排名與 2015 年之比較

十大挑戰	2016 年	2015 年	排名變動
與中國大陸本土公司的競爭	1	1	持平
成本上漲	2	3	+1
行政許可	3	6	+3
中國大陸市場產能過剩	4	10	+6
透明度	5	5	持平
中國大陸法律和法官執法不均衡	6	9	+3
人力資源：招聘和留住人才	7	7	持平
知識產權保護執法數據流動	8	4	-4
外商投資限制	9	2	-7
國民待遇	10	18	+8

資料來源：美中貿易全國委員會（USCBC），《2016 年中國商業環境調查》、本研究整理

3. 中國德國商會

2016 年 11 月 29 日，中國德國商會（German Chamber of Commerce in China）公布《德國在華企業商業信心調查 2016》（Business Confidence Survey 2016：German Business in China），由 426 家德國商會會員參與調查。報告指出：「2016 年為『近年來整個在華德企最困難的一年』，全球經濟低迷和中國大陸經濟下滑帶來的影響在華德企甚劇。『勞動成本上漲』及『尋找合格員工』仍是中國大陸經商面臨的兩項最主要之困境。」此外，其亦指出：「儘管德國企業認為在中國大陸經商環境艱難，仍有 89% 的在華德企表示將會繼續留在中國大陸，且對 2017 年的整體形勢持樂觀態度，並期待中國大陸經濟能帶來積極的變化。」此報告列舉出「德國企業在中國大陸面臨的十大挑戰」，分別為：（1）勞動成

本上漲（79％）；（2）尋找合格員工困難（74％）；（3）中國大陸經濟放緩
（70％）；（4）中國大陸國內競爭（67％）；（5）留住合適的員工（60％）；
（6）法律政策不確定性（52％）；（7）互聯網審查（51％）；（8）網路連接
緩慢（51％）；（9）行政上的障礙（50％）；（10）知識財產權保護（49％）。
綜上可知，目前勞動成本上漲是德國企業目前面臨的最大經商困境。

表 15-8　德國企業在中國大陸面臨的十大挑戰

排名	2016	2015	2014
1	勞動成本上漲	尋找合格員工	勞動成本上漲
2	尋找合格員工	勞動成本上漲	尋找合適的員工
3	中國大陸經濟放緩	留住合適的員工	留住合適的員工
4	中國大陸國內競爭	貨幣風險	網路連接緩慢
5	留住合適的員工	行政上的障礙	行政上的障礙
6	法律政策不定性	網路連接緩慢	知識財產權保護
7	互聯網審查	互聯網審查	國內保護主義
8	網路連接緩慢	國內保護主義	增加大宗商品與能源價格
9	行政上的障礙	法律政策不定性	優待中國大陸本土企業
10	知識財產權保護	知識財產權保護	腐敗問題

資料來源：中國德國商會《德國在華企業商業信心調查 2016》（Business Confidence Survey 2016：
German Business in China）、本研究整理

4. 中國歐盟商會

2016 年 6 月 7 日，中國歐盟商會（EUCCC）和國際管理顧問公司羅蘭貝格
（Roland Berger）聯合公布《中國歐盟商會商業信心調查 2016》（European
Business in China：Business Confidence Survey 2016）報告，其調查 506 家在華
的歐洲企業。該報告指出：「計畫在華業務的歐洲企業從 2015 年的 85％下滑至
2016 年 72％，且僅有 44％的歐洲企業持樂觀態度。值得注意的是，對於持悲觀
態度的企業占比從 2015 年的 8％增至 2016 年的 15％。」此外，報告舉出「歐
洲企業在中國大陸面臨五大挑戰」，依序為：（1）中國大陸經濟放緩（53％）；
（2）人力成本攀升（22％）；（3）全球經濟放緩衝擊（21％）；（4）市場壁
壘與投資限制（18％）；（5）人民幣匯率波動（17％）。綜上可知，在中國大
陸經濟持續放緩的背景下，歐洲企業對在華業務投資的信心逐年下降，其應重新
考慮整體在華營商策略。

表 15-9 　歐洲企業在中國大陸經營面臨的主要挑戰

排名	2016	2015	2014
1	中國大陸經濟放緩	中國大陸經濟放緩	中國大陸經濟放緩
2	人力成本攀升	人力成本攀升	全球經濟放緩
3	全球經濟放緩	全球經濟放緩	市場壁壘與投資限制
4	市場壁壘與投資限制	市場壁壘與投資限制	吸引和留住人才
5	人民幣匯率波動	中國大陸國內企業競爭	中國大陸國內企業競爭

資料來源：中國歐盟商會，《中國歐盟商會商業信心調查 2016》（European Business in China：Business Confidence Survey 2016）、本研究整理

5. 日中經濟協會

2016 年 9 月 29 日，日中經濟協會北京事務所所長筱田邦彥提及：「日本企業希冀中國大陸能完善外資企業撤資手續，為下一步的投資做好先行準備。」此外，其亦於 2016 年 9 月 23 日發布《為改善中國商務環境的建議》報告指出：「希望藉由中日交流以持續改善中國大陸投資環境，並提出三大建議，包含：（1）放寬外資企業的投資限制並提高透明度；（2）簽署中日企業社會保障協議以免除雙重社保費用之負擔；（3）提高智慧財產權的保護。」

四、中國大陸經商八大困境

綜合中國大陸企業、台灣企業及外國企業有關對於在中國大陸面臨經商困境的情況彙整如表 15-10 所示，並歸納出企業在中國大陸經商面臨八大困境，分別為：（1）勞工成本逐年成長；（2）本土企業逐漸崛起；（3）中國大陸經濟放緩；（4）法規政策變動快速；（5）人才短缺日益加劇；（6）台商稅率優惠不再；（7）融資成本日趨高漲；（8）企業經營成本上漲。

困境一：【勞工成本逐年成長】

過往中國大陸仰賴大量的廉價勞動人口，創造世界工廠的地位，近年隨著就業環境的變遷，在勞工制度完善的同時亦為企業帶來更高的經營成本。根據波士頓諮詢公司（BCG）（2016）發布《全球制造業的經濟大挪移》（The Shifting Economics of Global Manufacturing）報告指出：「中國大陸製造成本已快追上美國，預計 2020 年中國大陸的製造成本將與美國並肩。」此外，全球諮詢公司韜睿惠悅（Willis Towers Watson；WTW）（2016）發布《2015/2016 年全球 50 國薪酬計劃報告》（2015/2016 Global 50 Remuneration Planning Report）提及：「中國大陸的薪資成本超越印尼達 30%。」可知，中國大陸勞工成本不斷上揚，

表 15-10　企業在中國大陸經營困境彙整表

研究機構與媒體雜誌	發表時間	① 勞動成本上漲	② 中國大陸企業競爭	③ 中國大陸經濟放緩	④ 法律與法條不明確	⑤ 缺乏人才	⑥ 社保、稅費負擔重	⑦ 融資成本高	⑧ 經營成本高
⑴ 中國企業家調查系統	2016	◎				◎	◎		
⑵ 中國工業信息化部	2016	◎					◎	◎	◎
⑶ 中華民國經濟部	2016		◎						◎
⑷ 中華經濟研究院	2016	◎	◎		◎			◎	◎
⑸ 中國美國商會	2017	◎			◎	◎			
⑹ 美中貿易全國委員會	2016	◎	◎		◎	◎			
⑺ 中國德國商會	2016	◎	◎	◎	◎				
⑻ 中國歐盟商會	2016	◎	◎	◎		◎			
⑼ 日中經濟協會	2016						◎		
⑽ 日本經濟新聞	2017	◎	◎	◎	◎				
⑾ 彭博社	2016			◎					
⑿ 金融時報	2016		◎	◎					
⒀ 英國廣播公司	2016							◎	
⒁ 美國之音	2016								
數量統計		8	6	5	5	4	3	3	3

資料來源：本研究整理　註：僅列出前八大困境

在此趨勢下，企業只能轉移投資東南亞等成本更為低廉的國家以維持自身競爭優勢。

困境二：【本土企業逐漸崛起】

在外企的立場中國大陸為一個龐大的市場，在全球化的戰略中，擁有至關重要的地位，然中國大陸投資環境變化快速，使企業長久投資增添難度，此外，本土企業逐漸崛起亦開始瓜分中國大陸市場，使外國企業在中國大陸的業務成長面臨極大的挑戰。根據埃森哲諮詢公司（Accenture）（2016）發布《贏在中國：跨國企業 2020 年的挑戰》（Competitiveness in the new China：Do multinationals have what it takes to win?）指出：「受訪的 119 位外企高管，66％的高管認為中國大陸本土企業的崛起將對現有跨國公司在中國大陸市場的秩序造成極大挑戰。」此外，根據中國歐盟商會（EUCCC）（2016）指出：「中國大陸投資環境日趨困難，而本土企業對於變化中的環境更有競爭優勢，將加劇對歐洲企業的衝擊。」道出在面對中國大陸投資環境的惡化，本土企業相較國外企業將更有相對優勢，致使外資企業對未來發展更為擔憂。

困境三：【中國大陸經濟放緩】

2017 年 1 月 20 日，中國大陸國家統計局發布 2016 年中國大陸經濟成長率為 6.7％創下 26 年以來新低，面對中國大陸整體經濟成長力度持續放緩，勢必影響其內需市場的消費力道。2017 年 1 月 11 日，根據世界銀行（WB）表示：「中國大陸經濟放緩，會對亞太區域經濟造成影響。」此外，根據美國消費者新聞與商業頻道（Consumer News and Business Channel；CNBC）（2016）指出：「長久以來，美國企業皆將中國大陸視為全球最大的商機，然而這個時代正在終結。」顯示許多在華企業利潤受到侵蝕，隨著利潤銳減中國大陸逐漸失去投資吸引力，外資企業唯有走上縮編或撤離中國大陸市場方能應變市場變化。

困境四：【法規政策變動快速】

隨著投資環境越趨成熟，中國大陸亦不斷完善其投資規範，面臨投資法規的變動，不僅干擾企業資金上的自由調度，更對企業長期營運造成阻礙。根據法國聖戈班集團（Saint-Gobain）亞太區總裁孟昊文（2016）指出：「中國大陸監管機構開始實施更為嚴苛的資本流動法規，不僅審核時間更長，流動金額也有所限制。」此外，中國歐盟商會（EUCCC）（2016）表示：「在中國大陸推動新型外櫃制度後，在中國大陸的歐洲企業無法將資金匯至國外，造成業務營運的困難度。」綜上所述，中國大陸為避免資金外流實施更為嚴格的資金控管，並影響企業的現金流動，因而提升外國企業的匯兌風險。

困境五：【人才短缺日益加劇】

中國大陸經濟發展相當快速下卻缺乏高端技術人員。根據萬寶華（ManpowerGroup）於 2016 年 11 月 7 日公布《2016 全球人才短缺調查》報告顯示：「中國大陸地區有 52％的僱主表示難以填補職位空缺的主因是缺乏有經驗者與缺乏合適的候選人。」此外，其亦顯示亞太地區的人才短缺率為 53％比 2015 年提升 8％。全球專業招聘集團瀚納仕中國大陸區執行總監 Simon（2017）亦表示：「中國大陸人才短缺日益嚴重，為快速吸引人才須提供更高的薪資與額外的福利。」顯示中國大陸面臨人才短缺的現象，再加上經濟結構的調整與日新月異的技術促進高技能人才需求的增加，提高薪資是應對人才短缺的策略之一，無疑加重企業經營的負擔。

困境六：【台商稅率優惠不再】

2016 年 11 月 17 日，世界銀行（WB）公布《2017 年全球繳納稅款調查報告》（Paying Taxes 2017）指出：「中國大陸以 68％的稅收負擔位居世界第 12 位，遠高於全球平均 40.6％的總稅率水平，為亞洲稅負最重的地區。」此外，2016 年 12 月 29 日，北京國家會計學院財稅政策與應用研究所所長李旭紅亦指出：「中國大陸企業必須為相同的稅收項目重複繳交不同名目的稅費，形同一頭牛剝好幾層皮。」而 2017 年 2 月 15 日，中國大陸清華大學經濟管理學院副院長白重恩亦表示：「中國大陸稅費負擔重的主因是社保繳費。」綜上可知，中國大陸企業總體稅費負擔重已是不爭的事實，倘若台商要在中國大陸投資應將高稅額列為考量布局的因素之一，並提出應對措施以降低企業經營成本。

困境七：【融資成本日趨高漲】

2017 年 3 月 28 日，根據安侯建業（KPMG）所言：「貨幣緊縮會影響台商融資，但可能對大型台商企業比較有影響。」由此可知，過去台商在中國大陸融資方式較弱勢，像富士康、廣達等大型企業在當地銀行融資，才有機會獲得無擔保的信用融資。此外，中國大陸人民銀行行長周小川（2017）亦表示：「多數在中國大陸的台商仍屬中小企業，原本就融資不易，倘若台商或商業合作夥伴的融資利率上升，未來借貸成本增加，台商或許可在海外融資。」綜上所述，「融資難、融資貴」仍是目前中國大陸各地普遍存在的問題，且加上貨幣緊縮問題，而影響投資成效不佳，未來將會有更多台商透過海外融資。

困境八：【企業經營成本上漲】

2017 年 1 月 18 日，根據美國波士頓集團（BCG）發布《全球製造業成本變遷報告》（The Shifting Economics of Global Manufacturing）顯示：「中國大陸

製造成本接近美國的根本原因是其他費用高，包括物料成本、生產成本、水電氣、隱含成本等等。」由此可知，中國大陸成本優勢已逐漸消失，不再是世界加工產業的首選之地。此外，其亦表示：「受到中國大陸稅費不斷上漲，加之土地成本優惠不再，致使外資企業紛紛選擇撤離中國大陸另闢新市場。」綜上可知，過去外資仰賴中國大陸的經營成本優惠已逐漸消失殆盡，是故為降低營運成本進而選擇轉往他國進行投資布局，因此，營運成本上漲將成為台商布局中國大陸困境之一。

城市綜合實力
新排名

第 16 章

2017 TEEMA 調查樣本
結構剖析

2017《TEEMA 調查報告》基於研究的一致性、比較基礎和延續性，以及使研究可進行縱貫式分析（longitudinal analysis），遂沿用 2000 至 2016《TEEMA 調查報告》的研究基礎，透過：（1）城市競爭力；（2）投資環境力；（3）投資風險度；（4）台商推薦的「兩力兩度」模式進行評估。

一、2017 TEEMA 兩力兩度評估模式

2017《TEEMA 調查報告》「兩力兩度」構面與權重配置如表 16-1 所示。

1. 城市競爭力：由八大構面組成，分別為：「基礎條件（10％）」、「財政條件（10％）」、「投資條件（20％）」、「經濟條件（20％）」、「就業條件（10％）」、「永續條件（10％）」、「消費條件（10％）」、「人文條件（10％）」。

2. 投資環境力：由十個構面組成，分別為：「生態環境（10％）」、「基建環境（10％）」、「社會環境」（10％）、「法制環境」（15％）、「經濟環境（10％）」、「經營環境（10％）」、「創新環境（10％）」、「網通環境（10％）」、「內需環境（10％）」、「文創環境（5％）」，總共包含 72 項細項指標。

3. 投資風險度：由六大構面組成，分別為：「社會風險（10％）」、「法制風險（15％）」、「經濟風險（20％）」、「經營風險（25％）」、「轉型風險（15％）」、「道德風險（15％）」，總共包含 42 項細項指標。

4. 台商推薦度：由十項指標組成，分別為：「城市競爭力（10％）」、「投資環境力（10％）」、「投資風險度（10％）」、「城市發展潛力（10％）」、「整體投資效益（10％）」、「國際接軌程度（10％）」、「台商權益保護（10％）」、「政府行政效率（10％）」、「內銷市場前景（10％）」、「整體生活品質

（10％）」。

表 16-1　2017 TEEMA「兩力兩度」評估模式構面與衡量指標

評估構面	衡量指標			
城市競爭力【15％】	❶基礎條件	10％	❺就業條件	10％
	❷財務條件	10％	❻永續條件	10％
	❸投資條件	20％	❼消費條件	10％
	❹經濟條件	20％	❽人文條件	10％
投資環境力【40％】	❶生態環境	10％	❻經營環境	10％
	❷基建環境	10％	❼創新環境	10％
	❸社會環境	10％	❽網通環境	10％
	❹法制環境	15％	❾內需環境	10％
	❺經濟環境	10％	❿文創環境	5％
投資風險度【30％】	❶社會風險	10％	❹經營風險	25％
	❷法制風險	15％	❺轉型風險	15％
	❸經濟風險	20％	❻道德風險	15％
台商推薦度【15％】	❶城市競爭力	10％	❻國際接軌程度	10％
	❷投資環境力	10％	❼台商權益保護	10％
	❸投資風險度	10％	❽政府行政效率	10％
	❹城市發展潛力	10％	❾內銷市場前景	10％
	❺整體投資效益	10％	❿整體生活品質	10％

資料來源：本研究整理

二、2013 - 2017 TEEMA 樣本回收結構分析

在 2017《TEEMA 調查報告》使用的「兩力兩度」模式中，「城市競爭力」資料來源為次級資料，而其餘三大構面「投資環境力」、「投資風險度」及「台商推薦度」是由蒐集初級資料（primary data）取得，係為關於蒐集資料的方式得透過問卷調查及訪問對象進行訪談之方式而得知。2017《TEEMA 調查報告》問卷總回收數為 2,547 份，而其中有效問卷總計 2,312 份，占總回收問卷數 90.77％，無效問卷數量計 235 份，占總回收問卷數 9.22％，並將回收無效問卷數量分成三項為：（1）填答未完整者，為 61 份；（2）填答有違反邏輯者，為 101 份；（3）操弄填答回卷數目，共計有 73 份。而 2017《TEEMA 調查報告》經由問卷回郵、人員親訪、傳真與中國大陸台商協會協助發放問卷填答之問卷回收數量計有 1,116 份，而透過固定樣本（panel）系統回收數量有 1,196 份。有關 2017 年列入調查評比的城市數量為 112 個城市，與 2016 年城市一致。

由表 16-2 樣本回收地區顯示，本研究七大調查區域的回收卷數依序分配為：
（1）華東地區 879 份，38.02％；（2）華南地區 489 份，21.15％；（3）華北
地區 302 份，13.06％；（4）華中地區 283 份，12.24％；（5）西南地區 223 份，
9.65％；（6）東北地區 91 份，3.94％；（7）西北地區 45 份，1.95％。此外，
可觀察出歷年 2013-2017 年《TEEMA 調查報告》問卷回收區域主要分布於華東
地區與華南地區，歷年占比均超過 60％，惟總問卷回收數量持續下降，各地區
問卷回收比例亦有變動，台商對中國大陸主要投資仍以長三角及珠三角城市為
重。

表 16-2　2013- 2017 TEEMA 調查樣本回收地區別分析

區　域	2013		2014		2015		2016		2017	
	回卷數	百分比	回卷數	百分比	回卷數	百分比	回卷數	百分比	回卷數	百分比
❶華東	1,073	41.82％	1,024	40.99％	997	40.59％	929	39.84％	879	38.02％
❷華南	537	20.93％	545	21.82％	495	20.15％	488	20.93％	489	21.15％
❸華北	313	12.20％	296	11.85％	295	12.01％	285	12.22％	302	13.06％
❹華中	265	10.33％	281	11.25％	306	12.46％	268	11.49％	283	12.24％
❺西南	250	9.74％	229	9.17％	223	9.08％	227	9.73％	223	9.65％
❻東北	79	3.08％	79	3.16％	96	3.91％	88	3.77％	91	3.94％
❼西北	49	1.91％	44	1.76％	44	1.79％	47	2.02％	45	1.95％
總　和	2,566	100.00％	2,498	100.00％	2,456	100.00％	2,332	100.00％	2,312	100.00％

資料來源：本研究整理

三、2017 TEEMA 樣本回卷台商產業類型分析

由表 16-3 顯示，2017《TEEMA 調查報告》的調查對象之所處產業，由電子
電器產業回收問卷比例為最高（30.32％），次為機械製造產業（9.82％），再
者為食品飲料產業（8.74％）為前三多回收問卷數。以上數據反應樣本母體主要
結構狀況，係因 2017《TEEMA 調查報告》主要針對電電公會之會員為受訪主體，
從而影響回收問卷產業類型多以電子電器產業為主軸。

表 16-3　2013-2017 TEEMA 報告調查受訪廠商經營現況：產業類型

產業類型	2013 N=2,566	2014 N=2,498	2015 N=2,456	2016 N=2,332	2017 N=2,312
電子電器	30.34%	30.18%	30.06%	30.02%	30.32%
機械製造	11.24%	10.65%	10.01%	9.88%	9.82%
食品飲料	7.75%	8.13%	8.34%	8.69%	8.74%
金屬材料	7.97%	7.29%	7.05%	6.95%	5.71%
化學製品	5.83%	6.05%	6.32%	6.16%	6.27%
塑膠製品	4.91%	4.42%	5.94%	5.23%	4.41%
餐飲服務	3.26%	4.36%	4.25%	5.06%	7.27%
精密器械	4.58%	4.83%	5.00%	4.83%	4.93%
紡織纖維	4.12%	4.04%	3.58%	3.25%	2.81%
貿易服務	2.84%	3.25%	3.11%	3.02%	3.16%
節能環保	2.45%	2.64%	2.87%	2.99%	3.37%
流通銷售	1.97%	1.80%	1.82%	1.74%	2.38%
房產開發	2.11%	1.97%	1.56%	1.52%	1.38%
資訊軟體	1.06%	1.16%	1.12%	1.24%	1.21%
農林漁牧	1.39%	1.41%	1.32%	1.21%	0.48%
諮詢服務	1.14%	1.13%	0.82%	1.01%	0.91%
生物科技	0.71%	0.68%	0.76%	0.86%	1.08%
金融服務	0.56%	0.62%	0.73%	0.75%	0.87%
運輸工具	0.94%	0.85%	0.64%	0.55%	0.52%
石化能源	0.24%	0.22%	0.18%	0.14%	0.13%
其　　它	4.59%	4.32%	4.52%	4.90%	4.24%

資料來源：本研究整理

四、2017 TEEMA 樣本回卷台商投資區位分析

　　根據表 16-4 顯示，2017《TEEMA 調查報告》台商回收問卷之投資區位，仍由經濟開發區（40.26％，較 2016 年下降 0.41％）、一般市區（37.08％，較 2016 年上升 1.04％）及高新技術區（13.36％，較 2016 年上升 1.13％）為前三大主要投資區位，其中一般市區之投資占比呈現成長趨勢，顯示台商已逐漸轉往一、二線城市進行布局。

表 16-4　2013-2017 TEEMA 報告調查受訪廠商經營現況：投資區位

投資區位	2013 N=2,566	2014 N=2,498	2015 N=2,456	2016 N=2,332	2017 N=2,312
❶經濟開發區	41.18％	41.32％	41.56％	40.67％	40.26％
❷一般市區	32.04％	34.08％	35.78％	36.04％	37.08％
❸高新技術區	12.46％	11.36％	11.10％	12.23％	13.36％
❹經濟特區	4.75％	4.83％	4.21％	4.44％	4.02％
❺保稅區	3.10％	3.04％	3.02％	3.06％	2.98％
❻其　他	6.47％	5.37％	4.33％	5.36％	2.30％

資料來源：本研究整理

五、2017 TEEMA 樣本回卷台商企業未來布局規劃分析

　　表 16-5 顯示，2017《TEEMA 調查報告》企業未來布局規劃調查，其比例「台灣母公司繼續生產營運」為最高（44.72％）；其次為「擴大對大陸投資生產」（32.46％）；第三為「台灣關閉廠房僅保留業務」（10.61％）；第四為「與陸資企業合資經營」（12.98％）；第五為「希望回台上市融資」（7.45％）；第六為「希望回台投資」（7.01％）；而最後為「結束在台灣業務」（4.32％）。

　　根據表 16-5 進一步得知歷年 2013-2017《TEEMA 調查報告》變化，「擴大對大陸投資生產」此項目自 2013 年以來持續下降，從 46.12％降至 32.46％為企業未來布局規劃調查分析中下降幅度最大的題項，近年因中國大陸經濟成長放緩及投資成本持續上揚等因素，致使台商於中國大陸布局意願逐漸減少，並縮減在中國大陸的投資規模。而在「與陸資企業合資經營」題項從 2013 年的 8.63％提升至 2017 年的 12.98％，隨著中國大陸企業不斷崛起，其挾帶龐大的在地資源優勢進而影響台商投資空間，因此台商採競合思維，藉由與中國大陸企業共同投資合作以達一加一大於二的綜效，此外「希望回台上市融資」之題項從 2013 年的 4.08％上升至 2017 年的 7.45％，為漲幅排名第二的題項，顯示面對中國大陸對現金流量掌控越趨嚴格，而台灣資本市場擁有高度流動性及國際化的優勢，是故台商選擇回台上市以籌措資金。

表 16-5　2013-2017 TEEMA 受訪廠商經營現況：企業未來布局規劃

企業未來布局規劃	2013 N=2,566	2014 N=2,498	2015 N=2,456	2016 N=2,332	2017 N=2,312
❶台灣母公司繼續生產營運	46.34%	47.12%	46.18%	45.32%	44.72%
❷擴大對大陸投資生產	46.12%	40.28%	38.96%	36.28%	32.46%
❸台灣關閉廠房僅保留業務	11.18%	10.82%	11.47%	11.94%	10.61%
❹與陸資企業合資經營	8.63%	9.23%	10.56%	11.45%	12.98%
❺希望回台上市融資	4.08%	6.29%	6.85%	6.97%	7.45%
❻希望回台投資	7.14%	6.18%	6.24%	6.33%	7.01%
❼其他	7.02%	5.76%	6.03%	7.32%	6.96%
❽結束在台灣業務	4.56%	3.27%	4.22%	4.10%	4.32%

資料來源：本研究整理（此題為複選題）

六、2017 TEEMA 台商在中國大陸經營績效分析

　　由表 16-6 可知，2017《TEEMA 調查報告》針對「台商在中國大陸經營績效」進行調查，並回收 2,013 份有效問卷彙整如表 16-6，其數據顯示受訪台商企業對於 2017 年在中國大陸事業淨利成長之態度，預測將為負成長的企業約占 69.75％，認為會呈現正成長的企業占 23.15％，而認為持平者則占 7.10％。由此可見，在預測淨利呈現成長的企業相較於 2016《TEEMA 調查報告》的 23.95％，2017 年預測值下降 0.8％，可見台商在中國大陸淨利預測呈現收縮的趨勢，並顯示中國大陸投資環境越趨惡化的困境。

表 16-6　2017 TEEMA 台商在中國大陸經營績效分布

2016 大陸事業淨利成長	次數	百分比	2017 大陸淨利成長預測	次數	百分比
❶ -50%以上	87	4.32%	❶ -50%以上	75	3.73%
❷ -10%至 -50%	639	31.74%	❷ -10%至 -50%	623	30.95%
❸ -1%至 -10%	604	30.00%	❸ -1%至 -10%	706	35.07%
❹持平	201	9.99%	❹持平	143	7.10%
❺ +1%至 +10%	165	8.20%	❺ +1%至 +10%	188	9.34%
❻ +10%至 +50%	183	9.09%	❻ +10%至 +50%	193	9.59%
❼ +50%至 +100%	132	6.56%	❼ +50%至 +100%	82	4.07%
❽ +100%以上	2	0.10%	❽ +100%以上	3	0.15%

資料來源：本研究整理

七、2017 TEEMA 台商在中國大陸發生經貿糾紛分析

2017《TEEMA 調查報告》之「調查區域別經貿糾紛發生分布」，係透過 2,804 份有效問卷回收，針對台商於中國大陸各區域間經貿糾紛發生次數、解決途徑與滿意度進行剖析，並彙整如表 16-7 所示。在總樣本數 2,804 份中，發生糾紛次數總計為 3,876 件，乃是因此一部分在調查問卷中屬於「複選題」，因此台商可能發生糾紛情況為全部類型皆同時發生，亦可能是台商於中國大陸經商時皆沒發生任何糾紛，而有關地區發生糾紛次數依序為：（1）華東地區（37.90%）；（2）華南地區（26.01%）；（3）華北地區（12.09%）；（4）華中地區（10.11%）；（5）西南地區（8.99%）；（6）東北地區（3.66%）；（7）西北地區（1.24%）。此外，根據各地區對於解決經貿糾紛滿意度之比例，排序為：（1）西南地區（56.34%）；（2）華東地區（55.12%）；（3）東北地區（52.12%）；（4）華中地區（50.56%）；（5）華南地區（50.36%）；（6）西北地區（49.80%）；（7）華北地區（44.12%）。

表 16-7　2017 TEEMA 調查區域別經貿糾紛發生分布

地區	樣本次數	糾紛次數	發生糾紛比例	占糾紛比例	司法途徑	當地政府	仲裁途徑	台商協會	私人管道	滿意度之比例
❶華東	1,243	1,492	120.03%	37.90%	305	265	124	124	111	55.12%
❷華南	632	1,024	162.03%	26.01%	196	201	114	136	105	50.36%
❸華北	314	476	151.59%	12.09%	101	82	68	82	67	44.12%
❹華中	250	398	159.20%	10.11%	72	63	50	79	54	50.56%
❺西南	214	354	165.42%	8.99%	63	55	38	41	28	56.34%
❻東北	101	144	142.57%	3.66%	30	16	11	19	27	52.12%
❼西北	32	49	153.13%	1.24%	11	5	4	7	3	49.80%
總　和	2,804	3,937	140.41%	100.00%	778	687	409	488	395	51.20%

資料來源：本研究整理

由表 16-8 可知，本研究針對「台商企業在中國大陸投資經貿糾紛成長比例分析」之糾紛類型細分為 12 項，且因每年回收問卷數不盡相同，本研究遂將 2016 年樣本數標準化後，再與 2017 年相互比較，從而獲得客觀之比較。其糾紛排名依序為：（1）勞動糾紛；（2）買賣糾紛；（3）土地廠房；（4）合同糾紛；（5）債務糾紛；（6）合營糾紛；（7）知識產權；（8）稅務糾紛；（9）關務糾紛；（10）貿易糾紛；（11）商標糾紛；（12）醫療保健，其中以「勞動糾紛」

件數最高（1,301 件），次為「買賣糾紛」（458 件），再為「土地廠房」（405 件）。此外，在經貿糾紛數成長排名中，2016 年到 2017 年台商在中國大陸投資遭遇各項糾紛類型中，觀察 12 項經貿類型糾紛成長數最多依序為「合營糾紛」、「土地廠房」和「商標糾紛」等為前三名（2015-2016 調查為「勞動糾紛」、「合營糾紛」和「合同糾紛」），與 2016《TEEMA 調查報告》有顯著差異。

表 16-8　2016-2017 台商在中國大陸投資經貿糾紛成長比例分析

糾紛類型	2016 （N=2,332）	調整前成 長百分比	2016 調整值	調整後成 長百分比	2017 （N=2,312）	經貿糾紛數 成長排名
❶勞動糾紛	1,215	7.08％	1,226	6.16％	1,301	4
❷合同糾紛	468	-14.96％	472	-15.69％	398	10
❸買賣糾紛	432	6.02％	436	5.11％	458	5
❹債務糾務	327	2.75％	330	1.87％	336	6
❺土地廠房	346	17.05％	349	16.05％	405	2
❻知識產權	267	-35.96％	269	-36.50％	171	12
❼合營糾紛	176	69.32％	178	67.87％	298	1
❽稅務糾紛	161	-3.11％	162	-3.94％	156	7
❾關務糾紛	138	-12.32％	139	-13.07％	121	9
❿貿易糾紛	124	-4.84％	125	-5.65％	118	8
⓫醫療保健	119	-18.49％	120	-19.19％	97	11
⓬商標糾紛	103	10.68％	104	9.73％	114	3
糾紛總數	3,876	2.50％	3,910	1.62％	3,973	

　　2017《TEEMA 調查報告》之「台商經貿糾紛解決滿意度及已解決途徑次數分配表」剖析，係為了解台商企業對於在中國大陸面臨貿易糾紛，所透過的解決途徑與滿意度，如表 16-9 顯示，台商在中國大陸遭遇經貿糾紛所採取的解決途徑，次數排名依序如下：（1）司法途徑；（2）當地政府；（3）仲裁；（4）台商協會；（5）私人管道，這意味著台商面對經貿糾紛時會優先採取的解決途徑為「司法途徑」，比例為 30.73％；次為「當地政府」，比例為 25.78％；再者為「仲裁」，比例為 14.08％。而其中在「非常滿意」之數據分析中，以「台商協會」比例為最高（27.48％），次為「司法途徑」（20.40％），再者為「仲裁」（18.18％）；反之，其「非常不滿意」之數據則以「當地政府」管道（20.55％）最不受台商青睞。

表 16-9　2017 TEEMA 台商經貿糾紛滿意度與解決途徑次數分配表

糾紛解決途徑	尚未解決	非常滿意	滿意	不滿意	非常不滿意	總和
❶司法途徑	183	142	136	124	111	696
	26.29%	20.40%	19.54%	17.82%	15.95%	30.73%
❷當地政府	142	88	115	119	120	584
	24.32%	15.07%	19.69%	20.38%	20.55%	25.78%
❸仲　裁	66	58	69	72	54	319
	20.69%	18.18%	21.63%	22.57%	16.93%	14.08%
❹台商協會	58	111	138	65	32	404
	14.36%	27.48%	34.16%	16.09%	7.92%	17.84%
❺私人管道	72	30	65	51	44	262
	27.48%	11.45%	24.81%	19.47%	16.79%	11.57%
總　　和	521	429	523	431	361	2,265
	23.00%	18.94%	23.09%	19.03%	15.94%	100.00%

資料來源：本研究整理

八、台商未來布局中國大陸城市分析

　　2017《TEEMA 調查報告》之「調查報告受訪廠商未來布局城市」，係針對目前於中國大陸布局之 1,814 個台商企業，調查其未來可能布局之城市和地區，並將結果依序排名，其前十名城市和地區為：（1）成都（19.07％）；（2）上海（16.59％）；（3）重慶（11.25％）；（4）昆山（6.34％）；（5）西安（5.84％）；（6）廈門（4.69％）；（7）蘇州（4.19％）；（8）杭州（3.80％）；（9）緬甸（3.53％）；（10）柬埔寨（3.03％）。此外，藉由觀察 2013-2017 年《TEEMA 調查報告》，發現成都連續兩年蟬聯成為台商投資布局城市的首選，此外，重慶的排名連續三年往前躍升，並首次進入台商最青睞布局城市第三名，顯示越來越多台商企業考慮將布局重心西移至中國大陸西部地區重要城市。值得一提的是，繼 2016《TEEMA 調查報告》緬甸首度入選後，2017 調查新增柬埔寨為台商未來布局城市第十名，顯示中國大陸投資環境越趨困難，使得台商轉向東南亞國家找尋更具發展潛力的投資地點。

表 16-10 2013-2017 TEEMA 調查報告受訪廠商未來布局城市分析

排名	2013（N=2,012）			2014（N=2,006）			2015（N=1,985）			2016（N=1,898）			2017（N=1,814）		
	布局城市	次數	百分比	布局城市	次數	百分比	布局城市	次數	百分比	布局城市	次數	百分比	布局城市	次數	百分比
❶	成 都	268	13.32%	上 海	301	15.00%	廈 門	402	20.25%	成 都	357	18.81%	成 都	346	19.07%
❷	上 海	253	12.57%	成 都	254	12.66%	成 都	351	17.68%	上 海	235	12.38%	上 海	301	16.59%
❸	昆 山	201	9.99%	廈 門	211	10.52%	上 海	256	12.90%	西 安	186	9.80%	重 慶	204	11.25%
❹	蘇 州	186	9.24%	昆 山	196	9.77%	西 安	203	10.23%	重 慶	156	8.22%	昆 山	115	6.34%
❺	北 京	125	6.21%	西 安	165	8.23%	昆 山	152	7.66%	昆 山	122	6.43%	西 安	106	5.84%
❻	廈 門	104	5.17%	蘇 州	124	6.18%	重 慶	128	6.45%	廈 門	98	5.16%	廈 門	85	4.69%
❼	重 慶	98	4.87%	北 京	111	5.53%	青 島	98	4.94%	蘇 州	84	4.43%	蘇 州	76	4.19%
❽	杭 州	86	4.27%	南 京	98	4.89%	蘇 州	82	4.13%	南 京	77	4.06%	杭 州	69	3.80%
❾	南 京	77	3.83%	杭 州	86	4.29%	緬 甸	65	3.27%	杭 州	71	3.74%	緬 甸	64	3.53%
❿	青 島	74	3.68%	青 島	81	4.04%	柬埔寨	56	2.82%	緬 甸	63	3.32%	柬埔寨	55	3.03%

資料來源：本研究整理

九、台商布局中國大陸城市依產業別分析

2017《TEEMA 調查報告》之「調查報告受訪廠商產業別布局城市」，係針對目前於中國大陸投資布局的台商，依照投資之產業類別和布局城市進行分析。2017《TEEMA 調查報告》將台商於中國大陸投資之產業分類成三大類型，其為：（1）高科技產業，總計為 746 件；（2）傳統產業，為 643 件；（3）服務產業，為 558 件，如表 16-11 所示。

1. 以高科技產業而言：2017《TEEMA 調查報告》中，台商投資高科技產業於中國大陸之城市，排序前十名為：（1）蘇州（16.76％）；（2）成都（13.67％）；（3）廈門（11.26％）；（4）重慶（9.12％）；（5）西安（8.31％）；（6）昆山（7.10）；（7）無錫（6.57％）；（8）南京（5.76％）；（9）深圳（5.09％）；（10）廣州（4.29％）。

2. 以傳統產業而言：2017《TEEMA 調查報告》中，台商投資傳統產業布局之城市，排序前十名為：（1）西安（14.93）；（2）重慶（11.66％）；（3）蘇州（11.20％）；（4）南通（9.33％）；（5）長沙（8.55％）；（6）武漢（6.69％）；（7）昆山（6.22％）；（8）淮安（5.91％）；（9）合肥（5.44％）；（10）南京（4.35％）。

3. 以服務產業而言：2017《TEEMA 調查報告》中，台商投資服務產業布局之城市，排序前十名為：（1）上海（16.49％）；（2）北京（13.62％）；（3）深圳（11.47％）；（4）成都（9.86％）；（5）廣州（8.06％）；（6）重慶（7.53％）；（7）廈門（6.45％）；（8）杭州（5.38％）；（9）青島（5.02％）；（10）濟南（4.48％）。

表 16-11　2017 TEEMA 調查報告受訪廠商產業別布局城市分析

高科技產業（N=746）				傳統產業（N=643）				服務產業（N=558）			
排名	城市	樣本	百分比	排名	城市	樣本	百分比	排名	城市	樣本	百分比
❶	蘇州	125	16.76％	❶	西安	96	14.93％	❶	上海	92	16.49％
❷	成都	102	13.67％	❷	重慶	75	11.66％	❷	北京	76	13.62％
❸	廈門	84	11.26％	❸	蘇州	72	11.20％	❸	深圳	64	11.47％
❹	重慶	68	9.12％	❹	南通	60	9.33％	❹	成都	55	9.86％
❺	西安	62	8.31％	❺	長沙	55	8.55％	❺	廣州	45	8.06％
❻	昆山	53	7.10％	❻	武漢	43	6.69％	❻	重慶	42	7.53％
❼	無錫	49	6.57％	❼	昆山	40	6.22％	❼	廈門	36	6.45％
❽	南京	43	5.76％	❽	淮安	38	5.91％	❽	杭州	30	5.38％
❾	深圳	38	5.09％	❾	合肥	35	5.44％	❾	青島	28	5.02％
❿	廣州	32	4.29％	❿	南京	28	4.35％	❿	濟南	25	4.48％

資料來源：本研究整理

2017 TEEMA 中國大陸城市競爭力

2017《TEEMA 調查報告》乃經由八項構面分析，得知中國大陸各城市總體競爭力，其構面分別為：（1）基礎條件；（2）財政條件；（3）投資條件；（4）經濟條件；（5）就業條件；（6）永續條件；（7）消費條件；（8）人文條件。有關列入的地級市、省會、副省級城市與直轄市計有 77 個，並根據加權分數的高低分成 A 至 D 四個等級，整理如表 17-1 所示。

1. 以 A 級競爭力城市進行探討：2017《TEEMA 調查報告》中，被列入 A 級競爭力城市共有八個，其分別為：天津市、武漢市、深圳市、南京市、上海市、廣州市、杭州市及北京市。其中，北京市跌落至第八名，天津市從 2016 年的第六名躍上 2017 年的第一名，同時南京也從 A10 上升至 A04，亦是進步幅度相對較大的城市。

2. 以 B 級競爭力城市進行探討：2017《TEEMA 調查報告》中，B 級競爭力城市的個數與 2016 年相同，皆為 29 個。成都市、西安市、瀋陽市及昆明市降幅達五名以上，其中，瀋陽市繼 2016 年下降之後，2017 年又下降 10 個名次（由 B04 下降至 B17），昆明市亦下降八個名次（由 B16 下降至 B27）；而合肥市、鄭州市、南昌市之增幅均大於六名，又以南昌市（由 B23 提升至 B15）最為突出，共進步 11 個名次，為 B 級進步幅度最大的城市。

3. 以 C 級競爭力城市進行探討：在 2017《TEEMA 調查報告》中，C 級競爭力城市共有 39 個，其中，廈門市（由 B18 下滑至 C02）、貴陽市（由 B24 下滑至 C03）、嘉興市（由 B27 下滑至 C05）及珠海市（由 B28 下滑至 C08）均從 B 級降至 C 級；海口市下降幅度最大（由 C22 下滑至 C36），下降 11 名；而揚州市（由 C04 上升至 C01）、鹽城市（由 C08 上升至 C04）、九江市（由 C23 上升至 C16）及吉安市（由 D01 上升至 C27）皆為進步六個名次以上，當中以九江市及吉安市上升幅度最高，上升十個名次。而吉安市、德陽市及遂寧市均脫離 D 級競爭力城市的行列，上升至 C 級。

4. 以 D 級競爭力城市進行探討：2017 年《TEEMA 調查報告》中，唯一的 D 級競爭力城市為三亞市，其排名下降兩個名次（由 D02 下降至 D01）。

表 17-1　2017 TEEMA 中國大陸城市競爭力排名分析

區域	城市	❶ 基礎條件 評分	排名	❷ 財政條件 評分	排名	❸ 投資條件 評分	排名	❹ 經濟條件 評分	排名	❺ 就業條件 評分	排名	❻ 永續條件 評分	排名	❼ 消費條件 評分	排名	❽ 人文條件 評分	排名	2017 城市競爭力 評分	排名	等級	2016 城市競爭力 評分	排名	等級	排名變化
華北	天津市	87.1861	3	96.6233	4	93.4198	1	86.8397	4	89.3506	6	70.9090	21	85.8008	7	62.5973	41	85.299	1	A01	83.541	6	A06	5
華中	武漢市	85.8008	4	91.4285	8	76.7965	8	80.2597	7	87.0129	8	81.7142	3	84.7618	10	94.8051	3	83.964	2	A02	85.938	2	A02	0
華南	深圳市	87.7055	1	97.1428	3	63.6363	33	87.8787	3	86.7532	9	95.6363	1	79.2207	17	84.4155	8	83.390	3	A03	84.523	4	A04	1
華東	南京市	81.2986	8	88.8311	12	75.4112	12	84.0692	5	93.5064	2	68.2077	26	87.1861	2	90.9956	8	82.899	4	A04	80.454	10	A10	6
華東	上海市	82.1644	7	99.4804	2	71.2553	18	69.8701	24	90.9090	4	72.9869	19	98.2683	2	98.2683	2	82.433	5	A05	85.659	3	A03	-2
華南	廣州市	85.4545	5	94.8051	6	69.8701	22	82.6839	6	96.3635	1	63.6363	40	96.883	3	81.6449	11	82.390	6	A06	84.329	5	A05	-1
華東	杭州市	80.9523	9	91.1687	9	69.1774	24	88.2250	2	90.1298	5	67.1688	32	82.6839	13	93.7661	4	82.067	7	A07	82.786	7	A07	0
華北	北京市	80.6060	10	99.4804	1	73.3333	16	67.7921	27	92.7272	3	65.0909	36	99.6536	1	98.9609	1	81.877	8	A08	86.563	1	A01	-7
華東	蘇州市	87.3592	2	94.0259	7	74.0259	15	77.8354	11	85.9739	10	74.8571	16	70.2164	23	83.7229	9	79.988	9	B01	81.032	9	A09	0
西南	重慶市	67.2727	28	95.3246	5	83.3765	3	76.4501	14	79.4804	15	59.0649	50	90.3029	13	79.5670	20	79.067	10	B02	80.450	11	A11	1
華中	長沙市	66.0605	33	82.2376	16	79.5670	14	88.5713	6	78.9610	17	67.7921	28	82.6839	13	76.4501	13	79.056	11	B03	79.650	12	B01	1
華東	青島市	78.8744	13	87.7921	13	86.1471	2	71.9480	18	79.9999	13	69.0389	24	78.1817	18	77.4891	17	78.757	12	B04	78.907	13	B02	1
西南	成都市	78.8744	12	90.9090	10	76.1038	9	64.3289	33	89.0908	7	74.6493	17	93.0735	4	77.8354	16	78.530	13	B05	81.068	8	A08	-5
華中	合肥市	68.1385	26	78.1817	20	76.1038	11	77.4891	12	79.7402	14	78.1817	12	62.251	32	78.5281	14	75.221	14	B06	71.680	20	B09	6
華中	鄭州市	76.6233	15	81.0389	16	72.9869	17	77.8354	10	74.0259	23	69.2467	23	72.6406	19	69.1774	31	74.440	15	B07	67.823	24	B13	9
華東	寧波市	78.1817	14	89.8700	11	68.1385	25	70.5627	22	79.2207	16	62.3896	42	69.1774	26	85.4545	7	74.170	16	B08	75.756	16	B05	0
華東	無錫市	74.3722	16	82.3376	14	70.2164	21	71.9480	18	71.6882	28	71.1168	20	66.7532	28	77.8354	15	72.843	17	B09	74.968	17	B06	0
華東	南通市	65.5411	35	80.5194	17	74.7185	13	76.1038	15	72.7272	26	80.6752	4	56.3636	36	62.9437	40	72.041	18	B10	69.891	23	B12	5
西北	西安市	71.9480	20	78.9610	18	67.0995	26	57.7489	46	83.6363	11	60.5194	46	85.1081	8	88.9177	6	71.879	19	B11	75.938	14	B03	-5
華北	濟南市	79.0475	11	68.0519	30	59.8268	47	62.5973	37	81.8181	12	79.4285	9	84.0692	12	76.7965	18	71.406	20	B12	72.951	18	B07	-2

表 17-1 2017 TEEMA 中國大陸城市競爭力排名分析（續）

區域	城市	❶ 基礎條件 評分	排名	❷ 財政條件 評分	排名	❸ 投資條件 評分	排名	❹ 經濟條件 評分	排名	❺ 就業條件 評分	排名	❻ 永續條件 評分	排名	❼ 消費條件 評分	排名	❽ 人文條件 評分	排名	2017 城市競爭力 評分	排名	等級	2016 城市競爭力 評分	排名	等級	排名變化
華南	佛山市	71.7748	21	78.9610	19	60.8657	44	79.9133	8	67.7921	33	64.8831	38	61.2121	34	67.7921	32	69.397	21	B13	70.384	22	B11	1
東北	大連市	66.5800	29	73.7662	25	64.6753	32	65.7142	31	74.5454	21	67.7921	29	80.606	16	65.3679	35	68.944	22	B14	72.686	19	B08	-3
華中	南昌市	52.3809	49	56.1039	43	80.6060	5	70.5627	22	70.1298	31	76.7272	15	54.2857	43	71.6017	28	68.357	23	B15	61.877	34	B23	11
華南	福州市	64.1558	36	69.8701	28	62.2510	39	71.9480	18	76.1038	19	59.0649	49	70.5627	22	73.6796	24	68.183	24	B16	70.888	21	B10	-3
東北	瀋陽市	72.1211	19	75.3246	23	55.3246	53	58.7878	43	75.0649	20	62.1818	43	85.1081	8	79.9133	12	67.794	25	B17	75.872	15	B04	-10
東北	長春市	58.4415	43	62.8571	35	81.9913	4	54.2857	49	74.0259	24	63.6363	40	72.2943	21	71.9480	26	67.576	26	B18	65.065	31	B20	5
華東	常州市	66.4069	31	62.0779	36	64.6753	31	78.5281	9	61.0389	40	79.4285	9	62.2510	32	49.4372	48	66.705	27	B19	67.467	25	B14	-2
華北	煙臺市	68.3116	25	71.1688	26	76.1038	9	69.8701	24	62.8571	38	28.9351	77	69.8701	25	71.6017	28	66.469	28	B20	66.461	26	B15	-2
東北	哈爾濱市	50.9956	51	68.5714	29	78.5281	7	46.3203	65	71.9480	27	55.1168	58	84.4155	11	82.6839	10	66.343	29	B21	65.080	30	B19	1
華南	泉州市	66.4069	31	63.8960	34	62.2510	39	69.5237	26	62.5973	39	65.9220	35	54.2857	43	71.9480	26	64.861	30	B22	65.231	28	B17	-2
華北	石家莊市	69.1774	23	65.9740	32	70.9090	20	48.3982	59	58.1818	42	68.2077	26	81.2986	15	63.9826	38	64.544	31	B23	62.331	33	B22	2
華東	徐州市	56.1904	45	76.3636	21	74.7185	13	65.7142	31	49.6104	49	68.6233	25	63.2900	31	47.3593	54	64.230	32	B24	61.035	36	B25	4
華南	東莞市	83.0302	6	74.8051	24	50.1298	57	60.8657	39	73.7662	25	65.0909	36	56.3636	36	59.1342	43	63.418	33	B25	64.097	32	B21	-1
華東	紹興市	65.7142	34	60.0000	40	51.8614	55	58.7878	44	63.8960	36	78.1817	12	49.4372	53	74.3722	23	61.290	34	B26	60.625	37	B26	3
西南	昆明市	66.5800	29	64.9350	33	55.6710	51	48.3982	59	74.2856	22	47.8441	68	72.6406	19	76.4501	20	61.087	35	B27	65.984	27	B16	-8
華北	唐山市	60.6926	39	57.9220	41	71.2553	18	58.4415	45	49.3506	50	59.4805	47	68.4848	27	52.9004	45	60.822	36	B28	59.171	41	C01	5
華東	溫州市	74.1991	17	67.0129	31	51.1688	56	50.1298	56	58.1818	41	69.4545	41	65.3679	30	70.5627	30	60.738	37	B29	60.223	40	B29	3
華東	揚州市	47.1861	57	53.2467	46	61.9047	41	76.7965	13	63.3766	37	73.1947	18	47.7056	58	35.5844	71	59.770	38	C01	57.683	44	C04	6
華南	廈門市	72.2943	18	70.1298	27	47.0130	59	53.5930	51	77.6623	18	67.1688	33	51.1688	49	56.3636	44	59.600	39	C02	65.093	29	B18	-10

表 17-1　2017 TEEMA 中國大陸城市競爭力排名分析（續）

區域	城市	❶基礎條件 評分	排名	❷財政條件 評分	排名	❸投資條件 評分	排名	❹經濟條件 評分	排名	❺就業條件 評分	排名	❻永續條件 評分	排名	❼消費條件 評分	排名	❽人文條件 評分	排名	2017城市競爭力 評分	排名	等級	2016城市競爭力 評分	排名	等級	排名變化
西南	貴陽市	58.9610	42	60.5194	39	45.9740	63	63.9826	35	71.4285	29	50.7532	62	55.6710	39	76.4501	20	59.370	40	C03	61.084	35	B24	-5
華東	鹽城市	50.6493	54	75.8441	22	65.3679	29	66.4069	29	41.8182	60	64.2597	39	51.8614	46	44.2424	57	59.222	41	C04	55.207	48	C08	7
華東	嘉興市	62.9437	38	56.8831	42	61.2121	43	52.5541	53	57.1428	43	56.9870	53	49.4372	52	76.7965	18	58.772	42	C05	60.552	38	B27	-4
西南	南寧市	63.6363	37	50.3896	49	56.0173	50	46.6666	63	66.2337	34	57.8181	51	70.2164	23	73.3333	25	58.700	43	C06	57.082	46	C06	3
華北	威海市	54.2857	47	44.4156	60	61.9047	41	64.3289	33	45.7143	55	80.4675	5	55.3246	41	51.5151	46	58.419	44	C07	55.680	47	C07	3
華南	珠海市	69.6969	22	49.0909	50	38.7013	74	72.9869	17	69.6103	32	80.2597	7	39.7402	70	47.7056	52	57.948	45	C08	60.450	39	B28	-6
華東	鎮江市	54.9783	46	45.7143	57	65.0216	30	75.0649	16	52.4675	47	50.3376	63	50.8225	50	43.2034	58	57.770	46	C09	58.095	43	C03	-3
華北	太原市	69.0043	24	45.9740	55	46.6666	62	54.6320	48	70.9090	30	54.2857	59	66.0605	29	66.4069	34	57.524	47	C10	57.132	45	C05	-2
華東	泰州市	46.1472	61	49.0909	50	67.0995	26	71.9480	18	54.0259	45	51.3766	61	41.1255	65	50.1298	47	56.999	48	C11	53.612	51	C11	3
華中	宜昌市	51.3420	50	52.9870	27	62.9437	47	67.0995	35	45.1948	56	44.1039	72	49.0909	54	49.4372	48	55.224	49	C12	50.338	52	C12	3
華南	惠州市	67.7921	27	61.0389	38	42.5108	68	60.5194	40	49.0909	51	79.2207	11	42.1645	63	37.6623	69	54.303	50	C13	58.381	42	C02	-8
華中	蕪湖市	50.8225	53	51.1688	53	66.4069	28	66.0605	30	43.6363	59	49.7142	66	42.5108	62	40.0866	63	54.287	51	C14	53.948	50	C10	-1
華中	襄陽市	40.6060	69	61.5584	69	62.9437	37	59.8268	41	38.1818	67	38.0779	75	52.9004	45	41.8182	59	51.868	52	C15	49.938	55	C15	3
華中	九江市	46.8398	58	45.9740	58	69.5237	23	49.7835	57	35.0649	68	45.5584	69	42.1645	63	63.9826	38	51.820	53	C16	45.749	63	C23	10
華北	泰安市	41.1255	68	35.3247	68	63.6363	64	46.3203	64	44.9350	57	77.3506	14	50.4762	51	39.7402	65	50.887	54	C17	47.588	61	C21	7
華東	淮安市	41.9913	67	55.0649	67	59.4805	48	59.1342	42	44.6753	58	50.1298	65	40.4329	68	38.7013	66	50.822	55	C18	49.763	56	C16	1
華中	贛州市	47.5324	56	54.8052	56	62.9437	35	43.8961	66	35.0649	68	35.3766	76	51.8614	46	67.4458	33	50.577	56	C19	49.399	59	C19	3
華南	中山市	60.6926	40	47.0130	40	30.0433	76	63.2900	36	54.8052	44	67.3766	30	41.1255	65	41.8182	59	49.950	57	C20	53.996	49	C09	-8
華南	漳州市	45.4545	64	35.0649	64	56.7099	49	61.2121	38	41.2987	62	53.4545	60	39.7402	70	48.0519	51	49.891	58	C21	50.145	54	C14	-4
華東	湖州市	59.1342	41	34.8052	41	43.5498	66	50.4762	54	41.5584	61	82.3376	2	38.3550	74	49.0909	50	49.333	59	C22	49.467	58	C18	-1

表 17-1　2017 TEEMA 中國大陸城市競爭力排名分析（續）

區域	城市	❶基礎條件 評分	排名	❷財政條件 評分	排名	❸投資條件 評分	排名	❹經濟條件 評分	排名	❺就業條件 評分	排名	❻永續條件 評分	排名	❼消費條件 評分	排名	❽人文條件 評分	排名	2017 城市競爭力 評分	排名	等級	2016 城市競爭力 評分	排名	等級	排名變化
華東	連雲港市	37.8355	72	48.5714	53	60.5194	45	53.2467	52	34.8052	70	49.0909	67	49.0909	54	45.9740	56	49.290	60	C23	43.844	66	C26	6
華北	保定市	57.0562	44	48.8311	52	49.4372	58	35.5844	75	46.4935	53	41.6104	73	56.0173	38	65.3679	35	48.542	61	C24	49.654	57	C17	-4
西北	蘭州市	50.8225	52	35.8441	63	41.8182	71	47.3593	62	64.6753	35	44.3117	71	60.1731	35	47.7056	52	48.189	62	C25	48.168	60	C20	-2
華北	廊坊市	44.2424	66	45.7143	57	45.2814	64	48.3982	59	50.3896	48	57.4026	52	55.3246	40	37.3160	70	47.775	63	C26	50.197	53	C13	-10
華中	吉安市	36.2770	76	40.5195	61	60.5194	46	39.7402	68	25.1948	76	56.5714	55	40.4329	68	59.8268	42	45.934	64	C27	39.929	74	D01	10
華中	馬鞍山市	46.1472	61	31.9480	69	62.5973	38	39.7402	68	41.0389	64	56.3636	56	35.2381	75	38.7013	66	45.411	65	C28	44.656	65	C25	0
華北	日照市	44.7619	65	26.4935	72	55.6710	51	36.6234	74	31.1688	73	80.4675	5	39.3939	72	40.4329	61	44.731	66	C29	42.760	70	C30	4
西南	桂林市	38.0086	71	34.8052	66	54.2857	54	32.8138	76	41.2987	62	41.1948	74	51.5151	48	64.3289	37	44.535	67	C30	42.521	71	C31	4
華南	江門市	54.2857	47	36.3636	62	42.1645	70	43.8961	66	39.7402	66	66.1298	34	43.5498	60	32.1212	74	44.431	68	C31	44.672	64	C24	-4
華東	宿遷市	37.8355	72	45.7143	57	42.5108	68	50.4762	54	32.7273	72	62.1818	43	33.5065	76	34.8918	72	43.283	69	C32	43.468	67	C27	-2
西南	綿陽市	45.8008	63	31.1688	70	39.7402	72	37.6623	73	45.9740	54	50.3376	63	48.3982	56	47.0130	55	42.350	70	C33	42.417	72	C32	2
華南	汕頭市	46.4935	60	33.5065	68	43.2034	67	38.3550	71	33.5065	71	59.2727	48	47.013	59	40.0866	63	42.300	71	C34	42.866	69	C29	-2
西南	德陽市	38.3550	70	25.9740	73	47.0130	59	38.3550	71	40.0000	65	67.3766	30	40.7792	67	38.0086	68	42.123	72	C35	38.407	76	D03	4
華南	海口市	46.4935	59	24.1558	74	32.1212	75	32.1212	77	52.7272	46	79.8441	8	54.6320	42	34.5454	73	42.088	73	C36	46.513	62	C22	-11
華南	莆田市	49.9567	55	27.5325	71	43.5498	65	57.0562	47	31.1688	73	44.5194	70	27.9654	77	27.6190	76	40.997	74	C37	43.437	68	C28	-6
西南	北海市	37.4892	75	21.5584	77	39.0476	73	53.9394	50	27.5325	75	61.7662	45	43.5498	60	30.3896	75	40.826	75	C38	41.991	73	C33	-2
西南	遂寧市	32.1212	77	23.3766	76	47.0130	59	48.7446	58	23.6364	77	56.9870	53	39.0476	73	40.4329	61	40.712	76	C39	34.178	77	D04	1
華南	三亞市	37.6623	74	24.1558	75	21.7316	75	38.7013	70	47.7922	52	55.7402	57	48.0519	57	23.4632	77	35.773	77	D01	39.777	75	D02	-2

【註】：城市競爭力 =【基礎條件 ×10%】+【財政條件 ×10%】+【投資條件 ×10%】+【經濟條件 ×10%】+【就業條件 ×20%】+【投資條件 ×20%】+【經濟條件 ×20%】+【永續條件 ×10%】
+【消費條件 ×10%】+【人文條件 ×10%】

資料來源：本研究整理

第 18 章

2017 TEEMA 中國大陸投資環境力

2017《TEEMA 調查報告》之投資環境力係以：（1）五項生態環境構面指標；（2）七項基建環境構面指標；（3）六項社會環境構面指標；（4）13 項法制環境構面指標；（5）七項經濟環境構面指標；（6）11 項經營環境構面指標；（7）七項創新環境構面指標；（8）六項網通環境構面指標；（9）六項內需環境構面指標；（10）七項文創環境構面指標，共由十大構面與 75 項指標進行評估分析。

一、2017 TEEMA 中國大陸投資環境力評估指標分析

從表 18-2 可知，2017《TEEMA 調查報告》評比 112 個城市之投資環境力，其評分為 3.172 分，與 2016 年相比下降 0.058 分，從歷年《TEEMA 調查報告》可看出評分均呈下降趨勢。茲針對 2017《TEEMA 調查報告》投資環境力十大評估構面、75 個細項指標及平均觀點剖析中國大陸投資環境力。

1. 生態環境構面而言：由 2017《TEEMA 調查報告》中，從表 18-2 看出生態環境為 3.157 分，相較於 2016 年 3.303 分下降 0.146 分，而在投資環境力十大評價構面中，其生態環境分析構面從排名第一名大幅下滑至第八名。而細項指標中，「當地生態與地理環境符合企業發展的條件」仍為 75 個細項指標之冠，而「當地水電、燃料等能源充沛的程度」則在投資環境力構面平均觀點評分中位居前列。2017 年 5 月 28 日，根據中國大陸國務院指出：「中國大陸政府公布《十三五規劃綱要》，將持續發展當地自身的地理位置及資源優勢之外，亦加大生態環境保護力度，未來將進一步提高環境質量，以提高資源利用效率。」由此可見，中國大陸正積極對當地投資環境作改善，欲更深耕執行相關配套政策，此與 2017《TEEMA 調查報告》調查結果不謀而合，這將有助於台商在中國大陸投資布局。

2. 基建環境構面而言：由 2017《TEEMA 調查報告》中，表 18-2 顯示 2017 年基建環境之平均觀點評價為 3.198 分，較 2016 年下降 0.082 分，並在投資環境力十大指標中位居第三位。其中，唯有「當地海、陸、空交通運輸便利程度」的表現較為亮眼，在 75 個細項指標中，位居前十名內。中國大陸政府（2017）指出：「中國大陸於交通基礎建設領域具有經驗、技術和資金等優勢，在『十三五』中綜合交通運輸發展為主要指標，中國大陸道路範圍不斷擴大，保障能力明顯增強。」由此可見，中國大陸正努力促成基礎建設之建造，未來基礎建設發展將不斷提升。

3. 社會環境構面而言：從表 18-2 看出 2017 年社會環境平均觀點評分為 3.187 分，相較於 2016 年的 3.262 分，下降 0.075 分，而其名次與 2016 年持平在第四位。其中，以「民眾及政府歡迎台商投資態度」之名次表現最好，位居 75 個細項指標中的第五名，而在社會環境構面中，只有「當地民眾感到幸福與快樂的程度」從 2016 年第 18 名上升至第 13 名，其餘細項構面皆呈現下降的差異變化。2017 年 3 月 15 日，中國大陸國務院總理李克強於第十二屆全國人民代表大會第五次會議中表示：「中國大陸對於台商在華投資表示歡迎，亦將持續提供惠台政策。」由此可知，中國大陸的社會環境層面依舊對台商有一定的保障。

4. 法制環境構面而言：表 18-2 可看出 2017 年法制環境平均觀點評分為 3.160 分較 2016 年 3.230 分下降 0.07 分，其名次維持與 2016 年相同的第六名。與 2016 年相較，法制環境只有五個細項構面呈小幅上升，其餘細項構面均呈下滑趨勢，而在名次下滑方面與 2016 年觀察比較，「當地的地方政府對台商投資承諾實現程度」仍為名次下滑最為嚴重，其已連續第二年下滑，從 2016 年的第 31 名下滑至 2017 年的第 64 名。

5. 經濟環境構面而言：由 2017《TEEMA 調查報告》中，從表 18-2 看出 2017 年經濟環境的平均觀點評分為 3.233 分，較於 2016 年 3.277 分下降 0.044 分，其名次為第一名，較 2016 年上升兩名。然「該城市未來具有經濟發展潛力的程度」從 2016 年的第六名上升至 2017 年的第三名。2017 年 3 月 23 日，中國大陸政府表示：「中國大陸躍居成為世界第二大經濟體和世界第一的國際貿易國，其發揮區域經濟城市間的優勢，互補不足和提升區內經濟實力，推動粵港澳大灣區和珠江三角洲的經濟共融。」由此可知，中國大陸經濟實力迅速發展，並利用區域經濟城市互補優勢，以達綜效。

6. 經營環境構面而言：2017 年經營環境構面的平均觀點評分為 3.139 分，較 2016 年 3.178 分下降 0.039 分，而其名次與 2016 年持平在第九名。其中，「環

境適合台商發展自有品牌與精品城」、「當地政府對台商動遷配合的程度」及「當地環境具一帶一路發展優勢以利布局」三項細項指標於經營環境構面當中，其名次表現與 2016 年相較突出，均呈大幅上升趨勢。

7. 創新環境構面而言：2017 年創新環境構面的平均觀點評分為 3.164 分，較 2016 年 3.189 分下降 0.025 分，其名次為第五名，較 2016 年上升三個名次。在創新環境構面中的七項細項指標名次與 2016 年相較均呈上升趨勢，其中「政府鼓勵兩岸企業共同開拓國際市場程度」與「當地政府積極推動產業、工業自動化程度」兩項細項指標表現較 2016 年亮眼。2017 年 6 月 15 日，由世界智慧財產權組織（WIPO）發布《2017 年全球創新指數排名》（The Global Innovation Index 2017）表示：「中國大陸國際排名從 2016 年第 25 位前進三個名次至 2017 年第 22 位，成為唯一進入前 25 名集團的中等收入國家。」此外，彭博社（Bloomberg）（2017）公布「2017 年的彭博創新指數」（Bloomberg Innovation Index）指出：「中國大陸位列第 21 名，是新興市場經濟體中排名最高的國家。」綜上可知，中國大陸政府對創新的重視。

8. 網通環境構面而言：2017 年網通環境的平均觀點評分為 3.159 分，較 2016 年的 3.196 分下降 0.037 分，其名次與 2016 年相同持平在第七名。其中，以「通訊設備、資訊設備、網路建設完善程度」表現最為亮眼，排名為 75 個細項指標中為位居第二位，可見中國大陸在網路通訊設備之完善，但在「光纖資訊到戶的普及率」仍較差，中國大陸網通環境雖位居此構面最末座，但根據中國互聯網絡信息中心（China Internet Network Information Center；CNNIC）（2017）發布第 39 次《中國互聯網絡發展狀況統計報告》表示：「中國大陸已擁有 7.31 億的網路使用者，網路普及率已達 53.2%，為全球排名的 74 位，平均寬帶網速為每秒 7.6 兆。」顯示中國大陸網通環境雖以極快速度成長，但仍然有許多進步空間。

9. 內需環境構面而言：2017 年內需環境構面的平均觀點評分為 3.202 分，較 2017 年 3.246 分，下降 0.044 分，相較 2016 年其名次上升三名至第二名。其中，「適合台商發展內貿內銷市場的程度」及「市場未來發展潛力優異程度」兩者為其構面表現較為突出，其名次分別為第七名與第八名，皆與 2016 年相比有成長趨勢。此外，在「政府採購過程對台資內資外資一視同仁」與「政府協助台商從製造轉向內需擴展」兩項細項指標皆上升 11 個名次，從 2016 年的第 61 及 59 名升至 2016 年的第 50 及 48 名。根據《金融時報》（Financial Times）（2017）表示：「截至 2016 年中國大陸已擁有 13.8 億人口，印度則為 13.3 億人，其潛

藏的內需市場不容忽視。」由此可知,中國大陸內需市場仍極具吸引力,潛在無限商機。

10. 文創環境構面而言:2017 年文創環境構面的平均觀點評分為 3.125 分,較 2016 年 3.144 分低 0.019 分,其名次與 2016 年相較呈持平現象。其中,以「歷史古蹟、文物等文化資產豐沛」之細項指標表現較好,其名次在 75 個細項指標中,位居第 30 名之列;其他細項指標,皆位居於後段班,因此文創環境構面敬陪末座。2017 年 5 月 29 日,中華文化發展湖北省協同創新中心聯合發布《文化建設藍皮書:中國文化發展報告》指出:「中國大陸文化建設和發展總體呈上升趨勢,在文化投入與文化生產等各項主要指標表現良好成長趨勢。」上述可知,中國大陸文創產業正處於發展階段,其環境構面雖於當前分數相對較低,卻相對較具有成長空間。

11. 就投資環境力而言:從表 18-2 看出十大投資環境力構面評價依序為:(1)生態環境;(2)基建環境;(3)社會環境;(4)法治環境;(5)經濟環境;(6)經營環境;(7)創新環境;(8)網通環境;(9)內需環境;(10)文創環境,其中,經濟環境、創新環境及內需環境名次皆有提升。而在整體分數方面,均呈下滑的趨勢,可知中國大陸應對此方面著手精進,以改善整體的投資環境力。

表 18-1 2017 TEEMA 中國大陸投資環境力指標評分與排名分析

投資環境力評估構面與指標	2013 評分	2013 排名	2014 評分	2014 排名	2015 評分	2015 排名	2016 評分	2016 排名	2017 評分	2017 排名	2013-2017 平均	2013-2017 總排名
生態-01) 當地生態與地理環境符合企業發展的條件	3.617	5	3.482	3	3.451	1	3.395	1	3.346	1	3.458	2
生態-02) 當地水電、燃料等能源充沛的程度	3.605	6	3.468	5	3.422	4	3.361	5	3.310	4	3.433	6
生態-03) 當地政府獎勵企業進行綠色製造生產	3.496	29	3.365	23	3.337	12	3.291	14	3.235	11	3.345	15
生態-04) 當地政府執行對節能、減排、降耗	3.360	56	3.259	52	3.202	53	3.167	56	3.115	63	3.221	54
生態-05) 當地政府對於碳排放管制的程度	-	-	-	-	-	-	-	-	2.779	75	2.779	75
基建-01) 當地海、陸、空交通運輸便利程度	3.626	4	3.482	2	3.432	3	3.373	3	3.276	6	3.438	4
基建-02) 當地的污水、廢棄物處理設備完善程度	3.464	37	3.335	36	3.277	31	3.222	35	3.154	43	3.290	34
基建-03) 當地的物流、倉儲、流通相關商業設施	3.572	10	3.424	12	3.365	9	3.320	9	3.233	12	3.383	10
基建-04) 醫療、衛生、保健設施的質與量完備程度	3.488	31	3.349	31	3.268	36	3.214	38	3.131	56	3.290	35
基建-05) 學校、教育、研究機構的質與量完備程度	3.513	22	3.366	21	3.286	27	3.254	23	3.189	31	3.322	25
基建-06) 當地的企業運作商務環境完備程度	3.536	17	3.399	16	3.305	19	3.255	22	3.176	37	3.334	18
基建-07) 未來總體發展及建設規劃完善程度	3.603	7	3.458	7	3.379	7	3.321	8	3.228	15	3.398	8
社會-01) 當地的社會治安	3.570	11	3.426	11	3.356	10	3.305	13	3.208	21	3.373	12
社會-02) 當地民眾生活素質及文化水準程度	3.416	44	3.307	42	3.241	40	3.200	45	3.124	59	3.258	45
社會-03) 當地社會風氣及民眾的價值觀程度	3.415	45	3.318	40	3.250	39	3.211	39	3.135	54	3.266	41
社會-04) 當地民眾的誠信與道德觀程度	3.451	39	3.354	28	3.269	35	3.208	41	3.143	49	3.285	37
社會-05) 民眾及政府歡迎台商投資態度	3.695	1	3.535	1	3.435	2	3.375	2	3.282	5	3.464	1
社會-06) 當地民眾感到幸福與快樂的程度	3.453	38	3.343	32	3.294	23	3.270	18	3.232	13	3.318	28
法制-01) 行政命令與國家法令的一致性程度	3.563	12	3.427	10	3.322	14	3.280	15	3.213	20	3.361	14
法制-02) 當地的政策優惠條件	3.539	16	3.420	13	3.307	17	3.268	19	3.148	47	3.336	17

表 18-1　2017 TEEMA 中國大陸投資環境力指標評分與排名分析（續）

投資環境力評估構面與指標	2013 評分	2013 排名	2014 評分	2014 排名	2015 評分	2015 排名	2016 評分	2016 排名	2017 評分	2017 排名	2013-2017 平均	總排名
法制 -03）政府與執法機構秉持公正執法態度	3.511	23	3.360	26	3.283	29	3.241	29	3.201	23	3.319	26
法制 -04）當地解決糾紛的管道完善程度	3.476	36	3.325	39	3.235	42	3.197	46	3.069	72	3.260	43
法制 -05）當地的工商管理、稅務機關行政效率	3.519	20	3.372	19	3.286	26	3.246	25	3.196	24	3.324	23
法制 -06）當地的海關行政效率	3.500	28	3.365	22	3.293	24	3.267	20	3.205	22	3.326	22
法制 -07）勞工、工安、消防、衛生行政效率	3.476	35	3.333	37	3.272	34	3.229	33	3.192	26	3.300	33
法制 -08）當地的官員操守清廉程度	3.487	32	3.330	38	3.284	28	3.242	27	3.195	25	3.308	31
法制 -09）當地的地方政府對台商投資承諾實現程度	3.561	13	3.394	17	3.307	18	3.233	31	3.113	64	3.322	24
法制 -10）當地環保法規規定適切且合理程度	3.505	26	3.355	27	3.276	32	3.242	28	3.179	36	3.311	30
法制 -11）當地政府政策穩定性及透明度	3.495	30	3.341	35	3.236	41	3.177	52	3.076	70	3.265	42
法制 -12）當地政府對智慧財產權保護的態度	3.451	40	3.306	43	3.235	43	3.204	42	3.163	39	3.272	39
法制 -13）當地政府積極查處違劣仿冒品的力度	3.364	54	3.244	55	3.184	60	3.165	58	3.127	58	3.217	58
經濟 -01）當地的商業及經濟發展相較於一般水平	3.595	9	3.451	8	3.370	8	3.318	10	3.264	9	3.400	7
經濟 -02）金融體系完善的程度且貸款取得便利程度	3.448	41	3.316	41	3.252	38	3.237	30	3.191	28	3.289	36
經濟 -03）當地的資金匯兌及利潤匯出便利程度	3.505	25	3.353	29	3.299	22	3.262	21	3.230	14	3.330	21
經濟 -04）當地經濟環境促使台商經營獲利程度	3.506	24	3.351	30	3.268	37	3.245	26	3.190	29	3.312	29
經濟 -05）該城市未來具有經濟發展潛力的程度	3.628	3	3.468	4	3.400	5	3.357	6	3.324	3	3.435	5
經濟 -06）當地政府改善外商投資環境積極程度	3.597	8	3.436	9	3.346	11	3.312	11	3.261	10	3.390	9
經濟 -07）當地政府執行繳稅在地化的僵固程度	-	-	3.279	46	3.221	46	3.209	40	3.173	38	3.221	55
經營 -01）當地的基層勞力供應充裕程度	3.447	42	3.305	44	3.225	44	3.138	66	3.032	74	3.229	53
經營 -02）當地的專業及技術人才供應充裕程度	3.387	52	3.241	56	3.185	58	3.148	64	3.057	73	3.204	61

表 18-1 2017 TEEMA 中國大陸投資環境力指標評分與排名分析（續）

投資環境力評估構面與指標	2013 評分	2013 排名	2014 評分	2014 排名	2015 評分	2015 排名	2016 評分	2016 排名	2017 評分	2017 排名	2013-2017 平均	2013-2017 總排名
經營-03）台商企業在當地之勞資關係和諧程度	3.519	21	3.363	24	3.300	21	3.221	36	3.191	27	3.319	27
經營-04）經營成本、廠房與相關設施成本合理程度	3.485	33	3.342	33	3.280	30	3.228	34	3.185	33	3.304	32
經營-05）有利於形成上、下游產業供應鏈完整程度	3.526	18	3.369	20	3.311	16	3.278	16	3.221	17	3.341	16
經營-06）同業、同行間公平正當競爭的環境條件	3.485	34	3.341	34	3.273	33	3.181	50	3.120	61	3.280	38
經營-07）環境適合台商作為製造業或生產基地移轉	3.393	49	3.254	54	3.197	54	3.174	54	3.138	52	3.231	51
經營-08）環境適合台商發展自有品牌與精品城	3.402	47	3.260	51	3.208	49	3.190	48	3.183	34	3.249	47
經營-09）當地政府對台商動遷配合的程度	-	-	3.211	62	3.188	57	3.168	55	3.150	45	3.179	66
經營-10）當地政府協助台商解決稅勞動新制衍生問題	-	-	-	-	-	-	3.158	60	3.134	55	3.146	71
經營-11）當地環境具一帶一路發展優勢以利布局	-	-	-	-	-	-	3.117	72	3.122	60	3.119	73
創新-01）當地台商享受政府自主創新獎勵的程度	3.519	19	3.376	18	3.301	20	3.251	24	3.218	18	3.333	19
創新-02）當地擁有自主創新產品和國家級新產品數	3.341	58	3.235	58	3.196	55	3.174	53	3.152	44	3.220	56
創新-03）當地政府協助台商轉型升級積極程度	3.412	46	3.262	48	3.202	52	3.179	51	3.149	46	3.241	49
創新-04）當地政府鼓勵兩岸企業共同研發程度	3.428	43	3.287	45	3.221	47	3.216	37	3.179	35	3.266	40
創新-05）政府鼓勵兩岸企業共同開拓國際市場程度	3.393	50	3.257	53	3.179	61	3.166	57	3.155	42	3.230	52
創新-06）對外開放和國際科技合作程度	3.281	68	3.191	68	3.143	69	3.106	73	3.082	69	3.161	70
創新-07）當地政府積極推動產業、工業自動化程度	3.369	53	3.262	49	3.223	45	3.230	32	3.213	19	3.259	44
網通-01）通訊設備、資訊設施、網路建設完善程度	3.651	2	3.463	6	3.396	6	3.371	4	3.327	2	3.442	3
網通-02）寬頻通信網路建設完備	3.309	67	3.179	70	3.143	68	3.134	68	3.118	62	3.177	68
網通-03）光纖資訊到戶的普及率	3.251	69	3.130	71	3.098	71	3.085	74	3.074	71	3.128	72
網通-04）政府法規對企業技術發展與應用支持	3.389	51	3.274	47	3.215	48	3.188	49	3.159	41	3.245	48

表 18-1　2017 TEEMA 中國大陸投資環境力指標評分與排名分析（續）

投資環境力評估構面與指標	2013 評分	2013 排名	2014 評分	2014 排名	2015 評分	2015 排名	2016 評分	2016 排名	2017 評分	2017 排名	2013-2017 平均	2013-2017 總排名
網通-05）政府推動智慧城市的積極程度	3.396	48	3.260	50	3.208	50	3.204	43	3.186	32	3.251	46
網通-06）當地政府推動跨境電商的積極程度	-	-	-	-	-	-	-	-	3.089	67	3.089	74
內需-01）政府獎勵台商自創品牌措施的程度	3.504	27	3.360	25	3.293	25	3.271	17	3.226	16	3.331	20
內需-02）適合台商發展內貿內銷市場的程度	3.549	14	3.402	15	3.319	15	3.309	12	3.270	7	3.370	13
內需-03）市場未來發展潛力優異程度	3.544	15	3.411	14	3.333	13	3.323	7	3.266	8	3.375	11
內需-04）政府採購過程對台資內資外資一視同仁	3.336	60	3.208	63	3.150	67	3.154	61	3.142	50	3.198	63
內需-05）政府協助台商從製造轉向內需擴展	3.329	62	3.200	62	3.152	65	3.164	59	3.147	48	3.198	62
內需-06）居民購買力與消費潛力	3.330	61	3.218	61	3.195	56	3.193	47	3.162	40	3.220	57
文創-01）歷史古蹟、文物等文化資產豐沛	3.363	55	3.238	57	3.206	51	3.200	44	3.190	30	3.239	50
文創-02）文化活動推動及推廣程度	3.321	64	3.201	66	3.164	64	3.144	65	3.129	57	3.192	64
文創-03）政府對文化創意產業政策推動與落實	3.339	59	3.219	60	3.185	59	3.150	63	3.137	53	3.206	60
文創-04）對文化創意產權的重視及保護	3.311	66	3.205	64	3.150	66	3.117	71	3.104	65	3.177	67
文創-05）居民對外來遊客包容與接納	3.354	57	3.228	59	3.173	62	3.151	62	3.141	51	3.209	59
文創-06）居民對於文化藝術表演消費潛力	3.326	63	3.184	69	3.138	70	3.118	70	3.087	68	3.171	69
文創-07）居民對於文化創意商品購買程度	3.315	65	3.202	65	3.168	63	3.129	69	3.090	66	3.181	65

資料來源：本研究整理

表 18-2　2017 TEEMA 中國大陸投資環境力構面平均觀點評分與排名

投資環境力評估構面	2013 評分	2013 排名	2014 評分	2014 排名	2015 評分	2015 排名	2016 評分	2016 排名	2017 評分	2017 排名	2013-2017 評分	2013-2017 排名
❶生態環境	3.520	3	3.393	2	3.353	1	3.303	1	3.157	8	3.345	3
❷基建環境	3.543	2	3.402	1	3.330	2	3.280	2	3.198	3	3.351	1
❸社會環境	3.500	4	3.380	3	3.308	3	3.262	4	3.187	4	3.327	4
❹法制環境	3.496	5	3.352	5	3.271	5	3.230	6	3.160	6	3.302	5
❺經濟環境	3.546	1	3.379	4	3.308	3	3.277	3	3.233	1	3.349	2
❻經營環境	3.456	6	3.298	7	3.241	6	3.178	9	3.139	9	3.262	7
❼創新環境	3.392	9	3.283	8	3.209	9	3.189	8	3.164	5	3.247	8
❽網通環境	3.399	8	3.261	9	3.212	8	3.196	7	3.159	7	3.245	9
❾內需環境	3.432	7	3.300	6	3.240	7	3.246	5	3.202	2	3.284	6
❿文創環境	3.333	10	3.211	10	3.169	10	3.144	10	3.125	10	3.196	10
平均值	3.462		3.326		3.264		3.230		3.172		3.291	

資料來源：本研究整理

二、2016-2017 TEEMA 中國大陸投資環境力比較分析

2016-2017《TEEMA 調查報告》對中國大陸投資環境力指標比較如表 18-3，以投資環境力之十大構面對中國大陸進行分析，因此，將其分析結果與排名變化以表 18-4 所顯示。茲將其投資環境力比較分析分列敘述如下：

1. 就 75 項評估指標而言：在 2017《TEEMA 調查報告》中，投資環境力之評估指標評價結果如表 18-3 所示，可明顯看出 75 個細項指標中，其分數差異變化排名均呈下跌趨勢，只有「當地環境具一帶一路發展優勢以利布局」上升 0.005 分。其中，以生態環境的分數差異變化最為嚴重，於十個構面當中，排名變化位居首位。綜上可知，中國大陸在投資環境力中，分數一再下滑，表示台商對中國大陸投資環境力熱度呈持續降低態勢，並在經營環境不斷調整，亦造就台商對其環境充滿不安定性。

2. 就 75 項評估指標差異分析而言：2017《TEEMA 調查報告》與 2016 年的評估指標進行差異分析如表 18-3 所示，看出均呈現下降態勢，而其中以「當地解決糾紛的管道完善程度（下降 0.128 分）」、「當地的政策優惠條件（下降 0.120 分）」、「當地的地方政府對台商投資承諾實現程度（下降 0.120 分）」、「當地的基層勞力供應充裕程度（下降 0.106 分）」、「當地政府政策穩定性及透明度（下降 0.101 分）」等為分數差異變化最大之前五名。由此可知，法制環

境有四項居於變化前五名內,顯示中國大陸近年法制環境變化之大,間接影響到台商在中國大陸投資意圖。

3. 就 75 項評估指標退步比例分析:從表 18-4 中,可看出十大構面中 75 個細項評估指標大部分均呈現下降趨勢,比例為 96.00%。2017 年 1 月 18 日,中國美國商會(United States Chamber of Commerce;USCC)指出:「中國大陸人力成本漸增與投資環境不再友善為撤資主因,其優勢已喪失殆盡,使台商紛紛出現撤資潮。」而德勤(Deloitte)(2017)表示:「『MITI-V』為馬來西亞、印度、泰國、印尼和越南五國,在未來五年將取代中國大陸世界工廠的地位。」此外,根據中國大陸國家統計局數據顯示:「2016 年外資企業在華固定資產的投資額為 1,211.97 億,相比較 2011 年 3,269.81 億,五年間下跌 62.94%。」上述顯示,中國大陸投資環境日益嚴峻,使投資企業紛紛撤出中國大陸,進而轉向投資條件較佳的國家。

4. 就十項評估構面而言:從表 18-4 看出十項構面評價均呈現下跌現象,其中以「生態環境」降幅為最大,從 2016 年 3.303 分下降至 2017 年 3.157 分,下降 0.146 分;其次為「基建環境」的構面評價,從 2016 年 3.280 分下降至 2017 年 3.198 分,降幅 0.082 分;再者為「社會環境」的構面評價,從 2016 年 3.262 分下降至 2017 年 3.187 分,降幅 0.075 分。綜觀以上,其投資環境力之構面評價,因生態環境與基建完善程度轉變下,影響中國大陸投資環境,其應制定相關政策措施,以改善當前投資環境困境。

表 18-3　2016-2017 TEEMA 投資環境力差異與排名變化分析

投資環境力評估構面與指標	2016 評分	2017 評分	2016-2017 差異分析	差異變化排名 ▲	▼	新增
生態-01)當地生態與地理環境符合企業發展的條件	3.395	3.346	-0.049	-	32	-
生態-02)當地水電、燃料等能源充沛的程度	3.361	3.310	-0.051	-	29	-
生態-03)當地政府獎勵企業進行綠色製程生產	3.291	3.235	-0.056	-	25	-
生態-04)當地政府執行對節能、檢排、降耗	3.167	3.115	-0.052	-	28	-
生態-05)當地政府對於碳排放管制的程度	-	2.779	-	-	-	2
基建-01)當地海、陸、空交通運輸便利程度	3.373	3.276	-0.097	-	7	-
基建-02)當地的污水、廢棄物處理設備完善程度	3.222	3.154	-0.068	-	16	-
基建-03)當地的物流、倉儲、流通相關商業設施	3.320	3.233	-0.087	-	11	-

表 18-3　2016-2017 TEEMA 投資環境力差異與排名變化分析（續）

投資環境力評估構面與指標	2016 評分	2017 評分	2016-2017 差異分析	差異變化排名 ▲	▼	新增
基建-04）醫療、衛生、保健設施的質與量完備程度	3.214	3.131	-0.083	-	12	-
基建-05）學校、教育、研究機構的質與量完備程度	3.254	3.189	-0.065	-	19	-
基建-06）當地的企業運作商務環境完備程度	3.255	3.176	-0.079	-	13	-
基建-07）未來總體發展及建設規劃完善程度	3.321	3.228	-0.093	-	9	-
社會-01）當地的社會治安	3.305	3.208	-0.097	-	6	-
社會-02）當地民眾生活素質及文化水準程度	3.200	3.124	-0.076	-	15	-
社會-03）當地社會風氣及民眾的價值觀程度	3.211	3.135	-0.076	-	14	-
社會-04）當地民眾的誠信與道德觀程度	3.208	3.143	-0.065	-	18	-
社會-05）民眾及政府歡迎台商投資態度	3.375	3.282	-0.093	-	8	-
社會-06）當地民眾感到幸福與快樂的程度	3.270	3.232	-0.038	-	42	-
法制-01）行政命令與國家法令的一致性程度	3.280	3.213	-0.067	-	17	-
法制-02）當地的政策優惠條件	3.268	3.148	-0.120	-	2	-
法制-03）政府與執法機構秉持公正執法態度	3.241	3.201	-0.040	-	39	-
法制-04）當地解決糾紛的管道完善程度	3.197	3.069	-0.128	-	1	-
法制-05）當地的工商管理、稅務機關行政效率	3.246	3.196	-0.050	-	31	-
法制-06）當地的海關行政效率	3.267	3.205	-0.062	-	21	-
法制-07）勞工、工安、消防、衛生行政效率	3.229	3.192	-0.037	-	44	-
法制-08）當地的官員操守清廉程度	3.242	3.195	-0.047	-	33	-
法制-09）當地的地方政府對台商投資承諾實現程度	3.233	3.113	-0.120	-	3	-
法制-10）當地環保法規規定適切且合理程度	3.242	3.179	-0.063	-	20	-
法制-11）當地政府政策穩定性及透明度	3.177	3.076	-0.101	-	5	-
法制-12）當地政府對智慧財產權保護的態度	3.204	3.163	-0.041	-	38	-
法制-13）當地政府積極查處違劣仿冒品的力度	3.165	3.127	-0.038	-	43	-
經濟-01）當地的商業及經濟發展相較於一般水平	3.318	3.264	-0.054	-	27	-
經濟-02）金融體系完善的程度且貸款取得便利程度	3.237	3.191	-0.046	-	34	-
經濟-03）當地的資金匯兌及利潤匯出便利程度	3.262	3.230	-0.032	-	50	-
經濟-04）當地經濟環境促使台商經營獲利程度	3.245	3.190	-0.055	-	26	-
經濟-05）該城市未來具有經濟發展潛力的程度	3.357	3.324	-0.033	-	49	-
經濟-06）當地政府改善外商投資環境積極程度	3.312	3.261	-0.051	-	30	-
經濟-07）當地政府執行繳稅在地化的僵固程度	3.209	3.173	-0.036	-	46	-

表 18-3　2016-2017 TEEMA 投資環境力差異與排名變化分析（續）

投資環境力評估構面與指標	2016評分	2017評分	2016-2017差異分析	差異變化排名		
				▲	▼	新增
經營-01）當地的基層勞力供應充裕程度	3.138	3.032	-0.106	-	4	-
經營-02）當地的專業及技術人才供應充裕程度	3.148	3.057	-0.091	-	10	-
經營-03）台商企業在當地之勞資關係和諧程度	3.221	3.191	-0.030	-	54	-
經營-04）經營成本、廠房與相關設施成本合理程度	3.228	3.185	-0.043	-	37	-
經營-05）有利於形成上、下游產業供應鏈完整程度	3.278	3.221	-0.057	-	23	-
經營-06）同業、同行間公平且正當競爭的環境條件	3.181	3.120	-0.061	-	22	-
經營-07）環境適合台商作為製造業或生產基地移轉	3.174	3.138	-0.036	-	47	-
經營-08）環境適合台商發展自有品牌與精品城	3.190	3.183	-0.007	-	72	-
經營-09）當地政府對台商動遷配合的程度	3.168	3.150	-0.018	-	60	-
經營-10）當地政府協助台商解決勞動新制衍生問題	3.158	3.134	-0.024	-	56	-
經營-11）當地環境具一帶一路發展優勢以利布局	3.117	3.122	0.005	1	1	-
創新-01）當地台商享受政府自主創新獎勵的程度	3.251	3.218	-0.033	-	48	-
創新-02）當地擁有自主創新產品和國家級新產品數	3.174	3.152	-0.022	-	58	-
創新-03）當地政府協助台商轉型升級積極程度	3.179	3.149	-0.030	-	53	-
創新-04）當地政府鼓勵兩岸企業共同研發程度	3.216	3.179	-0.037	-	45	-
創新-05）政府鼓勵兩岸企業共同開拓國際市場程度	3.166	3.155	-0.011	-	69	-
創新-06）對外開放和國際科技合作程度	3.106	3.082	-0.024	-	57	-
創新-07）當地政府積極推動產業、工業自動化程度	3.230	3.213	-0.017	-	61	-
網通-01）通訊設備、資訊設施、網路建設完善程度	3.371	3.327	-0.044	-	36	-
網通-02）寬頻通信網路建設完備	3.134	3.118	-0.016	-	63	-
網通-03）光纖資訊到戶的普及率	3.085	3.074	-0.011	-	68	-
網通-04）政府法規對企業技術發展與應用支持	3.188	3.159	-0.029	-	55	-
網通-05）政府推動智慧城市的積極程度	3.204	3.186	-0.018	-	59	-
網通-06）當地政府推動跨境電商的積極程度	-	3.089	-	-	-	1
內需-01）政府獎勵台商自創品牌措施的程度	3.271	3.226	-0.045	-	35	-
內需-02）適合台商發展內貿內銷市場的程度	3.309	3.270	-0.039	-	40	-

表 18-3　2016-2017 TEEMA 投資環境力差異與排名變化分析（續）

投資環境力評估構面與指標	2016 評分	2017 評分	2016-2017 差異分析	▲	▼	新增
內需-03）市場未來發展潛力優異程度	3.323	3.266	-0.057	-	24	-
內需-04）政府採購過程對台資內資外資一視同仁	3.154	3.142	-0.012	-	67	-
內需-05）政府協助台商從製造轉向內需擴展	3.164	3.147	-0.017	-	62	-
內需-06）居民購買力與消費潛力	3.193	3.162	-0.031	-	51	-
文創-01）歷史古蹟、文物等文化資產豐沛	3.200	3.190	-0.010	-	70	-
文創-02）文化活動推動及推廣程度	3.144	3.129	-0.015	-	64	-
文創-03）政府對文化創意產業政策推動與落實	3.150	3.137	-0.013	-	65	-
文創-04）對文化創意產權的重視及保護	3.117	3.104	-0.013	-	66	-
文創-05）居民對外來遊客包容與接納	3.151	3.141	-0.010	-	71	-
文創-06）居民對於文化藝術表演消費潛力	3.118	3.087	-0.031	-	52	-
文創-07）居民對於文化創意商品購買程度	3.129	3.090	-0.039	-	41	-

表 18-4　2016-2017 TEEMA 投資環境力細項指標變化排名分析

投資環境力構面	2016 評分	2017 評分	2016 至 2017 差異分析	名次	指標數	▲	▼	新增
❶生態環境	3.303	3.157	-0.146	1	5	0	4	1
❷基建環境	3.280	3.198	-0.082	2	7	0	7	0
❸社會環境	3.262	3.187	-0.075	3	6	0	6	0
❹法制環境	3.230	3.160	-0.070	4	13	0	13	0
❺經濟環境	3.277	3.233	-0.044	5	7	0	7	0
❻經營環境	3.178	3.139	-0.039	7	11	1	10	0
❼創新環境	3.189	3.164	-0.025	9	7	0	7	0
❽網通環境	3.196	3.159	-0.037	8	6	0	5	1
❾內需環境	3.246	3.202	-0.044	5	6	0	6	0
❿文創環境	3.144	3.125	-0.019	10	7	0	7	0
投資環境力平均	3.230	3.172	-0.058	-	75	1	72	2
百分比					100.00%	1.33%	96.00%	2.67%

資料來源：本研究整理

　　表 18-5 顯示，投資環境力評估結果排名最優前十名評估指標依序為：（1）當地生態與地理環境符合企業發展的條件；（2）通訊設備、資訊設施、網路建設完善程度；（3）該城市未來具有經濟發展潛力的程度；（4）當地水電、燃

料等能源充沛的程度；（5）民眾及政府歡迎台商投資態度；（6）當地海、陸、空交通運輸便利程度；（7）適合台商發展內貿內銷市場的程度；（8）市場未來發展潛力優異程度；（9）當地的商業及經濟發展相較於一般水平；（10）當地政府改善外商投資環境積極程度。其中，「適合台商發展內貿內銷市場的程度」此細項指標從 2016 年的第 12 名躍升至 2017 年的第七名，可見中國大陸內需市場的潛在影響力，台商對中國大陸給於肯定之評價。此外，「該城市未來具有經濟發展潛力的程度」此細項指標從 2016 年的第六名邁向 2017 年的第三名，由此道出中國大陸在建設發展方面逐漸進步，希冀藉由完善的設備基礎創造更多發展，其努力成果亦深受台商的青睞肯定。

表 18-5　2017 TEEMA 投資環境力排名十大最優指標

投資環境力排名10大最優指標	2016		2017	
	評分	排名	評分	排名
生態-01）當地生態與地理環境符合企業發展的條件	3.395	1	3.346	1
網通-01）通訊設備、資訊設施、網路建設完善程度	3.371	4	3.327	2
經濟-05）該城市未來具有經濟發展潛力的程度	3.357	6	3.324	3
生態-02）當地水電、燃料等能源充沛的程度	3.361	5	3.310	4
社會-05）民眾及政府歡迎台商投資態度	3.375	2	3.282	5
基建-01）當地海、陸、空交通運輸便利程度	3.373	3	3.276	6
內需-02）適合台商發展內貿內銷市場的程度	3.309	12	3.270	7
內需-03）市場未來發展潛力優異程度	3.323	7	3.266	8
經濟-01）當地的商業及經濟發展相較於一般水平	3.318	10	3.264	9
經濟-06）當地政府改善外商投資環境積極程度	3.312	11	3.261	10

資料來源：本研究整理

在 2017《TEEMA 調查報告》表 18-6 顯示，投資環境力評估結果較差排名前十名評估指標依序為：（1）居民對於文化創意商品購買程度；（2）當地政府推動跨境電商的積極程度；（3）居民對於文化藝術表演消費潛力；（4）對外開放和國際科技合作程度；（5）當地政府政策穩定性及透明度；（6）光纖資訊到戶的普及率；（7）當地解決糾紛的管道完善程度；（8）當地的專業及技術人才供應充裕程度；（9）當地的基層勞力供應充裕程度；（10）當地政府對於碳排放管制的程度，「當地政府對於碳排放管制的程度」位於投資環境力評

估結果之末位，可見中國大陸對碳排放的管制仍有很大的進步空間。此外，「當地解決糾紛的管道完善程度」此細項指標從 2016 年的第 28 名邁向 2017 年的第四名，進入前五名之列，綜上述可看出，中國大陸在實施碳稅有重重困難，是項極大的挑戰，倘若中國大陸失敗，將不只是國內的危機，亦將影響到全球碳減量。

表 18-6　2017 TEEMA 投資環境力排名十大劣勢指標

投資環境力排名十大劣勢指標	2016		2017	
	評分	排名	評分	排名
生態 -05）當地政府對於碳排放管制的程度	-	-	2.779	1
經營 -01）當地的基層勞力供應充裕程度	3.138	8	3.032	2
經營 -02）當地的專業及技術人才供應充裕程度	3.148	10	3.057	3
法制 -04）當地解決糾紛的管道完善程度	3.197	28	3.069	4
網通 -03）光纖資訊到戶的普及率	3.085	1	3.074	5
法制 -11）當地政府政策穩定性及透明度	3.177	22	3.076	6
創新 -06）對外開放和國際科技合作程度	3.106	2	3.082	7
文創 -06）居民對於文化藝術表演消費潛力	3.118	5	3.087	8
網通 -06）當地政府推動跨境電商的積極程度	-	-	3.089	9
文創 -07）居民對於文化創意商品購買程度	3.129	6	3.090	10

資料來源：本研究整理

2017《TEEMA 調查報告》對 2016 年與 2017 年投資環境力調查指標作差異分析，其評估指標下降幅度最多前十項指標如表 18-7 所顯示，分別為：（1）當地解決糾紛的管道完善程度；（2）當地的政策優惠條件；（3）當地的地方政府對台商投資承諾實現程度；（4）當地的基層勞力供應充裕程度；（5）當地政府政策穩定性及透明度；（6）當地的社會治安；（7）當地海、陸、空交通運輸便利程度；（8）民眾及政府歡迎台商投資態度；（9）未來總體發展及建設規劃完善程度；（10）當地的專業及技術人才供應充裕程度。由此可知，發現法制環境構面之細項指標下降幅度前十名就占有四名席次，其中以「當地解決糾紛的管道完善程度」降幅為最大，進一步道出中國大陸在當地解決糾紛的管道方面之政策較為缺乏，因此於法制環境構面的評量結果，台商評價反應最為明顯。

表 18-7　2016-2017 TEEMA 投資環境力指標下降前十排名

投資環境力評分下降幅度前十指標	2016 至 2017 評分下降	2016 至 2017 下降排名
法制 -04）當地解決糾紛的管道完善程度	-0.128	1
法制 -02）當地的政策優惠條件	-0.120	2
法制 -09）當地的地方政府對台商投資承諾實現程度	-0.120	3
經營 -01）當地的基層勞力供應充裕程度	-0.106	4
法制 -11）當地政府政策穩定性及透明度	-0.101	5
社會 -01）當地的社會治安	-0.097	6
基建 -01）當地海、陸、空交通運輸便利程度	-0.097	7
社會 -05）民眾及政府歡迎台商投資態度	-0.093	8
基建 -07）未來總體發展及建設規劃完善程度	-0.093	9
經營 -02）當地的專業及技術人才供應充裕程度	-0.091	10

三、2017 TEEMA 中國大陸城市投資環境力分析

　　2017《TEEMA 調查報告》將所列入評比的 112 個城市，進行投資環境力分析，如表 18-8 所顯示，茲將其投資環境力重要論述分述如下：

　　1. 就投資環境力十佳城市而言：根據 2017《TEEMA 調查報告》所示，投資環境力前十佳城市排序為：（1）杭州蕭山；（2）廈門島外；（3）成都；（4）蘇州昆山；（5）蘇州工業區；（6）杭州市區；（7）廈門島內；（8）上海浦東；（9）蘇州新區、西安。從而得知，杭州蕭山、廈門島外、成都、蘇州昆山、蘇州工業區、廈門島內及蘇州新區等七城市，繼 2016 年後又於 2017 年蟬聯前十佳城市。此外，杭州市區及西安從十名外，進入前十佳城市之列，道出台商對其未來發展評價指日可期。

　　2. 就投資環境力十劣城市而言：根據 2017《TEEMA 調查報告》顯示，得知投資環境力排名前十劣的城市，其排序為：（1）北海；（2）贛州；（3）太原；（4）東莞長安；（5）東莞厚街；（6）東莞石碣；（7）東莞虎門；（8）九江；（9）吉安；（10）深圳龍崗。從而得知，贛州、太原、東莞長安、東莞厚街、東莞虎門、九江及深圳龍崗等七城市，繼 2016 年後又於 2017 年蟬聯進入前十劣城市。此外，在東莞附近區域城市位列十劣城市中，就占其四席，顯示台商對東莞地區投資環境力評價仍屬不佳。從而得知，中國大陸投資優勢已不再，企業紛紛撤離稱之為「工業重鎮龍頭」的東莞以轉投黃金重地，為導致台商投資環境力評價不佳之主因。

表 18-8 2017 TEEMA 中國大陸城市投資環境力排名分析

排名	地區	城市	❶生態環境 評分	❶排名	❷基建環境 評分	❷排名	❸社會環境 評分	❸排名	❹法制環境 評分	❹排名	❺經濟環境 評分	❺排名	❻經營環境 評分	❻排名	❼創新環境 評分	❼排名	❽網通環境 評分	❽排名	❾內需環境 評分	❾排名	❿文創環境 評分	❿排名	投資環境力 評分	投資環境力 加權分數
1	華東	杭州蕭山	3.906	1	4.073	1	3.805	7	3.921	1	3.869	6	3.530	15	3.726	9	3.886	3	3.895	3	3.784	7	3.846	96.423
2	華南	廈門島外	3.662	7	3.857	9	3.924	4	3.874	3	4.221	1	3.740	4	4.009	2	3.765	4	3.720	9	3.649	12	3.853	96.378
3	西南	成都	3.421	20	3.704	16	3.794	9	3.731	12	3.888	5	3.894	1	3.786	6	3.933	2	3.810	4	3.888	3	3.777	93.524
4	華東	蘇州昆山	3.697	5	3.915	6	3.719	12	3.701	13	3.706	18	3.579	12	3.815	4	3.764	5	3.963	1	3.917	2	3.767	93.435
5	華東	蘇州工業區	3.420	21	3.742	12	3.827	6	3.864	2	3.978	2	3.874	2	3.885	3	3.583	13	3.929	2	3.390	33	3.773	93.435
6	華東	杭州市區	3.605	10	3.880	7	3.500	26	3.814	7	3.820	8	3.775	3	3.800	5	3.675	7	3.623	17	4.113	1	3.746	92.499
7	華南	廈門島內	3.656	8	3.964	5	3.708	13	3.846	5	3.829	7	3.477	17	3.570	18	3.542	16	3.600	19	3.500	25	3.687	89.913
8	華東	上海浦東	3.664	6	4.007	3	3.800	8	3.773	10	3.921	4	3.445	22	3.260	46	3.508	17	3.625	16	3.757	8	3.677	88.307
9	華東	蘇州新區	3.363	32	3.729	14	4.034	2	3.682	14	3.788	9	3.542	13	3.683	12	3.443	26	3.747	8	3.547	20	3.663	87.772
9	西北	西安	3.597	11	4.049	2	4.126	1	3.788	9	3.498	30	3.624	8	3.593	16	3.460	22	3.586	22	3.281	43	3.686	87.772
11	華東	上海市區	3.853	3	3.863	8	3.500	28	3.606	17	3.708	16	3.458	19	3.533	20	3.674	8	3.535	33	3.798	6	3.643	86.301
12	華東	蘇州市區	3.516	16	3.971	4	4.033	3	3.800	8	3.691	19	3.611	10	3.512	21	3.360	40	3.687	11	3.143	56	3.665	86.256
13	華東	上海閔行	3.319	38	3.552	38	3.402	34	3.462	29	3.747	15	3.674	6	3.673	13	3.591	12	3.788	6	3.714	10	3.579	83.625
14	華北	青島	3.625	9	3.749	11	3.500	26	3.563	18	3.617	25	3.535	14	3.376	30	3.353	41	3.587	21	3.480	26	3.543	81.530
15	西南	重慶	3.436	19	3.736	13	3.629	17	3.771	11	3.782	11	3.377	28	3.550	19	3.213	56	3.571	26	3.375	36	3.564	80.950
16	華東	寧波市區	3.891	2	3.395	36	3.762	11	3.527	24	3.755	13	3.377	30	3.286	43	3.421	28	3.548	29	3.476	28	3.546	79.300
17	華東	淮安	3.570	12	3.549	23	3.564	19	3.414	32	3.462	35	3.367	34	3.577	17	3.506	18	3.538	30	3.478	27	3.499	78.631
18	華東	連雲港	3.216	49	3.084	72	2.990	80	3.548	21	3.773	12	3.690	5	4.059	1	3.941	1	3.804	5	3.546	21	3.565	77.071
19	東北	大連	3.178	57	3.767	10	3.475	30	3.533	23	3.667	21	3.596	11	3.400	29	3.395	30	3.580	24	3.291	42	3.500	77.026
20	華中	馬鞍山	3.776	4	3.351	40	3.771	10	3.420	30	3.494	32	3.371	32	3.342	34	3.368	38	3.576	25	3.631	16	3.499	76.982
21	華東	南通	3.237	47	3.083	74	3.507	25	3.551	19	3.750	14	3.640	7	3.450	26	3.458	23	3.639	13	3.351	38	3.477	76.223

表 18-8　2017 TEEMA 中國大陸城市投資環境力排名分析（續）

排名	地區	城市	❶生態環境 評分	❶生態環境 排名	❷基建環境 評分	❷基建環境 排名	❸社會環境 評分	❸社會環境 排名	❹法制環境 評分	❹法制環境 排名	❺經濟環境 評分	❺經濟環境 排名	❻經營環境 評分	❻經營環境 排名	❼創新環境 評分	❼創新環境 排名	❽網通環境 評分	❽網通環境 排名	❾內需環境 評分	❾內需環境 排名	❿文創環境 評分	❿文創環境 排名	投資環境力 評分	投資環境力 加權分數
22	華北	廊坊	3.544	14	3.453	31	3.377	37	3.485	27	3.658	22	3.427	24	3.704	11	3.370	37	3.348	47	3.304	40	3.476	75.599
23	華東	無錫市區	3.190	55	3.494	28	3.708	13	3.628	15	3.613	26	3.383	27	3.458	25	3.396	29	3.479	36	3.274	45	3.480	75.555
24	西南	德陽	3.524	15	3.511	25	3.684	15	3.551	20	3.421	38	3.330	39	3.200	54	3.246	51	3.719	10	3.301	41	3.461	74.351
25	華東	無錫江陰	2.932	87	3.204	55	3.492	29	3.905	2	3.932	3	3.377	29	3.771	7	3.698	6	3.294	52	3.136	57	3.513	74.172
26	華北	北京亦庄	3.402	24	3.604	19	3.523	22	3.825	6	3.708	17	3.360	37	3.100	69	3.318	45	3.288	53	3.422	30	3.475	73.236
27	華北	北京市區	3.215	50	3.598	20	3.549	21	3.185	56	3.783	10	3.367	35	3.333	36	3.574	14	3.358	45	3.635	15	3.437	72.121
28	華東	揚州	3.167	60	3.510	26	3.317	47	3.330	43	3.422	37	3.450	20	3.743	8	3.548	15	3.389	41	3.728	9	3.440	72.077
29	華東	南京江寧	2.976	80	3.210	54	3.255	52	3.475	28	3.630	23	3.620	9	3.624	14	3.608	10	3.569	28	3.462	29	3.443	71.764
29	華東	宿遷	3.359	34	3.261	48	3.422	32	3.398	35	3.319	52	3.283	45	3.718	10	3.647	9	3.627	15	3.134	58	3.430	71.764
31	華東	寧波北侖	3.469	18	3.461	30	3.288	50	3.336	40	3.234	56	3.240	48	3.427	27	3.492	19	3.674	12	3.636	14	3.411	71.720
32	西南	遂寧	3.552	13	3.405	35	3.389	35	3.410	33	3.421	39	3.439	23	3.411	28	3.204	57	3.472	37	3.262	46	3.404	70.605
33	華東	上海嘉定	3.294	41	3.714	15	3.570	18	3.368	36	3.602	27	3.321	42	3.084	71	3.298	46	3.404	40	3.556	18	3.412	68.509
34	華東	上海松江	3.212	51	3.630	18	3.373	40	3.353	38	3.378	44	3.214	51	3.318	39	3.422	27	3.529	34	3.706	11	3.396	68.197
35	華東	南京市區	3.237	47	3.635	17	3.917	5	3.543	22	3.357	46	3.374	31	3.233	50	3.167	63	3.306	50	3.087	62	3.408	67.618
36	西南	綿陽	3.256	46	3.373	38	3.454	31	3.419	31	3.595	28	3.364	36	3.367	31	3.157	64	3.537	31	3.262	47	3.386	67.439
37	華東	寧波慈溪	3.191	54	3.353	39	3.333	44	3.356	37	3.391	43	3.287	44	3.326	37	3.377	32	3.570	27	3.391	32	3.356	65.968
38	華南	深圳市區	3.393	25	3.201	56	3.191	60	3.145	60	3.630	24	3.448	21	3.244	48	3.451	25	3.525	35	3.603	17	3.360	65.879
39	華北	天津濱海	3.361	33	3.522	24	3.312	49	3.518	25	3.689	20	3.245	47	3.165	62	3.254	50	3.370	42	2.981	71	3.369	65.210
40	華中	合肥	3.365	31	3.251	49	3.347	42	3.514	26	3.451	36	3.175	61	3.288	42	3.233	52	3.413	38	3.280	44	3.343	64.140
41	華中	蕪湖	3.278	43	3.143	66	3.130	67	3.316	44	3.111	76	3.389	25	3.489	23	3.481	21	3.639	14	3.056	66	3.316	62.178
42	華東	無錫宜興	3.149	66	3.443	33	3.342	43	3.215	50	3.407	41	3.314	43	3.460	24	3.367	39	3.267	55	3.400	31	3.327	62.133

表 18-8 2017 TEEMA 中國大陸城市投資環境力排名分析（續）

排名	地區	城市	❶生態環境 評分	❶排名	❷基建環境 評分	❷排名	❸社會環境 評分	❸排名	❹法制環境 評分	❹排名	❺經濟環境 評分	❺排名	❻經營環境 評分	❻排名	❼創新環境 評分	❼排名	❽網通環境 評分	❽排名	❾內需環境 評分	❾排名	❿文創環境 評分	❿排名	投資環境力 評分	加權分數
43	華北	天津市區	3.405	22	3.488	29	3.313	48	3.282	45	3.464	34	3.193	55	3.158	63	3.278	49	3.340	48	3.202	52	3.316	61.509
44	華南	東莞松山湖	3.343	37	3.307	43	3.508	24	3.623	16	3.136	74	3.064	72	3.210	53	3.342	43	3.200	60	3.364	37	3.323	60.884
45	華東	蘇州吳江	3.010	78	3.120	68	3.133	66	3.123	63	3.486	33	3.196	54	3.336	35	3.453	24	3.780	7	3.863	4	3.313	59.725
46	華北	濟南	3.371	29	3.323	42	3.232	54	3.181	57	3.497	31	3.328	40	3.200	54	3.348	42	3.109	69	2.832	83	3.259	57.362
47	華中	南昌	3.169	59	3.267	47	3.406	33	3.227	49	3.174	68	3.245	46	3.365	32	3.043	76	3.268	54	3.553	19	3.256	56.470
48	華南	廣州市區	3.083	69	3.186	59	3.333	44	3.127	62	3.336	50	3.191	56	2.940	89	3.492	20	3.608	18	3.857	5	3.279	56.247
49	華東	蘇州張家港	2.968	81	3.412	34	3.382	36	3.240	48	3.118	75	3.214	51	3.212	52	3.147	66	3.588	20	3.345	39	3.257	55.712
50	華中	鄭州	3.046	76	3.160	63	3.160	62	3.400	34	3.211	62	3.385	26	3.248	47	3.387	31	3.080	72	3.063	65	3.231	54.285
51	華南	廣州天河	3.403	23	3.550	22	3.558	20	3.150	59	3.214	61	3.068	71	2.960	87	3.175	62	3.192	61	3.036	69	3.236	53.616
52	華東	寧波餘姚	3.152	64	3.193	58	3.117	69	3.200	53	3.350	49	3.323	41	3.490	22	3.375	34	3.058	75	2.664	93	3.219	52.903
53	華東	嘉興市區	3.482	17	2.991	84	3.094	72	2.875	88	2.973	85	3.182	58	3.613	15	3.292	47	3.583	23	3.643	13	3.234	52.769
54	華南	福州市區	3.296	40	3.444	32	3.648	16	3.205	52	3.206	64	3.071	70	2.989	85	3.139	68	3.130	66	3.167	55	3.231	52.145
55	華中	長沙	3.284	42	3.375	37	3.271	51	2.997	81	3.220	60	3.102	66	3.133	67	3.292	47	3.264	56	3.232	49	3.205	49.871
56	華東	蘇州常熟	3.074	72	3.168	62	3.098	71	3.032	79	3.160	69	3.080	68	3.235	49	3.608	10	3.324	49	3.513	23	3.205	49.157
57	華東	紹興	3.377	27	2.971	86	2.933	86	3.335	41	3.264	54	3.464	18	3.130	68	3.058	73	3.075	73	2.814	86	3.168	48.310
57	華東	嘉興嘉善	3.366	30	3.150	64	3.123	68	3.057	75	3.008	84	3.368	33	3.168	61	3.140	67	3.246	58	3.504	24	3.191	48.310
59	華東	寧波奉化	3.262	45	3.236	51	3.375	38	3.254	47	3.393	42	3.027	74	3.090	70	2.717	99	3.067	74	2.921	75	3.151	47.285
60	華北	保定	3.277	44	3.232	52	3.010	77	2.803	92	3.223	59	3.227	49	3.188	60	3.188	59	3.365	43	3.170	53	3.150	46.705
61	華南	泉州	3.091	68	3.150	65	3.238	53	3.099	68	2.810	94	2.991	78	3.362	33	3.325	44	3.349	46	3.224	50	3.158	46.660
62	華東	蘇州大倉	2.770	99	3.012	81	3.203	58	3.090	70	3.205	66	3.115	63	3.270	44	3.377	33	3.536	32	3.112	60	3.168	46.393
63	華南	東莞市區	3.298	39	3.301	44	2.939	85	2.927	84	2.820	93	3.182	58	3.305	41	3.219	54	3.360	44	3.075	63	3.135	45.991

表 18-8 2017 TEEMA 中國大陸城市投資環境力排名分析（續）

排名	地區	城市	❶生態環境 評分	排名	❷基建環境 評分	排名	❸社會環境 評分	排名	❹法制環境 評分	排名	❺經濟環境 評分	排名	❻經營環境 評分	排名	❼創新環境 評分	排名	❽網通環境 評分	排名	❾內需環境 評分	排名	❿文創環境 評分	排名	投資環境力 評分	加權分數
64	華東	常州	3.163	61	3.268	46	3.104	70	3.048	76	3.357	46	3.205	53	3.200	54	3.052	75	3.094	70	3.054	67	3.154	45.367
65	華東	鹽城	3.373	28	3.084	72	3.373	39	3.186	55	3.143	71	3.027	75	3.153	64	2.971	81	3.039	78	3.034	70	3.146	45.100
66	華南	福州馬尾	3.353	36	3.504	27	3.518	23	3.332	42	3.256	55	2.914	85	2.684	102	2.588	102	3.018	82	2.541	103	3.110	45.010
67	華中	武漢武昌	3.150	65	3.351	40	3.361	41	3.263	46	3.208	63	3.106	65	3.042	74	2.993	80	2.688	98	2.649	95	3.112	43.584
68	華北	唐山	3.155	63	3.080	75	3.000	78	3.159	58	3.321	51	3.222	50	3.150	65	3.063	72	3.094	70	2.813	87	3.123	42.513
69	華南	珠海	3.031	77	3.000	82	3.039	76	3.104	67	3.185	67	2.968	81	3.318	38	3.176	61	3.137	65	3.378	35	3.120	41.577
70	西北	蘭州	2.636	104	2.670	99	2.729	96	2.995	82	3.580	29	3.489	16	3.263	45	2.802	97	3.406	39	3.241	48	3.069	40.953
71	西南	昆明	3.076	71	3.045	80	3.061	74	3.089	71	3.226	58	3.354	38	3.042	73	3.009	79	3.167	63	2.910	77	3.107	40.150
72	西南	南寧	3.178	57	3.244	50	3.196	59	3.145	61	3.143	73	3.176	60	3.188	59	2.824	93	2.706	97	2.513	106	3.063	39.125
73	華北	日照	3.391	26	3.223	53	3.188	61	3.077	74	3.152	70	2.977	79	3.038	75	2.813	95	3.052	77	2.616	99	3.076	38.768
74	華南	海口	2.874	95	3.286	45	3.146	63	3.091	69	3.205	65	3.188	57	3.050	72	3.135	69	2.948	88	2.839	82	3.089	38.589
75	華中	武漢漢陽	3.052	74	3.180	60	3.140	65	3.036	78	3.143	71	3.000	76	3.200	58	3.149	65	3.053	76	2.759	89	3.085	37.876
76	華東	徐州	2.940	86	3.136	67	3.000	78	3.085	72	3.043	79	2.995	77	3.000	83	3.375	34	3.217	59	2.957	74	3.081	37.742
77	華北	威海	3.356	35	3.079	77	3.324	46	3.043	77	2.929	88	2.884	89	2.911	90	3.222	53	2.963	86	3.103	61	3.078	37.564
78	華南	佛山	3.095	67	3.200	57	2.989	81	3.344	39	2.962	87	2.976	80	3.013	80	3.022	77	2.989	85	2.829	84	3.068	37.163
79	華北	煙台	2.967	82	2.908	89	3.069	73	3.122	64	3.370	45	3.053	73	3.200	54	2.873	88	3.020	81	2.748	91	3.052	36.092
80	東北	瀋陽	3.193	53	3.175	61	3.204	57	3.080	73	3.063	78	2.892	88	2.696	100	2.944	84	3.130	66	3.053	68	3.044	35.736
81	華南	三亞	2.730	101	3.111	69	3.213	56	3.209	51	3.357	46	3.096	67	3.033	76	2.704	100	2.778	94	2.413	107	3.004	34.978
82	華東	鎮江	2.920	89	3.076	79	2.882	91	3.104	66	3.277	53	3.112	64	3.306	40	2.961	82	2.725	96	2.563	101	3.020	34.576
83	華中	武漢漢口	3.048	75	2.992	83	2.944	84	3.192	54	3.413	40	2.813	92	3.022	78	2.889	86	3.028	80	2.659	94	3.027	34.353
84	華東	湖州	3.080	70	2.832	90	2.657	102	2.729	94	2.924	89	3.128	62	3.224	51	2.902	85	3.294	51	3.118	59	2.969	32.168

表 18-8 2017 TEEMA 中國大陸城市投資環境力排名分析（續）

排名	地區	城市	❶生態環境 評分	❶生態環境 排名	❷基建環境 評分	❷基建環境 排名	❸社會環境 評分	❸社會環境 排名	❹法制環境 評分	❹法制環境 排名	❺經濟環境 評分	❺經濟環境 排名	❻經營環境 評分	❻經營環境 排名	❼創新環境 評分	❼創新環境 排名	❽網通環境 評分	❽網通環境 排名	❾內需環境 評分	❾內需環境 排名	❿文創環境 評分	❿文創環境 排名	投資環境力 評分	投資環境力 加權分數
85	華北	泰安	2.998	79	2.920	87	3.052	75	3.115	65	3.036	80	3.080	69	3.013	81	2.781	98	2.854	92	2.920	76	2.987	29.850
86	華南	中山	3.188	56	3.098	71	2.958	83	2.813	90	2.679	99	2.909	86	2.688	101	3.219	55	3.031	79	2.848	81	2.941	29.047
87	華東	溫州	2.757	100	2.768	95	3.219	55	2.712	97	2.902	91	2.665	100	2.725	97	3.188	59	3.250	57	3.518	22	2.930	28.601
88	華南	漳州	2.863	96	3.079	76	2.981	82	2.936	83	3.024	81	2.768	98	2.900	91	3.093	70	3.120	68	3.167	54	2.982	28.334
89	華南	深圳寶安	2.921	88	2.757	96	2.892	89	2.881	87	3.064	77	2.932	83	3.010	82	3.200	58	3.008	83	2.964	73	2.959	27.487
90	華南	莆田	2.621	105	2.790	93	2.822	92	2.923	85	3.229	57	2.830	91	3.147	66	3.011	78	3.000	84	2.981	72	2.933	26.907
91	華東	泰州	2.948	85	2.679	98	3.146	63	3.014	80	3.018	82	2.920	84	2.788	95	2.844	92	2.771	95	3.071	64	2.917	25.435
92	東北	哈爾濱	2.815	98	2.460	105	2.815	93	2.714	96	2.698	98	2.793	96	3.022	77	3.370	36	2.963	86	3.389	34	2.870	25.079
93	東北	長春	3.162	62	2.789	94	2.702	97	2.490	105	2.571	102	2.660	102	3.021	79	3.053	74	3.175	62	3.211	51	2.847	24.633
94	西南	貴陽	2.896	91	3.079	78	2.667	100	2.786	93	2.921	90	2.899	87	3.000	83	3.065	71	2.917	89	2.548	102	2.890	22.448
95	華北	石家莊	2.657	103	3.105	70	2.781	95	2.721	95	3.015	83	2.775	97	2.716	98	2.807	96	3.158	64	2.865	80	2.853	21.645
96	西南	桂林	2.959	83	2.916	88	2.804	94	2.851	89	2.748	97	2.963	82	2.965	86	2.873	88	2.902	91	2.647	96	2.873	21.467
97	華中	襄陽	3.206	52	2.616	102	2.635	103	2.601	99	2.661	100	2.807	94	2.813	93	2.646	101	2.635	100	2.866	78	2.735	17.721
98	華南	東莞清溪	2.840	97	2.991	84	2.885	90	2.692	98	2.786	95	2.591	103	2.638	103	2.875	87	2.906	90	2.866	78	2.798	17.498
99	華南	江門	2.918	90	2.643	101	2.677	99	2.923	86	2.973	85	2.841	90	2.575	105	2.406	105	2.479	104	2.750	90	2.727	15.893
100	華南	汕頭	2.956	84	2.552	104	2.922	87	2.805	91	2.895	92	2.812	93	2.587	104	2.400	106	2.322	109	2.629	98	2.697	14.868
101	華南	惠州	2.884	94	2.815	91	2.902	88	2.507	104	2.412	108	2.519	106	2.800	94	2.961	82	2.598	101	2.244	110	2.677	13.931
102	華中	宜昌	2.538	107	2.384	108	2.688	98	2.380	107	2.545	105	2.801	95	2.713	99	2.823	94	2.813	93	2.732	92	2.624	11.211
103	華南	深圳龍崗	2.892	92	2.649	100	2.394	108	2.531	102	2.630	101	2.669	99	2.518	108	2.856	90	2.447	106	2.519	105	2.611	10.854
104	華中	吉安	3.073	73	2.714	97	2.510	105	2.361	108	2.554	103	2.557	104	2.013	111	2.198	110	2.375	108	2.634	97	2.485	9.784
105	華中	九江	2.383	109	2.459	106	2.596	104	2.575	100	2.774	96	2.541	105	2.537	107	2.395	107	2.640	99	2.820	85	2.560	9.428

表 18-8 2017 TEEMA 中國大陸城市投資環境力排名分析（續）

排名	地區	城市	❶生態環境 評分	❶生態環境 排名	❷基建環境 評分	❷基建環境 排名	❸社會環境 評分	❸社會環境 排名	❹法制環境 評分	❹法制環境 排名	❺經濟環境 評分	❺經濟環境 排名	❻經營環境 評分	❻經營環境 排名	❼創新環境 評分	❼創新環境 排名	❽網通環境 評分	❽網通環境 排名	❾內需環境 評分	❾內需環境 排名	❿文創環境 評分	❿文創環境 排名	投資環境力 評分	投資環境力 加權分數
106	華南	東莞虎門	2.892	93	2.571	103	2.667	100	2.524	103	2.554	103	2.494	107	2.538	106	2.385	108	2.583	102	2.536	104	2.574	9.160
107	華南	東莞石碣	2.523	108	2.410	107	2.456	106	2.544	101	2.495	106	2.479	108	2.947	88	2.511	104	2.389	107	2.790	88	2.542	9.071
108	華南	東莞厚街	2.719	102	2.795	92	2.396	107	2.442	106	2.446	107	2.438	109	2.775	96	2.583	103	2.458	105	2.402	108	2.547	8.669
109	華南	東莞長安	2.576	106	2.105	112	1.933	111	2.026	110	2.381	110	2.661	101	2.840	92	2.856	91	2.522	103	2.305	109	2.406	7.644
110	華北	太原	2.313	110	2.126	111	2.000	110	2.199	109	2.403	109	2.364	110	2.282	110	2.382	109	2.294	110	2.588	100	2.276	3.452
111	華中	贛州	1.991	112	2.214	110	2.021	109	1.808	112	1.714	112	2.114	111	2.363	109	2.177	111	2.115	111	2.196	111	2.052	2.026
112	西南	北海	2.164	111	2.229	109	1.878	112	1.897	111	1.771	111	1.558	112	1.493	112	1.811	112	1.733	112	1.371	112	1.817	1.580

資料來源：本研究整理

四、2016-2017 TEEMA 中國大陸投資環境力差異分析

表 18-9 為 2016 年及 2017 年調查共同的 112 個城市之投資環境力評分的差異表，可看出有 82 個城市的投資環境力評分呈現下降，占 73.2％，評分上升的城市則有 28 個，占 25.0％，而評分持平的城市則有兩個，占 1.8％，茲將投資環境力評價差異變化分述如下：

1. 就 2016-2017 投資環境力評分上升前十城市而言：

從表 18-9 可知 2016 與 2017 年投資環境力評價差異分析，其上升幅度前十名城市排序為：（1）九江；（2）深圳寶安；（3）武漢漢陽；（4）東莞厚街；（5）東莞清溪；（6）溫州；（7）東莞長安；（8）武漢漢口；（9）保定；（10）東莞松山湖，可發現東莞城市占四席，而武漢城市則占兩席，東莞近年來致力於協助台商轉型升級之成效逐漸顯現，更於松山湖推動台灣青年創業專項資金與相關優惠政策，聚焦文化創意、生物科技、物聯網、機器人、電子信息等五大產業發展，讓台商能夠掌握轉型第二曲線。

2. 就 2016-2017 投資環境力評分下降前十城市而言：

根據表 18-9 可知 2016 與 2017 年投資環境力評價差異分析，其降幅前十名的城市，其依序分別為：（1）北海；（2）太原；（3）南京市區；（4）泉州；（5）貴陽；（6）青島；（7）泰州；（8）合肥；（9）蘇州市區；（10）湖州。其中，發現過去於投資環境力高分的城市，至今有大幅下降趨勢，可見中國大陸整體投資環境不如往昔，使得台商對其評價不佳。

表 18-9　2016-2017 TEEMA 中國大陸城市投資環境力評分差異

城　　市	2016 評分	2017 評分	2016 至 2017 評分差異	城　　市	2016 評分	2017 評分	2016 至 2017 評分差異
九　江	1.819	2.560	0.741	惠　州	2.688	2.677	-0.011
深圳寶安	2.532	2.959	0.427	漳　州	3.003	2.982	-0.021
武漢漢陽	2.727	3.085	0.358	連雲港	3.587	3.565	-0.022
東莞厚街	2.192	2.547	0.355	上海浦東	3.702	3.677	-0.025
東莞清溪	2.574	2.798	0.224	重　慶	3.592	3.564	-0.028
溫　州	2.775	2.930	0.155	上海閔行	3.608	3.579	-0.029
東莞長安	2.286	2.406	0.120	濟　南	3.290	3.259	-0.031
武漢漢口	2.927	3.027	0.100	中　山	2.973	2.941	-0.032
保　定	3.063	3.150	0.087	北京亦庄	3.508	3.475	-0.033
東莞松山湖	3.241	3.323	0.082	蘇州新區	3.697	3.663	-0.034
天津市區	3.241	3.316	0.075	廈門島內	3.723	3.687	-0.036

表 18-9 2016-2017 TEEMA 中國大陸城市投資環境力評分差異（續）

城　市	2016 評分	2017 評分	2016 至 2017 評分差異	城　市	2016 評分	2017 評分	2016 至 2017 評分差異
深圳龍崗	2.541	2.611	0.070	廈門島外	3.890	3.853	-0.037
武漢武昌	3.048	3.112	0.064	德　陽	3.502	3.461	-0.041
昆　明	3.044	3.107	0.063	馬鞍山	3.544	3.499	-0.045
瀋　陽	2.986	3.044	0.058	桂　林	2.918	2.873	-0.045
東莞虎門	2.519	2.574	0.055	嘉興市區	3.284	3.234	-0.050
杭州市區	3.697	3.746	0.049	江　門	2.779	2.727	-0.052
上海嘉定	3.367	3.412	0.045	無錫市區	3.537	3.480	-0.057
紹　興	3.128	3.168	0.040	哈爾濱	2.931	2.870	-0.061
杭州蕭山	3.811	3.846	0.035	深圳市區	3.425	3.360	-0.065
鹽　城	3.125	3.146	0.021	北京市區	3.506	3.437	-0.069
蘭　州	3.051	3.069	0.018	揚　州	3.511	3.440	-0.071
石家莊	2.835	2.853	0.018	三　亞	3.075	3.004	-0.071
東莞市區	3.118	3.135	0.017	遂　寧	3.477	3.404	-0.073
宜　昌	2.608	2.624	0.016	大　連	3.575	3.500	-0.075
西　安	3.670	3.686	0.016	汕　頭	2.775	2.697	-0.078
寧波餘姚	3.211	3.219	0.008	珠　海	3.199	3.120	-0.079
廣州市區	3.272	3.279	0.007	蘇州吳江	3.394	3.313	-0.081
上海松江	3.396	3.396	0.000	南　昌	3.337	3.256	-0.081
嘉興嘉善	3.191	3.191	0.000	福州馬尾	3.194	3.110	-0.084
日　照	3.078	3.076	-0.002	蘇州太倉	3.252	3.168	-0.084
海　口	3.099	3.089	-0.010	寧波北侖	3.496	3.411	-0.085
唐　山	3.209	3.123	-0.086	綿　陽	3.533	3.386	-0.147
寧波市區	3.633	3.546	-0.087	東莞石碣	2.690	2.542	-0.148
襄　陽	2.825	2.735	-0.090	無錫江陰	3.662	3.513	-0.149
莆　田	3.024	2.933	-0.091	威　海	3.233	3.078	-0.155
鄭　州	3.323	3.231	-0.092	上海市區	3.804	3.643	-0.161
廊　坊	3.571	3.476	-0.095	徐　州	3.244	3.081	-0.163
蘇州常熟	3.300	3.205	-0.095	長　沙	3.369	3.205	-0.164
寧波奉化	3.247	3.151	-0.096	贛　州	2.216	2.052	-0.164
佛　山	3.166	3.068	-0.098	蘇州昆山	3.938	3.767	-0.171
廣州天河	3.336	3.236	-0.100	吉　安	2.662	2.485	-0.177
南京江寧	3.547	3.443	-0.104	泰　安	3.164	2.987	-0.177
蕪　湖	3.422	3.316	-0.106	煙　台	3.234	3.052	-0.182
淮　安	3.607	3.499	-0.108	蘇州張家港	3.442	3.257	-0.185
成　都	3.885	3.777	-0.108	福州市區	3.424	3.231	-0.193
蘇州工業區	3.886	3.773	-0.113	湖　州	3.166	2.969	-0.197
天津濱海	3.484	3.369	-0.115	蘇州市區	3.887	3.665	-0.222

表 18-9　2016-2017 TEEMA 中國大陸城市投資環境力評分差異（續）

城　　市	2016 評分	2017 評分	2016 至 2017 評分差異	城　　市	2016 評分	2017 評分	2016 至 2017 評分差異
鎮　江	3.144	3.020	-0.124	合　肥	3.567	3.343	-0.224
寧波慈溪	3.483	3.356	-0.127	泰　州	3.148	2.917	-0.231
南　寧	3.192	3.063	-0.129	青　島	3.778	3.543	-0.235
無錫宜興	3.460	3.327	-0.133	貴　陽	3.128	2.890	-0.238
長　春	2.982	2.847	-0.135	泉　州	3.399	3.158	-0.241
常　州	3.292	3.154	-0.138	南京市區	3.677	3.408	-0.269
宿　遷	3.571	3.430	-0.141	太　原	2.642	2.276	-0.366
南　通	3.618	3.477	-0.141	北　海	2.920	1.817	-1.103

資料來源：本研究整理

五、2017 TEEMA 中國大陸區域投資環境力分析

　　表 18-10 所示，2017《TEEMA 調查報告》對中國大陸區域投資環境力分析，排名依序為：（1）華東地區；（2）西北地區；（3）華北地區；（4）西南地區；（5）東北地區；（6）華南地區；（7）華中地區。可知「華東地區」仍是台商評價投資環境力之重要投資區域，此外，由表 18-11 可知，華東地區、西北地區、東北地區、華南地區及華中地區等七個地區皆維持與 2016 年相同排名，而華北地區與西南地區則是名次對調，中國大陸華東地區市場依舊需求旺盛，然隨中國大陸政府經濟發展重心轉移的新形勢下，加速沿海市場的經營發展，將促進西部地區崛起，其快速發展的同時將帶來龐大商機。

表 18-10　2017 TEEMA 中國大陸區域投資環境力排名分析

環境力構面	華南	華東	華北	華中	東北	西南	西北
❶生態環境	3.041	3.277	3.202	3.026	3.087	3.146	3.117
❷基建環境	3.049	3.371	3.227	2.961	3.048	3.224	3.359
❸社會環境	3.031	3.382	3.149	2.999	3.049	3.156	3.428
❹法制環境	2.986	3.366	3.152	2.935	2.954	3.165	3.391
❺經濟環境	3.027	3.447	3.324	2.977	3.000	3.192	3.539
❻經營環境	2.938	3.336	3.136	2.958	2.985	3.135	3.556
❼創新環境	2.987	3.409	3.102	2.969	3.035	3.100	3.428
❽網通環境	3.016	3.382	3.108	2.934	3.191	3.033	3.131
❾內需環境	2.978	3.452	3.147	2.970	3.212	3.153	3.496
❿文創環境	2.944	3.380	3.045	2.938	3.236	2.908	3.261
環境力評分	3.000	3.380	3.159	2.967	3.080	3.121	3.371
環境力排名	❻	❶	❸	❼	❺	❹	❷

資料來源：本研究整理

　　表 18-11 可知 2013-2017《TEEMA 調查報告》歷年的投資環境力之七大經濟區域排名變化，華東地區（3.380 分）始終成為台商評價投資環境力之第一名，但其評分均呈現下降趨勢；在第二名為西北地區（3.371 分），其評分呈現上升趨勢，而第三名的華北地區（3.159 分），其評分則呈現下滑現象。此外，除西北地區與華中地區小幅上升之外，於其他區域所得之評價分數均呈現下降趨勢，由此可知，中國大陸經濟投資發展前景趨於疲弱，進而影響台商對其評價。

表 18-11　2013-2017 TEEMA 中國大陸區域投資環境力排名變化分析

地區	2013		2014		2015		2016		2017		2013 至 2017	
	評分	排名	評分	排名	評分	排名	評分	排名	評分	排名	總分	排名
❶華東地區	3.669	1	3.576	1	3.502	1	3.460	1	3.380	1	3.517	1
❷華北地區	3.495	2	3.389	2	3.317	4	3.291	4	3.159	3	3.330	3
❸西南地區	3.423	3	3.293	4	3.337	3	3.307	3	3.121	4	3.296	4
❹西北地區	3.393	4	3.381	3	3.370	2	3.358	2	3.371	2	3.375	2
❺東北地區	3.390	5	3.286	5	3.096	5	3.131	5	3.080	5	3.197	5
❻華中地區	3.314	6	3.051	7	2.956	7	2.952	7	2.967	7	3.048	7
❼華南地區	3.194	7	3.088	6	3.058	6	3.001	6	3.000	6	3.068	6

資料來源：本研究整理

第 19 章

2017 TEEMA 中國大陸投資風險度

2017《TEEMA 調查報告》投資風險度由六個構面及 46 個指標所構成，其分別為：（1）社會風險有三項指標；（2）法制風險有十項指標；（3）經濟風險有八項指標；（4）經營風險有 17 項指標；（5）轉型風險有四項指標；（6）道德風險有四項指標，而 2017《TEEMA 調查報告》新增一項法制風險細項指標「當地政府積極查稅增加經營成本之風險」，其主因在於考量台商現今所面臨之困境。

一、2017 TEEMA 中國大陸投資風險度評估指標分析

根據 2017《TEEMA 調查報告》針對投資風險度六大構面之評估，各細項指標評分結果如表 19-1 顯示，而表 19-2 將能看出各構面平均觀點評分與排名結果。此外，為詳細分析台商在中國大陸投資布局之投資風險度評估指標結果，茲針對投資風險度六大評估構面、46 項細項指標，剖析如下：

1. 就社會風險構面而言： 2017《TEEMA 調查報告》表 19-2 所示，社會風險構面評價為 2.583 分，相較於 2016 年的評分 2.566 分上升 0.017 分，排名維持在第三名，然綜觀歷年《TEEMA 調查報告》有上升之趨勢，顯示台商認為中國大陸社會風險逐漸升高。根據表 19-1 顯示，社會風險構面三個指標，其風險高低順序分別為：（1）「當地發生勞資或經貿糾紛不易排解的風險（2.681）」；（2）「當地發生員工抗議、抗爭事件頻繁的風險（2.559）」；（3）「當地人身財產安全受到威脅的風險（2.509）」，「當地發生勞資或經貿糾紛不易排解的風險」之細項指標風險仍為社會風險構面中最大之風險，在整體構面排第 40 名。顯示台商在中國大陸儘管擁有一些優惠措施，然在勞資或經貿糾紛方面仍無法輕易的解決。

2. 就法制風險構面而言： 2017《TEEMA 調查報告》可知法制風險構面評價觀點為 2.593 分，較於 2016 年的 2.535 分高 0.058 分，其排名一舉由第一名下

降至第四名,顯示台商認為中國大陸法制風險提升。從表 19-1 顯示,在此構面十項指標中,風險最高的三項指標依序為:(1)「當地政府積極查稅增加經營成本之風險(2.862)」;(2)「當地政府行政命令經常變動的風險(2.672)」;(3)「當地政府在兩岸新政治關係下政策轉變之風險(2.569)」。而法制風險的指標中風險最低的前三項為:(1)「當地政府以不當方式要求台商回饋的風險(2.484)」;(2)「當地常以刑事方式處理經濟案件的風險(2.515)」;(3)「政府調解、仲裁糾紛對台商不公平程度風險(2.536)」。綜觀上述,可知在政黨輪替的情況下,兩岸關係越趨緊張,加之中國大陸積極查稅、行政命令時常更動以及影響台商身家財產最甚的兩岸政治關係風險產生,使得法制風險提升。

3. 就經濟風險構面而言:表 19-2 顯示經濟風險構面評價觀點為 2.613 分,較 2016 年 2.575 分上升 0.038 分,可發現台商認為在中國大陸之經濟風險不斷提升。而從表 19-1 可知,經濟風險構面的八項細項指標中,其風險最高的前三項為:(1)「台商企業在當地發生經貿糾紛頻繁的風險(2.695)」;(2)「當地政府刪減優惠政策導致喪失投資優勢的風險(2.693)」;(3)「當地政府對台商優惠政策無法兌現的風險(2.658)」。相反地,在其指標中風險最低的前三項分別為:(1)「當地的地方稅賦政策變動頻繁的風險(2.552)」;(2)「當地政府保護主義濃厚影響企業獲利的(2.554)」;(3)「台商藉由當地銀行體系籌措與取得資金困難(2.580)」,可見台商逐漸憂心在中國大陸經貿糾紛與投資優勢喪失之風險。

4. 就經營風險構面而言:由表 19-2 得知經營風險構面評價觀點為 2.599 分,較 2016 年的 2.581 分高 0.018 分,而從近五年《TEEMA 調查報告》數據顯示,會發現經營風險仍為十分台商擔憂風險,同時其風險評分亦逐年升高。如表 19-1 顯示,其中以(1)「員工缺乏忠誠度造成人員流動率頻繁的風險(2.784)」、(2)「當地適任人才及員工招募不易的風險(2.759)」及(3)「勞工成本上升幅度與速度高於企業可負擔風險(2.748)」等三項風險最為嚴重,可發現台商在中國大陸越來越難吸引到當地優秀人才,同時人才流失率也高居不下,且由於中國大陸經濟不斷成長,勞動成本也不斷上升,對台商的經營造成不小的風險。而在經營風險構面之細項分數較低者,為「當地政府干預台商企業經營運作的風險(2.462)」、「當地台商因經貿、稅務糾紛被羈押的風險(2.477)」及「當地物流、運輸、通路狀況不易掌握的風險(2.512)」,此一結果與 2016《TEEMA 調查報告》相同,顯示儘管在政黨輪替下台商增添些許風險,然在企業之基本運作與保障,中國大陸仍處於安全的狀態,台商不需特別擔心。

表 19-1 2013-2017 TEEMA 中國大陸投資風險度指標評分與排名分析

投資風險度評估構面與指標	2013 評分	2013 排名	2014 評分	2014 排名	2015 評分	2015 排名	2016 評分	2016 排名	2017 評分	2017 排名	2013至2017 平均	2013至2017 總排名
社會-01) 當地發生員工抗議、抗爭事件頻繁的風險	2.364	22	2.525	25	2.550	18	2.557	21	2.559	18	2.511	17
社會-02) 當地發生勞資或經貿糾紛不易排解的風險	2.384	27	2.572	35	2.627	39	2.632	41	2.681	40	2.579	40
社會-03) 當地人身財產安全受到威脅的風險	2.270	5	2.476	11	2.513	5	2.509	5	2.509	4	2.455	5
法制-01) 當地政府行政命令經常變動的風險	2.311	12	2.522	24	2.577	29	2.576	28	2.672	39	2.532	25
法制-02) 違反對台商合法取得土地使用權承諾風險	2.290	6	2.481	12	2.534	12	2.543	11	2.555	16	2.481	10
法制-03) 官員對法令、合同、規範執行不一致的風險	2.301	10	2.463	7	2.529	9	2.547	15	2.554	15	2.479	8
法制-04) 與當地政府協商過程難以掌控的風險	2.336	16	2.507	20	2.567	25	2.584	33	2.589	29	2.517	18
法制-05) 政府調解、仲裁糾紛對台商不公平程度風險	2.291	7	2.459	5	2.527	8	2.534	9	2.536	8	2.469	7
法制-06) 機構無法有效執行司法及仲裁結果的風險	2.306	11	2.484	14	2.552	19	2.538	10	2.539	9	2.484	11
法制-07) 當地政府以不當方式要求台商回饋的風險	2.246	2	2.412	2	2.477	2	2.477	2	2.484	3	2.419	2
法制-08) 當地常以刑事方式處理經濟案件的風險	2.250	3	2.402	1	2.487	4	2.498	4	2.515	6	2.430	4
法制-09) 當地政府在兩岸新政治關係下政策轉變之風險	-	-	-	-	-	-	2.516	6	2.622	36	2.569	38
法制-10) 當地政府積極查稅增加經營成本之風險	-	-	-	-	-	-	-	-	2.862	46	2.862	46
經濟-01) 當地外匯嚴格管制及利潤匯出不易的風險	2.366	23	2.511	21	2.578	30	2.573	26	2.585	26	2.523	22
經濟-02) 當地的地方稅賦政策變動頻繁的風險	2.348	18	2.492	16	2.547	17	2.550	17	2.552	12	2.498	13
經濟-03) 台商藉由當地銀行籌集資金與取得資金困難	2.414	32	2.551	32	2.588	35	2.597	39	2.580	25	2.546	33
經濟-04) 當地政府對台商優惠政策無法兌現的風險	2.299	9	2.471	9	2.532	10	2.549	16	2.658	38	2.502	15
經濟-05) 台商企業在當地發生經貿糾紛頻繁的風險	2.323	14	2.471	10	2.538	15	2.592	38	2.695	42	2.524	23
經濟-06) 當地政府保護主義濃厚影響企業獲利的風險	2.341	17	2.482	13	2.557	20	2.573	25	2.554	14	2.501	14
經濟-07) 當地政府收費、攤派、罰款項目繁多的風險	2.363	21	2.489	15	2.564	23	2.582	30	2.587	28	2.517	19
經濟-08) 當地政府刪減優惠政策導致喪失投資優勢風險	2.354	19	2.512	22	2.574	27	2.585	34	2.693	41	2.544	30

表 19-1 2013-2017 TEEMA 中國大陸投資風險度指標評分與排名分析（續）

投資風險度評估構面與指標	2013 評分	2013 排名	2014 評分	2014 排名	2015 評分	2015 排名	2016 評分	2016 排名	2017 評分	2017 排名	2013至2017 平均	2013至2017 總排名
經營-01）當地水電、燃氣、能源供應不穩定的風險	2.333	15	2.504	19	2.563	22	2.589	36	2.604	34	2.519	20
經營-02）當地物流、運輸、通路狀況不易掌握的風險	2.293	8	2.460	6	2.519	6	2.521	7	2.512	5	2.461	6
經營-03）當地配套廠商供應不易穩定的風險	2.315	13	2.463	8	2.535	14	2.543	12	2.542	10	2.480	9
經營-04）當地企業信用不佳欠債追索不易的風險	2.412	31	2.536	27	2.579	31	2.590	37	2.594	30	2.542	28
經營-05）員工道德操守造成台商企業營運損失的風險	2.417	33	2.547	31	2.593	37	2.586	35	2.586	27	2.546	32
經營-06）當地適任人才及員工招募不易的風險	2.448	36	2.593	36	2.648	42	2.696	45	2.759	44	2.629	43
經營-07）員工缺乏忠誠度造成人員流動率頻繁的風險	2.443	35	2.598	37	2.648	41	2.693	44	2.784	45	2.633	45
經營-08）當地經營企業維持人際網絡成本過高的風險	2.374	24	2.539	30	2.576	28	2.584	31	2.599	33	2.534	26
經營-09）當地政府干預台商企業經營運作的風險	2.241	1	2.414	3	2.453	1	2.441	1	2.462	1	2.402	1
經營-10）當地台商因經貿、稅務糾紛被羈押的風險	2.268	4	2.421	4	2.483	3	2.482	3	2.477	2	2.426	3
經營-11）貨物通關時，受當地海關行政阻擾的風險	2.362	20	2.503	18	2.567	26	2.551	19	2.552	13	2.507	16
經營-12）政府對內資與台資企業不公平待遇	2.378	25	2.521	23	2.581	32	2.556	20	2.563	19	2.520	21
經營-13）勞工成本上升幅度與速度高於企業可負擔風險	2.477	37	2.606	38	2.640	40	2.682	43	2.748	43	2.631	44
經營-14）原物料成本上升幅度過高造成企業虧損風險	2.402	30	2.537	28	2.588	36	2.612	40	2.596	32	2.547	34
經營-15）環保要求日益嚴峻造成經營成本增加風險	-	-	2.533	26	2.593	38	2.634	42	2.655	37	2.604	42
經營-16）當地政府不定時安檢及抽查導致企業延緩交貨	-	-	-	-	-	-	2.544	13	2.573	22	2.559	36
經營-17）當地靠害對企業經營造負面影響的風險	-	-	-	-	-	-	2.566	23	2.576	23	2.571	39
轉型-01）當地投資結束營運所造成的退出障礙風險	2.398	28	2.538	29	2.565	24	2.571	24	2.569	21	2.528	24
轉型-02）台商進行轉型升級過程當地政府政策阻礙或限制	2.399	29	2.552	34	2.581	33	2.579	29	2.579	24	2.538	27
轉型-03）政府協助台商轉型升級政策落實不到位	2.430	34	2.551	33	2.583	34	2.584	32	2.594	31	2.548	35
轉型-04）台商因轉型升級造成企業供應鏈整合不到位	2.383	26	2.494	17	2.525	7	2.530	8	2.525	7	2.491	12

表 19-1 2013-2017 TEEMA 中國大陸投資風險度指標評分與排名分析（續）

投資風險度評估構面與指標	2013		2014		2015		2016		2017		2013 至 2017	
	評分	排名	評分	排名	評分	排名	評分	排名	評分	排名	平均	總排名
道德-01）當地政府違反中央政策規定之風險	-	-	-	-	2.535	13	2.545	14	2.556	17	2.545	31
道德-02）當地人民違反善良風俗的道德風險	-	-	-	-	2.547	16	2.565	22	2.567	20	2.560	37
道德-03）當地企業未盡企業社會責任之風險	-	-	-	-	2.560	21	2.575	27	2.610	35	2.582	41
道德-04）當地企業員工違反工作紀律之倫理風險	-	-	-	-	2.534	11	2.550	18	2.546	11	2.543	29

資料來源：本研究整理

5. 就轉型風險構面而言：由 19-2 得知，轉型風險構面評價觀點為 2.567
分，較於 2016 年的 2.566 分上升 0.001 分，然其排名由 2016 年的第三名提升至
2017 年第一名，顯示台商普遍認為轉型風險為台商相對面臨較小之風險。而由
表 19-1 中可知，其四項構面細項風險評價由高至低排序為：（1）「政府協助台
商轉型升級政策落實不到位（2.594）」；（2）「台商進行轉型升級過程當地政
府政策阻礙或限制（2.579）」；（3）「當地投資結束營運所造成的退出障礙風
險（2.569）」；（4）「台商因轉型升級造成企業供應鏈整合不到位（2.525）」，
由此可見，台商普遍認為政府沒有對企業進行輔導轉型，同時當地政策之限制亦
會影響企業之轉型升級。

6. 就道德風險構面而言：道德風險構面評價觀點為 2.570 分，較 2016 年的
2.559 分高出 0.011 分，。而由表 19-1 中可知，其四項構面細項風險評價由高至
低排序為：（1）「當地企業未盡企業社會責任之風險（2.610）」；（2）「當
地人民違反善良風俗的道德風險（2.567）」；（3）「當地政府違反中央政策規
定之風險（2.556）」；（4）「當地企業員工違反工作紀律之倫理風險（2.546）」，
顯示中國大陸企業在社會責任方面仍需加強，同時中國大陸競爭十分激烈，也易
於使當地人民產生道德危機。

7. 就整體投資風險度而言：由 2017《TEEMA 調查報告》表 19-2 得知整體
投資風險度綜合五項構面的評價為 2.587 分，其較 2016 年的 2.564 分提升 0.023
分，綜觀歷年《TEEMA 調查報告》投資風險度，可發現平均值逐年提高，顯示
中國大陸整體投資環境風險日益增加。此外，在綜合細項顯示，投資風險度最差
評比為「經濟風險（2.613）」，顯示中國大陸在經濟放緩的情況下出現許多相
關風險。而在 46 項細項構面風險最高的前三名分別為「當地政府積極查稅增加
經營成本之風險」、「員工缺乏忠誠度造成人員流動率頻繁的風險」及「當地適
任人才及員工招募不易的風險」，顯示在兩岸政治局勢變化的情況下，中國大陸
政府開始追查台商之各項稅捐，同時中國大陸在競爭激烈的環境下，人才流失迅
速，造成台商用人困難，且在當地人才普遍偏好前往中國大陸本土企業的情形
下，人才招募困難，均為台商最擔憂之風險。

8. 就投資風險度歷年排名變化而言：2017《TEEMA 調查報告》表 19-1 顯示，
在 2012 年至 2016 年投資風險度評估指標進行排名比較分析，在高風險前十名
當中，經營風險評估構面占有六個，其分別為「員工缺乏忠誠度造成人員流動率

頻繁的風險」、「勞工成本上升幅度與速度高於企業可負擔風險」、「當地適任人才及員工招募不易的風險」、「環保要求日益嚴峻造成經營成本增加風險」、「當地霾害對企業經營造成負面影響的風險」及「當地政府不定時安檢及抽查導致企業延緩交貨」，可以發現在勞動成本大幅上升、人才招募不易、企業社會責任成本提高及安檢的嚴格實施下，台商過去於中國大陸布局之優勢已大幅降低，同時需要承擔各項風險。因此各台商須積極考慮轉型升級之策，藉此尋找企業的核心競爭力。

表 19-2　　2017 TEEMA 中國大陸投資風險度構面平均觀點評分與排名

投資風險度 評估構面	2013 評分	2013 排名	2014 評分	2014 排名	2015 評分	2015 排名	2016 評分	2016 排名	2017 評分	2017 排名	2013至2017 評分	2013至2017 排名
❶社會風險	2.340	2	2.525	4	2.564	5	2.566	3	2.583	3	2.516	2
❷法制風險	2.291	1	2.466	1	2.531	1	2.535	1	2.593	4	2.483	1
❸經濟風險	2.351	3	2.497	2	2.560	3	2.575	5	2.613	6	2.519	3
❹經營風險	2.369	4	2.518	3	2.571	6	2.581	6	2.599	5	2.528	5
❺轉型風險	2.403	5	2.534	5	2.564	4	2.566	3	2.567	1	2.527	4
❻道德風險	-	-	-	-	2.544	2	2.559	2	2.570	2	2.558	6
平均值	2.351		2.508		2.556		2.564		2.587		2.522	

二、2016-2017 TEEMA 中國大陸投資風險度比較分析

2017《TEEMA 調查報告》之 2016-2017 中國大陸投資風險度差異與排名變化分析如表 19-3 所示，茲將重要結果與排名變化分述如下：

1. 就 46 項評估指標而言：在 2017《TEEMA 調查報告》表 19-3 中，其投資風險度的 46 項評估之細項指標排名，除新增之一項細項指標外，原有的 45 項細項指標中有 33 項呈現上升的趨勢，顯示中國大陸之投資風險逐漸攀升，各台商投資仍須謹慎小心。

2. 就 46 項評估指標差異分析而言：從表 19-4 顯示，評估指標與 2016 年進行差異分析，而分數增加最多的構面為「法治風險」及「經濟風險」，其中以「當地政府對台商優惠政策無法兌現的風險」為分數增加最多的指標，共上升0.109 分；再者為「法治風險」構面，其以「當地政府在兩岸新政治關係下政策轉變之風險」為最高，增加 0.106 分，顯示在兩岸關係變化的情況下，許多優惠

政策恐遭移除，造成台商經營面臨極大風險。

3. 就十項最優指標排名變化分析而言：根據 2017《TEEMA 調查報告》表 19-3，顯示其指標變化分析以經營風險構面之「當地政府干預台商企業經營運作的風險（2.462）」的分數最佳，再者為經營風險構面之「當地台商因經貿、稅務糾紛被羈押的風險（2.477）」，與法治風險構面的「當地政府以不當方式要求台商回饋的風險（2.484）」分別為二、三名分數較優之細項指標。

4. 就十項最劣指標排名變化分析而言：在 2017《TEEMA 調查報告》表 19-3 中，投資風險度排名最劣前三名均在經營風險構面中，其依序分別為「當地政府積極查稅增加經營成本之風險（2.862）」、「員工缺乏忠誠度造成人員流動率頻繁的風險（2.784）」及「當地適任人才及員工招募不易的風險（2.759）」，由此可知，台商在中國大陸於法治及經營方面面臨重大風險。

5. 就六項評估構面而言：就 2017《TEEMA 調查報告》表 19-4 顯示，在其六項投資風險評估構面中，其分數由低到高排名為：（1）轉型風險；（2）道德風險；（3）社會風險；（4）法治風險（5）經營風險（6）經濟風險。可以發現 2017 年台商至中國大陸最大的風險，已由經營風險轉至經濟風險。

從表 19-5 可看出 2017《TEEMA 調查報告》的投資風險度排名十大最優指標，其前十名分別為「當地政府干預台商企業經營運作的風險」、「當地政府干預台商企業經營運作的風險」、「當地台商因經貿、稅務糾紛被羈押的風險」、「當地政府以不當方式要求台商回饋的風險」、「當地人身財產安全受到威脅的風險」、「當地物流、運輸、通路狀況不易掌握的風險」、「當地常以刑事方式處理經濟案件的風險」、「台商因轉型升級造成企業供應鏈整合不到位」及「政府調解、仲裁糾紛對台商不公平程度風險」、「機構無法有效執行司法及仲裁結果的風險」及「當地配套廠商供應不穩定的風險」。其中，「當地配套廠商供應不穩定的風險」由 2016 年的 12 名提升至 2017 年的第十名，顯示中國大陸本土廠商逐漸穩固其通路與供應鏈，使台商能夠更快速的連接供應商。

表 19-3　2016-2017 TEEMA 投資風險度差異與排名變化分析

投資風險度評估構面與指標	2016評分	2017評分	2016至2017差異分析	排名		
				▲	▼	一
社會-01）當地發生員工抗議、抗爭事件頻繁的風險	2.557	2.559	+0.002	28	-	-
社會-02）當地發生勞資或經貿糾紛不易排解的風險	2.632	2.681	+0.049	9	-	-
社會-03）當地人身財產安全受到威脅的風險	2.509	2.509	0.000	-	-	1
法制-01）當地政府行政命令經常變動的風險	2.576	2.672	+0.096	5	-	-
法制-02）違反對台商合法取得土地使用權承諾風險	2.543	2.555	+0.012	17	-	-
法制-03）官員對法令、合同、規範執行不一致的風險	2.547	2.554	+0.007	22	-	-
法制-04）與當地政府協商過程難以掌控的風險	2.584	2.589	+0.005	26	-	-
法制-05）政府調解、仲裁糾紛對台商不公平程度風險	2.534	2.536	+0.002	31	-	-
法制-06）機構無法有效執行司法及仲裁結果的風險	2.538	2.539	+0.001	32	-	-
法制-07）當地政府以不當方式要求台商回饋的風險	2.477	2.484	+0.007	23	-	-
法制-08）當地常以刑事方式處理經濟案件的風險	2.498	2.515	+0.017	14	-	-
法制-09）當地政府在兩岸新政治關係下政策轉變之風險	2.516	2.622	+0.106	3	-	-
法制-10）當地政府積極查稅增加經營成本之風險	-	2.862	-	-	-	1
經濟-01）當地外匯嚴格管制及利潤匯出不易的風險	2.573	2.585	+0.012	18	-	-
經濟-02）當地的地方稅賦政策變動頻繁的風險	2.550	2.552	+0.002	30	-	-
經濟-03）台商藉由當地銀行體系籌措與取得資金困難	2.597	2.580	-0.017	-	2	-
經濟-04）當地政府對台商優惠政策無法兌現的風險	2.549	2.658	+0.109	1	-	-
經濟-05）台商企業在當地發生經貿糾紛頻繁的風險	2.592	2.695	+0.103	4	-	-
經濟-06）當地政府保護主義濃厚影響企業獲利的風險	2.573	2.554	-0.019	-	1	-
經濟-07）當地政府收費、攤派、罰款項目繁多的風險	2.582	2.587	+0.005	25	-	-

表 19-3 2016-2017 TEEMA 投資風險度差異與排名變化分析（續）

投資風險度評估構面與指標	2016評分	2017評分	2016至2017差異分析	排名		
				▲	▼	—
經濟-08）當地政府刪減優惠政策導致喪失投資優勢的風險	2.585	2.693	+0.108	2	-	-
經營-01）當地水電、燃氣、能源供應不穩定的風險	2.589	2.604	+0.015	16	-	-
經營-02）當地物流、運輸、通路狀況不易掌握的風險	2.521	2.512	-0.009	-	4	-
經營-03）當地配套廠商供應不穩定的風險	2.543	2.542	-0.001	-	9	-
經營-04）當地企業信用不佳欠債追索不易的風險	2.590	2.594	+0.004	27	-	-
經營-05）員工道德操守造成台商企業營運損失的風險	2.586	2.586	0.000	-	-	1
經營-06）當地適任人才及員工招募不易的風險	2.696	2.759	+0.063	8	-	-
經營-07）員工缺乏忠誠度造成人員流動率頻繁的風險	2.693	2.784	+0.091	6	-	-
經營-08）當地經營企業維持人際網絡成本過高的風險	2.584	2.599	+0.015	15	-	-
經營-09）當地政府干預台商企業經營運作的風險	2.441	2.462	+0.021	13	-	-
經營-10）當地台商因經貿、稅務糾紛被羈押的風險	2.482	2.477	-0.005	-	6	-
經營-11）貨物通關時，受當地海關行政阻擾的風險	2.551	2.552	+0.001	33	-	-
經營-12）政府對內資與台資企業不公平待遇	2.556	2.563	+0.007	24	-	-
經營-13）勞工成本上升幅度與速度高於企業可負擔風險	2.682	2.748	+0.066	7	-	-
經營-14）原物料成本上升幅度過高造成企業虧損風險	2.612	2.596	-0.016	-	3	-
經營-15）環保要求日益嚴峻造成經營成本增加風險	2.634	2.655	+0.021	12	-	-
經營-16）當地政府不定時安檢及抽查導致企業延緩交貨	2.544	2.573	+0.029	11	-	-
經營-17）當地霾害對企業經營造成負面影響的風險	2.566	2.576	+0.010	21	-	-
轉型-01）當地投資結束營運所造成的退出障礙風險	2.571	2.569	-0.002	-	8	-
轉型-02）台商進行轉型升級過程當地政府政策阻礙或限制	2.579	2.579	0.000	-	-	1

表 19-3　2016-2017 TEEMA 投資風險度差異與排名變化分析（續）

投資風險度評估構面與指標	2016評分	2017評分	2016至2017差異分析	排名 ▲	排名 ▼	排名 －
轉型-03）政府協助台商轉型升級政策落實不到位	2.584	2.594	+0.010	20	-	-
轉型-04）台商因轉型升級造成企業供應鏈整合不到位	2.530	2.525	-0.005	-	5	-
道德-01）當地政府違反中央政策規定之風險	2.545	2.556	+0.011	19	-	-
道德-02）當地人民違反善良風俗的道德風險	2.565	2.567	+0.002	29	-	-
道德-03）當地企業未盡企業社會責任之風險	2.575	2.610	+0.035	10	-	-
道德-04）當地企業員工違反工作紀律之倫理風險	2.550	2.546	-0.004	-	7	-

資料來源：本研究整理

表 19-4　2015-2017 TEEMA 投資風險度細項指標變化排名分析

投資風險度構面	2016評分	2017評分	2016-2017差異分析	名次	細項指標 指標數	細項指標 ▲	細項指標 ▼	細項指標 持平
❶社會風險	2.566	2.583	+0.017	4	3	2	0	1
❷法制風險	2.535	2.593	+0.058	1	10	9	0	1
❸經濟風險	2.575	2.613	+0.038	2	8	6	2	0
❹經營風險	2.581	2.599	+0.018	3	17	12	4	1
❺轉型風險	2.566	2.567	+0.001	6	4	1	2	1
❻道德風險	2.559	2.570	+0.011	5	4	3	1	0
投資風險度平均	2.566	2.587	0.021	-	46	33	9	4
百分比					100.00%	71.74%	19.57%	8.70%

資料來源：本研究整理

　　從表 19-5 可看出 2017《TEEMA 調查報告》的投資風險度排名十大最優指標，其前十名分別為「當地政府干預台商企業經營運作的風險」、「當地政府干預台商企業經營運作的風險」、「當地台商因經貿、稅務糾紛被羈押的風險」、「當地政府以不當方式要求台商回饋的風險」、「當地人身財產安全受到威脅的風險」、「當地物流、運輸、通路狀況不易掌握的風險」、「當地常以刑事方式處理經濟案件的風險」、「台商因轉型升級造成企業供應鏈整合不到位」及「政府調解、仲裁糾紛對台商不公平程度風險」、「機構無法有效執行司法及仲裁結

果的風險」及「當地配套廠商供應不穩定的風險」。其中,「當地配套廠商供應不穩定的風險」由 2016 年的 12 名提升至 2017 年的第十名,顯示中國大陸本土廠商逐漸穩固其通路與供應鏈,使台商能夠更快速的連接供應商。

表 19-5　2017 TEEMA 投資風險度排名十大最優指標

投資風險度排名十大最優指標	2016		2017	
	評分	排名	評分	排名
經營 -09)當地政府干預台商企業經營運作的風險	2.441	1	2.462	1
經營 -10)當地台商因經貿、稅務糾紛被羈押的風險	2.482	3	2.477	2
法制 -07)當地政府以不當方式要求台商回饋的風險	2.477	2	2.484	3
社會 -03)當地人身財產安全受到威脅的風險	2.509	5	2.509	4
經營 -02)當地物流、運輸、通路狀況不易掌握的風險	2.521	7	2.512	5
法制 -08)當地常以刑事方式處理經濟案件的風險	2.498	4	2.515	6
轉型 -04)台商因轉型升級造成企業供應鏈整合不到位	2.530	8	2.525	7
法制 -05)政府調解、仲裁糾紛對台商不公平程度風險	2.534	9	2.536	8
法制 -06)機構無法有效執行司法及仲裁結果的風險	2.538	10	2.539	9
經營 -03)當地配套廠商供應不穩定的風險	2.543	12	2.542	10

資料來源:本研究整理

　　從表 19-6 可看出 2017《TEEMA 調查報告》之投資風險度排名十大劣勢指標,其為「當地政府積極查稅增加經營成本之風險」、「員工缺乏忠誠度造成人員流動率頻繁的風險」、「當地適任人才及員工招募不易的風險」、「勞工成本上升幅度與速度高於企業可負擔風險」、「台商企業在當地發生經貿糾紛頻繁的風險」、「當地政府刪減優惠政策導致喪失投資優勢的風險」、「當地發生勞資或經貿糾紛不易排解的風險」、「當地政府行政命令經常變動的風險」、「當地政府對台商優惠政策無法兌現的風險」與「環保要求日益嚴峻造成經營成本增加風險」。其中,經濟風險構面中的「當地政府對台商優惠政策無法兌現的風險」,從 2016 年的第 30 名升至 2017 年的第九名,顯示在兩岸關係產生摩擦的情況下,中國大陸是否會將對台商承諾之優惠政策稅現成為未知數。此外,「當地政府行政命令經常變動的風險」從 2016 年的第 18 名上升至 2017 年的第八名,在「十九大」即將展開的情況下,地方政府行政命令變動頻繁,造成台商決策之困擾。

表 19-6　2017 TEEMA 投資風險度排名十大劣勢指標

投資風險度排名十大劣勢指標	2016		2017	
	評分	排名	評分	排名
法制 -10）當地政府積極查稅增加經營成本之風險	-	-	2.862	1
經營 -07）員工缺乏忠誠度造成人員流動率頻繁的風險	2.693	2	2.784	2
經營 -06）當地適任人才及員工招募不易的風險	2.696	1	2.759	3
經營 -13）勞工成本上升幅度與速度高於企業可負擔風險	2.682	3	2.748	4
經濟 -05）台商企業在當地發生經貿糾紛頻繁的風險	2.592	8	2.695	5
經濟 -08）當地政府刪減優惠政策導致喪失投資優勢的風險	2.585	12	2.693	6
社會 -02）當地發生勞資或經貿糾紛不易排解的風險	2.632	5	2.681	7
法制 -01）當地政府行政命令經常變動的風險	2.576	18	2.672	8
經濟 -04）當地政府對台商優惠政策無法兌現的風險	2.549	30	2.658	9
經營 -15）環保要求日益嚴峻造成經營成本增加風險	2.634	4	2.655	10

資料來源：本研究整理

　　從表 19-7 可看出 2017《TEEMA 調查報告》針對 2017 年整體投資風險調查細項指標與 2016 年進行比較分析，風險上升前十名依序為：（1）當地政府對台商優惠政策無法兌現的風險（上升 0.109 分）；（2）當地政府刪減優惠政策導致喪失投資優勢的風險（上升 0.108 分）；（3）當地政府在兩岸新政治關係下政策轉變之風險（上升 0.106 分）；（4）台商企業在當地發生經貿糾紛頻繁的風險（上升 0.103 分）；（5）當地政府行政命令經常變動的風險（上升 0.096分）；（6）員工缺乏忠誠度造成人員流動率頻繁的風險（上升 0.091 分）；（7）勞工成本上升幅度與速度高於企業可負擔風險（上升 0.066 分）；（8）當地適任人才及員工招募不易的風險（上升 0.063 分）；（9）當地發生勞資或經貿糾紛不易排解的風險（上升 0.049 分）；（10）當地企業未盡企業社會責任之風險（上升 0.035 分）。

表 19-7　2016-2017 TEEMA 投資風險度指標變化排名

投資風險度細項指標	2016-2017 差異分數	風險上升
經濟 -04）當地政府對台商優惠政策無法兌現的風險	0.109	1
經濟 -08）當地政府刪減優惠政策導致喪失投資優勢的風險	0.108	2
法制 -09）當地政府在兩岸新政治關係下政策轉變之風險	0.106	3
經濟 -05）台商企業在當地發生經貿糾紛頻繁的風險	0.103	4
法制 -01）當地政府行政命令經常變動的風險	0.096	5
經營 -07）員工缺乏忠誠度造成人員流動率頻繁的風險	0.091	6
經營 -13）勞工成本上升幅度與速度高於企業可負擔風險	0.066	7
經營 -06）當地適任人才及員工招募不易的風險	0.063	8
社會 -02）當地發生勞資或經貿糾紛不易排解的風險	0.049	9
道德 -03）當地企業未盡企業社會責任之風險	0.035	10

資料來源：本研究整理

三、2017 TEEMA 中國大陸城市投資風險度分析

表 19-8 為 2017《TEEMA 調查報告》列入評估的 112 個城市投資風險度調查排名，茲將重點分述如下：

1. 就投資風險度十佳城市而言：2017《TEEMA 調查報告》投資風險度排名前十名的城市分別為：（1）蘇州工業區；（2）成都；（3）蘇州昆山；（4）蘇州市區；（5）杭州蕭山；（6）上海浦東；（7）廈門島外；（8）杭州市區；（9）重慶；（10）青島。其中，與 2016 年同時被列入前十名的城市分別為：蘇州工業區、成都、蘇州昆山、蘇州市區、杭州蕭山、上海浦東、廈門島外及杭州市區，顯示這幾個城市投資環境相對穩定，此外，重慶與青島於 2016 年尚未進入前十名，而於 2017《TEEMA 調查報告》挺進前十名，顯示其地方政府致力於改善當地投資環境，使當地的投資環境更加穩固。重慶市人民政府市長張國清（2017）表示：「投資是重慶經濟動力成長的主要因素之一，對重慶整體貢獻率近幾年穩定在 51%，可以引領重慶未來發展。」顯示重慶這幾年投資潛力巨大，在地方政府的努力下，投資風險度亦下降。

2. 就投資風險度十劣城市而言：有關投資風險度排名後十名城市分別為：（1）北海；（2）贛州；（3）東莞厚街；（4）太原；（5）東莞長安；（6）九江；（7）東莞石碣；（8）東莞清溪；（9）吉安；（10）深圳寶安。其中，與 2016 年同

時列為投資風險度十劣城市為：贛州、東莞厚街、九江、太原、東莞長安、東莞清溪、吉安及深圳寶安，上述城市其在六大評價構面當中，表現均不亮眼，投資環境風險高，因此持續蟬聯倒數評價十劣城市。此外，東莞石碣與北海於 2017 年亦跌落至評價倒數十劣城市。

四、2016-2017 TEEMA 中國大陸投資風險度差異分析

2017《TEEMA 調查報告》表 19-9 顯示，針對 2016 年與 2017 年列入評估的 112 個城市進行投資風險調查差異分析，茲將重要評論分述如下：

1. 就 2016-2017 投資風險度評分下降前十城市而言：從表 19-9 可知 2017 年與 2016 年之投資風險度調查城市差異分析，而投資風險度評分中，下降前十名的城市依序為：（1）長沙（下降 0.332 分）；（2）瀋陽（下降 0.231 分）；（3）武漢漢口（下降 0.214 分）；（4）東莞虎門（下降 0.174 分）；（5）石家莊（下降 0.170 分）；（6）九江（下降 0.157 分）；（7）深圳龍崗（下降 0.136 分）；（8）東莞厚街（下降 0.133 分）；（9）天津市區（下降 0.127 分）；（10）鎮江（下降 0.098 分）。長沙在本次評比當中投資風險度由 2.800 分大幅下降至 2.468 分，顯示其地方政府致力於投資環境的改善，使投資風險降低。

2. 就 2016-2017 投資風險度評分上升前十城市而言：根據 2016《TEEMA 調查報告》表 19-9 顯示，可知 2017 年與 2016 年之投資風險度調查城市差異分析，而投資風險度評分中，上升城市依序為：（1）北海（上升 0.748 分）；（2）莆　田（上升 0.355 分）；（3）蘭州（上升 0.355 分）；（4）東莞石碣（上升 0.303 分）；（5）海口（上升 0.234 分）；（6）鹽城（上升 0.209 分）；（7）日照（上升 0.194 分）；（8）哈爾濱（上升 0.179 分）；（9）中山（上升 0.162 分）；（10）寧波北侖（上升 0.158 分）。北海投資風險度，其差異分析從 2016 年的 2.859 分上升至 2017 年的 3.607 分，顯示投資風險度逐漸上升，台商若要前往投資應對其進行整體評估。

表 19-8 2017 TEEMA 中國大陸城市投資風險度排名分析

排名	地區	城市	❶社會風險 評分	❶社會風險 排名	❷法制風險 評分	❷法制風險 排名	❸經濟風險 評分	❸經濟風險 排名	❹經營風險 評分	❹經營風險 排名	❺轉型風險 評分	❺轉型風險 排名	❻道德風險 評分	❻道德風險 排名	投資風險度 評分	投資風險度 加權分數
1	華東	蘇州工業區	1.846	2	1.893	1	1.649	1	1.930	3	1.721	2	1.885	3	1.822	99.054
2	西南	成都	2.056	9	2.163	12	1.920	2	1.826	1	1.863	5	1.679	1	1.902	97.092
3	華東	蘇州昆山	2.070	13	2.156	11	2.017	5	2.018	5	1.825	3	1.903	5	1.997	95.174
4	華東	蘇州市區	1.920	4	2.010	3	1.925	3	1.861	2	2.280	25	2.300	30	2.031	91.785
5	華東	杭州蕭山	1.971	7	1.983	2	2.082	10	2.018	6	2.157	17	2.279	27	2.081	90.983
6	華東	上海浦東	1.933	5	2.144	9	2.138	15	2.138	11	2.175	18	2.100	10	2.118	90.359
7	華南	廈門島外	2.061	12	2.077	6	2.091	13	2.112	9	1.966	7	2.318	33	2.107	89.333
8	華東	杭州市區	2.175	23	2.205	18	2.191	17	2.238	18	2.092	13	2.105	11	2.176	86.167
9	西南	重慶	2.208	27	2.372	34	2.269	22	2.115	10	2.063	9	1.894	4	2.153	86.033
10	華東	青島	2.133	19	2.335	30	2.075	9	2.096	8	2.340	35	2.060	8	2.163	86.033
11	華東	上海閔行	2.182	24	2.276	22	1.977	4	2.011	4	2.000	8	2.477	54	2.129	85.900
12	華東	蘇州新區	2.000	8	2.061	5	2.220	19	2.164	12	2.474	50	2.147	15	2.187	84.740
13	西北	西安	2.126	18	2.230	20	2.086	11	2.164	12	2.405	40	2.250	21	2.204	83.804
14	華南	廈門島內	2.317	37	2.276	23	2.181	16	2.215	15	2.175	18	2.175	17	2.216	83.625
15	華東	南京市區	2.148	20	2.048	4	2.285	25	2.324	29	2.278	23	2.111	13	2.218	82.823
16	華東	南京江寧	2.333	38	2.222	19	2.059	8	2.253	20	2.265	22	2.265	26	2.221	82.644
17	華東	無錫江陰	2.095	16	2.542	55	2.446	49	2.025	7	1.714	1	1.833	2	2.119	81.396
18	華東	上海市區	1.958	6	2.307	27	2.089	12	2.213	14	2.396	37	2.417	43	2.235	80.772
19	華北	廊坊	2.072	14	2.192	15	2.522	55	2.215	16	2.283	26	2.109	12	2.253	79.166

表 19-8　2017 TEEMA 中國大陸城市投資風險度排名分析（續）

排名	地區	城市	❶社會風險 評分	❶社會風險 排名	❷法制風險 評分	❷法制風險 排名	❸經濟風險 評分	❸經濟風險 排名	❹經營風險 評分	❹經營風險 排名	❺轉型風險 評分	❺轉型風險 排名	❻道德風險 評分	❻道德風險 排名	投資風險度 評分	投資風險度 加權分數
20	華東	揚　　州	2.111	17	2.244	21	2.274	24	2.328	30	2.345	36	2.131	14	2.256	78.899
21	華東	淮　　安	1.872	3	2.091	7	2.101	14	2.310	27	2.510	52	2.413	42	2.237	78.587
22	華東	連 雲 港	2.510	57	2.370	33	2.309	30	2.273	22	1.853	4	2.221	18	2.248	78.185
23	東北	大　　連	2.296	34	2.148	10	2.292	26	2.336	33	2.296	29	2.241	20	2.275	77.962
24	華東	宿　　遷	2.059	11	2.167	13	2.213	18	2.360	35	2.397	38	2.412	41	2.285	76.580
25	華東	上 海 松 江	1.784	1	2.118	8	2.360	36	2.609	65	2.088	12	2.044	7	2.240	76.268
26	華東	南　　通	2.292	33	2.200	17	2.339	32	2.331	31	1.865	6	2.438	48	2.255	75.822
27	華東	無 錫 市 區	2.389	42	2.464	46	2.271	23	2.233	17	2.292	27	2.302	31	2.310	75.332
27	華北	北 京 市 區	2.074	15	2.356	32	2.458	51	2.362	36	2.139	15	1.991	6	2.262	75.332
29	華南	天 津 濱 海	2.058	10	2.300	25	2.038	7	2.419	42	2.413	41	2.522	59	2.304	72.656
30	華南	深 圳 市 區	2.259	30	2.193	16	2.389	39	2.333	32	2.398	39	2.352	36	2.328	71.943
31	華東	無 錫 宜 興	2.417	46	2.624	64	2.425	44	2.247	19	2.075	11	2.263	24	2.333	71.452
32	西南	綿　　陽	2.444	51	2.372	34	2.306	28	2.271	21	2.458	46	2.319	34	2.346	71.408
33	華東	寧 波 市 區	2.413	45	2.170	14	2.030	6	2.445	45	2.512	53	2.488	56	2.334	69.312
34	華北	北 京 亦 庄	2.288	32	2.446	44	2.222	20	2.385	37	2.307	30	2.545	61	2.364	68.153
35	華中	馬　 鞍　 山	2.458	54	2.306	26	2.250	21	2.390	38	2.521	55	2.427	46	2.381	66.860
36	華東	蘇 州 吳 江	2.533	60	2.510	52	2.455	50	2.353	34	2.250	21	2.290	29	2.390	65.388
37	華東	寧 波 慈 溪	2.456	52	2.430	41	2.355	34	2.310	26	2.684	72	2.329	35	2.411	64.585
38	西南	遂　　寧	2.315	36	2.404	39	2.569	60	2.307	25	2.319	32	2.486	55	2.404	64.541

表 19-8 2017 TEEMA 中國大陸城市投資風險度排名分析（續）

排名	地區	城市	❶ 社會風險 評分	❶ 社會風險 排名	❷ 法制風險 評分	❷ 法制風險 排名	❸ 經濟風險 評分	❸ 經濟風險 排名	❹ 經營風險 評分	❹ 經營風險 排名	❺ 轉型風險 評分	❺ 轉型風險 排名	❻ 道德風險 評分	❻ 道德風險 排名	投資風險度 評分	投資風險度 加權分數
39	華中	合　肥	2.440	50	2.428	40	2.415	42	2.452	48	2.430	43	2.250	21	2.406	64.318
40	華中	南　昌	2.159	21	2.579	61	2.413	41	2.396	39	2.587	64	2.250	21	2.410	63.471
41	華東	上　海　嘉　定	2.439	49	2.630	66	2.513	54	2.449	46	2.118	14	2.263	25	2.410	62.579
42	華中	無　湖	2.333	38	2.987	95	2.847	78	2.297	23	2.139	15	2.153	16	2.469	61.598
43	華東	蘇州張家港	2.784	77	2.720	76	2.551	59	2.304	24	2.074	10	2.368	38	2.439	61.553
44	華東	寧　波　北　侖	2.182	24	2.309	28	2.438	46	2.425	43	2.739	82	2.364	37	2.424	61.286
45	華南	泉　州	2.302	35	2.493	50	2.423	43	2.462	49	2.452	45	2.405	40	2.433	61.107
46	華南	東莞松山湖	2.400	43	2.373	36	2.375	38	2.450	47	2.463	48	2.600	68	2.443	59.458
47	華東	蘇　州　太　倉	2.406	44	2.597	63	2.603	63	2.491	53	2.293	28	2.228	19	2.452	59.190
48	華南	珠　海	2.804	84	2.507	51	2.353	33	2.415	41	2.309	31	2.588	67	2.465	58.432
49	華中	長　沙	2.264	31	2.644	69	2.807	76	2.490	52	2.333	34	2.073	9	2.468	57.986
50	西南	德　陽	2.351	40	2.391	38	2.441	48	2.483	50	2.579	63	2.461	52	2.459	57.139
51	華東	嘉　興　市　區	2.208	27	2.443	43	2.313	31	2.507	55	2.578	61	2.750	76	2.476	56.604
52	華北	天　津　市　區	2.417	46	2.350	31	2.396	40	2.559	59	2.573	60	2.563	64	2.483	55.757
53	華中	鄭　州	2.800	82	3.137	101	2.525	57	2.311	28	2.330	33	2.280	28	2.525	55.489
54	華北	濟　南	2.667	67	2.560	58	2.440	47	2.407	40	2.652	69	2.424	45	2.502	54.597
55	華南	福　州　市　區	2.611	65	2.441	42	2.625	65	2.578	62	2.458	46	2.306	32	2.511	53.616
56	華南	福　州　馬　尾	2.193	26	2.328	29	2.303	27	2.591	64	2.711	76	2.921	89	2.522	53.527
57	華東	寧　波　奉　化	2.167	22	2.291	24	2.469	52	2.565	60	2.550	58	3.000	96	2.528	52.457

表 19-8 2017 TEEMA 中國大陸城市投資風險度排名分析（續）

排名	地區	城市	❶社會風險 評分	❶社會風險 排名	❷法制風險 評分	❷法制風險 排名	❸經濟風險 評分	❸經濟風險 排名	❹經營風險 評分	❹經營風險 排名	❺轉型風險 評分	❺轉型風險 排名	❻道德風險 評分	❻道德風險 排名	投資風險度 評分	投資風險度 加權分數
58	華東	蘇州常熟	2.725	70	2.484	48	2.632	67	2.671	73	2.235	20	2.382	39	2.532	52.100
59	華東	寧波餘姚	2.800	82	2.521	53	2.306	29	2.612	67	2.563	59	2.450	49	2.524	51.922
60	華北	唐山	2.604	64	2.640	68	2.523	56	2.489	51	2.531	56	2.500	57	2.538	49.603
61	華東	鎮江	2.706	68	2.553	56	2.728	71	2.609	65	2.279	24	2.500	57	2.568	49.336
62	華南	廣州天河	2.483	56	2.377	37	2.356	35	2.824	83	2.838	87	2.588	66	2.596	45.724
63	華南	廣州市區	2.783	76	2.712	75	2.788	75	2.541	56	2.438	44	2.538	60	2.624	44.297
64	華東	湖州	2.510	57	2.481	47	2.360	36	2.751	78	2.691	74	2.941	91	2.628	43.628
65	華東	徐州	2.467	55	2.486	49	2.544	58	2.794	79	2.638	67	2.625	69	2.616	43.271
66	華東	泰州	2.792	79	2.587	62	2.602	61	2.699	76	2.578	61	2.453	50	2.617	42.870
67	華南	東莞市區	2.860	86	2.627	65	2.625	65	2.573	61	2.697	75	2.461	51	2.622	42.469
68	華中	武漢武昌	2.736	72	2.671	72	2.620	64	2.439	44	2.719	79	2.792	79	2.635	42.469
69	東北	瀋陽	2.580	63	2.767	77	2.699	70	2.808	80	2.537	57	2.417	44	2.658	41.131
70	華北	保定	3.104	94	2.454	45	2.469	52	2.559	58	2.906	93	2.844	84	2.674	40.596
71	西南	南寧	2.373	41	2.827	85	2.676	69	2.664	71	2.603	65	2.662	73	2.652	39.258
72	華北	泰安	2.229	29	2.999	97	2.430	45	2.640	68	2.750	83	2.953	92	2.674	38.723
73	華北	煙台	3.196	100	2.819	84	3.051	93	2.505	54	2.426	42	2.559	63	2.727	38.054
74	華東	嘉興嘉善	2.614	66	2.791	79	2.822	77	2.551	57	2.711	76	2.750	76	2.701	37.653
75	華中	武漢漢口	2.778	75	2.572	60	2.674	68	2.683	74	2.653	70	2.889	85	2.700	36.806
76	華東	常州	2.438	48	2.672	73	2.750	72	2.658	70	2.875	90	2.828	82	2.715	35.379

表 19-8　2017 TEEMA 中國大陸城市投資風險度排名分析（續）

排名	地區	城市	❶社會風險 評分	❶社會風險 排名	❷法制風險 評分	❷法制風險 排名	❸經濟風險 評分	❸經濟風險 排名	❹經營風險 評分	❹經營風險 排名	❺轉型風險 評分	❺轉型風險 排名	❻道德風險 評分	❻道德風險 排名	投資風險度 評分	投資風險度 加權分數
76	華東	鹽城	2.745	74	2.570	59	2.603	62	2.824	82	2.882	91	2.647	71	2.716	35.379
78	華東	紹興	2.733	71	2.804	82	2.913	84	2.588	63	2.713	78	2.700	74	2.735	34.220
79	華北	威海	2.556	62	2.554	57	2.861	79	2.690	75	2.806	85	2.903	86	2.739	34.041
80	西南	貴陽	2.519	59	2.661	71	2.889	83	2.641	69	2.889	92	2.722	75	2.731	33.595
81	西南	昆明	2.456	52	2.649	70	2.967	87	2.669	72	2.947	96	2.632	70	2.740	33.105
82	華中	武漢漢陽	2.789	78	2.998	96	2.954	86	3.037	93	2.474	49	2.434	47	2.815	32.168
83	華南	三亞	2.870	87	2.633	67	2.785	74	2.732	77	2.736	81	2.819	81	2.755	32.124
84	華北	石家莊	3.000	89	2.808	83	2.868	80	2.876	84	2.513	54	2.658	72	2.790	31.990
85	西北	蘭州	2.792	79	2.928	91	3.102	97	2.890	87	2.500	51	2.563	64	2.821	29.582
86	華南	中山	3.188	98	2.795	80	3.008	90	2.923	88	2.688	73	2.547	62	2.855	27.709
87	華南	海口	3.021	91	2.936	92	3.148	99	2.879	85	2.734	80	2.469	53	2.872	26.060
88	華南	深圳龍崗	3.303	104	2.710	74	2.750	72	2.949	89	2.841	88	2.909	88	2.887	25.480
89	華南	漳州	2.796	81	2.878	89	2.882	82	2.954	91	2.653	70	3.014	99	2.876	24.231
90	東北	哈爾濱	2.741	73	2.922	90	3.049	92	2.824	81	2.931	95	2.903	86	2.903	23.652
91	華南	江門	2.833	85	2.529	54	2.875	81	3.158	101	2.953	97	3.266	105	2.960	22.091
92	西南	桂林	2.941	88	3.100	100	2.978	88	2.886	86	2.765	84	2.956	94	2.934	20.976
93	華南	佛山	3.044	92	2.799	81	3.033	91	3.184	103	2.633	66	3.183	102	2.999	20.174
94	華東	溫州	2.542	61	3.157	103	3.109	98	3.154	100	2.641	68	3.234	104	3.019	18.881
95	華中	襄陽	2.708	69	2.773	78	3.289	104	3.092	97	3.047	101	2.984	95	3.022	17.900

表 19-8 2017 TEEMA 中國大陸城市投資風險度排名分析（續）

排名	地區	城市	❶社會風險 評分	❶社會風險 排名	❷法制風險 評分	❷法制風險 排名	❸經濟風險 評分	❸經濟風險 排名	❹經營風險 評分	❹經營風險 排名	❺轉型風險 評分	❺轉型風險 排名	❻道德風險 評分	❻道德風險 排名	投資風險度 評分	投資風險度 加權分數
96	華南	惠州	3.275	102	2.947	93	3.088	96	3.014	92	3.015	99	2.838	83	3.019	17.365
97	華中	宜昌	3.000	89	3.171	104	2.938	85	3.279	106	2.984	98	2.813	80	3.053	16.428
98	東北	長春	3.193	99	3.210	105	3.086	95	2.950	90	2.816	86	3.039	100	3.034	16.116
99	華北	日照	3.417	107	2.844	88	2.984	89	3.070	96	2.922	94	3.203	103	3.051	15.938
100	華南	東莞虎門	3.104	94	2.836	87	3.078	94	3.107	98	3.078	102	3.094	101	3.054	15.090
101	華南	莆田	3.133	96	2.974	94	3.158	100	3.055	95	3.033	100	3.000	96	3.060	14.511
102	華南	汕頭	3.444	108	3.319	109	3.283	103	3.141	99	2.850	89	2.767	78	3.127	13.887
103	華南	深圳寶安	3.183	97	3.002	98	3.331	106	3.038	94	3.125	103	2.925	90	3.102	13.441
104	華中	吉安	3.375	105	3.272	106	3.203	101	3.158	101	3.328	105	2.953	92	3.201	10.453
105	華南	東莞清溪	3.604	112	2.832	86	3.430	109	3.434	110	3.125	103	3.000	96	3.248	8.803
106	華南	東莞石碣	3.267	101	3.041	99	3.400	108	3.306	107	3.450	108	3.350	108	3.309	6.618
107	華中	九江	3.561	111	3.362	110	3.283	102	3.235	105	3.382	107	3.329	107	3.332	6.039
108	華南	東莞長安	3.556	110	3.142	102	3.317	105	3.212	104	3.717	111	3.383	110	3.358	5.950
109	華北	太原	3.294	103	3.297	107	3.390	107	3.311	108	3.456	109	3.279	106	3.340	5.459
110	華南	東莞厚街	3.083	93	3.315	108	3.578	111	3.382	109	3.344	106	3.359	109	3.372	5.281
111	華中	贛州	3.375	105	3.373	111	3.523	110	3.533	111	3.781	112	3.563	112	3.533	2.338
112	西南	北海	3.533	109	3.607	112	3.733	112	3.675	112	3.517	110	3.467	111	3.607	1.669

資料來源：本研究整理

表 19-9　2016-2017 TEEMA 中國大陸城市投資風險度評分差異

城　　市	2016 評分	2017 評分	2016 至 2017 評分差異	城　　市	2016 評分	2017 評分	2016 至 2017 評分差異
長　沙	2.800	2.468	-0.332	福州市區	2.533	2.511	-0.022
瀋　陽	2.889	2.658	-0.231	天津濱海	2.325	2.304	-0.021
武漢漢口	2.914	2.700	-0.214	嘉興嘉善	2.722	2.701	-0.021
東莞虎門	3.228	3.054	-0.174	漳　州	2.895	2.876	-0.019
石 家 莊	2.960	2.790	-0.170	珠　海	2.484	2.465	-0.019
九　江	3.489	3.332	-0.157	杭州蕭山	2.096	2.081	-0.015
深圳龍崗	3.023	2.887	-0.136	南　昌	2.425	2.410	-0.015
東莞厚街	3.505	3.372	-0.133	蘇州太倉	2.465	2.452	-0.013
天津市區	2.610	2.483	-0.127	蘇州吳江	2.402	2.390	-0.012
鎮　江	2.666	2.568	-0.098	蘇州常熟	2.543	2.532	-0.011
上海松江	2.337	2.240	-0.097	濟　南	2.510	2.502	-0.008
昆　明	2.836	2.740	-0.096	北京市區	2.269	2.262	-0.007
保　定	2.769	2.674	-0.095	湖　州	2.629	2.628	-0.001
青　島	2.254	2.163	-0.091	寧波奉化	2.525	2.528	0.003
深圳市區	2.417	2.328	-0.089	深圳寶安	3.097	3.102	0.005
揚　州	2.330	2.256	-0.074	廈門島外	2.101	2.107	0.006
寧波餘姚	2.593	2.524	-0.069	遂　寧	2.397	2.404	0.007
東莞市區	2.687	2.622	-0.065	上海閔行	2.122	2.129	0.007
南京市區	2.280	2.218	-0.062	上海浦東	2.106	2.118	0.012
廣州天河	2.654	2.596	-0.058	三　亞	2.743	2.755	0.012
宜　昌	3.110	3.053	-0.057	宿　遷	2.272	2.285	0.013
廊　坊	2.310	2.253	-0.057	淮　安	2.223	2.237	0.014
江　門	3.013	2.960	-0.053	鄭　州	2.510	2.525	0.015
綿　陽	2.393	2.346	-0.047	南京江寧	2.206	2.221	0.015
紹　興	2.781	2.735	-0.046	福州馬尾	2.506	2.522	0.016
武漢武昌	2.676	2.635	-0.041	泰　州	2.600	2.617	0.017
重　慶	2.190	2.153	-0.037	襄　陽	3.002	3.022	0.020
贛　州	3.566	3.533	-0.033	無錫江陰	2.098	2.119	0.021
唐　山	2.568	2.538	-0.030	泰　安	2.652	2.674	0.022
貴　陽	2.754	2.731	-0.023	東莞松山湖	2.419	2.443	0.024
無錫宜興	2.356	2.333	-0.023	佛　山	2.973	2.999	0.026
蘇州昆山	2.020	1.997	-0.023	威　海	2.712	2.739	0.027
嘉興市區	2.447	2.476	0.029	北京亦庄	2.287	2.364	0.077

表 19-9　2016-2017 TEEMA 中國大陸城市投資風險度評分差異（續）

城　市	2016 評分	2017 評分	2016 至 2017 評分差異	城　市	2016 評分	2017 評分	2016 至 2017 評分差異
蘇州工業區	1.792	1.822	0.030	東莞長安	3.277	3.358	0.081
蘇州市區	1.996	2.031	0.035	馬鞍山	2.295	2.381	0.086
西　安	2.165	2.204	0.039	德　陽	2.371	2.459	0.088
東莞清溪	3.207	3.248	0.041	南　通	2.167	2.255	0.088
徐　州	2.573	2.616	0.043	惠　州	2.921	3.019	0.098
無錫市區	2.266	2.310	0.044	常　州	2.612	2.715	0.103
蘇州新區	2.143	2.187	0.044	太　原	3.234	3.340	0.106
上海市區	2.185	2.235	0.050	廣州市區	2.503	2.624	0.121
廈門島內	2.165	2.216	0.051	長　春	2.908	3.034	0.126
煙　台	2.676	2.727	0.051	寧波慈溪	2.281	2.411	0.130
桂　林	2.883	2.934	0.051	蘇州張家港	2.308	2.439	0.131
泉　州	2.379	2.433	0.054	武漢漢陽	2.679	2.815	0.136
上海嘉定	2.354	2.410	0.056	合　肥	2.260	2.406	0.146
大　連	2.218	2.275	0.057	寧波北侖	2.266	2.424	0.158
杭州市區	2.119	2.176	0.057	中　山	2.693	2.855	0.162
成　都	1.841	1.902	0.061	哈爾濱	2.724	2.903	0.179
蕪　湖	2.406	2.469	0.063	日　照	2.857	3.051	0.194
吉　安	3.137	3.201	0.064	鹽　城	2.507	2.716	0.209
寧波市區	2.270	2.334	0.064	海　口	2.638	2.872	0.234
溫　州	2.950	3.019	0.069	東莞石碣	3.006	3.309	0.303
連雲港	2.178	2.248	0.070	蘭　州	2.486	2.821	0.335
南　寧	2.579	2.652	0.073	莆　田	2.705	3.060	0.355
汕　頭	3.052	3.127	0.075	北　海	2.859	3.607	0.748

資料來源：本研究整理

五、2017TEEMA 中國大陸區域投資風險度分析

　　2017《TEEMA 調查報告》中，從表 19-10 可知中國大陸區域投資風險度分析排名，其 2017 年投資風險度評估綜合排名依序為：（1）華東地區；（2）西北地區；（3）西南地區；（4）華北地區；（5）東北地區；（6）華中地區；（7）華南地區。

表 19-10 2017 TEEMA 中國大陸區域投資風險度排名分析

風險度構面	華南	華東	華北	華中	東北	西南	西北
❶社會風險	2.881	2.318	2.607	2.770	2.703	2.520	2.459
❷法制風險	2.707	2.383	2.597	2.877	2.762	2.655	2.579
❸經濟風險	2.839	2.362	2.582	2.839	2.781	2.675	2.594
❹經營風險	2.836	2.391	2.572	2.771	2.729	2.554	2.527
❺轉型風險	2.773	2.335	2.601	2.765	2.645	2.600	2.453
❻道德風險	2.784	2.391	2.607	2.656	2.650	2.528	2.406
風險度評分	2.803	2.363	2.594	2.780	2.712	2.588	2.503
風險度排名	❼	❶	❹	❻	❺	❸	❷

資料來源：本研究整理

　　2017《TEEMA 調查報告》整合近五年報告之中國大陸七大經濟區域排名，從表 19-11 可知華東地區於 2017 年投資風險度排名超越西北地區，重新奪回第一名的寶座，顯示中國大陸沿海經濟帶之投資潛力開始回溫，其主因在中國大陸推出自貿區、國家級新區等等國家戰略，使沿海地帶投資風險下降，投資潛力上升。

表 19-11 2013-2017 TEEMA 中國大陸區域投資風險度排名變化分析

地　區	2013		2014		2015		2016		2017		2013-2017	
	評分	排名	評分	排名	評分	排名	評分	排名	評分	排名	總分	排名
❶華東地區	2.120	1	2.275	1	2.331	1	2.340	2	2.363	1	2.286	1
❷西北地區	2.379	3	2.560	5	2.352	2	2.321	1	2.503	2	2.423	2
❸華北地區	2.337	2	2.491	2	2.556	4	2.661	4	2.594	4	2.528	4
❹西南地區	2.391	4	2.498	3	2.508	3	2.509	3	2.588	3	2.499	3
❺東北地區	2.510	5	2.539	4	2.764	6	2.678	5	2.712	5	2.641	5
❻華中地區	2.525	6	2.770	7	2.771	7	2.797	7	2.780	6	2.729	7
❼華南地區	2.587	7	2.712	6	2.763	5	2.774	6	2.803	7	2.728	6

資料來源：本研究整理

第 20 章

2017 TEEMA 中國大陸台商推薦度

2017《TEEMA 調查報告》延續既有之「兩力兩度」研究評估模式，針對城市競爭力、投資環境力、投資風險度及台商推薦度進行分析，藉由調查台商對於中國大陸各地 112 個城市之觀點，進行城市綜合實力評估。其針對「台商推薦度」的部分，衡量的標準係針對前往中國大陸的企業作為研究調查之母體，透過台商對該城市投資的相關經驗做為評選基準，藉以提供企業未來前赴中國大陸投資之參考依據。其細項衡量指標係依據 2017《TEEMA 調查報告》，以十項衡量指標衡量「台商推薦度」，其中包括：（1）城市競爭力；（2）投資環境力；（3）投資風險度；（4）城市發展潛力；（5）城市投資效益；（6）國際接軌程度；（7）台商權益保護；（8）政府行政效率；（9）內銷市場前景；（10）整體生活品質。2017《TEEMA 調查報告》為完整呈現各項重要指標的變化趨勢，茲以十項衡量指標為比較基準，進行中國大陸 112 個城市台商推薦度排名。

一、2017TEEMA 中國大陸台商推薦度分析

2017《TEEMA 調查報告》對已在中國大陸投資台商企業調查分析，2017 年台商推薦度與細項指標排名如表 20-1 所示，茲將調查重要內涵分述如下：

1. 就推薦度前十佳城市而言：依 2017《TEEMA 調查報告》顯示，台商推薦度前十佳的城市依序為：（1）成都；（2）蘇州工業區；（3）廈門島外；（4）蘇州市區；（5）蘇州昆山；（6）廈門島內；（7）無錫江陰；（8）杭州蕭山；（9）杭州市區；（10）上海浦東。綜觀 2017 年台商推薦度結果，成都 2017 年再次登上冠軍寶座，其地區生產總值達 1.2 兆人民幣，是地區生產總值唯一達五位數的市州，其成長幅度 7.7%，成長速度比全國平均水平高一個百分點，僅次於綿陽與德陽。2016 年 11 月 4 日，根據中國大陸深圳綜合開發研究院發布《第八期中國金融中心指數》（CDI CFCI 8）指出：「成都金融中心綜合競爭力排名

中西部第一、全國第五,然全國排名較 2015 年上升一位。」故此,2017 年 4 月
28 日,中國人民銀行行長周小川表示:「成都為西部經濟最發達的城市之一,
其製造業、服務業、城鎮化皆有良好且完善的基礎,對區域經濟亦有很好的引領
作用。」此外,成都市金融工作辦公室主任梁其洲(2017)亦表示:「成都『四
中心一樞紐』升級為『五中心一樞紐』,將打造西部金融中心,加強資本市場、
財富管理、結算中心、創投融資、新型金融五大核心功能,以提升金融服務實體
經濟的能力。」綜上顯示,成都除強化金融要素市場的建設亦有加快發展新興金
融業態的支撐體系。

　　2. 就推薦度前十劣城市而言:2017《TEEMA 調查報告》台商推薦度結果顯
示,最不推薦的十大城市依序為:(1)太原;(2)九江;(3)東莞虎門;(4)
東莞厚街;(5)吉安;(6)惠州;(7)東莞長安;(8)溫州;(9)贛州;(10)
東莞石碣。在最不推薦十大城市中,東莞地區就包含四個城市,分別為第三名的
東莞虎門、第四名的東莞厚街、第七名的東莞長安及第十名的東莞石碣,曾被譽
為「世界製造工廠」的中國大陸,其中稱之為「工業重鎮龍頭」的廣東東莞近年
爆發空前的外資撤離危機。2017 年 1 月 9 日,根據紮根在東莞虎門二十多年的
東莞台協執行常務副會長謝慶源表示:「全球經濟不景氣,加上中國大陸人口紅
利優勢漸失、勞動成本不斷上升及『五險一金』等保險金成為不少企業重擔,使
東莞加工貿易業紛紛出走甚至倒閉。」而新加坡《聯合早報》(2017)亦指出:
「中國大陸勞動力成本不斷升高,2016 年東莞已超過四萬家企業倒閉。」此外,
美國南卡羅來納大學謝田教授(2017)亦表示:「加速外資撤離中國大陸的主
因是中國大陸經濟環境、商業環境的惡化,包括工資上漲、人為的通貨膨脹、知
識財產權無法得到真正保障等等,均使西方企業對中國大陸逐漸失去信心。」綜
上可知,東莞面臨撤資潮及倒閉潮之嚴峻局面,成為台商最不推薦城市的因素。

　　3. 台商推薦度十項指標分析而言:透過 2017《TEEMA 調查報告》台商推
薦度的十項指標顯示,成都在台商推薦度中整體推薦度(4.183)保持榜首。其
中投資效益(4.310)、國際接軌(4.190)、權益保護(4.286)、內銷市場(4.190)
和生活品質(4.167)都在所有 112 個列入評估城市的首位。成都作為國家中心
城市和中國大陸四川自貿區的核心區域,並積極打造具有「一帶一路」特色的
內陸自貿區,其經濟社會取得快速發展,為建設自貿區奠定堅實基礎,展現出
內陸自貿區建設中的區位戰略優勢。根據四川省委常委、成都市委書記范銳平
(2017)表示:「成都為擴大對外開放,力推自由貿易試驗區建設,以充分發
揮蓉歐快鐵的比較優勢,促進更多優勢產能向成都集聚。」另外,2017 年 4 月

表20-1 2017 TEEMA 中國大陸城市台商推薦度細項指標排名分析

排名	城市	地區	❶競爭力	❷環境力	❸風險度	❹發展潛力	❺投資效益	❻國際接軌	❼權益保護	❽行政效率	❾內銷市場	❿生活品質	台商推薦度
1	成都	西南	4.024	4.262	4.048	4.310	4.310	4.190	4.286	4.048	4.190	4.167	4.183	98.920
2	蘇州工業區	華東	3.808	4.077	4.385	4.346	3.962	3.808	4.077	4.192	3.769	4.115	4.054	96.512
3	廈門島外	華南	3.909	3.636	3.636	4.318	3.909	4.091	4.182	3.864	3.727	4.000	3.927	93.926
4	蘇州市區	華東	4.120	4.120	3.960	3.960	3.920	3.600	3.840	3.920	3.760	3.760	3.896	93.747
5	蘇州昆山	華東	3.791	3.746	3.597	3.746	3.806	3.910	3.910	4.060	4.000	4.119	3.869	92.766
6	廈門島內	華南	3.550	3.700	3.750	4.000	4.150	4.250	4.150	4.100	4.000	3.750	3.940	92.677
7	無錫江陰	華東	3.857	3.905	3.619	3.810	3.714	3.524	3.667	3.810	4.000	3.952	3.786	90.002
8	杭州蕭山	華東	3.857	3.829	3.686	3.800	3.514	3.800	3.829	3.714	3.686	3.714	3.743	88.664
9	杭州市區	華東	3.895	3.737	3.789	3.684	3.526	3.368	3.895	3.632	3.737	3.842	3.711	87.683
10	上海浦東	華東	3.550	3.500	3.550	4.150	3.850	4.150	3.700	4.050	3.700	3.750	3.795	87.326
11	上海市區	華東	3.792	3.667	3.583	3.667	3.625	4.250	4.042	3.750	3.375	3.792	3.754	86.702
12	淮安	華東	3.731	3.731	3.769	3.538	3.692	3.538	3.808	3.846	3.692	3.692	3.704	85.989
13	重慶	西南	3.800	3.425	3.275	3.550	3.775	3.650	3.800	3.925	3.800	3.825	3.683	85.721
14	大連	東北	4.037	3.259	3.852	3.741	4.000	3.630	3.704	3.519	3.630	3.556	3.693	84.562
15	蘇州新區	華東	3.621	4.000	3.586	3.828	3.310	3.621	3.724	3.621	3.517	3.931	3.676	83.670
16	上海閔行	華東	3.773	3.864	3.455	3.364	3.955	4.000	3.500	3.409	3.682	3.591	3.659	82.689
17	連雲港	華東	3.824	3.824	3.941	3.824	3.412	3.235	3.706	3.471	3.529	3.588	3.635	82.689
18	西安	西北	3.345	3.552	3.586	3.931	3.690	3.552	3.483	3.483	4.241	3.724	3.659	81.173
19	上海松江	華東	3.882	3.765	3.647	3.706	3.353	3.706	3.294	3.294	3.529	3.529	3.571	79.122
20	青島	華北	3.680	3.400	3.320	3.440	3.240	3.640	3.960	3.600	3.640	3.880	3.580	79.122
21	綿陽	西南	3.778	3.444	3.444	3.556	3.167	3.444	3.667	3.833	3.722	3.389	3.544	78.141
22	無錫市區	華東	3.542	3.375	3.667	3.583	3.458	3.250	3.750	3.792	3.333	3.750	3.550	77.784
23	廊坊	華北	3.870	3.435	3.348	3.435	3.522	3.739	3.435	3.391	3.565	3.522	3.526	77.338
24	寧波市區	華東	3.762	3.571	3.571	3.476	3.381	3.333	3.333	3.524	3.762	3.524	3.524	77.160
25	北京市區	華北	3.741	3.630	3.519	3.333	3.667	3.852	3.407	3.407	3.741	3.037	3.533	75.911
26	北京亦庄	華北	3.864	3.409	3.500	3.545	3.636	3.545	3.409	3.318	3.364	3.409	3.500	75.555

表 20-1　2017 TEEMA 中國大陸城市台商推薦度細項指標排名分析（續）

排名	城市	地區	❶競爭力	❷環境力	❸風險度	❹發展潛力	❺投資效益	❻國際接軌	❼權益保護	❽行政效率	❾內銷市場	❿生活品質	台商推薦度	
27	蘇州吳江	華東	3.440	3.480	3.360	3.760	3.440	3.720	3.520	3.440	3.400	3.440	3.500	74.930
28	馬鞍山	華中	3.583	3.500	3.417	4.000	3.583	3.375	3.542	3.375	3.417	3.125	3.492	74.217
29	深圳市區	華南	3.407	3.296	3.556	3.259	3.444	3.296	3.519	3.519	3.852	3.926	3.507	74.128
30	南通	華東	3.458	3.750	3.417	3.542	3.250	3.250	3.625	3.583	3.375	3.542	3.479	73.771
31	南京江寧	華東	3.235	3.235	3.118	3.353	3.588	3.353	3.706	3.824	3.647	4.000	3.506	73.682
32	南京市區	華東	3.222	3.333	3.333	3.611	3.556	3.722	3.667	3.556	3.333	3.500	3.483	72.790
33	揚州	華東	3.619	3.381	3.429	3.286	3.381	3.286	3.381	3.524	3.476	3.667	3.443	71.542
34	宿遷	華東	3.706	3.824	3.647	3.824	3.412	3.235	3.059	3.294	3.353	3.059	3.441	70.471
35	遂寧	西南	3.778	3.389	3.278	3.500	3.056	3.222	3.444	3.667	3.611	3.111	3.406	69.223
36	東莞松山湖	華南	3.550	3.200	3.400	3.300	3.250	3.200	3.600	3.400	3.700	3.500	3.410	69.134
37	德陽	西南	3.789	3.421	3.000	3.211	3.158	3.000	3.421	3.421	3.526	3.632	3.358	66.102
38	天津濱海	華北	3.478	3.348	3.739	3.696	3.217	3.130	3.391	3.304	3.043	3.130	3.348	64.496
39	寧波北侖	華東	3.409	3.409	3.318	2.955	3.227	3.273	3.455	3.409	3.500	3.227	3.318	64.407
40	廣州市區	華南	2.950	2.750	3.100	3.300	3.700	3.700	3.250	3.300	3.600	3.400	3.305	61.999
41	寧波慈溪	華東	3.421	3.368	3.263	3.105	3.211	3.316	3.263	3.316	3.421	3.263	3.295	61.821
42	泉州	華南	3.095	3.143	3.238	3.238	3.190	3.143	3.429	3.667	3.429	3.238	3.281	61.107
43	蘇州張家港	華東	3.000	3.294	3.059	3.235	3.529	3.588	3.765	3.353	3.000	3.118	3.294	60.929
44	濟南	華北	3.652	3.174	3.304	3.348	2.957	3.217	3.348	3.348	3.217	3.348	3.291	60.840
45	蕪湖	華中	3.278	2.833	3.056	3.333	3.278	3.167	3.611	3.389	3.889	3.056	3.289	60.572
46	無錫宜興	華東	3.250	3.100	3.300	3.300	3.400	3.450	3.000	3.100	3.250	3.550	3.270	59.859
47	威海	華北	3.722	3.389	3.167	3.500	3.056	3.611	3.000	2.778	3.000	3.167	3.239	59.324
48	唐山	華北	4.000	3.375	3.313	3.250	2.938	3.188	2.938	3.125	3.125	3.188	3.244	58.789
49	寧波奉化	華東	2.850	3.050	3.200	3.450	3.450	3.450	3.150	2.800	3.600	3.150	3.215	57.986
50	嘉興市區	華東	3.688	3.313	3.063	3.188	3.188	2.875	3.125	3.500	3.250	2.500	3.169	54.597
51	常州	華東	3.250	3.313	3.438	3.500	3.188	3.063	3.125	3.125	2.750	2.938	3.169	53.438
52	珠海	華南	3.118	3.118	3.235	3.235	3.353	3.118	3.059	3.000	3.059	3.353	3.165	52.992

表 20-1　2017 TEEMA 中國大陸城市台商推薦度細項指標排名分析（續）

排名	城市	地區	❶競爭力	❷環境力	❸風險度	❹發展潛力	❺投資效益	❻國際接軌	❼權益保護	❽行政效率	❾內銷市場	❿生活品質	台商推薦度
53	上海嘉定	華東	3.000	3.000	2.842	3.211	3.158	3.526	3.000	3.105	3.211	3.526	3.158	52.725
54	福州市區	華南	2.833	2.722	3.056	3.333	3.056	3.056	3.444	3.333	3.278	3.444	3.156	52.635
55	合肥	華中	3.400	3.200	3.040	3.120	3.200	2.960	3.200	3.240	3.080	3.120	3.156	51.654
56	鎮江	華東	2.941	2.882	3.000	3.294	3.059	3.059	3.176	3.412	3.235	3.118	3.118	50.673
57	南昌	華中	3.435	3.261	3.348	3.000	2.783	2.957	3.087	3.217	3.522	2.739	3.135	50.495
58	嘉興嘉善	華東	3.474	3.263	3.263	2.947	2.895	2.789	3.316	3.263	3.316	2.842	3.137	50.227
59	武漢漢口	華中	3.667	2.556	2.667	2.667	2.944	2.778	3.722	3.722	3.222	3.111	3.106	48.890
60	鄭州	華中	3.600	2.920	2.920	3.200	3.160	2.760	3.360	3.000	3.120	3.080	3.112	48.890
61	長沙	華中	3.833	3.208	3.083	2.958	2.750	2.667	3.042	3.083	3.083	3.042	3.075	47.730
62	寧波餘姚	華東	3.700	3.000	2.800	3.000	3.000	2.900	3.150	3.250	2.950	2.800	3.055	46.660
63	三亞	華南	3.500	3.000	3.000	2.944	3.278	3.278	2.889	3.167	2.389	2.833	3.028	46.125
64	福州馬尾	華南	3.000	3.000	2.789	3.053	3.105	3.105	3.105	3.211	2.737	3.211	3.032	45.323
65	武漢漢陽	華中	3.632	2.895	2.789	2.737	2.632	2.842	3.368	3.105	3.211	3.158	3.037	45.055
66	桂林	西南	3.353	2.941	2.706	3.059	2.941	3.176	3.118	2.941	3.059	3.118	3.041	44.698
67	蘇州大倉	華東	3.043	3.304	2.826	3.087	2.913	3.130	2.870	3.130	3.043	3.087	3.043	44.074
68	保定	華北	3.000	2.688	3.063	2.813	3.000	3.188	2.750	3.250	3.000	3.125	2.988	42.469
69	泰州	華東	2.813	2.938	2.938	3.125	2.563	2.875	2.813	3.188	3.313	3.125	2.969	41.220
70	昆明	西南	3.368	3.368	3.105	2.947	3.105	2.789	3.000	2.632	2.526	2.684	2.953	40.864
71	泰安	華北	3.500	2.500	2.875	3.000	2.938	3.000	3.000	3.000	2.938	2.875	2.963	40.150
72	蘇州常熟	華東	3.412	3.000	3.059	2.882	2.824	2.765	2.706	2.647	2.706	3.176	2.918	39.258
73	徐州	華東	2.950	2.850	2.900	3.050	2.900	2.650	2.950	3.000	3.350	2.950	2.955	39.169
74	天津市區	華北	2.750	2.708	2.958	2.750	3.042	2.958	2.875	3.083	3.042	3.167	2.933	38.456
75	蘭州	西北	3.438	2.500	2.563	2.938	3.188	2.938	2.875	3.063	3.125	2.750	2.938	38.188
76	紹興	華東	3.050	2.850	2.850	2.850	2.950	2.900	2.700	2.800	2.750	3.200	2.890	38.099
77	貴陽	西南	3.278	2.833	2.833	3.278	3.000	2.611	2.611	2.500	3.000	2.667	2.861	34.978
78	武漢武昌	華中	3.250	2.667	2.833	2.792	2.667	2.708	2.958	2.792	2.833	2.958	2.846	33.194

表 20-1　2017 TEEMA 中國大陸城市台商推薦度細項指標排名分析（續）

排名	城 市	地區	❶ 競爭力	❷ 環境力	❸ 風險度	❹ 發展潛力	❺ 投資效益	❻ 國際接軌	❼ 權益保護	❽ 行政效率	❾ 內銷市場	❿ 生活品質	台商推薦度
78	南　寧	西南	2.941	2.647	2.529	2.765	3.000	2.588	2.882	2.647	3.118	3.176	33.194
80	深圳龍崗	華南	3.455	2.773	2.818	2.682	2.864	2.682	2.591	2.773	2.909	2.955	32.659
81	鹽　城	華東	3.118	2.647	2.588	2.941	2.824	2.706	2.941	2.706	2.941	3.000	32.391
82	廣州天河	華南	3.000	2.800	3.100	2.700	3.150	2.400	2.550	2.350	2.850	2.750	30.429
83	莆　田	華南	3.000	2.867	2.800	2.600	2.467	3.067	2.867	3.067	2.600	2.533	30.073
84	瀋　陽	東北	3.556	2.667	2.630	2.481	2.667	2.481	2.296	2.370	3.259	3.037	29.181
85	石家莊	華北	3.474	2.789	2.632	2.684	2.684	2.421	2.895	2.105	2.737	2.684	27.041
85	煙　台	華北	2.941	2.706	2.529	2.824	2.647	2.765	2.529	2.647	2.941	2.765	27.041
87	哈爾濱	東北	3.389	2.833	2.833	2.944	2.611	2.556	2.333	2.611	2.611	2.389	26.862
88	佛　山	華南	2.867	2.867	2.800	2.867	2.600	2.800	2.267	2.667	2.533	2.333	24.900
89	東莞市區	華南	2.684	2.789	2.526	2.842	2.737	2.684	2.368	2.579	2.684	2.789	23.919
90	漳　州	華南	2.444	2.611	2.500	2.611	2.556	2.500	2.500	2.833	2.889	3.111	23.028
91	江　門	華南	2.813	2.750	2.375	2.688	2.688	2.500	2.125	2.688	2.750	2.813	22.671
92	海　口	華南	2.563	2.750	2.938	2.688	2.438	2.750	2.438	2.375	2.563	2.625	22.582
93	湖　州	華東	2.882	2.529	2.471	2.706	2.647	2.412	2.588	2.765	2.471	2.941	21.690
94	中　山	華南	2.750	2.625	2.688	2.688	2.625	2.625	2.625	2.563	2.375	2.563	20.709
94	日　照	華北	2.813	2.313	2.313	2.500	2.438	2.500	2.813	2.875	2.563	2.875	20.709
96	襄　陽	華中	2.688	2.313	2.250	2.500	2.375	2.563	2.500	2.688	2.625	2.688	17.231
97	宜　昌	華中	3.125	2.250	2.625	2.438	2.250	2.063	2.688	2.250	2.750	2.375	17.052
98	長　春	東北	3.263	2.316	2.158	2.684	2.474	2.263	2.316	2.211	2.526	2.368	15.090
99	北　海	西南	2.800	2.333	2.133	2.133	2.733	2.533	2.133	2.533	2.667	2.533	15.090
100	汕　頭	華南	2.467	2.333	2.667	2.333	2.400	2.667	2.200	2.333	2.200	2.400	13.485
101	深圳寶安	華南	2.750	2.550	2.200	2.350	2.200	2.400	2.350	2.400	2.450	2.500	13.218
102	東莞清溪	華南	2.438	2.250	2.375	2.375	2.125	2.688	2.813	2.188	2.313	2.313	12.861
103	東莞石碣	華南	2.533	2.400	2.267	2.267	2.067	2.600	2.333	2.600	2.200	2.267	11.434
104	贛　州	華中	3.625	2.000	1.875	2.125	2.188	2.188	1.875	2.188	2.313	1.813	11.345

表 20-1 2017 TEEMA 中國大陸城市台商推薦度細項指標排名分析（續）

排名	城市	地區	❶ 競爭力	❷ 環境力	❸ 風險度	❹ 發展潛力	❺ 投資效益	❻ 國際接軌	❼ 權益保護	❽ 行政效率	❾ 內銷市場	❿ 生活品質	台商推薦度
105	溫 州	華東	2.313	2.500	2.500	2.250	2.563	2.313	2.438	2.000	2.500	2.250	2.363	11.256
106	東莞長安	華南	2.467	2.533	2.200	2.267	2.200	2.200	2.467	2.333	2.267	2.400	2.333	10.899
107	惠 州	華南	2.471	2.294	2.529	2.353	2.176	2.294	2.176	2.118	2.235	2.176	2.282	8.669
108	吉 安	華中	2.188	2.250	2.250	2.250	2.500	2.125	2.125	2.000	2.375	2.250	2.231	7.421
109	東莞厚街	華南	2.063	2.063	2.125	2.250	2.188	2.500	1.875	2.063	2.000	2.438	2.156	6.440
110	東莞虎門	華南	2.063	2.125	2.250	2.063	2.188	2.188	1.938	2.313	2.313	2.063	2.150	5.816
111	九 江	華中	2.316	2.053	1.842	1.789	1.842	1.895	1.842	2.000	2.053	2.105	1.974	2.338
112	太 原	華北	2.353	2.118	2.000	2.118	1.941	1.647	1.588	1.529	1.706	1.647	1.865	2.159

註：【1】問卷評分轉換：「非常同意＝5分」、「同意＝4分」、「沒意見＝3分」、「不同意＝2分」、「非常不同意＝1分」。

【2】台商推薦度＝【城市競爭力×10%】＋【投資環境力×10%】＋【投資風險度×10%】＋【城市發展潛力×10%】＋【整體投資效益×10%】＋【國際接軌程度×10%】＋【台商權益保護×10%】＋【政府行政效率×10%】＋【內銷市場前景×10%】＋【整體生活品質×10%】。

【3】台商推薦度評分越高，代表台商對該城市願意推薦給下一個來投資的台商之意願強度越高，換言之，也代表這個城市的台商推薦程度越高。

資料來源：本研究整理

28 日，根據中國大陸國家發改委對外經濟研究所國際合作室主任張建平表示：
「成都在新形勢下，特別是在推進『一帶一路』中，優勢在西部地區愈加突出。」
除此之外，海峽兩岸關係協會會長陳德銘（2017）亦表示：「四川地理位置特殊，
是『一帶一路』發展戰略中的重要節點，亦是中國大陸西部經濟高地，其基礎設
施相對完善、物流優勢顯現、產業發展充分、政策體系成熟及對外開放程度高，
為台商、台資企業投資興業的理想之地。」一語道出，成都具有龐大投資吸引力，
亦是「一帶一路」的重要發展戰略節點，未來將成為中國大陸西部的物流中心及
交通樞紐中心，將吸引更多投資者的目光。

表 20-2　　2017 TEEMA 中國大陸台商推薦度構面平均觀點評分與排名

台商推薦度評估構面	2013		2014		2015		2016		2017		2013-2017	
	評分	排名	評分	排名	評分	排名	評分	排名	評分	排名	評分	排名
❶城市競爭力	3.506	9	3.392	4	3.268	5	3.292	1	3.250	1	3.342	1
❷投資環境力	3.552	4	3.398	2	3.251	8	3.103	5	3.030	9	3.267	7
❸投資風險度	3.529	5	3.356	8	3.235	9	3.057	10	3.012	10	3.238	9
❹發展潛力	3.616	1	3.445	1	3.319	1	3.186	2	3.087	3	3.331	2
❺投資效益	3.553	3	3.393	3	3.261	7	3.109	3	3.033	7	3.270	5
❻國際接軌	3.495	10	3.327	10	3.228	10	3.083	9	3.032	8	3.233	10
❼權益保護	3.563	2	3.371	5	3.263	6	3.099	6	3.057	6	3.271	4
❽行政效率	3.527	6	3.359	6	3.276	4	3.083	8	3.064	5	3.262	8
❾內銷市場	3.509	8	3.347	9	3.302	3	3.085	7	3.097	2	3.268	6
❿生活品質	3.521	7	3.357	7	3.303	2	3.107	4	3.079	4	3.273	3
平均值	3.537		3.374		3.271		3.120		3.074		3.275	

資料來源：本研究整理

二、2016-2017 TEEMA 中國大陸台商推薦度差異分析

2017《TEEMA 調查報告》延續 2016《TEEMA 調查報告》對台商推薦度評分
加以探討，2017 年城市評比為 112 個，與 2016 年城市評比數相同。針對 2017
年列入調查的 112 個城市進行台商推薦度差異分析，結果顯示 2017 年較 2016
相比，有 40 個城市之台商推薦度呈上升趨勢，占 112 個城市的 35.71％，而下
滑的城市總共有 72 個，占整體 64.29％。在台商推薦度評分上升最多前十個城
市依序為：（1）深圳龍崗；（2）長沙；（3）保定；（4）東莞長安；（5）東
莞松山湖；（6）東莞厚街；（7）九江；（8）瀋陽；（9）桂林；（10）東莞
清溪。

表 20-3　2016-2017 TEEMA 中國大陸城市台商推薦度評分差異

城　　市	2016 評分	2017 評分	2016 至 2017 評分差異	城　　市	2016 評分	2017 評分	2016 至 2017 評分差異
深圳龍崗	2.396	2.850	0.454	濟　　南	3.257	3.291	0.034
長　　沙	2.723	3.075	0.352	三　　亞	3.000	3.028	0.028
保　　定	2.687	2.988	0.301	汕　　頭	2.380	2.400	0.020
東莞長安	2.056	2.333	0.277	泉　　州	3.268	3.281	0.013
東莞松山湖	3.144	3.410	0.266	大　　連	3.683	3.693	0.010
東莞厚街	1.920	2.156	0.236	淮　　安	3.697	3.704	0.007
九　　江	1.750	1.974	0.224	嘉興嘉善	3.130	3.137	0.007
瀋　　陽	2.567	2.744	0.177	吉　　安	2.231	2.231	0.000
桂　　林	2.880	3.041	0.161	常　　州	3.172	3.169	-0.003
東莞清溪	2.231	2.388	0.157	上海閔行	3.663	3.659	-0.004
武漢武昌	2.695	2.846	0.151	蘇州吳江	3.504	3.500	-0.004
深圳市區	3.372	3.507	0.135	馬鞍山	3.500	3.492	-0.008
廈門島內	3.810	3.940	0.130	蘇州昆山	3.877	3.869	-0.008
哈爾濱	2.588	2.711	0.123	石家莊	2.719	2.711	-0.008
宜　　昌	2.360	2.481	0.121	泰　　安	2.973	2.963	-0.011
嘉興市區	3.053	3.169	0.116	蕪　　湖	3.300	3.289	-0.011
福州市區	3.047	3.156	0.109	寧波餘姚	3.078	3.055	-0.023
武漢漢陽	2.933	3.037	0.104	上海浦東	3.819	3.795	-0.024
上海松江	3.467	3.571	0.104	無錫江陰	3.811	3.786	-0.025
昆　　明	2.865	2.953	0.088	襄　　陽	2.547	2.519	-0.028
綿　　陽	3.461	3.544	0.083	寧波市區	3.555	3.524	-0.031
江　　門	2.540	2.619	0.079	漳　　州	2.688	2.656	-0.032
武漢漢口	3.027	3.106	0.079	宿　　遷	3.475	3.441	-0.034
佛　　山	2.600	2.660	0.060	連雲港	3.670	3.635	-0.035
贛　　州	2.160	2.219	0.059	日　　照	2.640	2.600	-0.040
上海市區	3.696	3.754	0.058	重　　慶	3.724	3.683	-0.042
遂　　寧	3.353	3.406	0.053	深圳寶安	2.461	2.415	-0.046
唐　　山	3.194	3.244	0.050	莆　　田	2.839	2.787	-0.052
北京亦庄	3.455	3.500	0.045	杭州蕭山	3.797	3.743	-0.054
徐　　州	2.913	2.955	0.042	福州馬尾	3.090	3.032	-0.058
寧波奉化	3.175	3.215	0.040	威　　海	3.307	3.239	-0.068
廣州市區	3.270	3.305	0.035	東莞虎門	2.219	2.150	-0.069
無錫市區	3.636	3.550	-0.086	德　　陽	3.589	3.358	-0.231

表 20-3　2016-2017 TEEMA 中國大陸城市台商推薦度評分差異（續）

城　　市	2016 評分	2017 評分	2016 至 2017 評分差異	城　　市	2016 評分	2017 評分	2016 至 2017 評分差異
天津濱海	3.435	3.348	-0.087	湖　　州	2.887	2.641	-0.246
中　　山	2.715	2.613	-0.103	蘇州張家港	3.545	3.294	-0.251
貴　　陽	2.970	2.861	-0.109	蘇州市區	4.162	3.896	-0.266
南京江寧	3.615	3.506	-0.109	合　　肥	3.430	3.156	-0.274
無錫宜興	3.380	3.270	-0.110	溫　　州	2.639	2.363	-0.277
長　　春	2.578	2.458	-0.120	蘇州常熟	3.195	2.918	-0.277
杭州市區	3.835	3.711	-0.124	東莞石碣	2.633	2.353	-0.280
天津市區	3.058	2.933	-0.125	海　　口	2.893	2.613	-0.281
廈門島外	4.058	3.927	-0.131	南　　昌	3.417	3.135	-0.282
紹　　興	3.024	2.890	-0.134	珠　　海	3.450	3.165	-0.285
廊　　坊	3.661	3.526	-0.135	寧波慈溪	3.582	3.295	-0.287
西　　安	3.822	3.659	-0.163	東莞市區	2.956	2.668	-0.288
上海嘉定	3.322	3.158	-0.164	鄭　　州	3.400	3.112	-0.288
煙　　台	2.894	2.729	-0.165	鹽　　城	3.133	2.841	-0.292
泰　　州	3.139	2.969	-0.170	成　　都	4.478	4.183	-0.295
惠　　州	2.456	2.282	-0.174	廣州天河	3.068	2.765	-0.303
北京市區	3.708	3.533	-0.175	蘇州工業區	4.364	4.054	-0.310
蘭　　州	3.135	2.938	-0.198	蘇州新區	3.988	3.676	-0.312
揚　　州	3.646	3.443	-0.203	鎮　　江	3.464	3.118	-0.346
蘇州太倉	3.258	3.043	-0.215	北　　海	2.822	2.453	-0.369
寧波北侖	3.539	3.318	-0.221	青　　島	4.023	3.580	-0.443
南京市區	3.712	3.483	-0.229	南　　通	3.931	3.479	-0.452
南　　寧	3.059	2.829	-0.230	太　　原	2.406	1.865	-0.541

資料來源：本研究整理

第 21 章
2017 TEEMA 中國大陸城市綜合實力

2017《TEEMA 調查報告》城市綜合實力計算方式延續過去《TEEMA 調查報告》所評估之「兩力兩度」模式，構面如下：（1）城市競爭力；（2）投資環境力；（3）投資風險度；（4）台商推薦度等四個構面，於此四個構面所獲得之原始分數，將原始分數的高低經過排列順序，透過百分位數轉換後計算其加權分數，除城市競爭力以 20.00 到 99.99 為百分位數加權計算外，其餘三個構面則以 1.00 到 99.99 為百分位數加權計算，再各別乘上構面權重後，將四個構面之加總分數並予以排名，最後將獲得每一個城市的「城市綜合實力」綜合評分與排名。鑒於「兩力兩度」構面之權重分配，分別為：（1）城市競爭力（15%）；（2）投資環境力（40%）；（3）投資風險度（30%）；（4）台商推薦度（15%）。

一、2017TEEMA 中國大陸城市綜合實力排名

2017《TEEMA 調查報告》調查中國大陸 112 個城市之城市綜合實力排名，如表 21-1 所示，依據「城市綜合實力」分數之結果，以 25 分為區隔，分為【A】、【B】、【C】、【D】四項「城市推薦等級」如下：（1）75 分以上城市為【A】級城市，為「極力推薦」等級城市；（2）50 分到 75 分（含）城市為【B】級城市，屬於「值得推薦」等級城市；（3）25 分到 50 分（含）之城市為【C】級城市，歸類於「可予推薦」等級城市；（4）25 分（含）以下之城市則為【D】級城市，則為「暫不推薦」等級城市。2017《TEEMA 調查報告》城市綜合實力前十佳城市排名依序為：（1）蘇州工業區；（2）成都；（3）蘇州昆山；（4）杭州蕭山；（5）廈門島外；（6）杭州市區；（7）蘇州市區；（8）上海浦東；（9）蘇州新區；（10）上海市區。

有關 2017 年中國大陸「城市綜合實力」最佳十名城市與 2016 年調查結果相比，可發現蘇州工業區、成都與蘇州昆山均維持在前三名的位置，此外，杭州

蕭山、廈門島外與杭州市區的 2016 年排名相較 2015 年皆上升一名次。另一方面，2017 年「城市綜合實力」排名最後十名則分別為：（1）北海；（2）贛州；（3）太原；（4）九江；（5）吉安；（6）東莞厚街；（7）東莞長安；（8）東莞石碣；（9）汕頭；（10）東莞虎門。

自 2013 年起，中國大陸政府便對外推出「一帶一路」戰略以消化內部過剩的產能，對內則推出「京津冀一體化」以及「長江經濟帶發展」，透過整合經濟區域，有效解決中國大陸經濟目前面對的困境，並同時配合自貿區與國家級新區發展戰略的升級，為中國大陸經濟打造下一輪的發展引擎。可知，中國大陸各個城市之投資環境皆受到政府祭出的政策而有所影響，使得整體的投資排名產生些微變動，因此，2017《TEEMA 調查報告》針對蘇州工業區、成都、蘇州昆山、杭州蕭山、廈門島外等城市綜合實力前五名進行深入探究，分析各個城市所具備的不同競爭優勢。

1. 蘇州工業區：為全中國大陸首個開展開放創新綜合試驗區域，並積極實施創新驅動發展戰略，除主動對接自由貿易試驗區外，亦建立開放型經濟新體制。此外，蘇州工業區不斷培育參與國際經濟技術合作與競爭新優勢，遂成為中國大陸於改革試驗與開放創新的領頭羊。根據 2017《TEEMA 調查報告》顯示，蘇州工業區綜合城市實力排名首位，且連續十幾年均列入城市綜合實力排行的【A】級「極力推薦」城市，可知蘇州工業區整體經商環境完善與健全，其投資環境優越理由分述如下：

❶理由一【轉型升級布局人工智慧】：蘇州工業區於近年不斷朝著全方面智慧城市發展模式前進。除不斷鼓勵企業技術創新或模式創新，並促進資訊技術的跨界整合。2017 年 3 月 23 日，蘇州工業園區發布《蘇州工業園區人工智慧產業發展行動計畫（2017-2020）》，該計畫提出：「2020 年前，蘇州工業園區將設立五個以上人工智能相關特色產業園、孵化基地及創新平台，力爭培育兩到三家十億級、一到兩家百億級人工智慧領域的龍頭企業。」此外，蘇州工業園區科信局副局長許文清（2017）亦指出：「在人工智慧等領域，蘇州工業園區已聚集 600 多家企業，且擁有超過六萬的從業人員，2016 年實現產值 350 億元人民幣，成長幅度達 25%。」由此可知，蘇州工業區順應世界先進技術發展的潮流，率先布局人工智慧產業，不僅符合國家產業戰略，亦契合園區產業的轉型升級。

❷理由二【培育千億級創新型企業】：根據蘇州工業區科技和信息化局（2017）指出：「2017 年園區明確創新風向，擴大創新工作，貫通創新價值鏈，優化創新生態圈。」亦提出四大工程，分別為：（1）創新產業引領；（2）原

創成果轉化；（3）標誌品牌創建；（4）創新生態建設。主要目標為利用三至五年，自主培育兩至三個千億級創新產業、一至兩個家千億級地標型企業、三至四家 500 億龍頭型企業、五至六家百億級規模型企業、50 家十億級創新型企業，此外，引進培育國家《千人計畫》突破 200 人、科技領軍人才突破 2,000 人，帶動新興產業產值突破 5,000 億元。

❸理由三【未來產業發展高端製造】：蘇州工業園區於 2017 年 4 月 7 日舉辦「退二優二」提升改造工作座談會，其中提及：「主要為該區域已有的產業孵化器提供產業鏈配套服務，並吸引更多高新技術企業落戶。」根據蘇州工業園區黨工委書記徐惠民（2017）表示：「園區地域資源將著重於新興產業、高新技術企業、自主創新企業、智能製造產業等領域，『退二優二』改造出的區域多鼓勵此類成長性好、發展空間大的項目落戶。」由此可知，蘇州工業園區正加快推進「退二優二」提升改造工作，將高端製造作為未來產業發展的主要方向及園區可持續發展的主要動力。

2. 成都：現今中國大陸正積極實施「一帶一路」戰略與互聯互通建設，而成都正坐落於絲綢之路經濟帶和長江經濟帶的交匯點，受惠於優越的戰略地位，大幅度提升其交通區位和經濟區位優勢，故進一步從西部內陸城市轉變為向西向南開放的支點城市，對其經濟發展具明顯助力。根據 2017《TEEMA 調查報告》顯示，成都於綜合城市實力排名第二，近幾年成都綜合實力排名不斷提升。隨著「一帶一路」國家級重要戰略推動之下，成都將成為企業相爭前往投資的熱土，其投資環境優越理由茲列如下：

❶理由一【中國製造 2025 示範城市】：作為中國大陸西部地區的重要工業基地，成都於新一代資訊技術、汽車、先進軌道交通、航空航天裝備等產業皆具有優勢，並於 2017 年擠身中國大陸全國第二批與西部首批「中國製造 2025」試點示範城市。而中國大陸工業和信息化部要求成都市實現四大轉變，分別為（1）傳統製造向智慧製造轉變；（2）生產型製造向服務型製造轉變；（3）資源消耗型製造向綠色製造轉變；（4）建設創新型製造業示範城市。致力將成都打造為重要的先進製造業中心，成為國家基於全球戰略布局的先進製造業基地，並為西部地區樹立製造強市的典範。

❷理由二【打造現代立體交通網絡】：依據《成都市國際化城市建設十三五規劃》內容提及：「成都主要任務之一為打造對外開放大通道，建設國家級國際航空樞紐、國際性區域鐵路樞紐、國家區域性高速公路樞紐、國際區域物流中心、現代立體口岸開放體系、國際性區域通信樞紐，進而構建『空、鐵、公、

水』四位一體的現代立體交通網絡體。」此外，根據成都市委書記及市長唐良智
（2017）指出：「成都正加速完善與『一帶一路』快速連通的陸水空立體交通
網絡，致力於打造貫通歐亞與通江達海的交通走廊。」由此顯示，成都積極打造
對內對外交通網絡，使之成為國際性的重要樞紐。

❸理由三【推進國家中心城市建設】：繼北京、上海、天津、廣州、重慶
之後，成都於 2016 年《成渝城市群發展規劃》中被定位為第六座國家中心城市，
其定位內容包含西部地區重要的經濟中心、科技中心、文創中心、對外交往中心
和綜合交通樞紐。然而目前成都持續推進創新驅動，並且加快培育發展新動能，
初步形成「一區四園一城一鎮」的格局，分別為「一區」為自主創新示範區；「四
園」為高新西區、高新南區、國際生物城和未來發展的臨空經濟區；「一城」為
成都科學城；「一鎮」為菁蓉鎮。此外，成都高新區黨工委書記范毅（2017）表示：
「成都高新區將圍繞突出『一極兩區一新城』工作重心，當好建設國家中心城市
主支撐。」顯示成都致力於實踐建設國家中心城市的重要使命。

3. 蘇州昆山：昆山對於台資企業而言最為熟悉，不僅於兩岸經貿文化交流
頻繁，更是投資最為密集與活躍的城市之一。此外，於「十三五規劃」中特別提
及，兩岸將以互利共贏方式深化合作，且專為兩岸產業創新升級打造金融合作平
台，作為台商和金融服務業的重要基地。此外，蘇州昆山市場監管局更積極推進
相關改革制度，包含深入推進商事制度改革、全力優化營商發展環境及不斷增創
企業發展優勢等。根據 2017《TEEMA 調查報告》顯示，蘇州昆山 2017 年城市
綜合實力維持第三名，其投資環境優越之理由茲列如下：

❶理由一【融資租賃撬動創新升級】：昆山依靠製造業起家，而作為蘇州
經濟的領頭羊，推動製造業創新升級責無旁貸。昆山電子資訊、精密機械、重大
裝備製造產業十分集聚，創新升級必須激發企業創新活力和轉型動力。2017 年
4 月 21 日，蘇州昆山對外發布《促進 2017 進交會融資租賃發展辦法》，期盼通
過融資租賃和技改政策引導，促進昆山企業轉型發展，加快技術儲備，並推動存
量資源的創新升級。根據江蘇省融資租賃行業協會會長黃磊（2017）表示：「融
資租賃為現今國際中發展最為迅速的新型服務產業之一，通過融資租賃，設備供
應商促進銷售，企業則以較低首付購買到新設備擴大再生產，而租賃企業亦獲得
相應的利潤。」可知蘇州昆山利用金融槓桿撬動產業創新升級、拓寬企業融資通
路及優化經濟結構。

❷理由二【致力打造全球科創小鎮】：2017 年 4 月 8 日，昆山市規劃局舉
辦「2017 杜克國際論壇」，並發布《杜克科創小鎮戰略規劃》。短期內將迅速

形成昆山創新驅動和轉型發展的核心引擎，長期而言，將成為全球科創體系中特色化創新的節點。該戰略分為三大階段，第一階段為三至五年，形成昆山創新驅動和轉型發展的核心引擎；第二階段為五至八年，打造長三角核心區融滬對台的創新合作基地；第三階段為八至十年，成為全球科創體系中特色化創新節點。可知昆山打造的全球級科創小鎮將形成經濟成長的新亮點、產業升級的新動能、要素集聚的新平台和創業宜居的新典範。

❸理由三【全力加速推動跨境貿易】：2015 年 10 月中國國家發展和改革委員會、國台辦、商務部等 12 個部門批准設立昆山海峽兩岸電子商務經濟合作實驗區，由於昆山花橋經濟開發區作為主要實施地區，因此其電子商務發展迅速。根據花橋經濟開發區黨工委副書記史紅亮（2017）指出：「截至 2016 年，花橋已累計引進電子商務企業 86 家，註冊資本約為五億元人民幣，電子商務產業實現營業收入達 30.3 億元人民幣。」其亦表示：「將發展以兩岸電子商務為特色的跨境貿易小鎮，預估 2020 年，跨境貿易小鎮入駐企業超過 500 家、從業人數兩萬人，跨境電商貿易額破 200 億元人民幣。」顯示昆山為促進電商發展，並以兩岸電子商務為特色，積極全力推動跨境貿易。

4. 杭州蕭山：杭州於 2015 年獲批設立中國（杭州）跨境電子商務綜合試驗區和建設杭州國家自主創新示範區，成為中國大陸創新發展強大的引擎，此外，杭州於 2016 年成為 G20 峰會舉辦城市，更成功獲得 2022 年亞運會主辦權。所謂「天下從此重杭州，杭州發展看蕭山」，蕭山已成為杭州打造世界名城的主要戰場，不斷努力建設體現世界名城風貌的現代化國際城區，可知其經濟發展擁有光明的前景。根據 2017《TEEMA 調查報告》顯示，杭州蕭山較 2016 年上升一個名次，由第五名前進至第四名，其投資環境優越之理由茲列如下：

❶理由一【打造智能製造示範城市】：隨著「中國製造 2025」深入推進，機器人產業將成為新常態下經濟發展的新引擎，且中國大陸已成為全球機器人第一大消費市場，因此具備深厚產業基礎的蕭山將打造全球機器人產業中心。蕭山經濟開發區經發局局長朱華軍（2017）指出：「致力打造集機器人的研發設計、生產製造、終端應用、文化旅遊、休閒娛樂功能於一體的機器人全產業鏈的特色小鎮。」其亦指出：「藉由機器人產業，杭州蕭山將可成為全國智能製造的示範區和國際化機器人的產業基地。」由此可知，杭州蕭山將藉由機器人產業打造智能製造示範城市，並創造一個兆級市場。

❷理由二【製造業借力大數據轉型】：杭州蕭山率先成立三個「全國首個」工業大數據交易中心、工業大數據聯盟和工業大數據實驗室，希冀藉助大數據實現實體工業、網際網路與物聯網的深度融合。此外，蕭山區政府與大數據應用解

決方案服務商中潤普達集團簽約共建錢塘工業大數據產業基地，總投資約 27 億元人民幣，而產業基地包含六大功能板塊，分別為建設工業大數據核心技術聯合體、加工處理中心區、技術創新引領區、產業孵化區、行業應用集聚區及生活商務配套區，並規劃引進培育工業大數據相關企業 200 家。蕭山科技城管理局副局長金聰（2017）指出：「工業大數據要為蕭山製造業創新轉型殺出一條血路。」顯示蕭山已然抓住工業大數據的發展之軌。

❸理由三【跨貿小鎮促進電商繁榮】：2016 年 3 月 1 日，杭州市「跨貿小鎮」正式啟動，該特色小鎮將在中國（杭州）跨境電子商務綜合試驗區的政策利好下，致力於打造跨境電商示範區。主要布局為「一鎮、兩核心、多園區」，分述如下，「一鎮」為跨貿小鎮；「兩核心」為中國（杭州）跨境電子商務產業園、杭州新天地；「多園區」為經緯國際創意園及新華創意園等若干園區。根據新華社（2017）指出：「至 2020 年，跨貿小鎮預計引進跨境電商與服務配套企業超過 1,000 家，集聚創業者超過 10,000 名、創業項目超過 1,000 個，實現進出口貿易額超百億元，帶動傳統製造業集群及相關產業鏈總值超千億元。」可知跨貿小鎮引發效益相當可觀，並促進電商發展繁榮景象。

5. 廈門島外：1980 年廈門設立經濟特區，成為中國大陸最早實行對外開放政策的城市之一，因開放的體制與機制優勢而吸引眾多文化、科技及人才，淨流入人口占總人口比重超過 30％，廈門的開放性和包容性領先東部沿海，甚至超越上海和杭州等經濟和人口重鎮。於「十三五規劃」中，廈門產業轉型升級的主要任務為振興實體經濟，聚焦發展電子資訊、旅遊文化、現代物流等三大主導產業，而在新興產業方面，培育發展生物與新醫藥、新材料、海洋高新等，致力打造十餘條千億產業鏈，全面強化產業的核心競爭力和國際競爭力。根據 2017《TEEMA 調查報告》顯示，廈門島外較 2016 年上升一個名次，由第六名擠身至第五名，其投資環境優越之理由茲列如下：

❶理由一【持續全力加速跨島發展】：歷經十多年的努力，廈門外島始終認真貫徹「跨島發展」戰略，並於經濟發展和城市建設取得顯著成效。至 2017年，廈門持續全力加快跨島發展，著力建設國家中心城市，不僅加快島外新城建設，亦提升本島功能品質，並優化城市基礎設施。進一步剖析，在島內部份，致力提高宜居程度，控制開發強度，降低建設密度，提升環境品質等；而在島外部分，追求高起點、高標準、高層次、高水平建設，將加快開發環東海域東部新城、翔安南部新城、馬鑾灣新城，完善集美新城的基礎設施和公共服務配套，顯示廈門外島於跨島發展戰略持續深耕與強化。

❷理由二【立足國家綜合交通樞紐】：廈門外島立足於國家綜合交通樞紐

的目標定位，其發展規劃為「一島一帶多中心」，其中，「一島」為廈門島，「一帶」指環灣城市帶，串聯起海滄、集美、同安、翔安，輻射漳州開發區、龍海、角美、南安、金門等區域；「多中心」是各區級中心。根據廈門大學黨委書記張彥（2017）指出：「廈門在歷史上為海上絲綢之路的重要起點和五口通商口岸之一。作為國家確定的『21世紀海上絲綢之路』支點城市、國際性綜合交通樞紐城市，廈門在『一帶一路』建設中承擔著重要的歷史使命。」可知，廈門外島正在全力構建國際性重要的陸海樞紐城市。

❸理由三【廈門跨境電商快速成長】：根據廈門檢驗檢疫局郵件快件辦事處（2017）指出：「2017年2月，廈門自貿片區跨境電商入境貨物超過9.5萬件，較2016年同期增長125倍。」此外，其亦指出：「廈門市政府強化跨境電商產業園對外推展，並頒布多項利好政策，進而吸引更多電商企業進駐，並實現100%通過單一窗口進行檢驗檢疫申報，而跨境電商直購平台重復申報項目由此減少30%，申報效率提高50%以上。」此外，廈門跨境電商產業園的跨境電商物品分揀線由兩條增至六條，日最大吞吐量由一萬件擴增至三萬件，由上述數據顯示，其廈門跨境電商實現快速成長。

為瞭解TEEMA 2012年至2017年中國大陸城市綜合實力排行及推薦等級之變化，2017《TEEMA調查報告》將2012年至2017年之結果整理如表21-2。由表可知，【A】、【B】、【C】、【D】四等級城市數分布，2017年列入【A】級的城市共有24個，占總受評城市數比例的21.42%；列入【B】級的城市共有37個，其占總受評城市數比例為33.03%；【C】級的城市共有36個，其占總受評城市數比例為32.14%；至於列入【D】級的城市僅15個，占12.29%。與2016年相比，【A】級「極力推薦」之城市數量比例略微上升，而【B】級「值得推薦」之城市數量比例小幅下滑，【C】級「可予推薦」之城市數量比例則持平，【D】級「暫不推薦」的城市數比例則微幅下降。

2017《TEEMA調查報告》亦以調查城市所在區域進行區隔，將其城市綜合實力推薦等級與該城市所屬之七大經濟區域分布進行比較，結果整理如表21-3。中國大陸七大經濟區域內，2017年台商「極力推薦」城市排名依序為：（1）華東地區16個（14%）；（2）華南、華北、西南地區各兩個（2%）；（3）西北及東北地區各一個（1%）。由此可知，華東地區依然是台商較喜愛之主要投資環境區域，其在2017年「極力推薦」之城市數量與2016年結果相比呈持平，顯示華東地區的投資環境仍具有較大吸引力與競爭優勢。

表 21-1　2017 TEEMA 中國大陸城市綜合實力排名分析

排名	城市	省市	區域	❶ 城市競爭力		❷ 投資環境力			❸ 投資風險度			❹ 台商推薦度			2017 城市綜合實力		2016 城市綜合實力			2016 至 2017 排名差異
				加權評分	排名	加權評分	百分位	排名	加權評分	百分位	排名	加權評分	百分位	排名	綜合評分	等級	綜合評分	等級	排名	
1	蘇州工業區	江蘇省	華東	79.988	9	3.773	93.435	5	1.822	99.054	1	4.054	96.512	2	93.565	A01	94.890	A01	1	0⇔
2	成都	四川省	西南	78.530	13	3.777	93.524	3	1.902	97.092	2	4.183	98.920	1	93.155	A02	94.249	A02	2	0⇔
3	蘇州昆山	江蘇省	華東	79.988	9	3.767	93.435	4	1.997	95.174	3	3.869	92.766	5	91.840	A03	92.607	A03	3	0⇔
4	杭州蕭山	浙江省	華東	82.067	7	3.846	96.423	1	2.081	90.983	5	3.743	88.664	8	91.474	A04	90.279	A05	5	1⬆
5	廈門島外	福建省	華南	59.600	39	3.853	96.378	2	2.107	89.333	7	3.927	93.926	3	88.380	A05	89.262	A06	6	1⬆
6	杭州市區	浙江省	華東	82.067	7	3.746	92.499	6	2.176	86.167	8	3.711	87.683	9	88.312	A06	87.029	A07	7	1⬆
7	蘇州市區	江蘇省	華東	79.988	9	3.665	86.256	12	2.031	91.785	4	3.896	93.747	4	88.098	A07	91.711	A04	4	3⬆
8	上海浦東	上海市	華東	82.433	5	3.677	88.307	8	2.118	90.359	6	3.795	87.326	10	87.894	A08	86.885	A08	8	0⇔
9	蘇州新區	江蘇省	華東	79.988	9	3.663	87.772	9	2.187	84.740	12	3.676	83.670	15	85.080	A09	85.455	A10	10	1⬆
10	上海市區	上海市	華東	82.433	5	3.643	86.301	11	2.235	80.772	18	3.754	86.702	11	84.122	A10	86.394	A09	9	1⬇
11	上海関行	上海市	華東	82.433	5	3.579	83.625	13	2.129	85.900	11	3.659	82.689	16	83.988	A11	83.447	A12	12	1⬆
12	廈門島內	福建省	華南	59.600	39	3.687	89.913	7	2.216	83.625	14	3.940	92.677	6	83.894	A12	83.345	A13	13	1⬆
13	西安	陝西省	西北	71.879	19	3.686	87.772	9	2.204	83.804	13	3.659	81.173	18	83.208	A13	82.452	A14	14	1⬆
14	重慶	重慶市	西南	79.067	10	3.564	80.950	15	2.153	86.033	9	3.683	85.721	13	82.908	A14	80.422	A16	16	2⬆
15	青島	山東省	華北	78.757	12	3.543	81.530	14	2.163	86.033	10	3.580	79.122	19	82.104	A15	84.356	A11	11	4⬇
16	無錫江陰	江蘇省	華東	72.843	17	3.513	74.172	25	2.119	81.396	17	3.786	90.002	7	78.514	A16	80.537	A15	15	1⬇
17	大連	遼寧省	東北	68.944	22	3.500	77.026	19	2.275	77.962	23	3.693	84.562	14	77.225	A17	78.629	A19	19	2⬆
18	南京江寧	江蘇省	華東	82.899	4	3.443	71.764	29	2.221	82.644	16	3.506	73.682	31	76.986	A18	78.550	A20	20	2⬆
19	淮安	江蘇省	華東	50.822	55	3.499	78.631	17	2.237	78.587	21	3.704	85.989	12	75.550	A19	75.378	A23	23	4⬆
20	無錫市區	江蘇省	華東	72.843	17	3.480	75.555	23	2.310	75.332	27	3.550	77.784	22	75.415	A20	75.609	A22	22	2⬆
21	南京市區	江蘇省	華東	82.899	4	3.408	67.618	35	2.218	82.823	15	3.483	72.790	32	75.247	A21	80.209	A18	18	3⬇
22	寧波市區	浙江省	華東	74.170	16	3.546	79.300	16	2.334	69.312	33	3.524	77.160	24	75.213	A22	78.260	A21	21	1⬇
23	北京市區	北京市	華北	81.877	8	3.437	72.121	27	2.262	75.332	27	3.533	75.911	25	75.116	A23	74.829	B02	25	2⬆
24	南通	江蘇省	華東	72.041	18	3.477	76.223	21	2.255	75.822	26	3.479	73.771	30	75.108	A24	80.257	A17	17	7⬇

（2017 城市綜合實力等級欄位：極力推薦）

表21-1 2017 TEEMA 中國大陸城市綜合實力排名分析（續）

排名	城市	省市	區域	❶ 城市競爭力 加權評分	❶ 排名	❷ 投資環境力 加權評分	❷ 百分位	❷ 排名	❸ 投資風險度 加權評分	❸ 百分位	❸ 排名	❹ 台商推薦度 加權評分	❹ 百分位	❹ 排名	2017城市綜合實力 綜合評分	2017 等級	2016城市綜合實力 綜合評分	2016 等級	2016 排名	2016至2017排名差異
25	上海松江	上海市	華東	82.433	5	3.396	68.197	34	2.240	76.268	25	3.571	79.122	19	74.393	B01	68.692	B12	35	10↑
26	連雲港	江蘇省	華東	49.290	60	3.565	77.071	18	2.248	78.185	22	3.635	82.689	16	74.081	B02	74.954	B01	24	2↓
27	北京亦庄	北京市	華北	81.877	8	3.475	73.236	26	2.364	68.153	34	3.500	75.555	26	73.355	B03	73.973	B04	27	0⇔
28	宿遷	江蘇省	華東	72.843	17	3.430	71.764	29	2.285	76.580	24	3.441	70.471	34	73.177	B04	71.067	B10	33	5↑
29	廊坊	河北省	華北	47.775	63	3.476	75.599	22	2.253	79.166	19	3.526	77.338	23	72.757	B05	71.863	B07	30	1↑
30	揚州	江蘇省	華東	59.770	38	3.440	72.077	28	2.256	78.899	20	3.443	71.542	33	72.197	B06	68.459	B14	37	7↑
31	深圳市區	廣東省	華南	83.390	3	3.360	65.879	38	2.328	71.943	30	3.507	74.128	29	71.562	B07	64.129	B18	41	10↑
32	天津濱海	天津市	華北	85.299	1	3.369	65.210	39	2.304	72.656	29	3.348	64.496	38	70.350	B08	71.143	B09	32	0⇔
33	馬鞍山	安徽省	華中	45.411	65	3.499	76.982	20	2.381	66.860	35	3.492	74.217	28	68.795	B09	68.887	B11	34	1↑
34	寧波北侖	浙江省	華東	74.170	16	3.411	71.720	31	2.424	61.286	44	3.318	64.407	39	67.860	B10	73.052	B06	29	5↓
35	蘇州吳江	江蘇省	華東	79.988	9	3.313	59.725	45	2.390	65.388	36	3.500	74.930	27	66.744	B11	64.266	B17	40	5↑
36	綿陽	四川省	西南	42.350	70	3.386	67.439	36	2.346	71.408	32	3.544	78.141	21	66.472	B12	65.808	B15	38	2↑
37	上海嘉定	上海市	華東	82.433	5	3.412	68.509	33	2.410	62.579	41	3.158	52.725	53	66.451	B13	65.718	B16	39	2↑
38	寧波慈溪	浙江省	華東	74.170	16	3.356	65.968	37	2.411	64.585	37	3.295	61.821	41	66.161	B14	73.418	B05	28	10↓
39	遂寧	四川省	西南	40.712	76	3.404	70.605	32	2.404	64.541	38	3.406	69.223	35	64.094	B15	61.282	B22	45	6↑
40	合肥	安徽省	華中	75.221	14	3.343	64.140	40	2.406	64.318	39	3.156	51.654	55	63.982	B16	74.688	B03	26	14↓
41	德陽	四川省	西南	42.123	72	3.461	74.351	24	2.459	57.139	50	3.358	66.102	37	63.116	B17	63.856	B19	42	1↑
42	東莞松山湖	廣東省	華南	63.418	33	3.323	60.884	44	2.443	59.458	46	3.410	69.134	36	62.074	B18	53.775	B30	53	11↑
43	蘇州張家港	江蘇省	華東	79.988	9	3.257	55.712	49	2.439	61.553	43	3.294	60.929	43	61.888	B19	71.159	B08	31	12↓
44	無錫宜興	江蘇省	華東	43.283	69	3.327	62.133	42	2.333	71.452	31	3.270	59.859	46	61.760	B20	68.604	B13	36	8↓
45	蕪湖	安徽省	華中	54.287	51	3.316	62.178	41	2.469	61.598	42	3.289	60.572	45	60.579	B21	61.398	B21	44	1↓
46	天津市區	天津市	華北	85.299	1	3.256	61.509	43	2.483	55.757	52	2.933	38.456	74	59.894	B22	50.083	B37	60	14↑
47	南昌	江西省	華中	68.357	23	3.259	56.470	47	2.410	63.471	40	3.135	50.495	57	59.457	B23	58.325	B23	46	1↓
48	濟南	山東省	華北	71.406	20	3.259	57.362	46	2.502	54.597	54	3.291	60.840	44	59.161	B24	56.209	B28	51	3↑
49	廣州市區	廣東省	華南	82.390	6	3.279	56.247	48	2.624	44.297	63	3.305	61.999	40	57.446	B25	57.077	B24	47	2↓

值得推薦

表 21-1　2017 TEEMA 中國大陸城市綜合實力排名分析（續）

排名	城市	省市	區域	❶城市競爭力 加權評分	排名	❷投資環境力 加權評分	百分位	排名	❸投資風險度 加權評分	百分位	排名	❹台商推薦度 加權評分	百分位	排名	2017城市綜合實力 綜合評分	等級	2016城市綜合實力 綜合評分	等級	排名	2016至2017排名差異
50	鄭州	河南省	華中	74.440	15	3.231	54.285	50	2.525	55.489	53	3.112	48.890	60	56.860	B26	56.456	B27	50	0⇔
51	長沙	河南省	華中	79.056	11	3.205	49.871	55	2.468	57.986	49	3.075	47.730	61	56.362	B27	48.483	C02	63	12↑
52	泉州	福建省	華南	64.861	30	3.158	46.660	61	2.433	61.107	45	3.281	61.107	42	55.892	B28	62.408	B20	43	9↓
53	嘉興市區	浙江省	華東	58.772	42	3.234	52.769	53	2.476	56.604	51	3.169	54.597	50	55.094	B29	53.252	B32	55	2↑
54	福州市區	福建省	華南	68.183	24	3.231	52.145	54	2.511	53.616	55	3.156	52.635	54	55.066	B30	56.849	B25	48	6↓
55	蘇州大倉	江蘇省	華東	79.988	9	3.168	46.393	62	2.452	59.190	47	3.043	44.074	67	54.923	B31	56.712	B26	49	6↓
56	寧波餘姚	浙江省	華東	74.170	16	3.219	52.903	52	2.524	51.922	59	3.055	46.660	62	54.862	B32	50.021	B38	61	5↑
57	寧波奉化	浙江省	華東	74.170	16	3.151	47.285	59	2.528	52.457	57	3.215	57.986	49	54.474	B33	53.660	B31	54	3↓
58	蘇州常熟	江蘇省	華東	79.988	9	3.205	49.157	56	2.532	52.100	58	2.918	39.258	72	53.180	B34	53.992	B29	52	6↓
59	廣州天河	廣東省	華南	82.390	6	3.236	53.616	51	2.596	45.724	62	2.765	30.429	82	52.087	B35	50.879	B35	58	1↓
60	福州馬尾	福建省	華南	68.183	24	3.110	45.010	66	2.522	53.527	56	3.032	45.323	64	51.088	B36	52.243	B33	56	4↓
61	珠海	廣東省	華南	57.948	45	3.120	41.577	69	2.465	58.432	48	3.165	52.992	52	50.801	B37	50.860	B36	59	2↓
62	唐山	河北省	華北	60.822	36	3.123	42.513	68	2.538	49.603	60	3.244	58.789	48	49.828	C01	48.844	C01	62	0⇔
63	武漢武昌	湖北省	華中	83.964	2	3.112	43.584	67	2.635	42.469	68	2.846	33.194	78	47.748	C02	39.603	C15	76	13↑
64	嘉興嘉善	浙江省	華東	58.772	42	3.191	48.310	57	2.701	37.653	74	3.137	50.227	58	46.970	C03	44.419	C08	69	5↑
65	常州	江蘇省	華東	66.705	27	3.154	45.367	64	2.715	35.379	76	3.169	53.438	51	46.782	C04	51.721	B34	57	8↓
66	鎮江	江蘇省	華東	57.770	46	3.020	34.576	82	2.568	49.336	61	3.118	50.673	56	44.898	C05	43.778	C11	72	6↓
67	武漢漢口	湖北省	華中	83.964	2	3.027	34.353	83	2.700	36.806	75	3.106	48.890	59	44.711	C06	34.676	C22	83	16↑
68	保定	河北省	華北	48.542	61	3.150	46.705	60	2.674	40.596	70	2.988	42.469	68	44.512	C07	34.316	C25	86	18↑
69	紹興	浙江省	華東	61.290	34	3.168	48.310	57	2.735	34.220	78	2.890	38.099	76	44.498	C08	37.532	C18	79	10↑
70	東莞市區	廣東省	華南	63.418	33	3.135	45.991	63	2.622	42.469	67	2.668	23.919	89	44.238	C09	41.878	C12	73	3↑
71	武漢漢陽	湖北省	華中	83.964	2	3.085	37.876	75	2.815	32.168	82	3.037	45.055	65	44.154	C10	36.321	C19	80	9↑
72	徐州	江蘇省	華東	64.230	32	3.081	37.742	76	2.616	43.271	65	2.955	39.169	73	43.588	C11	47.225	C03	64	8↓
73	威海	山東省	華北	58.419	44	3.078	37.564	77	2.739	34.041	79	3.239	59.324	47	42.899	C12	46.216	C04	65	8↓
74	鹽城	江蘇省	華東	59.222	41	3.146	45.100	65	2.716	35.379	76	2.841	32.391	81	42.396	C13	45.994	C05	66	8↓

（2017城市綜合實力 B26～B37 等級：值得推薦；C01～C13 等級：可予推薦）

233

表21-1　2017 TEEMA 中國大陸城市綜合實力排名分析（續）

排名	城市	省市	區域	❶城市競爭力 加權評分	排名	❷投資環境力 加權評分	百分位	排名	❸投資風險度 加權評分	百分位	排名	❹台商推薦度 加權評分	百分位	排名	2017城市綜合實力 綜合評分	等級	2016城市綜合實力 綜合評分	等級	排名	2016至2017排名差異
75	昆明	雲南省	西南	61.087	35	3.107	40.150	71	2.740	33.105	81	2.953	40.864	70	41.284	C14	34.675	C23	84	9↑
76	南寧	廣西	西南	58.700	43	3.063	39.125	72	2.652	39.258	71	2.829	33.194	78	41.211	C15	45.891	C06	67	9↓
77	瀋陽	遼寧省	東北	67.794	25	3.044	35.736	80	2.658	41.131	69	2.744	29.181	84	41.180	C16	32.292	C28	89	12↑
78	煙台	山東省	華北	66.469	28	3.052	36.092	79	2.727	38.054	73	2.729	27.041	85	39.880	C17	45.675	C07	68	10↓
79	蘭州	甘肅省	西北	48.189	62	3.069	40.953	70	2.821	29.582	85	2.938	38.188	75	38.212	C18	44.153	C09	70	9↓
80	泰州	江蘇省	華東	56.999	48	2.917	25.435	91	2.617	42.870	66	2.969	41.220	69	37.768	C19	43.797	C10	71	9↓
81	泰安	山東省	華北	50.887	54	2.987	29.850	85	2.674	38.723	72	2.963	40.150	71	37.212	C20	39.924	C14	75	6↓
82	湖州	浙江省	華東	49.333	59	2.969	32.168	84	2.628	43.628	64	2.641	21.690	93	36.609	C21	41.525	C13	74	8↓
83	三亞	海南省	華南	35.773	77	3.004	34.978	81	2.755	32.124	83	3.028	46.125	63	35.913	C22	35.675	C21	82	1↓
84	佛山	廣東省	華南	69.397	21	3.068	37.163	78	2.999	20.174	93	2.660	24.900	88	35.062	C23	35.901	C20	81	3↓
85	貴陽	貴州省	西南	59.370	40	2.890	22.448	94	2.731	33.595	80	2.861	34.978	77	33.210	C24	39.500	C16	77	8↓
86	海口	海南省	華南	42.088	73	3.089	38.589	74	2.872	26.060	87	2.613	22.582	92	32.954	C25	38.853	C17	78	8↓
87	石家莊	河北省	華北	64.544	31	2.853	21.645	95	2.790	31.990	84	2.711	27.041	85	31.993	C26	27.077	C33	94	7↑
88	哈爾濱	黑龍江	東北	66.343	29	2.870	25.079	92	2.903	23.652	90	2.711	26.862	87	31.108	C27	33.897	C26	87	1↓
89	中山	廣東省	華南	49.950	57	2.941	29.047	86	2.855	27.709	86	2.613	20.709	94	30.530	C28	33.050	C27	88	1↓
90	日照	山東省	華北	44.731	66	3.076	38.768	73	3.051	15.938	99	2.600	20.709	94	30.104	C29	30.371	C30	91	1↑
91	漳州	福建省	華南	49.891	58	2.982	28.334	88	2.876	24.231	89	2.656	23.028	90	29.541	C30	28.977	C31	92	1↑
92	深圳寶安	廣東省	華南	83.390	3	2.959	27.487	89	3.102	13.441	103	2.415	13.218	101	29.518	C31	22.634	D02	98	6↑
93	深圳龍崗	廣東省	華南	83.390	3	2.611	10.854	103	2.887	25.480	88	2.850	32.659	80	29.393	C32	22.585	D03	99	6↑
94	桂林	廣西	西南	44.535	67	2.873	21.467	96	2.934	20.976	92	3.041	44.698	66	28.265	C33	26.710	C34	95	1↑
95	溫州	浙江省	華東	60.738	37	2.930	28.601	87	3.019	18.881	94	2.363	11.256	105	27.904	C34	26.395	C35	96	1↑
96	長春	吉林省	東北	67.576	26	2.847	24.633	93	3.034	16.116	98	2.458	15.090	98	27.088	C35	31.429	C29	90	6↓
97	莆田	福建省	華南	40.997	74	2.933	26.907	90	3.060	14.511	101	2.787	30.073	83	25.776	C36	34.365	C24	85	12↓

（2017城市綜合實力等級：可予推薦）

表 21-1　2017 TEEMA 中國大陸城市綜合實力排名分析（續）

排名	城市	省市	區域	❶ 城市競爭力		❷ 投資環境力			❸ 投資風險度			❹ 台商推薦度			2017 城市綜合實力		2016 城市綜合實力			2016至2017排名差異
				加權評分	排名	加權評分	百分位	排名	加權評分	百分位	排名	加權評分	百分位	排名	綜合評分	等級	綜合評分	等級	排名	
98	江門	廣東省	華南	44.431	68	2.727	15.893	99	2.960	22.091	91	2.619	22.671	91	23.050	D01	21.115	D06	102	4↑
99	襄陽	湖北省	華中	51.868	52	2.735	17.721	97	3.022	17.900	95	2.519	17.231	96	22.823	D02	22.525	D05	101	2↑
100	東莞清溪	廣東省	華南	63.418	33	2.798	17.498	98	3.248	8.803	105	2.388	12.861	102	21.082	D03	16.868	D09	105	5↑
101	宜昌	湖北省	華中	55.224	49	2.624	11.211	102	3.053	16.428	97	2.481	17.052	97	20.254	D04	16.503	D10	106	5↑
102	惠州	廣東省	華南	54.303	50	2.677	13.931	101	3.019	17.365	96	2.282	8.669	107	20.228	D05	22.574	D04	100	2↓
103	東莞虎門	廣東省	華南	63.418	33	2.574	9.160	106	3.054	15.090	100	2.150	5.816	110	18.576	D06	15.891	D11	107	4↑
104	汕頭	廣東省	華南	42.300	71	2.697	14.868	100	3.127	13.887	102	2.400	13.485	100	18.481	D07	18.815	D07	103	1↓
105	東莞石碣	廣東省	華南	63.418	33	2.542	9.071	107	3.309	6.618	106	2.353	11.434	103	16.842	D08	22.874	D01	97	8↓
106	東莞長安	廣東省	華南	63.418	33	2.406	7.644	109	3.358	5.950	108	2.333	10.899	106	15.990	D09	13.679	D13	109	3↑
107	東莞厚街	廣東省	華南	63.418	33	2.547	8.669	108	3.372	5.281	110	2.156	6.440	109	15.531	D10	11.833	D14	110	3↑
108	吉安	江西省	華中	45.934	64	2.485	9.784	104	3.201	10.453	104	2.231	7.421	108	15.053	D11	15.022	D12	108	0⇔
109	九江	江西省	華中	51.820	53	2.560	9.428	105	3.332	6.039	107	1.974	2.338	111	13.706	D12	8.167	D16	112	3↑
110	太原	山西省	華北	57.524	47	2.276	3.452	110	3.340	5.459	109	1.865	2.159	112	11.971	D13	17.299	D08	104	6↓
111	贛州	江西省	華中	50.577	56	2.052	2.026	111	3.533	2.338	111	2.219	11.345	104	10.800	D14	10.748	D15	111	0⇔
112	北海	廣西	西南	40.826	75	1.817	1.580	112	3.607	1.669	112	2.453	15.090	99	9.520	D15	27.549	C32	93	19↓

（2017 城市綜合實力 D06～D15 等級為「暫不推薦」）

註：2016年列入評選城市為112個，A級極力推薦城市為「23個」、B級值得推薦城市為「24個」、C級可予推薦為「37個」、D級暫不推薦為「15個」；2017年列入評選城市為112個；
A級極力推薦為「35個」、B級值得推薦「16個」、C級可予推薦「38個」、D級暫不推薦為「36個」。

表 21-2　2013-2017 TEEMA 中國大陸城市綜合實力推薦等級彙總表

年度	2013	2014	2015	2016	2017
【A】極力推薦	蘇州工業區、蘇州昆山、杭州蕭山、成都、南京江寧、廈門島外、蘇州市區、蘇州新區、天津濱海、重慶、上海閔行、無錫江陰、大連、青島、杭州市區、南京市區、寧波市區、上海浦東、無錫市區、上海市區、蘇州張家港、西安、淮安	蘇州工業區、蘇州昆山、成都、蘇州新區、杭州蕭山、廈門島外、青島、南京江寧、上海浦東、上海閔行、南京市區、天津濱海、西安、無錫江陰、重慶、大連、寧波市區、上海市區、南京閔行、淮安、蘇州張家港、合肥、寧波慈溪、寧波北侖	蘇州工業區、成都、杭州蕭山、蘇州新區、青島、廈門島外、上海浦東、上海閔行、天津濱海、無錫江陰、南京江寧、西安、重慶、大連、無錫市區、南京市區、寧波市區、寧波慈溪、北京市區	成都、蘇州工業區、廈門島外、杭州蕭山、蘇州昆山、蘇州市區、上海浦東、上海市區、青島、廈門島內、無錫江陰、西安、重慶、南京市區、南京江寧、無錫市區、寧波市區、大連、淮安	成都、杭州蕭山、杭州市區、上海浦東、上海市區、重慶、無錫江陰、南京市區、無錫市區、寧波市區、南通。蘇州工業區、蘇州昆山、廈門島外、蘇州新區、上海閔行、安島、西安、青島、大連、北京市區
比率	28/112 (25.00%)	28/115 (24.35%)	27/118 (22.88%)	23/112 (20.54%)	24/112 (21.42%)
【B】值得推薦	無錫宜興、上海松江、北京亦庄、蘇州吳江、德陽、徐州、鎮江、常州、馬鞍山、威海、蘇州太倉、蘇州常熟、湖州、蘇州市區、嘉興、廣州天河、泉州、杭州餘杭、廣州市區、合肥、寧波慈溪、南昌、綿陽、連雲港、上海嘉定、鹽城、寧波奉化、濟南、廊坊、宿遷、長沙、珠海、泉州、廣州市區	北京亦庄、無錫宜興、連雲港、廊坊、上海嘉定、常州、德陽、遂寧、徐州、珠海、鹽城、泉州、鄭州、蘇州太倉、蘇州常熟、廣州市區、南昌、南海、杭州餘杭、蘇州餘杭、東莞松山湖、唐山	蘇州張家港、寧波北侖、上海松江、宿遷、蘇州吳江、無錫市區、德陽、遂寧、深圳市區、常州、廣州市區、福州市區、杭州市區、鄭州、徐州、威海、鎮江、洛陽	連雲港、合肥、寧波慈溪、廊坊、天津市區、鞍山、無錫宜興、綿陽、蘇州吳江、德陽、遂寧、深圳市區、泉州、遂寧、廣州市區、蘇州市區、蘇州常熟、濟南、鄭州、東莞松山湖、嘉興市區、寧波奉化、福州馬尾、廣州天河、天津市區	連雲港、宿遷、揚州、天津濱海、鞍山、綿陽、合肥、寧波慈溪、台州、東莞松山湖、無錫宜興、天津市區、濟南、鄭州、泉州、福州市區、寧波餘姚、蘇州常熟、福州馬尾、珠海。
比率	34/112 (30.36%)	37/115 (32.17%)	37/118 (31.36%)	38/112 (33.92%)	37/112 (33.04%)

表 21-2　2013-2017 TEEMA 中國大陸城市綜合實力推薦等級彙總表（續）

年度	2013	2014	2015	2016	2017
【C】勉予推薦	鄭州、潘陽、桂林、南寧、福州馬尾、漳州、莆田、嘉興市區、汕頭、中山、嘉興嘉善、天津市區、東莞市區、紹興、哈爾濱、長春、襄陽、蘭州	保定、嘉興市區、日照、福州馬尾、廣州天河、天津市區、三亞、桂林、長春、武漢漢口、長沙、哈爾濱、東莞市區、武漢漢陽、中山、蘭州	嘉興市區、天津市區、泰安、南寧、莆田、潘陽、海口、日照、貴陽、咸陽、東莞市區、紹興、漳州、武漢漢口、石家莊、台中、漢興嘉善、汕頭	唐山、徐州、鹽城、煙台、蘭州、鎮江、湖州、武漢武昌、海口、武漢漢陽、三亞、昆明、保定、中山、長春、漳州、石家莊、溫州	武漢武昌、常州、武漢漢口、紹興、武漢漢陽、威海、昆明、潘陽、蘭州、泰安、三亞、貴陽、石中、漳州、深圳龍崗、溫州、莆田
比率	35/112（31.25%）	31/115（26.96%）	35/118（29.66%）	35/112（31.26%）	36/112（32.14%）
【D】暫不推薦	惠州、宜昌、東莞虎門、九江、東莞長安、東莞清溪、東莞厚街、北安、吉安、贛州、貴陽	佛山、東莞龍崗、東莞宜昌、襄陽、東莞清溪、大厚街、東莞吉安、贛州	汕頭、鞍山、哈爾濱、東莞石碣、深圳寶安、深圳龍崗、襄陽、岳江、太原、九江、贛州	東莞石碣、深圳龍崗、襄陽、汕頭、東莞清溪、東莞虎門、東莞長安、贛州	江門、東莞清溪、惠州、汕頭、東莞虎門、東莞長安、九江、贛州
比率	15/112（13.39%）	19/115（16.52%）	19/118（16.10%）	16/112（14.28%）	15/112（13.40%）

資料來源：本研究整理

表 21-3　2009-2017 TEEMA 中國大陸七大經濟區域之城市推薦等級百分比彙總表

年度	❶華南地區 A極力推薦	B值得推薦	C勉予推薦	D暫不推薦	❷華東地區 A極力推薦	B值得推薦	C勉予推薦	D暫不推薦	❸華中地區 A極力推薦	B值得推薦	C勉予推薦	D暫不推薦	❹華北地區 A極力推薦	B值得推薦	C勉予推薦	D暫不推薦	❺西南地區 A極力推薦	B值得推薦	C勉予推薦	D暫不推薦	❻西北地區 A極力推薦	B值得推薦	C勉予推薦	D暫不推薦	❼東北地區 A極力推薦	B值得推薦	C勉予推薦	D暫不推薦
2009	2 / 2%	2 / 2%	11 / 12%	8 / 9%	14 / 15%	18 / 19%	4 / 4%	0 / 0%	1 / 1%	1 / 1%	7 / 8%	1 / 1%	3 / 3%	5 / 5%	3 / 3%	1 / 1%	3 / 3%	1 / 1%	3 / 3%	1 / 1%	0 / 0%	0 / 0%	1 / 1%	1 / 1%	1 / 1%	0 / 0%	1 / 1%	2 / 2%
2010	2 / 2%	1 / 1%	16 / 16%	4 / 4%	14 / 14%	20 / 20%	4 / 4%	0 / 0%	1 / 1%	5 / 5%	4 / 4%	2 / 2%	4 / 4%	8 / 8%	1 / 1%	1 / 1%	4 / 4%	0 / 0%	3 / 3%	2 / 2%	0 / 0%	0 / 0%	1 / 1%	1 / 1%	1 / 1%	0 / 0%	1 / 1%	2 / 2%
2011	1 / 1%	5 / 5%	14 / 13%	6 / 6%	12 / 12%	21 / 20%	6 / 6%	0 / 0%	1 / 1%	2 / 2%	5 / 5%	4 / 4%	3 / 3%	8 / 8%	2 / 2%	1 / 1%	3 / 3%	0 / 0%	3 / 3%	2 / 2%	1 / 1%	0 / 0%	0 / 0%	1 / 1%	1 / 1%	0 / 0%	1 / 1%	2 / 2%
2012	2 / 2%	1 / 1%	15 / 14%	7 / 6%	20 / 18%	14 / 13%	7 / 6%	0 / 0%	1 / 1%	6 / 6%	3 / 3%	4 / 4%	2 / 2%	6 / 6%	5 / 5%	2 / 2%	2 / 2%	4 / 4%	1 / 1%	2 / 2%	0 / 0%	1 / 1%	0 / 0%	1 / 1%	1 / 1%	0 / 0%	1 / 1%	2 / 2%
2013	2 / 2%	4 / 4%	12 / 11%	10 / 7%	19 / 17%	18 / 16%	4 / 4%	1 / 1%	0 / 0%	5 / 4%	6 / 5%	4 / 4%	3 / 3%	5 / 4%	6 / 5%	4 / 4%	2 / 2%	2 / 2%	3 / 3%	3 / 2%	1 / 1%	0 / 0%	1 / 1%	0 / 0%	1 / 1%	0 / 0%	3 / 3%	0 / 0%
2014	2 / 2%	4 / 3%	11 / 10%	10 / 9%	19 / 17%	17 / 15%	4 / 3%	1 / 1%	1 / 1%	5 / 4%	4 / 3%	6 / 5%	2 / 2%	7 / 7%	5 / 5%	6 / 6%	2 / 2%	3 / 3%	4 / 3%	5 / 5%	1 / 1%	0 / 0%	1 / 1%	0 / 0%	1 / 1%	1 / 1%	2 / 2%	0 / 0%
2015	2 / 2%	6 / 5%	9 / 8%	10 / 8%	18 / 15%	17 / 14%	7 / 6%	0 / 0%	3 / 3%	5 / 4%	6 / 5%	1 / 1%	0 / 0%	6 / 5%	5 / 4%	5 / 5%	2 / 2%	3 / 3%	4 / 3%	1 / 1%	1 / 1%	0 / 0%	1 / 1%	0 / 0%	1 / 1%	0 / 0%	3 / 3%	1 / 1%
2016	2 / 2%	8 / 7%	7 / 6%	10 / 9%	16 / 14%	16 / 14%	8 / 7%	0 / 0%	0 / 0%	4 / 4%	4 / 4%	5 / 4%	1 / 1%	5 / 5%	7 / 6%	1 / 1%	2 / 2%	3 / 3%	5 / 4%	0 / 0%	1 / 1%	0 / 0%	1 / 1%	0 / 0%	1 / 1%	0 / 0%	3 / 3%	0 / 0%
2017	2 / 2%	8 / 7%	9 / 8%	8 / 7%	16 / 14%	15 / 13%	9 / 8%	0 / 0%	0 / 0%	6 / 5%	3 / 3%	5 / 4%	2 / 2%	5 / 4%	7 / 6%	1 / 1%	2 / 2%	3 / 3%	4 / 4%	1 / 1%	1 / 1%	0 / 0%	1 / 1%	0 / 0%	1 / 1%	0 / 0%	3 / 3%	0 / 0%

表 21-4　2000-2017 TEEMA 中國大陸推薦城市排名變化

排名	城市	省市	區域	2000	2001	2002	2003	2004	2005	2006	2007	2008	2009	2010	2011	2012	2013	2014	2015	2016	2017
1	蘇州工業區	江蘇省	華東	A01	A01	--	--	B01	A18	A01	A01	A01	A03	A06	A02	A04	A02	A02	A01	A01	A01
2	成都	四川省	西南	B05	B13	B07	A08	A03	A04	A16	A09	A09	A11	A12	A09	A06	A04	A07	A03	A02	A02
3	蘇州昆山	江蘇省	華東	--	A02	A04	B14	A08	A03	A03	A02	A02	A01	A01	A01	A01	A01	A01	A06	A03	A03
4	杭州蕭山	浙江省	華東	A07	B21	A07	A01	A01	A02	A18	A03	A06	A07	A07	A12	A05	A03	A08	A05	A05	A04
5	廈門島外	福建省	華南	B07	B10	B10	B03	B19	A16	A13	B06	B06	A12	A10	B02	A07	A06	A03	A02	A06	A05
6	杭州市區	浙江省	華東	B10	B16	A05	A09	C02	B10	A04	A16	A23	A13	A23	A20	A19	A17	A19	A14	A07	A06
7	蘇州市區	江蘇省	華東	A01	A01	A01	A07	B01	A18	A06	A14	A19	A14	A11	A03	A10	A07	A06	A04	A04	A07
8	上海浦東	上海市	華東	B13	B14	B05	B07	B12	A08	A14	B24	B24	B11	B10	B14	B07	A23	A12	A09	A08	A08
9	蘇州新區	江蘇省	華東	A01	A01	--	--	B01	A18	A11	A07	A04	A19	A22	A11	A09	A08	A04	A07	A09	A09
10	上海市區	上海市	華東	B13	B14	B06	A04	B16	B01	B21	B26	B17	B10	A16	B05	A22	A20	A13	A11	A10	A10
11	上海閔行	上海市	華東	B13	B14	B06	B08	A01	A01	A12	A08	A12	A06	A05	A10	A14	A11	A21	A13	A12	A11
12	廈門島內	福建省	華南	B07	B10	B10	B03	B19	A16	B12	B08	B11	A20	A24	A18	A17	A16	A11	A10	A13	A12
13	西安	陝西省	西北	C03	B32	D04	--	--	B08	C21	D10	D11	C29	C22	B10	B01	A27	A18	A16	A14	A13
14	重慶	重慶市	西南	--	B19	C17	B16	B14	B11	C03	B25	C13	B01	A08	A06	A18	A10	A22	A20	A16	A14
15	青島	山東省	華北	B09	B12	A08	A02	A14	A12	B01	A11	A22	A18	A09	A08	A08	A15	A10	A08	A11	A15
16	無錫江陰	江蘇省	華東	B17	A06	A02	A03	A06	A05	A05	A04	A05	A10	A13	A07	A11	A12	A09	A17	A15	A16
17	大連	遼寧省	東北	B04	B22	B09	A06	A10	A14	A19	A15	A14	A16	A21	A14	A13	A13	A24	A22	A19	A17
18	南京江寧	江蘇省	華東	B14	B17	B15	B23	B02	B04	B16	A10	A07	A02	A03	A04	A02	A05	A05	A21	A20	A18
19	淮安	江蘇省	華東	--	--	--	--	--	--	--	--	B12	B08	B04	B01	A27	A26	A23	A18	A23	A19
20	無錫市區	江蘇省	華東	B17	A06	A02	A03	C01	B05	C07	B07	A11	A21	B05	B06	A26	A21	A20	A24	A22	A20

表 21-4　2000-2017 TEEMA 中國大陸推薦城市排名變化（續）

排名	城市	省市	區域	2000	2001	2002	2003	2004	2005	2006	2007	2008	2009	2010	2011	2012	2013	2014	2015	2016	2017
21	南京市區	江蘇省	華東	B14	B17	B15	B23	B02	A15	A08	B02	A13	B14	A15	A16	A15	A14	A14	A19	A18	A21
22	寧波市區	浙江省	華東	A03	A05	A03	A05	B04	A13	B08	A21	B13	A15	A14	A17	A12	A19	A15	A23	A21	A22
23	北京市區	北京市	華北	B06	B20	C02	B19	B17	B02	B18	C06	C04	C13	B17	B30	B17	B05	B02	A27	B02	A23
24	南通	江蘇省	華東	--	--	--	--	B13	B19	D03	C23	C06	B16	B08	B09	A24	A22	A17	A12	A17	A24
25	上海松江	上海市	華東	B13	B14	B06	B05	B09	B03	B28	B22	B08	C08	B23	C06	B28	B03	B07	B05	B12	B01
26	連雲港	江蘇省	華東	--	--	--	--	--	--	--	--	--	B07	B18	B03	A28	B10	B08	A26	B01	B02
27	北京亦庄	北京市	華北	B06	B20	C02	B19	C04	B20	A10	A19	A17	A09	A20	B07	B14	A24	B03	B02	B04	B03
28	宿遷	江蘇省	華東	--	--	--	--	--	--	--	--	--	--	--	--	B25	B24	B14	B07	B10	B04
29	廊坊	河北省	華北	--	--	--	--	--	--	B05	A13	A16	B04	B16	B19	B11	B22	B10	B19	B07	B05
30	揚州	江蘇省	華東	B03	B07	A06	A10	A04	A09	A09	A20	A08	A17	A18	A15	A21	A28	B01	B04	B14	B06
31	深圳市區	廣東省	華南	B20	B23	C14	C01	C20	C09	D01	C21	C18	D01	C26	D06	C24	C08	C02	B18	B18	B07
32	天津濱海	天津市	華北	B21	B05	B08	B24	A07	A07	A07	A05	A03	A04	A02	A05	A03	A09	A16	A15	B09	B08
33	馬鞍山	安徽省	華中	--	--	--	--	--	--	--	--	--	--	--	--	--	B19	B09	B08	B11	B09
34	寧波北侖	浙江省	華東	A05	--	--	--	B04	A13	A02	A06	A15	A05	A19	B08	A16	A18	A27	A03	B06	B10
35	蘇州吳江	江蘇省	華東	--	A03	B03	B25	B22	C03	C09	C03	B09	B25	B06	B23	B09	B07	B16	B09	B17	B11
36	綿陽	四川省	西南	--	--	--	--	--	--	--	--	--	--	--	--	B08	B08	B11	B10	B12	B12
37	上海嘉定	上海市	華東	A02	B14	B06	B18	C07	B25	C02	B23	B25	C17	B26	B26	B22	B12	B17	B13	B13	B13
38	寧波慈溪	浙江省	華東	A03	--	--	--	--	--	--	--	--	B22	B14	B18	A25	B04	A25	A25	B05	B14
39	遂寧	四川省	西南	--	--	--	--	--	--	--	--	--	--	--	--	--	--	B18	B16	B22	B15

表 21-4　2000-2017 TEEMA 中國大陸推薦城市排名變化（續）

排名	城市	省市	區域	2000	2001	2002	2003	2004	2005	2006	2007	2008	2009	2010	2011	2012	2013	2014	2015	2016	2017
40	合肥	安徽省	華中	--	--	--	--	--	B09	C12	C22	C02	B19	B15	B11	B03	B02	A28	B06	B03	B16
41	德陽	四川省	西南	--	--	--	--	--	--	--	--	--	--	--	--	B12	B09	B15	B14	B19	B17
42	東莞松山湖	廣東省	華南	--	--	--	--	--	--	--	--	--	--	--	--	--	--	B35	C02	B30	B18
43	蘇州張家港	江蘇省	華東	A01	A01	--	--	--	C04	B24	B11	B05	B02	B12	B15	A23	A25	A26	B01	B08	B19
44	無錫宜興	江蘇省	華東	B17	A06	A02	A03	--	--	B13	A18	A18	B05	B27	C04	B10	B01	B04	B11	B13	B20
45	無湖	安徽省	華中	--	--	--	--	--	--	--	--	--	--	--	--	B18	B13	B05	B15	B21	B21
46	天津市區	天津市	華北	B21	B05	B08	B24	A07	A07	B09	B03	B19	C03	C11	C01	C13	C23	C11	C03	B37	B22
47	南昌	江西省	華中	--	B31	D05	--	A11	A10	A17	A12	A10	A08	A04	A13	A20	B06	B31	B25	B23	B23
48	濟南	山東省	華北	--	B25	C04	B15	A13	A11	A15	B04	B07	B09	A17	A19	B02	B20	B19	B29	B28	B24
49	廣州市區	廣東省	華南	B11	B28	C12	B26	C11	C10	B17	C20	C20	C20	C21	C30	C17	B34	B29	B22	B24	B25
50	鄭州	河南省	華中	--	B04	B11	B12	--	--	--	C24	--	--	B34	C19	B24	C01	B30	B28	B27	B26
51	長沙	湖南省	華中	--	B33	B13	--	C15	B21	C13	C01	C19	C26	C23	C23	B26	B28	C17	C14	C02	B27
52	泉州	福建省	華南	--	--	D03	D02	D05	B06	B04	B19	C17	C11	C05	B27	B23	B32	B28	B17	B20	B28
53	嘉興市區	浙江省	華東	--	--	--	--	A09	B07	B10	B12	B18	B17	B25	B33	C10	C15	C03	C01	B32	B29
54	福州市區	福建省	華南	C01	B01	C06	B09	C16	C07	C06	C16	C14	B26	C01	B17	C03	C20	C04	B24	B25	B30
55	蘇州太倉	江蘇省	華東	A01	A01	--	--	B03	C05	B25	B21	B01	B18	B11	B29	C11	B23	B23	B33	B26	B31
56	寧波餘姚	浙江省	華東	A04	A04	C07	C09	B08	B23	B19	B05	B15	C04	C02	B24	B06	B18	B12	B21	B38	B32
57	寧波奉化	浙江省	華東	A06	B26	B01	B01	B20	B14	B22	B20	B02	B12	B20	B22	B15	B16	B06	B12	B31	B33
58	蘇州常熟	江蘇省	華東	--	--	--	--	--	B30	B02	B27	B14	B24	C04	C10	C12	B27	B27	B27	B29	B34

表 21-4　2000-2017 TEEMA 中國大陸推薦城市排名變化（續）

排名	城市	省市	區域	2000	2001	2002	2003	2004	2005	2006	2007	2008	2009	2010	2011	2012	2013	2014	2015	2016	2017
59	廣州天河	廣東省	華南	B11	B28	C12	--	C11	C10	A20	B01	C03	B23	B19	B31	C06	B31	C09	C04	B35	B35
60	福州馬尾	福建省	華南	C01	B01	B01	B09	--	B24	C04	C13	C15	C15	C12	B20	C08	C09	C07	B35	B33	B36
61	珠海	廣東省	華南	B15	B24	B20	B06	B07	B29	B15	C05	B22	C05	C10	C14	C22	B30	B24	B23	B36	B37
62	唐山	河北省	華北	--	--	--	--	--	--	--	--	--	--	--	--	--	C02	B37	C12	C01	C01
63	武漢武昌	湖北省	華中	B12	B09	C01	B21	B23	B13	B20	C10	C07	C25	B31	C09	C02	C14	C19	C16	C15	C02
64	嘉興嘉善	浙江省	華東	--	--	--	--	A09	B07	B10	B12	B18	B17	B32	C17	C14	C21	C24	C20	C08	C03
65	常州	江蘇省	華東	B22	B06	C08	B11	B10	B17	B07	B15	B21	B03	B22	B16	B21	B17	B13	B20	B34	C04
66	鎮江	江蘇省	華東	--	B18	C05	C04	--	B22	B27	C18	B03	A22	B07	B13	B04	B15	B25	B34	C11	C05
67	武漢漢口	湖北省	華中	B12	B09	C01	--	B23	B22	B27	C09	C21	C27	B29	B37	B31	C12	C27	C27	C22	C06
68	保定	河北省	華北	--	--	--	--	--	--	--	--	--	--	B21	B36	C07	C06	C01	C08	C25	C07
69	紹興	浙江省	華東	--	--	--	--	B06	--	--	B17	B23	B27	C03	C08	C19	C27	C28	C23	C18	C08
70	東莞市區	廣東省	華南	B18	C03	D04	D05	D02	D05	D05	D05	D02	C30	C14	C15	C26	C25	C25	C21	C12	C09
71	武漢漢陽	湖北省	華中	B12	B09	C01	--	B23	B27	C14	C11	C11	C22	B30	C03	B30	C04	C20	C18	C19	C10
72	徐州	江蘇省	華東	--	--	--	--	A05	A06	C08	B09	B04	B13	B03	B04	B05	B11	B22	B30	C03	C11
73	威海	山東省	華北	--	--	--	--	--	--	B06	A17	A21	B20	B01	B12	B13	B21	B21	B32	C04	C12
74	鹽城	江蘇省	華東	--	--	--	--	--	--	--	--	--	--	--	B25	B16	B14	B26	B37	C05	C13
75	昆明	雲南省	西南	--	B27	C09	C03	C10	C16	C05	B14	C10	C10	C19	C31	C21	C22	C14	C26	C23	C14
76	南寧	廣西	西南	--	B30	D01	--	C08	--	--	D09	C22	C07	C09	C07	B29	C07	C16	C07	C06	C15
77	瀋陽	遼寧省	東北	B16	--	B19	B17	--	C01	C15	D03	C05	C09	C25	C22	C27	C03	B36	C11	C28	C16

表 21-4　2000-2017 TEEMA 中國大陸推薦城市排名變化（續）

排名	城市	省市	區域	2000	2001	2002	2003	2004	2005	2006	2007	2008	2009	2010	2011	2012	2013	2014	2015	2016	2017
78	煙台	山東省	華北	--	--	--	--	--	C14	B11	B10	A20	B06	B02	B21	B19	B26	B20	B31	C07	C17
79	蘭州	甘肅省	西北	--	--	--	--	--	--	--	D13	D15	D14	D12	D15	D17	C35	C31	C10	C09	C18
80	泰州	江蘇省	華東	--	--	--	D08	D07	C06	B23	C19	D13	B15	B33	B35	C01	B29	B32	C05	C10	C19
81	泰安	山東省	華北	--	B11	--	--	--	--	--	--	B10	B21	B13	B34	C09	C16	C12	C22	C14	C20
82	湖州	浙江省	華東	--	--	--	--	--	--	--	--	--	--	--	--	B20	B25	C06	C06	C13	C21
83	三亞	海南省	華南	--	--	--	--	--	--	--	--	--	--	--	--	--	C24	C13	C24	C21	C22
84	佛山	廣東省	華南	B02	--	C03	D01	C14	--	--	C04	C01	C12	C16	C18	C30	C28	D01	C30	C20	C23
85	貴陽	貴州省	西南	--	--	--	--	--	--	--	--	--	--	D08	D10	D16	D15	C26	C17	C16	C24
86	海口	海南省	華南	--	--	--	--	--	--	--	--	--	--	--	--	C29	C32	C18	C13	C17	C25
87	石家莊	河北省	華北	--	B35	B17	--	--	--	C11	C07	C23	C28	B28	C02	C23	C26	C22	C29	C33	C26
88	哈爾濱	黑龍江	東北	D02	--	--	--	--	--	C20	D08	D14	D13	D10	D14	D12	C29	C23	D01	C26	C27
89	中山	廣東省	華南	B23	B08	B02	B01	B18	B18	B26	B16	B16	C06	C17	C27	C20	C19	C29	D02	C27	C28
90	日照	山東省	華北	--	--	--	--	--	--	--	--	--	--	B09	B28	C04	C10	C05	C15	C30	C29
91	漳州	福建省	華南	--	--	B14	B13	B05	--	C10	C02	D08	C23	C13	C12	C05	C11	C08	C25	C31	C30
92	深圳寶安	廣東省	華南	B20	B23	--	C05	C06	D03	C18	C17	C16	D02	D03	D07	D09	C30	D04	D05	D02	C31
93	深圳龍崗	廣東省	華南	B20	B23	C13	B27	C05	D02	C16	D06	D01	D04	D04	D04	D05	D02	D06	D07	D03	C32
94	桂林	廣西	西南	--	B29	B16	--	C03	C12	C17	B13	D05	C19	C06	C11	B32	C05	C15	C28	C34	C33
95	溫州	浙江省	華東	--	B15	C10	D04	--	--	--	C15	B20	C16	C15	C16	C18	C34	D10	C35	C35	C34
96	長春	吉林省	東北	--	--	--	--	--	--	--	C14	D09	D12	D07	D13	D14	C31	C21	C33	C29	C35

表 21-4　2000-2017 TEEMA 中國大陸推薦城市排名變化（續）

排名	城市	省市	區域	2000	2001	2002	2003	2004	2005	2006	2007	2008	2009	2010	2011	2012	2013	2014	2015	2016	2017
97	莆田	福建省	華南	--	--	D06	C07	B11	B12	--	B18	C25	C01	C30	C05	C28	C13	C10	C09	C24	C36
98	江門	廣東省	華南	--	--	--	--	B15	B15	C01	C08	C08	D05	D05	D09	D11	D06	D14	D13	D06	D01
99	襄陽	湖北省	華中	--	--	--	--	--	--	--	--	--	--	C28	C29	C25	C33	D09	D09	D05	D02
100	東莞清溪	廣東省	華南	--	--	--	--	--	--	--	D04	--	D11	D11	C21	D07	D12	D11	D16	D09	D03
101	宜昌	湖北省	華中	--	--	--	--	--	--	--	--	D16	D11	D11	D16	D08	D03	D07	D06	D10	D04
102	惠州	廣東省	華南	B19	B03	B12	B20	D01	D01	D04	D12	D10	D03	D02	D08	D06	D01	D08	D10	D04	D05
103	東莞虎門	廣東省	華南	B18	C03	D04	C06	D03	D04	C19	C12	D04	D06	C07	C20	C31	D05	D03	D08	D11	D06
104	汕頭	廣東省	華南	C01	C01	B18	B02	A12	A17	B03	C26	D03	C14	C18	D01	C16	C17	C30	C32	C07	D07
105	東莞石碣	廣東省	華南	B18	C03	D04	D03	C09	C15	D02	D02	D07	D07	C20	C24	D02	D08	D02	D03	D01	D08
106	東莞長安	廣東省	華南	B18	C03	D04	--	C18	C17	D06	D11	D12	C24	C08	C13	D03	D09	D05	D12	D13	D09
107	東莞厚街	廣東省	華南	B18	C03	D04	C12	B21	B28	D07	D01	D06	D08	C28	D05	C32	D10	D15	D14	D14	D10
108	吉安	江西省	華中	--	--	--	--	--	--	--	--	C09	C21	D01	C25	D10	D11	D17	D18	D12	D11
109	九江	江西省	華中	--	--	--	--	--	--	--	--	C12	C02	C24	D02	D01	D07	D16	D17	D16	D12
110	太原	山西省	華北	--	--	--	--	--	--	--	--	C24	D09	D06	D11	D04	D04	D13	D15	D08	D13
111	贛州	江西省	華中	--	--	--	--	--	--	--	--	--	C18	C27	D03	D13	D13	D19	D19	D15	D14
112	北海	廣西	西南	--	--	--	--	--	D08	--	D14	D17	D10	D09	D12	D15	D14	D18	D04	C32	D15
--	台州	浙江省	華東	--	--	--	--	--	--	--	--	--	--	--	--	C15	C18	--	C31	-	-
--	岳陽	湖南省	華中	--	--	--	--	--	--	--	--	--	--	--	B32	B27	C18	D12	D11	-	-
--	杭州余杭	浙江省	華東	--	--	--	--	--	--	--	--	--	--	B24	B32	B27	B33	B33	B26	-	-

表 21-4　2000-2017 TEEMA 中國大陸推薦城市排名變化（續）

排名	城市	省市	區域	2000	2001	2002	2003	2004	2005	2006	2007	2008	2009	2010	2011	2012	2013	2014	2015	2016	2017
-	咸寧	湖北省	華中	-	-	-	-	-	-	-	-	-	-	-	-	-	-	-	C19	-	-
-	洛陽	河南省	華中	-	-	-	-	-	-	-	-	-	-	-	-	-	-	B34	B36	-	-
-	鞍山	遼寧省	東北	-	-	-	-	-	-	-	-	-	-	-	-	-	-	-	C34	-	-

資料來源：本研究整理

註：
[1] 由於 2005 年「廣州市區」於 2006、2007、2008、2009、2010 年細分為「廣州天河」與「廣州市區」，因此 2006、2007、2008、2009、2010「廣州天河」與「廣州市區」對比的城市是 2005 的「廣州市區」。

[2] 由於 2005 年「北京其他」於 2006 重新命名為「北京亦莊」，因此 2006、2007、2008、2009、2010「北京亦莊」對比的城市是 2005 的「北京其他」。

[3] 由於 2005 年「天津」於 2006、2007、2008、2009、2010 年細分為「天津市區」與「天津濱海區」，因此 2006、2007、2008、2009、2010「天津市區」與「天津濱海區」對比的城市是 2005 的「天津」。

[4] 由於 2005 年「廈門」於 2006 細分為「廈門島內」與「廈門島外」，因此 2006、2007、2008、2009、2010 年「廈門島內」與「廈門島外」對比的城市是 2005 的「廈門」。

[5] 由於 2005 年「蘇州市區」於 2006 年細分為「蘇州市區」、「蘇州新區」與「蘇州工業區」，因此 2006、2007、2008、2009、2010「蘇州市區」、「蘇州新區」與「蘇州工業區」對比的城市是 2005 的「蘇州市區」。

[6] 由於 2005 年「寧波市區」於 2006 年細分為「寧波市區」與「寧波北侖區」，因此 2006、2007、2008、2009、2010「寧波市區」與「寧波北侖區」對比的城市是 2005 的「寧波市區」。

[7] 由於 2003 年「南京」於 2004 年細分為「南京市區」與「南京江寧」，因此 2004、2005、2006、2007、2008、2009、2010「南京市區」與「南京江寧」對比的城市是 2003 的「南京」。

[8] 由於 2003 年「無錫」於 2004 年細分為「無錫市區」、「無錫江陰」、「無錫宜興」，因此 2004、2005、2006、2007、2008、2009、2010「無錫市區」、「無錫江陰」、「無錫宜興」對比的城市是 2003 的「無錫」。

[9] 由於 2009 年「嘉興」於 2010 年細分為「嘉興市區」與「嘉興嘉善」，因此 2010「嘉興市區」與「嘉興嘉善」對比城市是 2009 的「嘉興」。

二、2016-2017 TEEMA 城市推薦等級變遷分析

根據 2017《TEEMA 調查報告》2016 年與 2017 年城市綜合實力及城市綜合實力推薦等級綜合比較結果，根據圖 21-1 至圖 21-4 可看出重要資訊如下述：

1. 2017 調查評估城市的區域劃分：2017《TEEMA 調查報告》城市劃分如下：（1）「蘇州市」：分成蘇州工業區、蘇州昆山、蘇州市區、蘇州新區、蘇州張家港、蘇州吳江、蘇州太倉、蘇州常熟八區；（2）「上海市」：分成上海閔行、上海市區、上海浦東、上海嘉定、上海松江五區；（3）「東莞市」：分成東莞長安、東莞市區、東莞虎門、東莞清溪、東莞石碣、東莞厚街、東莞松山湖七區；（4）「寧波市」：分成寧波市區、寧波北侖、寧波慈溪、寧波奉化、寧波餘姚五區；（5）「深圳市」：分成深圳龍崗、深圳市區、深圳寶安三區；（6）「無錫市」：分成無錫江陰、無錫市區、無錫宜興三區；（7）「武漢市」：分成武漢漢口、武漢漢陽、武漢武昌三區；（8）「杭州市」：分成杭州蕭山、杭州市區兩區；（9）「福州市」：分成福州市區、福州馬尾兩區；（10）「廈門市」：分成廈門島內、廈門島外兩區；（11）「南京市」：分成南京市區、南京江寧兩區；（12）「北京市」：分成北京市區、北京亦庄兩區；（13）「天津市」：分成天津市區、天津濱海兩區；（14）「嘉興市」：分為嘉興市區與嘉興嘉善兩區；（15）「廣州市」：分為廣州天河與廣州市區兩區。

2. 2016-2017 城市綜合實力推薦的投資環境變動：2017 年《TEEMA 調查報告》2016 年、2017 年兩年皆列入【A】級「極力推薦」等級之城市共 23 個，所占 2017 年【A】級城市比例達 95.8％，與 2016 年的 100％，顯示有些微的變動幅度。而 2016 與 2017 年均列入【B】級「值得推薦」的城市共有 36 個，占 2017 年【B】級城市的 97.2％，與 2016 年的 92.3％相比，有小幅上升的趨勢。再者，兩年度共有 33 個城市皆列入【C】級「可予推薦」，占 2017 年【C】級城市 91.6％，較 2016 年所占的亦是比例 106.0％，有小幅下降趨勢。最後兩年度皆列入【D】級「暫不推薦」的城市則有 14 個，占 2017 年【D】級城市 93.3％，較 2016 年所占的比例 87.5％，有上升趨勢。由此可知，【A】、【B】等級其今年變動幅度小於【C】、【D】等級之變動幅度。

3. 2016-2017【A】級「極力推薦」城市投資環境變動：綜觀 2016 年至 2017 年《TEEMA 調查報告》中列入【A】級「極力推薦」前十名城市，依序為：（1）蘇州工業區（A01）；（2）成都（A02）；（3）蘇州昆山（A03）；（4）杭州蕭山（A04）；（5）廈門島外（A05）；（6）杭州市區（A06）；（7）蘇州市區（A07）；（8）上海浦東（A08）；（9）蘇州新區（A09）；（10）上海市區（A10）。

而於 2017 年【A】級「極力推薦」城市中，唯有北京市區從「值得推薦」躍至「極力推薦」（B04 → A23），顯示其投資環境值得關注。

4. 2016-2017【D】級「暫不推薦」城市投資環境變動：2016 年至 2017 年《TEEMA 調查報告》研究結果顯示，位居【D】級「暫不推薦」的倒數十名城市分別為：（1）北海（D15）；（2）贛州（D14）；（3）太原（D13）；（4）九江（D12）；（5）吉安（D11）；（6）東莞厚街（D10）；（7）東莞長安（D09）；（8）東莞石碣（D08）；（9）汕頭（D07）；（10）東莞虎門（D06）。其中以北海（C32 → D15）下降幅度最高，自 2016 年的第 93 名至 2016 年降到第 112 名，落差高達 19 名，需特別注意。

圖 21-1　2016-2017 TEEMA「極力推薦」等級城市變遷圖

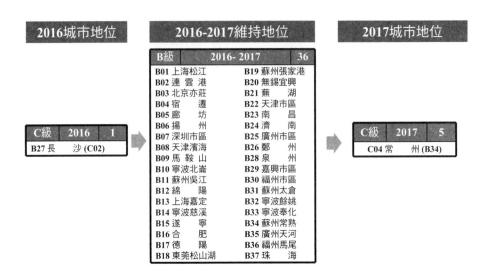

圖 21-2　2016-2017 TEEMA「值得推薦」等級城市變遷圖

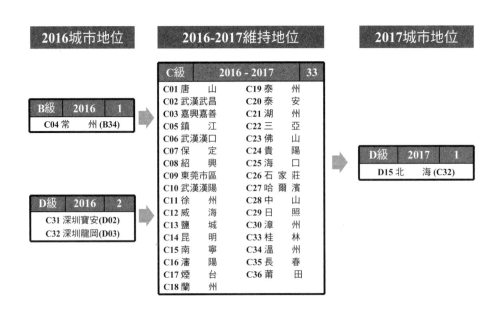

圖 21-3　2016-2017 TEEMA「可予推薦」等級城市變遷圖

圖 21-4　2016-2017 TEEMA「暫不推薦」等級城市變遷圖

三、2016-2017 TEEMA 城市綜合實力排名上升幅度最優城市分析

　　根據 2016-2017《TEEMA 調查報告》針對 112 個列入評估調查之城市，進行城市綜合實力上升幅度排名，如表 21-5 所示，2016-2017 城市綜合實力推薦排名上升前十名城市依序為：（1）保定；（2）武漢漢口；（3）天津市區；（4）武漢武昌；（5）長沙；（5）瀋陽；（7）東莞松山湖；（8）上海松江；（8）深圳市區；（8）紹興，其中保定升幅最大，排名上升 18 名，再者為武漢漢口，排名上升 16 名，此外，長沙亦表現優異，其推薦等級由 2016 年「可予推薦」C02 進階至 2017 年「值得推薦」B27。

表 21-5　2016-2017 TEEMA 城市綜合實力推薦排名上升分析

排名	城　　市	2016		2017		2016-2017
		排名	推薦等級	排名	推薦等級	排名等級差異
❶	保　　定	C25	可予推薦	C07	可予推薦	⬆18（C → C）
❷	武漢漢口	C22	可予推薦	C06	可予推薦	⬆16（C → C）
❸	天津市區	B37	值得推薦	B22	值得推薦	⬆14（B → B）
❹	武漢武昌	C15	可予推薦	C02	可予推薦	⬆13（C → C）
❺	長　　沙	C02	可予推薦	B27	值得推薦	⬆12（C → B）
❺	瀋　　陽	C28	可予推薦	C16	可予推薦	⬆12（C → C）
❼	東莞松山湖	B30	值得推薦	B18	值得推薦	⬆11（B → B）
❽	上海松江	B12	值得推薦	B01	值得推薦	⬆10（B → B）
❽	深圳市區	B18	值得推薦	B07	值得推薦	⬆10（B → B）
❽	紹　　興	C18	可予推薦	C08	可予推薦	⬆10（C → C）

資料來源：本研究整理

四、2016-2017 TEEMA 城市綜合實力排名下降幅度最大城市分析

2016-2017《TEEMA 調查報告》針對 112 個列入評估調查之城市，進行城市綜合實力下降幅度排名，如表 21-6 所示，2016-2017 城市綜合實力推薦排名下降前十名城市依序為：（1）北海；（2）合肥；（3）蘇州張家港；（3）莆田；（5）寧波慈溪；（5）煙台；（7）泉州；（7）南寧；（7）蘭州；（7）泰州。其中北海、合肥、蘇州張家港、莆田皆滑落 12 個名次以上，分別由 C32 到 D15、B03 到 B16、B08 到 B19、C24 到 C36，皆有待加強。

表 21-6　2016-2017 TEEMA 城市綜合實力推薦排名下降分析

排名	城　市	2016		2017		2016-2017
		排名	推薦等級	排名	推薦等級	排名等級差異
❶	北　海	C32	可予推薦	D15	暫不推薦	⬇19（C→D）
❷	合　肥	B03	值得推薦	B16	值得推薦	⬇14（B→B）
❸	蘇州張家港	B08	值得推薦	B19	值得推薦	⬇12（B→B）
❸	莆　田	C24	可予推薦	C36	可予推薦	⬇12（C→C）
❺	寧波慈溪	B05	值得推薦	B14	值得推薦	⬇10（B→B）
❺	煙　台	C07	可予推薦	C17	可予推薦	⬇10（C→C）
❼	泉　州	B20	值得推薦	B28	值得推薦	⬇09（B→B）
❼	南　寧	C06	可予推薦	C15	可予推薦	⬇09（C→C）
❼	蘭　州	C09	可予推薦	C18	可予推薦	⬇09（C→C）
❼	泰　州	C10	可予推薦	C19	可予推薦	⬇09（C→C）

資料來源：本研究整理

第 22 章

2017 TEEMA 單項指標十佳城市排行

2017《TEEMA 調查報告》除透過「兩力兩度」評估模式分析出「城市競爭力」、「投資環境力」、「投資風險度」與「台商推薦度」,並得出最終「城市綜合實力」等五項排行外,亦特別針對台商關切主題進行單項評估排名,茲將 2017《TEEMA 調查報告》之 21 個單項指標排列如下:

(1)當地**政府行政透明度**城市排行

(2)當地對**台商投資承諾實現度**城市排行

(3)當地**政府解決台商經貿糾紛滿意度**最優城市排行

(4)當地**台商人身安全程度**最優城市排行

(5)當地**台商企業獲利程度**最優城市排行

(6)當地**金融環境自由化**最優城市排行

(7)當地政府**歡迎台商投資的熱情度**排行

(8)**最具誠信道德與價值觀**的城市排行

(9)最適宜**內銷內貿**城市排行

(10)**最重視自主創新**城市排行

(11)當地**政府對台商智慧財產權保護**最優城市排行

(12)當地**政府鼓勵台商自創品牌**最優城市排行

(13)當地**政府支持台商企業轉型升級力度**最優城市排行

(14)當地**政府支持兩岸企業策略聯盟**最優城市排行

(15)當地**政府獎勵戰略性新興產業**最優城市排行

(16)當地**政府鼓勵節能減排降耗力度**最優城市排行

(17)最具**生產基地移轉優勢**城市排行

(18)最適發展**文化創意產業**之城市排行

(19)最具**智慧型發展**城市排行

（20）最具**解決台商經營困境**之城市排行

（21）最具**跨境電商經營發展**之城市排行

有關 2017《TEEMA 調查報告》21 項單項指標前十城市排名，如表 22-1 所示，以作為台商未來布局參考，除瞭解當地投資環境與風險外，亦應結合企業自身發展特性，進而找出最適布局城市。回顧歷年《TEEMA 調查報告》單項指標前十城市排名，蘇州城市多名列前茅，2017 年亦不例外，蘇州昆山於 21 個單項指標中，有 16 個單項指標皆位於前十之列，並於三個單項指標名列第一；蘇州工業區在 21 個單項指標中，有 16 個單項指標排名前十位，更於五個單項指標排名第一；蘇州市區在 21 個單項指標中，有十個單項指標排名前十位；而蘇州新區亦在 21 個單項指標中，有十個單項指標排名居前十位。

此外，西三角的成都、西安、重慶三城市表現亦不容小覷，成都在 21 個單項指標中，有 20 個單項指標排名前十位，更奪下「當地台商人身安全程度」、「當地政府歡迎台商投資」、「政府鼓勵台商自創品牌」、「支持台商轉型升級力度」、「最具生產基地移轉優勢」以及「最具解決台商經營困境」等六個單項指標第一名；至於重慶在 21 個單項指標中，有十個單項指標排名前十位，西安則有六個單項指標排名前十位。西三角囊括西南、西北最具經濟發展潛力、科研技術支撐之地區，匯聚經濟、人口和要素資源，成為推進西部大開發的重要基礎，在土地成本、勞動力取得、消費需求市場以及產業配套具發展優勢，加之，受益於中國大陸提出「一帶一路」倡議，使得成都、重慶及西安等西部重鎮戰略地位明確，紛紛吸引跨國企業搶灘布局，台商亦將重慶、成都、西安與武漢視為「四大內需之城」。

值得注意的是，2017《TEEMA 調查報告》單項指標十佳城市排名可發現，除上述提及的蘇州四城市及西三角城市外，臨海的上海市區與廈門的排名亦相當優異。其中，上海市區在 21 個單項指標中，雖只有八個單項指標排名前十位，但在「最適合發展文化創意」、「最具智慧型發展城市」、「最具跨境電商經營發展」等三個單項指標拿下第一；另外上海浦東則有五個單項指標排名前十位；此外，廈門島外有 15 個單項指標進入前十名；而廈門島內則有八個單項指標進入前十名。此外，綜合 21 個單項指標排名可發現，中部地區城市亦有逐漸增加之態勢，諸如：長沙、馬鞍山、武漢漢口、鄭州、合肥等，另，華南地區的東莞松山湖亦有四項指標排名列入前十之列，顯示中國大陸區域發展持續邁向平衡發展。

表22-1　2017 TEEMA中國大陸單項主題十大城市排名

單項主題排名		①	②	③	④	⑤	⑥	⑦	⑧	⑨	⑩
01 當地政府行政透明程度	城市	蘇州工業區	廈門島外	蘇州昆山	成都	杭州蕭山	廈門島內	蘇州新區	淮安	蘇州市區	南通
	評分	4.127	4.078	4.052	4.005	3.987	3.971	3.943	3.905	3.889	3.831
02 對台商投資承諾實現度	城市	蘇州工業區	蘇州昆山	廈門島外	成都	杭州市區	蘇州市區	杭州蕭山	西安	無錫江陰	重慶
	評分	4.205	4.193	4.112	4.094	4.062	4.047	4.042	4.033	4.017	3.993
03 解決台商經貿糾紛程度	城市	蘇州工業區	蘇州昆山	杭州蕭山	廈門島外	廈門島內	蘇州新區	淮安	上海市區	無錫江陰	成都
	評分	4.106	4.044	4.032	4.013	3.992	3.941	3.806	3.765	3.714	3.702
04 當地台商人身安全程度	城市	成都	蘇州工業區	蘇州昆山	杭州蕭山	廈門島內	杭州市區	上海浦東	無錫江陰	蘇州新區	青島
	評分	4.303	4.203	4.137	4.108	4.048	4.004	3.992	3.869	3.802	3.789
05 當地台商企業獲利程度	城市	蘇州工業區	成都	廈門島外	蘇州昆山	蘇州市區	杭州市區	蘇州新區	廈門島內	青島	淮安
	評分	4.171	4.125	4.089	4.011	3.997	3.893	3.865	3.814	3.732	3.715
06 當地金融環境之自由化	城市	上海浦東	廈門島外	蘇州工業區	蘇州昆山	蘇州市區	成都	廈門島內	上海市區	重慶	杭州蕭山
	評分	4.256	4.151	4.140	4.118	4.105	4.092	4.056	4.014	4.001	3.972
07 當地政府歡迎台商投資	城市	成都	西安	重慶	蘇州昆山	淮安	蘇州工業區	馬鞍山	長沙	武漢漢口	綿陽
	評分	4.298	4.217	4.188	4.156	4.103	4.078	4.062	4.014	3.974	3.889
08 最具誠信道德與價值觀	城市	蘇州昆山	蘇州工業區	廈門島外	杭州蕭山	蘇州市區	成都	廈門島內	上海市區	廈門島內	蘇州新區
	評分	4.162	4.155	4.092	4.024	4.001	3.992	3.845	3.812	3.746	3.714
09 適宜內銷內貿城市	城市	北京市區	成都	上海市區	重慶	廣州市區	深圳市區	蘇州市區	西安	長沙	杭州市區
	評分	4.250	4.221	4.167	4.153	4.138	4.105	4.072	4.054	3.982	3.874
10 最重視自主創新的城市	城市	蘇州工業區	蘇州昆山	成都	杭州蕭山	重慶	深圳市區	東莞松山湖	廣州市區	蘇州新區	北京市區
	評分	4.214	4.119	4.105	4.084	4.054	4.033	4.012	3.954	3.915	3.872
11 對台商智慧財產權保護	城市	蘇州昆山	蘇州工業區	廈門島外	蘇州市區	成都	上海浦東	蘇州新區	東莞松山湖	無錫江陰	深圳市區
	評分	4.165	4.126	4.117	4.101	4.087	4.052	4.017	3.915	3.884	3.816

表22-1 2017 TEEMA中國大陸單項主題十大城市排名（續）

單項主題排名		❶	❷	❸	❹	❺	❻	❼	❽	❾	❿
12	政府鼓勵台商自創品牌	城市	成都	蘇州工業區	蘇州昆山	廈門島外	重慶	蘇州新區	西安	深圳市區	大連	上海浦東
		評分	4.123	4.111	4.060	4.013	3.975	3.963	3.847	3.811	3.802	3.758
13	支持台商轉型升級力度	城市	成都	蘇州昆山	蘇州工業區	上海浦東	杭州蕭山	東莞松山湖	廈門島外	淮安	蘇州新區	馬鞍山
		評分	4.194	4.150	4.131	4.115	4.103	4.086	4.062	4.023	3.986	3.912
14	支持兩岸策略聯盟	城市	廈門島外	蘇州工業區	蘇州昆山	成都	蘇州市區	重慶	淮安	無錫江陰	馬鞍山	長沙
		評分	4.210	4.157	4.086	4.032	4.017	4.001	3.926	3.902	3.874	3.860
15	獎勵戰略性新興產業	城市	蘇州昆山	成都	蘇州工業區	廈門島外	深圳市區	蘇州新區	重慶	西安	東莞松山湖	杭州蕭山
		評分	4.231	4.204	4.188	4.156	4.128	4.093	4.063	3.984	3.912	3.879
16	鼓勵節能減排降耗力度	城市	蘇州市區	上海市區	蘇州昆山	蘇州工業區	杭州蕭山	成都	北京市區	武漢漢口	廈門島外	無錫江陰
		評分	4.225	4.162	4.142	4.109	4.078	4.072	4.016	3.945	3.920	3.901
17	最具生產基地移轉價值	城市	成都	西安	重慶	綿陽	馬鞍山	長沙	鄭州	武漢漢口	合肥	保定
		評分	4.135	4.098	4.053	4.005	3.997	3.952	3.933	3.871	3.820	3.765
18	最適合發展文化創意	城市	上海市區	杭州市區	北京市區	蘇州市區	深圳市區	成都	廣州市區	廈門島內	南京市區	寧波市區
		評分	4.302	4.233	4.201	4.167	4.132	4.096	4.054	4.016	3.989	3.910
19	最具智慧型發展城市	城市	上海市區	北京市區	杭州市區	深圳市區	南京市區	廈門島外	成都	廣州市區	重慶	寧波市區
		評分	4.178	4.132	4.116	4.068	4.021	4.003	3.978	3.923	3.874	3.811
20	最具解決台商經營困境	城市	成都	蘇州工業區	廈門島外	蘇州昆山	杭州蕭山	廈門島內	淮安	蘇州市區	馬鞍山	杭州市區
		評分	4.212	4.175	4.123	4.084	4.066	4.021	4.007	3.972	3.921	3.903
21	最具跨環境電商經營發展	城市	上海市區	杭州市區	深圳市區	廣州市區	重慶	寧波市區	蘇州市區	鄭州	泉州	廈門島外
		評分	4.035	3.993	3.906	3.847	3.815	3.806	3.792	3.774	3.720	3.702

資料來源：本研究整理

第 23 章

2017 TEEMA 中國大陸區域發展力

一、2017《TEEMA 調查報告》區域發展力兩力兩度模式

2017《TEEMA 調查報告》延續 2016《TEEMA 調查報告》針對 11 大經濟區域進行「區域發展力」排名。有關區域發展力之「兩力兩度」評估模式乃是指：（1）區域政策力：包括中央支持力度、區域定位層級、城市間連結力、國家級活動度與政府行政效率等五項指標；（2）區域環境力：包括內需市場潛力、區位投資吸引力、基礎建設完備度、人力資本匹配度、區域國際化程度及區域治安良善度六項細項指標；（3）區域整合度：有產業群聚整合度、區域資源共享度、技術人才完備度、生活素質均衡度、供應鏈整合度五項指標；（4）區域永續度：包括自主創新能力、科技研發實力、可持續發展度、環境保護度與資源聚集能力五項指標。有關 2017《TEEMA 調查報告》區域發展力之「兩力兩度」評估構面與指標如圖 23-1 所示。

二、2017 TEEMA 中國大陸區域發展力排名

2017《TEEMA 調查報告》針對中國大陸主要台商密集城市所屬之經濟區域，相關領域專家進行調查匯整出「11 大區域發展力調查評估（TEEMA Area11）」，區域發展力的專家評估對象主要是以：（1）中國大陸台商會會長及重要經營幹部；（2）在中國大陸投資主要企業高管及負責人；（3）對中國大陸具有深入研究的學者專家，共計 62 人，並透過結構式問卷方式，請每位專家針對其所熟知的經濟區域填寫該區的樣本評估，共回收有效樣本 354 份進行第一輪平均值計算，得出 TEEMA Area11 排名，再經由德爾菲法（Delphi method）進行第二輪的匿名調查，經初步微調後，將第二輪調查收斂結果說明如下：

「中國大陸 11 大經濟區區域發展力排名」前五名依序為：（1）長三角經濟區；（2）西三角經濟區；（3）環渤海經濟區；（4）海西經濟區；（5）中

圖 23-1 2017 TEEMA 區域發展力「兩力兩度」評估模式構面與指標

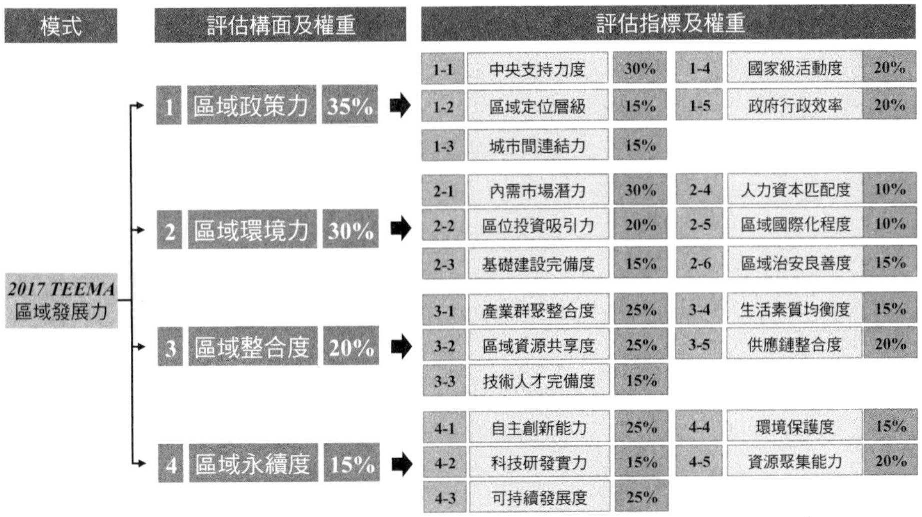

三角經濟區。長三角以上海為中心，南京、杭州、合肥為副中心，包括江蘇、浙江、安徽等 30 多個城市，致力發展綜合性產業基地，長三角合作與發展聯席會議（2016）指出：「長三角將加強頂層設計和系統謀劃，共同謀劃和聯動實施推進創新體系建設等重大戰略，積極創新重點改革，加快完善一體化的制度體系和規劃體系。」亦指出：「長三角地區構建多層次、多元化的合作機制，包括決策、協調、執行三個層面。決策層主要領導座談會，審議和決策關係區域發展重大事項。協調層是長三角合作與發展聯席會議制度，主要任務是做好主要領導座談會籌備工作，協調推進區域重大合作事項。執行層是在主要領導座談會和聯席會議領導和指導下，實行重點合作專題協調推進制度。」另外，長三角城市綜合實力領先全國，區位競爭力高，通過高新技術，打造世界性的新型製造業基地，尤其以工業強力引領「長三角」經濟快速成長。2017 年 4 月 1 日，中投顧問發布《2016-2020 年長三角地區產業投資環境分析及前景預測報告》數據顯示：「2016 年在全國排名前 50 城中，長三角即占 14 個席位領先其他區域，經濟實力不容小覷。」

2017「中國大陸 11 大經濟區區域發展力排名」第六名至第 11 名分別為黃三角經濟區、中部地區、東北地區、泛北部灣、珠三角經濟區、西部地區。根據 2017《TEEMA 調查報告》區域發展力之兩力兩度四構面詳細結果與排名分別如表 23-1、表 23-2、表 23-3、表 23-4 與表 23-5 所示，茲論述如下：

❶區域政策力排名：根據表 23-1 所示，排名前五名的經濟區域依序為：（1）長三角經濟區；（2）西三角經濟區；（3）環渤海經濟區；（4）海西經濟帶；（5）中三角經濟區。

❷區域環境力排名：由表 23-2 所示，可知排名在前五名的經濟區域依序為：（1）長三角經濟區；（2）西三角經濟區；（3）環渤海經濟區；（4）中三角經濟區；（5）海西經濟帶。

❸區域整合度排名：根據表 23-3 所示，可知排名在前五名的經濟區域依序為：（1）長三角經濟區；（2）西三角經濟區；（3）海西經濟區；（4）環渤海經濟區；（5）中三角經濟區。

❹區域永續度排名：由表 23-4 所示，可知排名在前五名的經濟區域依序為：（1）長三角經濟區；（2）西三角經濟區；（3）環渤海經濟區；（4）中三角經濟區；（5）海西經濟區。

「區域發展力」係藉由上述之區域政策力、區域環境力、區域整合度與區域永續度的「兩力兩度」評估模式，分別乘以其之權重，計算「區域發展力」之評價。四項評估構面權重如下：（1）區域政策力占 35％；（2）區域環境力占 30％；（3）區域整合度占 20％；（4）區域永續度占 15％。由表 23-5 可知「區域發展力」經權重排名依序是，長三角經濟區排名第一，其次為西三角經濟區、環渤海及海西經濟區，而第五名則是中三角經濟區。此外，表 23-5 中亦列入 2012-2017 年中國大陸 11 大經濟區區域發展力之分數變化，以供參照。

表 23-1　2017 TEEMA 中國大陸 11 大經濟區區域政策力排名

排名	經濟區	❶ 政策支持力度	❷ 區域定位層級	❸ 城市間連結力	❹ 國家級活動度	❺ 政府行政效率	區域政策力 加權評分	區域政策力 百分位
1	長三角經濟區	4.234	4.125	3.895	4.125	3.906	4.057	99.000
2	西三角經濟區	4.108	3.902	3.812	3.836	3.884	3.908	93.757
3	環渤海經濟區	3.720	3.835	3.407	3.313	3.462	3.547	81.020
4	海西經濟帶	3.356	3.608	3.516	3.329	3.516	3.465	78.113
5	中三角經濟帶	3.613	3.498	3.305	3.232	3.332	3.396	75.678
6	黃三角經濟帶	3.238	3.541	3.235	3.016	3.201	3.246	70.393
7	中部地區	3.482	3.276	3.013	3.127	2.956	3.171	67.733
8	東北地區	3.221	3.146	2.949	2.547	2.595	2.892	57.882
9	泛北部灣	2.835	2.845	2.604	2.831	2.745	2.772	53.662
10	珠三角經濟區	2.783	2.605	2.732	2.638	2.804	2.712	51.559
11	西部地區	2.738	2.684	2.704	2.598	2.617	2.668	50.000

資料來源：本研究整理

註：區域政策力＝【政策支持力度×30%】＋【區域定位層級×15%】＋【城市間連結力×15%】＋【國家級活動度×20%】＋【政府行政效率×20%】

表23-2　2017 TEEMA中國大陸11大經濟區區域環境力排名

排名	經濟區	❶ 內需市場潛力	❷ 區位投資吸引力	❸ 基礎建設完備度	❹ 人力資本匹配度	❺ 區域國際化程度	❻ 區域治安良善度	區域環境力 加權評分	區域環境力 百分位
1	長三角經濟區	3.942	3.805	3.910	3.536	3.942	4.004	3.879	99.000
2	西三角經濟區	3.985	3.932	3.531	3.492	3.631	3.513	3.751	94.374
3	環渤海經濟區	3.627	3.615	3.714	3.125	3.333	3.501	3.539	86.706
4	中三角經濟帶	3.326	3.416	3.206	3.263	3.401	3.205	3.309	78.369
5	海西經濟帶	3.112	3.016	3.567	3.432	3.225	3.351	3.240	75.875
6	中部地區	3.253	3.333	3.123	3.126	3.106	3.327	3.233	75.621
7	黃三角經濟帶	3.008	2.984	3.134	3.201	3.256	3.253	3.103	70.902
8	泛北部灣	2.912	3.142	3.113	2.951	2.803	3.333	3.044	68.778
9	東北地區	2.689	2.901	3.007	2.831	3.012	3.415	2.935	64.800
10	珠三角經濟區	2.732	2.432	3.412	2.894	2.933	3.125	2.869	62.436
11	西部地區	2.513	2.636	2.531	2.335	2.413	2.603	2.526	50.000

資料來源：本研究整理

註：區域環境力＝【內需市場潛力×30%】＋【區位投資吸引力×20%】＋【基礎建設完備度×15%】＋【人力資本匹配度×15%】＋【區域國際化程度×10%】＋【區域治安良善度×15%】

表23-3　2017 TEEMA中國大陸11大經濟區 區域整合度排名

排名	經濟區	❶ 產業群聚整合度	❷ 區域資源共享度	❸ 技術人才完備度	❹ 生活素質均衡度	❺ 供應鏈整合度	區域整合度 加權評分	區域整合度 百分位
1	長三角經濟區	4.213	4.012	3.912	3.943	3.842	4.003	99.000
2	西三角經濟區	3.849	3.531	3.403	3.263	3.502	3.545	83.975
3	海西經濟帶	3.241	3.301	3.036	3.401	3.206	3.242	74.025
4	環渤海經濟區	3.023	3.293	3.115	3.631	3.243	3.240	73.934
5	中三角經濟帶	3.401	3.126	3.161	3.056	3.015	3.167	71.564
6	黃三角經濟帶	3.115	3.012	2.853	3.016	3.033	3.019	66.685
7	東北地區	2.986	3.125	3.015	2.994	2.942	3.018	66.645
8	珠三角經濟區	3.002	3.126	2.539	3.015	3.201	3.005	66.245
9	中部地區	2.831	2.636	2.931	2.753	2.804	2.780	58.852
10	泛北部灣	2.935	2.593	2.657	2.831	2.835	2.772	58.591
11	西部地區	2.243	2.532	2.612	2.584	2.687	2.511	50.000

資料來源：本研究整理

註：區域整合度 =【產業群聚整合度 ×25%】+【區域資源共享度 ×25%】+【技術人才完備度 ×15%】+【生活素質均衡度 ×15%】+【供應鏈整合度 ×20%】

表23-4　2017 TEEMA中國大陸11大經濟區 區域永續排名

排名	經濟區	❶ 自主創新能力	❷ 科技研發實力	❸ 產業可持續發展度	❹ 環境保護度	❺ 資源聚集能力	區域永續度 加權評分	區域永續度 百分位
1	長三角經濟區	3.995	3.804	3.534	3.606	3.853	3.764	99.000
2	西三角經濟區	3.783	3.702	3.495	3.563	3.891	3.687	95.608
3	環渤海經濟區	3.216	3.258	3.226	3.301	3.034	3.201	74.157
4	中三角經濟帶	3.264	3.186	3.236	3.005	2.984	3.150	71.921
5	海西經濟帶	3.116	3.201	3.031	3.156	3.117	3.114	70.300
6	東北地區	3.005	3.201	3.013	2.946	2.832	2.993	64.973
7	黃三角經濟帶	3.005	2.759	2.631	2.989	3.195	2.910	61.323
8	中部地區	2.835	2.773	2.831	2.895	2.912	2.849	58.628
9	泛北部灣	2.603	2.616	2.736	2.737	2.806	2.699	52.003
10	西部地區	2.683	2.698	2.731	2.801	2.564	2.691	51.661
11	珠三角經濟區	2.653	2.701	2.695	2.633	2.582	2.654	50.000

資料來源：本研究整理

註：區域永續度 =【自主創新能力 ×25%】+【科技研發實力 ×15%】+【產業可持續發展度 ×25%】+【環境保護度 ×15%】+【資源聚集能力 ×20%】

表23-5　2017 TEEMA中國大陸11大經濟區區域發展力排名

排名	經濟區	❶ 區域政策力			❷ 區域環境力			❸ 區域整合度			❹ 區域永續度			區域發展力					
		平均值	加權分數	排名	平均值	加權分數	排名	平均值	加權分數	排名	平均值	加權分數	排名	2016	2015	2014	2013	2012	2011
1	長三角經濟區	4.057	99.000	1	3.879	99.000	1	4.003	99.000	1	3.764	99.000	1	99.000	99.000	99.000	99.000	99.000	99.000
2	西三角經濟區	3.908	93.757	2	3.751	94.374	2	3.545	83.975	2	3.687	95.608	2	92.263	91.412	87.714	87.535	85.872	86.018
3	環渤海經濟區	3.547	81.020	3	3.539	86.706	3	3.240	73.934	4	3.201	74.157	3	80.279	78.501	79.909	81.444	80.638	82.407
4	海西經濟帶	3.465	78.113	4	3.240	75.875	5	3.242	74.025	3	3.114	70.300	5	75.452	75.001	74.934	74.703	71.703	76.297
5	中三角經濟帶	3.396	75.678	5	3.309	78.369	4	3.167	71.564	5	3.150	71.921	4	75.099	70.717	69.919	72.201	70.514	-
6	黃三角經濟帶	3.246	70.393	6	3.103	70.902	7	3.019	66.685	6	2.910	61.323	7	68.444	67.346	68.705	73.150	71.348	79.467
7	中部地區	3.171	67.733	7	3.233	75.621	6	2.780	58.852	9	2.849	58.628	8	66.958	61.619	61.379	63.085	61.513	50.000
8	東北地區	2.892	57.882	8	2.935	64.800	9	3.018	66.645	7	2.993	64.973	6	62.774	58.900	59.668	60.374	60.207	68.220
9	泛北部灣	2.772	53.662	9	3.044	68.778	8	2.772	58.591	10	2.699	52.003	9	58.934	58.881	57.033	58.434	59.594	71.810
10	珠三角經濟區	2.712	51.559	10	2.869	62.436	10	3.005	66.245	8	2.654	50.000	11	57.525	58.056	57.473	56.637	57.129	64.720
11	西部地區	2.668	50.000	11	2.526	50.000	11	2.511	50.000	11	2.691	51.661	10	50.249	50.000	50.000	50.417	50.097	52.851

資料來源：本研究整理

註：區域發展力＝【區域政策力×35%】＋【區域環境力×30%】＋【區域整合度×20%】＋【區域永續度×15%】

6

TEEMA 調查報告
新總結

第 24 章

2017 TEEMA 調查報告
趨勢發現

2017《TEEMA 調查報告》延續 2000-2016《TEEMA 調查報告》多年研究方法及研究架構，以城市競爭力、投資環境力之「兩力」及投資風險度、台商推薦度之「兩度」為研究構面。茲將 2017《TEEMA 調查報告》研究發現與趨勢歸納如下：

一、就「中國大陸台商樣本結構經營管理現況」分析

2017《TEEMA 調查報告》針對中國大陸台商樣本結構經營管理現況分析，歸納台商對中國大陸經營五大趨勢，茲分述如下：

趨勢一：台商增加對中國大陸布局意願呈下降趨勢

隨著中國大陸經濟逐漸放緩，加之整體投資環境成本的持續上漲，進而壓縮經營利潤，使得台商於中國大陸投資布局日益困難，諸多台商亦紛紛退出中國大陸市場。根據 2017《TEEMA 調查報告》針對「企業未來布局規劃」可發現，其中「擴大對大陸投資生產」比例從 2011 年 50.95％即逐年下滑至 2017 年的 32.46％，連續七年呈現下降趨勢。根據經濟部投資審議委員會（2017）表示：「中國大陸投資環境惡化，使 2016 年台商赴中國大陸投資案件數與金額連續三年呈現負成長，然隨著政府推動新南向政策，亦使得東南亞投資金額於 2016 年提升 12.82％。」顯示中國大陸投資環境每況愈下，台商不斷縮減對中國大陸投資，並隨著政府新南向政策擴大對東南亞國家布局，由「中國唯一」轉向「中國加一」，藉由轉移重心以分散投資風險。

趨勢二：台商與中國大陸企業合資意願呈上升趨勢

全球環境快速變遷，致使中國大陸經濟環境亦受到牽連，不僅在中國大陸的台商經營空間受到壓縮，中國大陸本土企業亦面臨經濟放緩的困境。根據 2017《TEEMA 調查報告》受訪企業「與陸資企業合資經營」2011-2017 年比例

逐年上升，2011 年為 5.37％；2012 年為 6.40％；2013 年為 8.63％；2014 年為
9.23％；2015 年為 10.56％；2016 年為 11.45％；而 2017 年上升為 12.98％，
連續七年呈現上升之趨勢。此外，2017 年 5 月 23 日，根據工商建設研究會理事
長洪堯昆指出：「中國大陸經濟進入新常態，台商轉型升級刻不容緩，近年中國
大陸力推『一帶一路』及『中國製造 2025』，台商可藉由與陸資企業強化合作
的方式，以共同追求龐大的商機。」顯示儘管中國大陸投資環境惡劣，台商應拋
棄過往競爭廝殺的「紅海策略」，並以「競合思維」攜手陸資企業建構合作平台，
共同追求「一帶一路」等龐大商機。

趨勢三：中國大陸台商返台上市意願呈上升趨勢

面對全球經濟詭譎多變，台商常需要擴大資金以提升成長動能，然而相較
於中國大陸資本市場變動劇烈，台灣資本市場擁有較為健全的法令、成熟的金融
市場及穩健的本益比等特性，進而提升台商回台上市融資的意願，為企業集中資
源以利擴大投資布局。根據 2017《TEEMA 調查報告》受訪企業「希望回台上市
融資」2010-2017 年比例逐年上升，2010 年為 1.41％；2011 年為 2.54％；2012
年為 2.92％；2013 年為 4.08％；2014 年為 6.29％；2015 年為 6.85％；2016 年
為 6.97％；而 2017 年上升為 7.45％，連續八年呈現上升之趨勢。2017 年 5 月
26 日，根據證券交易所總經理李啟賢提及：「在台上市有利台商全球布局，並
可協助台商籌資及永續經營，截至 2017 年 4 月，全球已有 61 家台商企業在台
掛牌上市，其中多以在中國大陸的台商為大宗。」顯示台商在不斷擴大投資的同
時，為求更多資源多選擇在台上市，其中更以在中國大陸的台商為主要上市對
象。

趨勢四：中國大陸台商未來經營預期呈現悲觀趨勢

過往中國大陸在快速成長的同時，亦帶來許多問題，諸如產能過剩及環境
惡化等，有鑑於此，中國大陸於十三五規劃中下調 GDP 目標值，試圖放緩經濟
快速成長的節奏，以維持其國內穩定並長久的發展，隨著中國大陸整體逐漸放緩
亦壓縮台商經營成長空間。從 2017《TEEMA 調查報告》中，可知台商在「台商
在中國大陸經營績效分布」調查中，台商認為在中國大陸事業淨利將呈現負成長
部分（包含 -1％至 -50％以上之占比），自 2013 年比例為 59.02％；2014 年比
例為 60.1％；2015 年比例為 62.62％；2016 年比例為 66.06％；而 2017 年比例
為 69.75％，連續五年經營績效呈現負成長之趨勢。根據中華徵信所商情部總編
輯劉任（2016）指出：「在中國大陸的台商企業獲利逐年衰退，其原因包含中
國大陸經濟轉型衝擊、製造成本上揚及兩岸政府溝通中斷等因素。」顯示台商在

中國大陸經營面臨風險與困境,進而壓縮台商企業的獲利使經營績效呈現負成長的態勢。

趨勢五:中國大陸台商經貿糾紛比例連續呈上升趨勢

隨著台商逐步西進投資,兩岸經貿往來頻繁,在交流的同時,經貿糾紛案例時有所聞。從 2017《TEEMA 調查報告》的「調查區域別經貿糾紛發生分布」項目調查中可窺見台商在中國大陸經貿糾紛發生次數逐年上升,2013 年發生糾紛次數為 2,566 次;2014 年為 2,498 次;2015 年為 2,607 次;2016 年為 2,740 次;而 2017 年上升至 2,804 次。此外,2017 年 6 月 6 日,根據法務部政務次長陳明堂表示:「台商企業在中國大陸貿易糾紛頻傳,面對糾紛台商應隨時關注中國大陸法規制度的變動,並聘請專業的律師及會計師以保障自身權益。」顯示台商在中國大陸貿易糾紛次數逐年成長,是故,台商於投資布局的同時,因審時度勢,隨時追蹤中國大陸投資法規的動態,並在糾紛發生時找尋相關管道,以維護企業的利益與權益。

二、就「兩力兩度」分析

依據 2017《TEEMA 調查報告》調查結果,經兩力兩度模式與結合排名變化歸納十大發現如下:

發現一:中國大陸城市投資環境力台商評價呈下降趨勢

根據 2017《TEEMA 調查報告》可知,2017 年投資環境力平均值為 3.172,連續多年呈下降態勢,然與 2016《TEEMA 調查報告》十大構面進行對比可得知,在投資環境力十大構面中,唯有「經濟環境」、「創新環境」、「內需環境」三大構面呈上升趨勢,而「生態環境」與「基建環境」兩大構面則呈下滑趨勢,其餘構面皆呈現持平狀態。其中,在所有細項指標中下降幅度最大前三名,分別為「基建環境」構面中的:(1)當地的污水、廢棄物處理設備完善程度;(2)醫療、衛生、保健設施的質與量完備程度;(3)當地的企業運作商務環境完備程度。2017 年 6 月 19 日,根據中國人民大學重陽金融研究院指出:「『一帶一路』對基礎建設有巨大需求,而其因具較大投資規模、營運週期長且外部強等特性,恐使全球生態環境面臨較嚴峻壓力。」顯示台商若要進一步投資中國大陸基礎建設之相關產業,其必須先著重布局綠色化設施領域,不僅可促進經濟綠色發展,同時改善沿線國家之生態環境,因此台商應善用自身優勢搶占綠色新商機。

發現二:中國大陸城市投資風險度台商評價呈上升趨勢

根據 2017《TEEMA 調查報告》投資風險度平均值為 2.587,已連續六年呈

上升趨勢，而與 2016《TEEMA 調查報告》投資風險度六大構面進行對比可得知，其六大構面分數皆持續提高，顯示中國大陸整體投資風險依舊不斷攀升。而在所有投資風險細項指標中，上升幅度前三名依序為：（1）法治風險：當地政府行政命令經常變動的風險；（2）經營風險：當地政府刪減優惠政策導致喪失投資優勢的風險；（3）經營風險：員工缺乏忠誠度造成人員流動率頻繁的風險。根據經濟合作暨發展組織（OECD）（2017）指出：「中國大陸於經濟調整結構並未達成目標的同時金融風險正在竄升，若不加速解決重工業產能過剩、房地產等資產價格泡沫的問題，恐將進一步加劇無序違約風險。」顯示中國大陸政府所祭出的經濟政策導致投資所對應的債務明顯增加，往後恐釀成巨大的債務危機，因此台商應妥善因應。

發現三：中國大陸城市台商推薦度台商評價呈下降趨勢

2017 年台商推薦度平均值為 3.074，呈連續下降態勢，而與 2016《TEEMA 調查報告》十大構面進行對比可得知，在台商推薦度十大構面中，除「內銷市場」構面有些微上升其餘九大構面皆呈現下降趨勢。其中，在所有構面中下降幅度最大的為「投資環境力」及「投資效益」，分別從原先的第五名及第三名下降至第九名及第七名。根據《紐約時報》（2017）發表〈外企熱情消退，繼續留在中國變成一種磨練和戰鬥〉（As Zeal for China Dims, Global Companies Complain More Boldly）一文指出：「中國大陸政府祭出的現行條例與條例草案，是要求外商把具有價值的知識產權轉讓給予中資，而這明顯限制外資於中國大陸的公平競爭。」可知中國大陸頒布諸多法規限制使外資與台資企業陷入艱困的投資環境。

發現四：受益於京津冀一體化效應城市綜合實力呈上升

2017《TEEMA 調查報告》可發現石家莊（C33→C26）、廊坊（B07→B05）、保定（C25→C07）、天津市區（B37→B22）、天津濱海（B09→B08）、北京市區（B02→A23）六個城市排名皆呈上升之態勢，在中國大陸政府的大力支持下，京津冀創新驅動發展不斷產生新動能，使之成為中國大陸經濟發展的新成長亮點。而至今京津冀協同發展已邁入三週年，2014 年 2 月 26 日中國大陸國家主席習近平提出京津冀協同發展並上升到國家戰略層面；2015 年 4 月 30 日中國大陸中央政治局會議審議通過《京津冀協同發展規劃綱要》；中央經濟工作會議於 2016 年 12 月 16 日提出「繼續實施京津冀協同發展、長江經濟帶發展、一帶一路建設三大戰略」，由此顯示該戰略對中國大陸的重要性，故受惠於京津冀一體化效應，使上述七大城市之城市綜合實力排名皆呈上升趨勢。

發現五：受益於國家級雄安新區效應城市綜合實力呈上升

繼 1980 年成立深圳特區、1990 年成立浦東新區後，中國大陸國務院於 2017 年 4 月 1 日宣布成立國家級雄安新區，著重承接北京非首都功能疏解和相關人口轉移，並將側重發展綠色宜居新城區、創新驅動引領區、協調發展示範區和開放發展先行區，打造連接北京市、天津市和河北省三地交界的副都心，成為強化京津冀一體化發展的關鍵一環。在此一氛圍下，位於北京市、天津市和雄安新區三角範圍內的廊坊（B07 → B05，上升 1 個名次），其城市綜合實力顯著地直接受惠，此外，受惠於外溢效果的北京市區（B02 → A23，上升 2 個名次）、天津市區（B37 → B22，上升 15 個名次）、石家莊（C33 → C26，上升 7 個名次）和保定（C25 → B07，上升 18 個名次）其城市綜合實力亦有不同程度的正面影響。

發現六：受益於粵港澳大灣區效應城市綜合實力呈上升

珠江水系出海口大灣區內，不但星羅棋布著眾多的河港、海港和空港，亦擁有由鐵路、公路和高速鐵路交織形成的陸路交通網絡，不僅是華南地區經貿發展的核心，亦是中國大陸「一帶一路」戰略的重要支點。而隨著中國大陸國務院總理李克強於 2017 年 3 月 5 日於《政府工作報告》提出：「為推動中國大陸與港澳深化合作，中國大陸政府將研究制定『粵港澳大灣區城市群發展規劃』，致力強化粵港澳一體化發展。」意味著整體區域將迎來新一波整合和發展契機，其中，深圳市區（B18 → B07，上升 10 個名次）、東莞松山湖（B30 → B18，上升 11 個名次）、江門（D06 → D01，上升 4 個名次）、東莞清溪（D09 → D03，上升 5 個名次）、東莞虎門（D11 → D06，上升 4 個名次）、東莞長安（D13 → D09，上升 3 個名次）、東莞厚街（D14 → D10，上升 3 個名次）、深圳寶安（D02 → C31，上升 6 個名次）、深圳龍崗（D03 → C32，上升 6 個名次）和東莞市區（C12 → C09，上升 3 個名次）等區域綜合實力皆有所提升，顯示隨著中國大陸政府逐步深化粵港澳大灣區整合，對於區域內城市綜合實力大體呈現正面影響態勢。

發現七：西三角城市連續三年綜合實力呈上升

根據 2017《TEEMA 調查報告》可知，自 2012 年起，被寄望成為承接中國大陸經濟發展「第四極」的西三角經濟圈，其區域內城市入圍 A 級極力推薦等級次數正持續增加，其中，成都已連續 15 年入圍，而重慶則達八年，西安亦有五年，顯示即便在中國大陸經濟發展轉變的態勢下，西三角經濟圈三大核心城市的城市綜合實力仍持續成長，其中尤以成都（A02 → A02，排名持平）排名最佳，而西安（A14 → A13，上升 1 個名次）和重慶（A16 → A14，上升 2 個名次）

名次亦持續攀升,突顯隨中國大陸政府致力消弭區域經濟發展不平衡,以及推動「一帶一路」戰略、城鎮化發展、交通基礎建設等政策,未來西三角經濟圈的重要性將持續提升,台商企業除應審慎評估拓展滲透在地市場之可能性,亦可考量以西三角經濟圈為西進基地,為深入中國大陸中西部市場和中亞市場鋪路。

發現八:蘇州工業區、成都、蘇州昆山連續兩年居前三名

根據 2017《TEEMA 調查報告》城市綜合實力排名可知,蘇州工業區、成都和蘇州昆山三座城市蟬連前三名,究其原因係因蘇州工業區不但是中國大陸對外開放的重要窗口,更於 2015 年成為中國大陸首個開放創新綜合試驗區域,肩負構建開放型經濟新體制的先鋒任務,積極推動產業轉型、扶植創新型企業、涉足高端製造和開發人工智慧,有效吸引企業進駐和改善商業環境;而成都受益於其為區域內外貿、交通、經濟和研發重鎮,從早年的「西部大開發」到的跨境電子商務綜合試驗區和「一帶一路」戰略重要節點,持續吸引高科技產業、創新產業和跨境電商產業等企業進駐,成為各方企業布局中國大陸中西部地區的首選;而早年有著「小台北」稱號的蘇州昆山,近年當地政府積極改善經商環境,協助當地產業群聚向高端製造轉型,並致力打造跨境貿易節點,進而吸引企業將區域性總部和研發機構設置於此。

發現九:受益於聯合國文化創意網絡城市綜合實力呈上升

2017 年 6 月 15 日,世界知識產權組織發布《2017 年全球創新指數報告》(Global Innovation Index 2017):「受到中國大陸極力推動創新驅動發展政策影響所致,使得中國大陸從 2016 年名列 25 名爬升至 22 名,並為所有中等收入國家中唯一進入前 25 名之國家。」顯示中國大陸創新能力不同凡響。此外,根據聯合國教科文組織(United Nations Education Scientific and Cultural Organization;UNESCO)(2016)發布《創意城市網絡》(UCCN)指出:「有關創意城市網路之調查,中國大陸目前有八個城市入選,分別為北京、上海、深圳、蘇州、杭州、成都、景德鎮與佛山。」而根據 2017《TEEMA 調查報告》,有設計之都之美名的北京市區(B02 → A23,上升 2 個名次)、深圳市區(B18 → B07,上升 10 個名次);而獲選為藝術之都的杭州市區(A07 → A06,上升 1 個名次)。受到中國大陸「大眾創業、萬眾創新」推動,帶動中國大陸企業創新發展,極力開拓自身產業之新方向,更加速推進中國大陸城市創新之發展。

發現十:受益於舉辦國際級會議效應城市綜合實力呈上升

根據 2017《TEEMA 調查報告》可發現,杭州市區(A07 → A06,上升 1 名)、

廈門島外（A06 → A05，上升 1 名）與廈門島內（A13 → A12，上升 1 名）三個城市排名皆為上升態勢，主要受 G20 峰會與金磚會議皆選擇於此兩大城市召開，進而帶動杭州與廈門兩大城市經濟發展，連帶使其城市綜合實力向上提升。根據阿里巴巴集團董事局主席馬雲（2016）表示：「杭州雖然為一個很小的城市，但其對中國大陸的經濟與文化皆具有廣大影響力。」杭州被選為舉辦 G20 峰會，不僅是因美麗的自然人文，其更融合商業、科技、文化，杭州是全球最大移動支付之城，而「杭州模式」以服務業立足，致力電子商務、互聯網金融、大數據發展，儼然成為新經濟的代表。此外，廈門市人大常委會常委朱獎懷（2017）表示：「金磚會議選擇於廈門舉辦，因此更須完善城市發展，強化國際服務能力，以帶動城市品牌度等軟實力發展。」顯示受國際會議舉辦效益影響，促使廈門政府積極發展城市建設，並將地方文化特色之本土性與國際性兩相結合，締造出有別於以往的廈門城市。

第 25 章
2017 TEEMA 調查報告建議建言

2017《TEEMA 調查報告》經由 112 個城市之「城市競爭力」、「投資環境力」、「投資風險度」、「台商推薦度」、「城市綜合實力」以及「推薦等級」等六項分析排行,特針對台商企業、台灣政府及中國大陸政府提出建議與建言。

一、2017《TEEMA 調查報告》對台商企業建議

依據 2017《TEEMA 調查報告》總體分析與台商意見之彙總,針對台商企業提出五大建議,茲分述如後:

建議一:預應全球經貿情勢妥擬風險規避策略

2016 年全球黑天鵝事件層出不窮,並為 2017 年全球經濟發展增添諸多不確定性,其中更以美國總統川普提出「美國優先」(America First)的發展理念影響最甚,並將導致貿易保護主義的蔓延,恐拖累長久以來全球化的發展。此外,美國亦於 2017 年 1 月 23 日宣布退出跨太平洋夥伴關係(TPP),並為歐巴馬時代著力於「重返亞洲」(Pivot to Asia)的雄心畫下句點。近年中國大陸逐漸崛起,對全球地緣政治版圖進行重塑,而台灣長久以來處於美中兩國的博弈中,隨著美國勢力退出亞太及兩岸關係零互動的新常態,恐將嚴重衝擊台灣未來發展,進而提升台商於兩岸布局的不確定性。誠如勤業眾信(Deloitte)總裁郭政弘於 2017 年 2 月 6 日提及:「美國川普提出的貿易保護主義令全球市場感到擔憂,其新政更增添許多不確定性,台商企業應著重在產業供應鏈調整,審慎評估產業衝擊以規避風險。」道出面對全球諸多的不定性因素,台商應掌握全球重大事件的脈動,並妥擬相關對策分散投資風險,藉由妥擬風險規避策略,在維持本業的同時進一步攫取外溢商機,以面對更為激烈的市場競爭。

建議二：預應一帶一路政策取得先占布局優勢

在全球區域經濟整合持續升溫下，台商所面對的國際競爭將更為險峻，面對驟變的經商環境，台商應改變既有的競爭模式，探尋以策略聯盟整合之方式，攜手預應「一帶一路」即將掀起的巨大商機。根據國務院台灣事務辦公室主任張志軍（2017）指出：「為協助台商參與『一帶一路』，正積極推動相關省市與『一帶一路』緊密相關的產業園區，同時鼓勵台商進駐布局，以形成新的台資聚集地點。」台灣經濟研究院院長林建甫（2017）亦指出：「兩岸經貿合作已步入新的歷史機遇，台商應搭著中國大陸『一帶一路』戰略共同走出去，充分發揮企業自身的產業優勢，以實現二次創業和轉型升級。」此外，工業總會秘書長蔡練生（2016）亦表示：「台商可藉由自身優勢，搭著『一帶一路』戰略走出去，預期在貿易、醫療、資訊及環保等領域可能衍生許多投資商機。」綜上可知，隨著中國大陸積極落實與發揚「一帶一路」戰略，台商應與時俱進、綜觀全球變局，透過自身之核心優勢，掌握未來競局的產業定位，同時以競合模式取代競爭模式、以策略聯盟取代單打獨鬥，使之取得先占布局優勢。

建議三：預應跨境電商經濟探尋策略聯盟商機

隨著科技不斷進步，跨境電商已成為引領全球貿易發展的商業趨勢。目前涵蓋中國大陸在內的世界各國政府，皆在積極推行跨境電商相關政策。根據市調公司 eMarketer（2016）研究數據顯示：「2015 年全球電子商務市場規模達到一兆八仟億美元，2018 年將提升到 2.5 兆美元，2020 年上看 7.5 兆美元。」顯示全球跨境電商市場正蓬勃發展。而根據資策會產業情報研究所（MIC）於 2017 年 3 月 15 日發布《台灣消費者網購行為調查分析報告》指出：「目前台灣網路消費者比例僅約四成，然而高達 84.3％消費者表示未來願意嘗試或繼續跨境購物，同時台灣網路消費者最愛使用中國大陸之購物網站，比例高達 72.7％。」由此可知，台灣跨境電商市場仍有巨大之發展潛力，在此建議台商加快腳步因應跨境電商時代，並且透過與淘寶、天貓及京東等發展成熟之跨境電商策略聯盟，藉此搶占海外市場，創造全新的商機。

建議四：預應產業結構調整轉型製造服務業

在現今經貿全球化背景下，製造業面臨成本壓力提高、盈利下降及重視節能環保等衝擊，製造業只依靠市占率已無法保證收益來源，價值成長的潛力已轉移到下游服務和融資活動中，使製造業服務化成為製造企業轉型的一致行動，其間造就了不少跨國企業轉型，諸如鴻海集團轉型為「科技服務業」、桂盟集團轉型「製造服務業」，此外，中國銀行業協會首席經濟學家巴曙松也建議台灣傳統

製造業朝「製造服務業」轉型延續既有產業優勢。2016 年 7 月 27 日，中國大陸工業和資訊化部會同國家發展改革委與中國大陸工程院發布《發展服務型製造專項行動指南》指出：「發展服務型製造是現代製造業的發展趨勢，也是促進生產性服務業協同發展的重要途徑。服務環節主導價值分配，企業競爭力取決於服務環節。」另外，《中國製造 2025》所提出的發展服務型製造和生產性服務業的規劃在陝鼓集團以及陝汽集團等企業已獲得系統推廣。綜上可知，傳統製造業轉型製造服務業已成產業趨勢，台灣政府、企業也應提出相應策略跟上產業轉型腳步。

建議五：預應綠色智能製造妥擬轉型升級策略

工研院智慧機械科技中心主任陳來勝（2017）指出：「自 2013 年德國提出工業 4.0 戰略以來，世界各大製造業強國紛紛提出智慧製造發展規劃，共同目標皆希望能藉由工業物聯網、虛實整合等技術提升製造系統的產能。」2017 年 1 月 16 日，台達副總裁暨機電事業群總經理張訓海指出：「全球已進入智慧製造時代，多數工業設備都將配備各種類別的感測器和資訊監控軟體，進行少樣多量、彈性靈活的製造，並同步蒐集監控機台運行數據，讓工廠管理具備可視化、遠端監控、高效節能等條件，以提升生產效率與良率，漸進式邁入綠色智慧工廠新境界，這將是 2017 年市場的主要發展方向。」另外，中國大陸為全面實施「中國製造 2025」，加快促進工業轉型升級，中國大陸工業和信息化部、財政部（2017）開展智能製造綜合標準化與新模式應用、工業強基工程實施方案及綠色製造系統集成等申報工作表示：「2017 年將以智能製造綜合標準化與新模式應用、工業強基工程實施方案、綠色製造系統集成以及首台重大技術裝備保險補償作為支持重點。」由此可知，各國皆積極推動相關舉措，支持產業綠色智能升級，台商應著手實施產業升級並前往布局，得以引領企業不被世界潮流給淘汰。

二、2017《TEEMA 調查報告》對台灣政府之建言

依據 2017《TEEMA 調查報告》總體分析與台商意見之彙總，針對台灣政府提六項建言，茲分述如下：

建言一：建請政府恢復兩岸實質溝通改善兩岸關係

兩岸互動交流 30 多年來有諸多不同層次的對話，唯有兩岸關係改善、維持和平穩定之現狀，並讓兩岸能「擱置爭議，務實協商」，解決現階段雙方交流所衍生的各項問題，為兩岸經濟發展增添無限動能，台灣才有可能擴大國際參與或其舉辦的相關活動。2017 年 3 月 28 日，國立台灣師範大學國際人力資源發展研究所副教授施正屏指出：「應恢復兩岸智庫溝通與事務性制度協商管道，為達成

兩岸新共識最迫切的工作，發揮智庫交流與定期溝通，有利兩岸關係朝向以和平為主軸的正確道路發展，相信必能達到兩岸互利雙贏的圓滿結果。」此外，行政院大陸委員會主委張小月（2017）表示：「2016 年兩岸貿易金額較 2015 年略減少 0.7％。」其原因為中國大陸以非經濟因素片面緊縮陸客來台以及兩岸在各項經貿協議工作會議多無法召開，唯有聯繫窗口正常運作，可持續交換及通報資訊。綜上所述，兩岸經貿為兩岸和平發展的基石，希冀雙方恢復過去的溝通管道，台灣是一個高度自由民主的社會，堅守自由民主價值，應該要在相同之處溝通對話，而非突出不同點，使兩岸關係往前進展。

建言二：建請政府新南向政策結合一帶一路發揮綜效

近年來東協國家已穩居台灣第二大出口市場及第二大對外投資目的地，顯示台灣與東協國家經濟高度連結，互動亦日漸綿密，然新政府積極推動改變台灣經濟結構與促進產業升級轉型的各項政策，啟動新南向政策，是台灣新階段的經濟發展，藉此深化台灣和東協、南亞及紐澳等國家協商和對話，期能建立緊密的合作。2017 年 5 月 18 日，台灣產學研策進會福建站副主任江雪秋表示：「『一帶一路』是一條創新之路，對台商甚至整個華人地區的商業拓展皆有很大幫助，因此台商應搭好『一帶一路』順風車。」此外，台灣商業聯合總會理事長張平沼（2016）亦表示：「現今台灣諸多產業在中國大陸已建立良好的基礎，且中國大陸為台灣最大的貿易對象，若台灣可與其『一帶一路』政策配合的話，這才是最好的新南向政策。」，意指應把台商在中國大陸投資的經驗跟企業界結合起來，再配合「一帶一路」來推動整個經濟發展趨勢，台灣若能搭上此一順風船，必能事半功倍。綜上所述，台灣若要執行新南向政策應與中國大陸「一帶一路」海上絲綢之路做呼應、結合、互補，雙方合作把經濟大餅做大，是故建請政府應把握機遇，共用商機，以達綜效。

建言三：建請政府成立專責機構完善台商退場機制

根據 2017《TEEMA 調查報告》研究結果中，發現台商增加對中國大陸布局之意願連續七年呈下降趨勢、中國大陸台商返台上市意願連續八年呈上升趨勢、中國大陸台商未來經營預期連續五年呈現悲觀趨勢等，皆顯示台商赴中國大陸投資情況已不可同日而語，致使諸多台商萌生撤資回台之念頭。財團法人海峽交流基金會於 2017 年 5 月 31 日舉行 2017 台商端午聯誼，部分與會台商提及：「目前中國大陸投資環境日益嚴峻，若計畫撤資回台，期盼政府能給予退場機制協助。」此外，財團法人海峽交流基金會副秘書長兼發言人李麗珍（2017）指出：「當今中國大陸勞動成本上漲、融資貸款困難、查稅問題、環保工安檢查等，讓台商在中國大陸投資環境越發艱難，除希望政府給予協助之外，亦希望能就退場

機制給於實質幫助。」此外，台企聯榮譽總會長張漢文（2017）指出：「當前台商們若前往中國大陸投資，未來如工作、法令等問題，馬上就會浮現出來。」綜上所述，由於台商於中國大陸面臨艱困的投資環境，若欲撤資回台，建請政府成立專責機構完善台商退場機制。

建言四：建請政府完善法規政策避免人才流失困境

台灣因薪資、福利制度、勞資糾紛及就業機會稀少等問題，近年人才流失問題嚴重，根據瑞士洛桑管理學院（IMD）公布《2017 年世界競爭力年報》（IMD World Competitiveness Yearbook）及《世界數位競爭力排名》（Digital Competitiveness Ranking）均指出：「台灣無論在外國人才聘用、人才外流與吸引高階外國人才等排名均不盡理想，其中，移民法規更是排名第 47 名居全球後段」，顯示若政府不再關注此問題，未來恐導致台灣陷入無才可用之困境。根據行政院主計總處（2017）指出：「台灣因長期實質薪資僵固，導致人才不斷流失，自 2005 到 2015 年海外就業人口從 34 萬人增加至 72.4 萬人，其中至中國大陸就業占比位居第一，高達 58%。」此外，國發會副主委龔明鑫 2017 年 5 月4 日指出：「台灣人才流失有三大主因，分別是薪水、工作機會及生活環境，過去十幾年來台灣產業結構轉型失敗，企業毛利停留在 2 至 3%，也因此不會花高薪聘請人才。」 綜上可知，台灣由於薪資、工作機會及工作環境相關法規之問題，導致人才外流越加迅速。而中國大陸近年積極吸引台灣人才，中國大陸政協主席俞正聲（2017）表示：「中國大陸對台工作將以「一代（青年一代）一線（基層一線）」取代三中一青（中小企業、中低收入、中南部以及青年），透過增進與台灣基層一線和青年一代相互交流，維持兩岸關係和平發展民意基礎。」顯示中國大陸藉由全新政策吸引台灣年青族群，建請政府對於人才流失提出具體政策並制定相關法規完善就業環境，增加人才留守台灣之意願。

建言五：建請政府加速完成兩岸協議監督條例審議

自新政府執政至今，兩岸關係始終未有起色，持續陷入「冷和」狀態，加之美國總統川普上台後對台政策不可預測性增強而更趨嚴峻複雜。針對立法院內政委員會 2017 年 3 月 22 日排審兩岸《兩岸協議監督條例》草案，工業總會理事長許勝雄表示：「《兩岸協議監督條例》應儘快審議通過，並建立稽核管理體系，使兩岸關係回溫、加速兩岸經貿發展，對目前的兩岸關係也將有正面影響，企業界都希望能趕快完成立法。」此外，陸委會主委張小月於 2017 年 3 月 20日亦指出「《兩岸協議監督條例》應儘快通過，未來政府與對岸溝通協商才能有所本。」故此，呼籲台灣政府應加速兩岸協議監督條例通過，以穩定兩岸關係。

在各國皆以合作代替衝突之際，台灣政府也應正視兩岸關係，以合作代替對立，故建請政府將《兩岸協議監督條例》列為優先審查法案，並確保兩岸簽訂的所有協議皆能符合公開透明、人民參與及立法監督的原則，替台灣找出新的發展空間，亦替人民找出雙贏的發展機會。

建言六：建請政府協助台商中國加一投資布局策略

根據 2017《TEEMA 調查報告》研究結果中，發現中國大陸台商經營績效連續六年呈現下降趨勢、中國大陸城市投資風險度台商評價連續六年呈上升趨勢、中國大陸城市台商推薦度台商評價連續七年呈下降趨勢。過往台商投資多屬「中國唯一」，意指台商主要布局唯一一個中國大陸市場，但現今由於中國大陸投資風險提高、經營績效下滑及推薦評價下降，使現在台商投資布局策略轉往「中國加一」，意指除持續發展原有的中國大陸市場外，為求分散風險與開拓新商機，進而布局另一新市場。此外，根據經濟部投資業務處前處長連玉蘋（2016）表示：「近年中國大陸投資環境變化快速，尤為薪資等成本大幅上升，令台商減少或者遷移投資。」其亦表示：「近年台商對東南亞國家的投資金額持續增加，相較於中國大陸，東南亞市場對台商具有較大的吸引力。」可知，因中國大陸投資環境每況愈下，台商逐漸轉移布局東南亞市場，故建請政府協助台商「中國加一」投資布局策略，使台商布局新市場時，擁有較完善的資源並發揮自身的優勢。

三、2017《TEEMA 調查報告》對中國大陸政府之建言

依據 2017《TEEMA 調查報告》總體分析與台商意見之彙總，針對中國大陸政府提五項建言，茲分述如下：

建言一：建請中國大陸政府攜手台商參與一帶一路建設

「一帶一路」是中國大陸全新的全球化戰略布局，對於重塑全球經濟秩序具有極大影響，若中國大陸能與台商攜手合作，幫助台商面向一帶一路大市場「再西進」，將有機會開啟事業新局，亦能促進兩岸經貿合作的轉型升級。2017 年 5 月 24 日，中國大陸國台辦主任張志軍指出：「正在推動在相關省市建立與『一帶一路』建設緊密相關的產業園區，並鼓勵和協助台商入駐。」其亦表示，支持台商利用「中歐班列」，將商品銷售到中亞乃至歐洲，發掘廣袤商機。此外，根據中華經濟研究院副院長王健全於 2017 年 7 月 14 日亦表示：「『一帶一路』相關省份為中國大陸台商重點布局區域，台灣企業的產業優勢、產能和資本，正好可移轉到沿線國家，若參與順利，可進一步提供廠商更大的外銷出口空間。」顯示中國大陸各省市正籌設「一帶一路」建設有關的產業園區，若中國

大陸與台商攜手入駐,將可共享商機。此外,根據《大陸經濟》(2017)指出:
「中國大陸正推動『一帶一路』重塑全球市場,台商若順利參與『一帶一路』,
在投入四至五年即可獲利。」綜上所知,「一帶一路」可支持台商與陸商優勢互
補、合作共贏,亦可作為兩岸經濟融合發展的平台,建請中國大陸政府與台商攜
手加速「一帶一路」建設。

建言二:建請中國大陸政府加速推動台商享有國民待遇

台商布局中國大陸三十餘年,造就中國大陸經濟快速起飛,隨著中國大陸
從「世界工廠」逐漸轉型為「世界市場」,企業爭相進入中國大陸爭取龐大的內
需商機,台商亦從出口導向漸漸發展內銷市場。然誠如東莞台商協會榮譽會長葉
春榮於 2017 年 6 月 14 日指出:「在爭取中國大陸內銷市場的同時,因台商多
半視為外資企業,投資限制與條件皆不如本土企業,因此應積極爭取中國大陸
『國民待遇』以同等競爭。」近年中國大陸法規逐漸完善,為扶植本土企業能走
向國際,亦對外資企業設定更多的投資限制,台商在中國大陸若被視為外資企
業,將使台商在政府招標、查稅準則、產品上架審查及進出口貿易規範,無法與
陸企享有同等待遇,進而提高投資成本而喪失競爭優勢。此外,2017 年 3 月 24
日,兩岸共同市場基金會榮譽董事長蕭萬長表示:「在兩岸關係低迷的態勢下,
中國大陸對於推動兩岸合作的態度越趨保守,期望中國大陸政府能提供台商國民
待遇,並擴大與台商的合作與交流。」顯示自 2016 年台灣再次政黨輪替後,兩
岸間的交流急速冷凍,官方間的通話近乎消失殆盡,兩岸的互動僅依靠公會及民
間得以維持,致使在兩岸活動的台商企業面臨政治性的衝擊,是故建請中國大陸
政府加速商討提供台商企業享有國民待遇,並重視兩岸企業的合作交流,藉由兩
造優勢互補以共創雙贏。

建言三:建請中國大陸政府發展灣區經濟整合台商優勢

中國大陸在不斷改革開放的情形下,近年推出許多國家級戰略,而粵港澳
大灣區亦為當中十分具代表性之規劃。旨在攜手港澳,藉由共同創建粵港澳大灣
區,開發世界級城市圈之格局。2017 年 3 月 5 日,中國大陸發布 2017 年《政府
工作報告》指出:「推行內陸與港澳深化合作,制定粵港澳大灣區城市群發展
規劃,透過發揮港澳特殊優勢,提高在國家經濟發展和對外開放中的地位與功
能。」此外,騰訊董事會主席馬化騰(2017)亦提及對於粵港澳大灣區之五點
建議:「(1)建造粵港澳科技灣區長期合作機制,協同訂定粵港澳三地科技創
新政策;(2)展現香港『超級聯絡人』角色,替科技產業產生連結;(3)持
續引入高端人才,創建全球創新人才『棲息地』;(4)全力推廣科技金融產業,

替創業給予資金協助；（5）透過強勢企業引領，加快香港經濟轉型升級。」綜上可知，中國大陸透過成立粵港澳大灣區，藉此創造亞洲科技重鎮，而台商已於粵港澳深耕多年。在此建請中國大陸政府，結合在地台商以及台灣優秀人才，同時結合地理位置相近之台灣，共同合作開展粵港澳大灣區，創建亞洲的舊金山灣區。

建言四：建請中國大陸政府擴大民間交流深化融合發展

兩岸交流三十餘年，雙方關係跌宕起伏，應推動和加強兩岸各領域交流，以實現兩岸和平發展的契機。2017 年 6 月 4 日，國家政策研究基金會指出：「中國大陸必須知道台灣文化對台灣民眾，特別是青年人有著重要的影響，因此在進行兩岸文化交流時，須釐清發揚中華文化大傳統和傳承台灣地方文化間所存在微妙的關係」。中華全國台灣同胞聯誼會會長汪毅夫（2017）亦表示：「希望透過『中華文化與兩岸關係學術報告週』持續舉辦下，不斷加深兩岸民眾特別是廣大青年對中華文化的認知、理解與傳承，厚植兩岸精神紐帶、促進心靈契合，加強兩岸文化、教育交流。」此外，中國社會科學院台灣研究所副所長朱衛東於 2017 年 1 月 15 日表示：「兩岸關係進入新局面，但總體還保持穩定，2017 年各種變數交織、疊加、共振，兩岸關係對抗風險升高，台海形勢複雜嚴峻。」綜合上述可知，當前兩岸關係仍有負面因素且不斷累積，希冀兩岸官方與人民都能發揮智慧，將「多元一體」、「兼容並蓄」的中華文化，作為兩岸認同的最大公約數，方能替兩岸和平發展創造有利的契機。

建言五：建請中國大陸政府基於共同發展原則避免人才爭奪

近年中國大陸經濟崛起，對於優秀人才產生大量的需求，因此台灣人才被高薪挖角的事件層出不窮。根據拓墣研究院（2017）指出：「由於中國大陸本土晶圓廠的擴張及技術的改革使人才需求緊急，因此近兩年引進 IC 產業人才的力道愈發增強，人才挖角已變為產業進展過程中的重點。而由於多數新建廠的投片計畫集中在 2018 年下半年，因此 2017 年將會出現激烈的人才爭奪。」顯示中國大陸由於高階人才不足，轉而運用高薪挖角各方優秀員工，然此做法並非長久之計，兩岸應尋求人才共存共榮的機制。2017 年 6 月 17 日，兩岸合作舉辦第十五屆「海峽兩岸人才交流合作大會」，旨在促進海峽兩岸人才相輔相成、強化合作、互利共贏。中國大陸省委人才工作領導小組組長王寧（2017）指出：「兩岸人才交流大會應受到重視，同時後續須達到精準對接，藉此落實執行，而最終要安排專門的研究人員，使其逐漸形成一種穩定且持續的工作機制。」由此可知，兩岸應藉由交流使雙方人才不論在思維、資源及人脈方面進行融合。建請中國大陸政府基於兩岸共同發展原則，定義人才挖角相關法規限制，同時積極舉辦兩岸人才交流合作相關活動，藉此使兩岸知識分子相互觀摩學習、互利共生，為雙方企業達成綜效。

第 26 章

2017 TEEMA 調查報告
參考文獻

一、中文研究報告

1. 中國大陸深圳綜合開發研究院（2016），第八期中國金融中心指數。

2. 中國互聯網絡信息中心（2017），中國互聯網絡發展狀況統計報告。

3. 中國美國商會（2016），年度商務環境調查報告。

4. 中華文化發展湖北省協同創新中心（2017），文化建設藍皮書：中國文化發展報告。

5. 中華經濟研究院（2017），全球經濟情勢回顧與展望。

6. 中華徵信所（2015），台灣地區中型集團企業研究。

7. 北京大學文化產業研究院（2014），2014 中國文化產業年度發展報告。

8. 台北市進出口商業同業公會（2013），2013 全球重要暨新興市場貿易環境及風險調查報告。

9. 台北市進出口商業同業公會（2014），2014 全球重要暨新興市場貿易環境及風險調查報告。

10. 台北市進出口商業同業公會（2015），2015 全球重要暨新興市場貿易環境及風險調查報告。

11. 台北市進出口商業同業公會（2016），2016 全球重要暨新興市場貿易環境及風險調查報告。

12. 台北市進出口商業同業公會（2017），2017 全球重要暨新興市場貿易環境及風險調查報告。

13. 台北市歐洲商務協會（2016），2017 年度建議書。

14. 台北美國商會（2014），2014 年台灣白皮書：台灣承諾進行貿易自由化。

15. 台北美國商會（2015），2015 年台灣白皮書：台灣與 TPP：事不宜遲。

16. 台北美國商會（2016），2016 年台灣白皮書：新政府，新機會。

17. 台灣區電機電子工業同業公會（2003），當商機遇上風險：2003 年中國大陸地區投資環境與風險調查，商周編輯顧問股份有限公司。

18. 台灣區電機電子工業同業公會（2004），兩力兩度見商機：2004 年中國大陸地區投資環境與風險調查，商周編輯顧問股份有限公司。

19. 台灣區電機電子工業同業公會（2005），**內銷內貿領商機：2005 年中國大陸地區投資環境與風險調查**，商周編輯顧問股份有限公司。

20. 台灣區電機電子工業同業公會（2006），**自主創新興商機：2006 年中國大陸地區投資環境與風險調查**，商周編輯顧問股份有限公司。

21. 台灣區電機電子工業同業公會（2007），**自創品牌贏商機：2007 年中國大陸地區投資環境與風險調查**，商周編輯顧問股份有限公司。

22. 台灣區電機電子工業同業公會（2008），**蛻變升級謀商機：2008 年中國大陸地區投資環境與風險調查**，商周編輯顧問股份有限公司。

23. 台灣區電機電子工業同業公會（2009），**兩岸合贏創商機：2009 年中國大陸地區投資環境與風險調查**，商周編輯顧問股份有限公司。

24. 台灣區電機電子工業同業公會（2009），**東協布局新契機：2009 東南亞暨印度投資環境與風險調查**。

25. 台灣區電機電子工業同業公會（2010），**新興產業覓商機：2010 中國大陸地區投資環境與風險調查**，商周編輯顧問股份有限公司。

26. 台灣區電機電子工業同業公會（2011），**十二五規劃逐商機：2011 中國大陸地區投資環境與風險調查**，商周編輯顧問股份有限公司。

27. 台灣區電機電子工業同業公會（2011），**東協印度覓新機：2009 東南亞暨印度投資環境與風險調查**。

28. 台灣區電機電子工業同業公會（2012），**第二曲線繪商機：2012 中國大陸地區投資環境與風險調查**，商周編輯顧問股份有限公司。

29. 台灣區電機電子工業同業公會（2013），**大陸改革拓商機：2013 中國大陸地區投資環境與風險調查**，商周編輯顧問股份有限公司。

30. 台灣區電機電子工業同業公會（2014），**習李改革擘商機：2014 中國大陸地區投資環境與風險調查**，商周編輯顧問股份有限公司。

31. 台灣區電機電子工業同業公會（2015），**兩岸平台展商機：2015 中國大陸地區投資環境與風險調查**，商周編輯顧問股份有限公司。

32. 台灣區電機電子工業同業公會（2016），**十三五規劃躍商機：2016 中國大陸地區投資環境與風險調查**，商周編輯顧問股份有限公司。

二、中文書籍

1. 王伯達（2014），**再見，世界工廠：後 QE 時代的中國經濟與全球變局**，先覺。

2. 吳敬璉（2016），**供給側改革：經濟轉型重塑中國布局**，中國文史出版社。

3. 吳敬璉、林毅夫（2016），**讀懂十三五**，中信出版社。

4. 時代編輯部（2013），**習近平改革的挑戰：我們能期待更好的中國？**，上奇時代。

5. 馬化騰（2013），**互聯網＋：中國經濟成長新引擎**，天下文化。

6. 商業周刊（2016），**未來七國關鍵報告**。

7. 陳威如、余卓軒（2013），**平台革命：席捲全球社交、購物、遊戲、媒體的商業模式創新**，商周出版。

8. 馮並（2015），一帶一路：全球發展的中國邏輯，高寶。

9. 遲福林（2013），改革紅利十八大後轉型與改革的五大趨勢，中國經濟出版社。

三、中文期刊、報章雜誌

1. 《今週刊》（2016），兩岸三地 1000 大企業關鍵報告。

2. 《天下雜誌》（2015），一帶一路，商機與威脅，第 571 期，4 月號。

3. 《天下雜誌》（2015），習近平經濟學來了，第 573 期，5 月號。

4. 《天下雜誌》（2016），互聯網＋顛覆世界，第 598 期，5 月號。

5. 《遠見雜誌》（2016），跟上十三五錢潮，第 356 期，2 月號。

四、翻譯書籍

1. Backaler J.（2014），*China Goes West：Everything You Need to Know about Chinese Companies Going Global*，中國走向西方：中國企業走向全球面面觀。

2. Chevalier M.（2010），*Luxury China：market opportunities and potential*，徐邵敏譯，搶攻 3 億中國富豪，台北市：時報文化。

3. Collins J.（2013），*Great by Choice：Uncertainty, Chaos, and Luck-Why Some Thrive Despite Them All*，齊若蘭譯，十倍勝，絕不單靠運氣：如何在不確定、動盪不安環境中，依舊表現卓越？，遠流出版社。

4. Das S.（2016），*The Age of Stagnation：Why Perpetual Growth Is Unattainable and the Global Economy Is in Peril*，許瑞宋譯，停滯的年代：全球經濟陷入困境的原因，天下文化。

5. Evans D.（2013），*Risk Intelligence：How to Live with Uncertainty*，石曉燕譯，風險思維，北京：中信出版社。

6. Mahbubani K.（2008），*The New Asian Hemisphere：The Irresistible Shift of Global Power to the East*，羅耀宗譯，亞半球大國崛起：亞洲強權再起的衝突與挑戰，天下雜誌出版。

7. McGrath R.（2015），*The End of Competitive Advantage：How to Keep Your Strategy Moving as Fast as Your Business*，洪慧芳譯，瞬時競爭策略：快經濟時代的新常態，天下雜誌。

8. O'Neill J.（2012），*The Growth Map:Economic Opportunity in the BRICs and Beyond*，齊若蘭、洪慧芳譯，高成長八國：金磚四國與其他經濟體的新機會，天下文化。

9. Olson M. and Derek B.（2010），*Stall Points*，粟志敏譯，為什麼雪球滾不大，中國人民大學出版社。

10. Rifkin J.（2015），*The Zero Marginal Cost Society：The Internet of Things, the Collaborative Commons, and the Eclipse of Capitalism*，陳儀譯，物聯網革命：共享經濟與零邊際成本社會的崛起，商周出版。

11. Simon M.（2013），*Hidden Champions of the 21st Century: The Success*

Strategies of Unknown World Market Leaders，張非冰譯，隱形冠軍：**21 世紀最被低估的競爭優勢**，天下雜誌。

12. Sull D.（2009），***The Upside of Turbulence：Seizing Opportunity in an Uncertain World***，洪慧芳譯，**哪些企業不會倒？：在變局中維持不敗、再創優勢的關鍵**，天下雜誌。

13. Taleb N.（2007），***The Black Swan***，林茂昌譯，**黑天鵝效應**，大塊文化。

14. Wucker M.（2017），***The Gray Rhino: How to Recognize and Act on the Obvious Dangers We Ignore***，廖月娟譯，**灰犀牛：危機就在眼前，為何我們選擇視而不見**，天下文化。

15. 大前研一（2012），劉名揚譯，**大資金潮：大前研一預言新興國家牽動的經濟新規則**，經濟日報。

五、英文出版刊物、專書、研究報告

1. A.T. Kearney（2016），***2016 FDI Confidence Index***。

2. A.T. Kearney（2016），***2016 Global Retail Development Index***。

3. BCG（2014），***Global Manufacturing Cost-Competitiveness Index***。

4. BlackRock（2017），***2017 Global Investment Outlook***。

5. Bloomberg Markets（2015），***The 50 Most Influential People In Global Finance***。

6. Bloomberg（2014），***30 Most Innovative Countries***。

7. Centre for Economic Policy Research（2016），***Global Trade Alert***。

8. CitiBank（2017），***Market Outlook***。

9. Coface（2016），***European Economies in 2017***。

10. Control Risks（2017），***2017 Risk Map***。

11. Credit Suisse（2015），***Core Views***。

12. Credit Suisse（2016），***Investment Outlook 2017***。

13. Deloitte（2016），***Global Manufacturing Competitiveness Index***。

14. Deutsche Bank（2015），***Focus Germany***。

15. Deutsche Bank（2017），***Global Markets Outlook***。

16. Economist Intelligence Unit（2015），***Global Outlook Report***。

17. Edelman（2017），***2017 Edelman Trust Barometer***。

18. EIU（2017），***Global Outlook Report***。

19. Eurasia Group（2017），***Top Risks 2017***。

20. EuroMonitor International（2017），***Global Economic Forecasts***。

21. Fitch Ratings（2017），***Global Economic Outlook***。

22. Global Insight（2017），***Monthly Global Economic Overview***。

23. Goldman Sachs（2016），***Top Ten Market Themes For 2017***。

24. Goldman Sachs（2017），***Commodities：What next in store for the market***。

25. Heritage Foundation（2016），***2016 Index of Economic Freedom***。

26. HSBC（2017），***Investment Outlook 2017***。

27. International Institute for Management Development（2016），***2016 World Competitiveness Yearbook***。

28. International Monetary Fund（2016），***Global Financial Stability Report***。

29. International Monetary Fund（2017），***World Economic Outlook***。

30. Legatum Institute（2016），***The 2016 Legatum Prosperity Index***。

31. Marsh & McLennan（2017），***The Political Risk Map of 2017***。

32. Morgan Stanley（2016），***Global Outlook 2017***。

33. National Intelligence Council（2017），***Global Trends：Paradox of Progress***。

34. Nielsen（2016），***2016 Global Consumer Confidence***。

35. Ogilvy & Mather（2016），***Velocity 12 Markets Report***。

36. Pacific Investment Management Company（2017），***2017 Cyclical Outlook：In to the Unknown***。

37. PwC（2017），***World in 2050***。

38. Standard & Poor's（2016），***China's Real Estate Industry***。

39. The Conference Board（2017），***Global Economic Outlook***。

40. The Economist（2016），***Global Risk 2016***。

41. The Economist（2016），***Globalisation backlash 2.0***。

42. The Economist（2017），***The Global Economy Enjoys a Synchronised Upswing***。

43. The Organization for Economic Cooperation and Development（2014），***Growth Challenges － avoiding the low growth trap***。

44. The Organization for Economic Cooperation and Development（2017），***Global Interim Economic Outlook***。

45. The White House （2017），***Artificial Intelligence, Automation, and the Economy***。

46. The Word Bank（2017），***Commodity Markets Outlook***。

47. The Word Bank（2017），***Global Economic Prospects***。

48. The World Bank（2016），***Doing Business 2017***。

49. The United Nations（2017），***World Economic Situation and Prospects***。

50. Transparency International（2016），***Corruption Perceptions Index***。

51. UBS（2017），***How artificial intelligence will transform Asia***。

52. United Nations Conference on Trade and Development（2016），***World Investment Report 2016***。

53. World Economic Forum（2016），***Global Enabling Trade Report 2016***。

54. World Economic Forum（2016），***The Global Information Technology Report 2016***。

55. World Economic Forum（2017），***Global Risks Report 2017***。

56. World Trade Organization（2016），***World Trade Report***。

國際變局啟商機

——2017年中國大陸地區投資環境與風險調查

作　　　者◎台灣區電機電子工業同業公會

理 事 長◎郭台強

副理事長◎李詩欽‧歐正明‧鄭富雄

秘 書 長◎林以專

副秘書長◎毛恩洸

地　　　址◎台北市內湖區民權東路六段109號6樓

電　　　話◎（02）8792-6666

傳　　　真◎（02）8792-6140

總 編 輯◎李國榮

文字編輯◎蔡松慧‧田美雲‧林彥文‧王佩瑩‧楊儒堃
　　　　　黃瑛奇‧盧嫻汝‧謝馥全

美術編輯◎吳怡嫻

出　　　版◎商周編輯顧問股份有限公司

地　　　址◎台北市中山區民生東路二段141號6樓

電　　　話◎（02）2505-6789

傳　　　真◎（02）2505-6773

劃　　　撥◎台灣區電機電子工業同業公會（帳號：50000105）

總 經 銷◎農學股份有限公司

印　　　刷◎采富創意印刷有限公司

ISBN　978-986-7877-41-3

出版日期◎2017年8月初版1刷

定　　　價◎600元